감사의 마음을 담아

_____에게 드립니다.

홍익희의
유대인 경제사

일러두기

- 이 책의 성서 구절 인용은 대한성서공회 공동번역 개정판을 바탕으로 하였습니다.
- 고대 인명과 지명은 대한성서공회 공동번역 개정판을 바탕으로 하였으나 현재 일반
  적으로 쓰이는 인명이나 지명은 예외로 하였습니다.
- 본 《유대인 경제사》 시리즈의 일부 내용은 저자의 전작 《유대인 이야기》(행성B잎새,
  2013)를 참조하였습니다.

세계 경제의 기원
고대 경제사 上
THE ORIGIN OF THE
WORLD ECONOMY

1

홍익희의
유대인
경제사

한스미디어

　6·25전쟁의 잿더미에서 맨손으로 시작한 우리 경제가 이제는 교역 규모 세계 9위이자 수출 5강이다. 무에서 유를 창조한 것이나 진배없다. 1950년대 한국은 아프리카 나라들과 별 차이가 없는 극빈국이었다. 아니, 그보다도 못했다. 전쟁이 끝난 1953년의 1인당 소득은 67달러로 세계 최빈국의 하나였다. 그 뒤 8년이 지난 1961년에조차 1인당 소득은 82달러로, 179달러였던 아프리카 가나의 절반에도 못 미쳤다. 그마저도 미국 원조 덕분이었다. 전쟁 복구가 시작된 1953년부터 1961년까지 원조액은 무려 23억 달러였다. 당시 우리의 수출액과 비교해보면 미국 원조가 얼마나 큰 금액이었는지 알 수 있다. 1962년 우리 수출실적은 5000만 달러였다.

　그해 정부주도로 처음으로 경제개발계획이 시작되었다. 같은 해 대한무역투자진흥공사가 설립되었다. 변변한 자원 없는 우리 민족도 한번 해보자고 무역 진흥의 기치를 높이 내걸고 달리기 시작하였다. 그리고 2년 뒤 1964년에 1억 달러 수출을 달성했다. 이를 기념하여 '수출의 날'이 제정되었다. 그로부터 6년 뒤인 1970년에 수출 10억 달러를 넘어섰다. 또

그로부터 7년 뒤 "친애하는 국민 여러분, 드디어 우리는 수출 100억 달러를 돌파하였습니다. 이 기쁨과 보람은 결코 기적이 아니요, 국민 여러분의 고귀한 땀과 불굴의 집념이 낳은 값진 소산이며, 일하고 또 일하면서 살아온 우리 세대의 땀에 젖은 발자취로 빛날 것입니다"라고 박정희 대통령은 떨리는 목소리로 수출의 날 기념식에서 말하였다.

100억 달러! 당시로는 쉽게 믿기지 않는 숫자였다. 대통령은 그날 일기에 이렇게 적었다. "10억 달러에서 100억 달러가 되는 데 서독은 11년, 일본은 16년 걸렸다. 우리는 불과 7년 걸렸다. 새로운 출발점으로 삼자. 새로운 각오와 의욕과 자신을 가지고 힘차게 새 전진을 다짐하자."

이렇게 달려와 2008년 수출액은 4200억 달러를 넘어섰다. 46년 사이에 8400배 증가한 것이다. 세계은행에 따르면 1960년대 이후 30년 동안 한국의 경제성장률이 세계 197개국 가운데 가장 높았다 한다. 자그마치 30년을 1등으로 달려온 민족이다. 세계 경제사에 유례가 없는 것이라 하였다. 바깥을 향한 경제정책이 우리 민족을 일으켜 세운 것이다. 해외에 나가보면 우리 수출기업들이 정말 열심히 뛰고 있다. 그들의 활약상을 보고 있노라면 누구라도 애국자가 아니 되려야 아니 될 수 없다. 우리 경제가 이만큼이나마 클 수 있었던 것은 수출기업들 덕분이다.

그런데 이러한 수출의 비약적인 발전에도 오늘날 우리 경제가 활력을 찾지 못하는 원인은 무엇일까? 내수경기는 좀처럼 불붙지 못하고 청년실업은 갈수록 늘어나고 있다. 상품 수출로 벌어들인 무역흑자는 서비스수지와 소득수지 적자로 까먹고도 모자랄 판이다. 이제는 세상이 바뀌어 상품 수출만으론 안 된다. 서비스산업의 발전 없는 제조업 수출만으로는 한계가 있다.

필자는 해외 7개국에서 근무했다. 그 가운데 1990년대 중반 뉴욕 무역관에 근무할 때, 제조업 고용비중이 10%도 안 되는 미국에 세계 경제를 호령하는 힘은 어디서 나오는지 궁금했다. 속내를 들여다보니 미국은 서비스산업 고용비중이 80%를 넘어선 서비스산업 강국이었다. 특히 금융산업 경쟁력은 세계 최강이었다. 뭔가 월스트리트에 답이 있을 듯했다. 그 속내를 들여다보고 싶었다.

세계의 제조업이 산술급수적으로 커가고 있을 때 금융산업은 기하급수적으로 성장하였다. 미국 경제에서 GDP 성장에 대한 금융산업 기여도는 3할에 이른다. 세계는 바야흐로 금융자본이 산업자본을 이끄는 금융자본주의 시대다. 이러한 금융자본주의 정점에 미국이 있었다. 제조업의 열세로 무역적자에 허덕이는 미국을 세계 각국에 투자된 미국의 금융자본이 먹여 살리고 있었다.

2001년부터는 스페인에서 두 번째로 근무하는 행운을 얻었다. 세계적인 제조업이나 변변한 첨단산업 하나 없는 스페인이 10여 년 전 첫 근무를 할 때에 비해 급속도로 발전하고 있는 데 놀랐다. 관심을 갖고 들여다보니 그 힘 역시 서비스산업이었다. 20세기에 힘들었던 스페인 경제가 21세기 들어 관광산업과 금융산업이 주도하기 시작하면서 활기차게 돌아갔다. 고용창출 효과 또한 대단했다.

해외 근무를 하면서 가는 곳마다 유대인들을 만날 수 있었다. 중남미에서부터 미국, 유럽에 이르기까지 필자가 근무한 나라를 더해갈수록 그들의 힘을 더 크게 느낄 수 있었다. 금융은 물론 유통 등 서비스산업의 중심에는 언제나 유대인들이 있었다.

　도대체 그들의 힘의 원천이 무엇인지 알고 싶었다. 지난번 귀국했을 때 우리나라도 이제 예외가 아니었다. 이미 우리 생활 곳곳에 알게 모르게 유대인들의 영향력이 강하게 미치고 있었다. 이제는 유대인이 그동안의 개인적인 관심사의 대상을 넘어 우리 경제에서 그냥 지나칠 수 없는 거대한 상대방이 되어 있었다.

　서비스산업의 실체에 대해 제대로 공부해보고 싶었다. 뿌리부터 알고 싶었다. 금융산업을 비롯한 서비스산업의 뿌리를 살펴보니 거기에는 어김없이 유대인들이 있었다. 경제사에서 서비스산업의 창시자와 주역들은 대부분 유대인이었다. 더 나아가 세계 경제사 자체가 유대인의 발자취와 궤를 같이하고 있었다. 참으로 대단한 민족이자 힘이었다.

　매사에 '상대를 알고 나를 아는' 지피지기가 우선이라 하였다. 그들을 제대로 알아야 한다. 그리고 그들에게 배울 게 있으면 한 수 배워야 한다. 이런 의미에서 우리 경제가 도약하는 데 작은 힘이나마 보탬이 되고자 능력이 부침에도 감히 이 책을 쓰게 되었다. 우리도 금융강국이 되어야 한다. 그리고 다른 서비스산업에서도 경쟁력을 갖추어야 21세기 아시아 시대의 주역이 될 수 있다.

　책을 쓰면서 '경제사적 시각'과 '자본의 공간적 흐름'에 주목했다. 지금 세계에는 직접투자자본FDI이 인건비가 높은 나라에서 낮은 나라로 물 흐르듯 흐르고 있다. 그 덕에 제조업의 서진화西進化가 빠른 속도로 이루어지고 있다. 중국이 대표적인 사례다. 이를 통해 아시아 시대가 우리가 예상하였던 것보다 더 빨리 다가오고 있다.

　그러나 그보다 더 거센 물결은 세계 금융자본의 초고속 글로벌화이다. 대부분의 글로벌 금융자본은 돈 되는 곳이라면 어디든 가리지 않는다. 인터넷 거래를 통해 빛의 속도로 세계 각국을 헤집고 다니며 엄청난 규모의 자본소득을 빨아들이고 있다.

　아시아 시대는 이러한 거대하고도 빠른 복합적 흐름으로 가속화되고 있다. 흐름의 가속화는 곧 급류요 소용돌이다. 변혁의 시기인 것이다. 이렇게 급속도로 펼쳐지고 있는 아시아 시대를 맞아 우리나라가 외부의 물살에 휩쓸려서는 안 된다. 더구나 중국이나 일본의 변방에 머물러 있어서는 안 된다. 그 흐름의 중심에 올라타야 한다.

필자는 경제학자도, 경제 관료도 아니다. 경제 전문가는 더더욱 아니다. 그러나 해외 여러 나라에서 근무하면서 보고 듣고 느낀, 서비스산업의 중요성과 유대인의 힘에 대해 같이 생각해보고 싶었다. 필자는 그동안 주로 제조업 상품의 수출을 지원해왔다.

그러나 제조업도 중요하지만 앞으로는 금융, 관광, 교육, 의료, 영상, 문화, 지식산업 등 서비스산업의 발전 없이는 우리의 미래도 한계에 부딪힐 수밖에 없다고 생각한다. 미래 산업이자 고용창출력이 큰 서비스산업이 발전해야 내수도 살아나고 청년실업도 줄일 수 있다. 그래야 서비스수지와 소득수지도 적자를 면하고, 더 나아가 우리 서비스산업이 수출산업으로 자리매김할 수 있다.

무엇보다 금융산업은 우리 미래의 최대 수출산업이 되어야 한다. 우리 모두가 서비스산업의 중요성에 대해 인식을 깊이 하고 지평을 넓혀야 한다. 21세기 우리 경제를 이끌 동력은 한마디로 서비스산업과 아이디어다. 1970년대에 우리가 '수출입국'을 위해 뛰었듯이, 이제는 '서비스산업 강국'을 위해 매진해야 한다.

 이 책은 오늘날의 유대인뿐 아니라 역사 속 유대인의 궤적도 추적하였다. 이는 역사를 통해 서비스산업의 좌표를 확인하고자 함이요, 또한 미래를 준비하고 대비하기 위한 되새김질이기도 하다. 경제를 바라보는 시각도 역사의식이 뒷받침되어야 한다고 믿는다.

 책을 쓰면서 몇 가지 점에 유의했다. 먼저, 유대인에 대한 주관적 판단이나 감정을 배제하고 객관성을 유지하고자 노력했다. 가능하면 친유대적도 반유대적도 아닌, 보이는 그대로 그들의 장점을 보고자 애썼다.

 두 번째로, 유대인 이야기와 더불어 같은 시대 동서양의 경제사를 씨줄로, 그리고 과학과 기술의 발달 과정을 날줄로 함께 엮었다. 이는 경제사를 입체적으로 파악하기 위해서다. 경제사를 주도한 유대인의 좌표를 그 시대 상황 속에서 살펴보고자 함이요, 동양 경제사를 함께 다룬 것은 서양의 것에 매몰된 우리의 편중된 인식을 바로잡는 데 조금이라도 보탬이 되고자 함이었다. 유대인도 엄밀히 말하면, 셈족의 뿌리를 갖고 있는 동양인이다. 다만 오랜 역사에 시달려 현지화되었을 뿐이다.

과학과 기술의 발달 과정을 함께 엮은 것은, 경제사를 입체적으로 이해하기 위해서는 시대 상황과 함께 과학과 기술의 변천을 함께 살펴야 한다는 믿음 때문이다. 과학기술사는 경제사와 떼려야 뗄 수 없는 불가분의 관계다. 실제 역사적으로 과학기술의 발전이 경제 패러다임을 바꾼 사례가 많았다. 이미 과학과 기술의 트렌드를 알지 못하고는 경제와 경영을 논하기 어려운 시대가 되었다.

날줄과 씨줄이 얽히면서 만들어내는 무늬가 곧 경제사의 큰 그림이다. 만약 이러한 횡적 종적인 연결고리들이 없다면 상호 연관성이 없는 개별적인 역사만 존재하게 되고, 경제사는 종횡이 어우러져 잘 짜여진 보자기가 아니라 서로 연결되지 않은 천 쪼가리들에 지나지 않을 것이다.

세 번째로, 유대인의 역사와 그들의 의식구조를 이해하기 위해 그들이 믿는 '유대인의 역사책'인 구약성서를 많이 인용했음을 양해 바란다.

마지막으로 고백해야 할 것은, 이 책의 자료 가운데 많은 부분을 책과 인터넷 검색으로 수집하였다는 점이다. 이를 통해 여러 선학들의 좋은 글을 많이 인용하거나 참고했음을 밝힌다. 한 조각, 한 조각의 짜깁기가 큰 보자기를 만들 수 있다는 생각에서다. 널리 이해하시리라 믿는다.

특히 이번 《유대인 경제사》를 내면서 먼저 출간된 필자의 책들《유대인 이야기, 2013, 행성B잎새》와《유대인 창의성의 비밀, 2013, 행성B잎새》,《세 종교 이야기, 2014, 행성B잎새》에서 많은 내용을 가져왔다.

참고문헌은 익명의 자료를 제외하고는 본문의 각 페이지와 책 후미에 밝혀두었다. 그럼에도 이 책에 있는 오류나 잘못은 당연히 필자의 몫이다. 잘못을 지적해주시면 감사한 마음으로 고치겠다. 끝으로 이 책을 사랑하는 코트라KOTRA 식구들에게 바친다.

지은이 홍익희

CONTENTS

I

아브라함 시대의
다신교 사회

JEWISH ECONOMIC HISTORY

유대인의 역사를 기록한 책이 있다. 바로 구약성서이다. 구약성서 창세기는 인류의 3대 조상에 대해 쓰고 있다. 첫째 조상은 아담이요, 둘째 조상은 노아요, 셋째 조상은 아브라함이다. 그런데 가장 자세히 쓴 게 아브라함이다. 성서의 연대를 보면 노아가 기원전 3000년경이요, 아브라함이 기원전 2000년 즈음이다.

유대민족의 출발점을 이해하기 위해선 아브라함이 살았던 우르의 수메르 문명을 알 필요가 있다. 우리는 유대인의 조상 아브라함이 유목민 출신으로 알고 있지만, 그것은 사실이 아니다. 그는 수메르 문명이 가장 발달했던 우르에서 태어나고 자랐다. 그 무렵 아브라함이 살았던 갈대아 우르는 교역이 활발한 국제 항구도시였다. 아브라함은 도시의 부유한 가문 출신이었다. 당시 수메르 문명은 놀랍도록 발달한 고등문명이었다. 너무 물질이 발달하자 부작용도 일어났다. 사람들이 지나치게 타락하고 우상숭배가 만연했다.

그런데 수메르 문명이 고도로 발달한 문명이라는 사실은 수메르 점토판 문자가 판독된 20세기 전후해서야 밝혀졌다. 그때까지 고대 오리엔트에 대한 지식은 성서와 기원전 5세기 그리스 역사가 헤로도토스가 쓴 책 《역사》의 기록이 거의 전부였다.

19세기 초만 해도 사람들은 땅속을 파헤쳐 유물을 찾는다는 생각을 미처 하지 못했다. 19세기 중엽에 이르러서야 고고학자들이 옛 문헌에 비추어 심증이 가는 곳의 땅속을 파보기 시작했다. 수메르 문명은 성서에서 실마리를 찾으려는 고고학자들 덕분에 발견됐다.

더구나 글이 적힌 점토판들이 대량으로 발견되었다. 그 옛날에 글이 있었던 것이다. 이를 해독함으로써 우리는 수메르 문명의 실체를 정확히 알게 되었다. 한마디로 대단한 문명이었다.

수메르 학자 새뮤얼 크레이머가 쓴 《역사는 수메르에서 시작되었다》라는 책은 인류의 중요한 발명과 발견의 싹이 대부분 수메르에서 시작되었다고 주장한다. 그는 인류 최초의 문자, 학교, 천문학, 야금술, 도시, 민주적 대의제도 등 인류 문명사에서 중요한 것 39가지가 수메르인들이 발명한 것이라고 했다.

발굴된 문명의 정도가 주변에 비해 너무나 월등했다. 그래서 외지에서 온 이주 고등문명이거나 심지어는 외계문명이라는 설까지 나왔다. 어떻게 인류가 이렇게 폭발적으로 지적 능력을 향상시켰는지는 아직도 의문으로 남아 있다.

이러한 수메르 문명과 문화 그리고 신화와 종교는 주변과 후대에 큰 영향을 미쳤다. 그리고 가나안을 거쳐 히브리 문화와 유대교에도 반영된 것으로 보인다. 수메르 문명과 문화에 대해 알아보자.

인류 최초의 도시, 예리코

농경생활로 소금의 필요성이 증대되다

고고학 발굴에 의하면, 인류 최초의 도시는 가나안Canaan에 세워졌다. 성서에서 이야기하는 젖과 꿀이 흐르는 땅, 곧 약속의 땅 가나안은 비옥한 곳이 아니다. 가나안은 풍요로운 에덴동산이 아니라 인간이 살기에 쉽지 않은 황량하고 메마른 광야이다. 하지만 이는 인간의 단순한 생각이다. 풍요로움 끝에는 부패와 타락이 있기 쉽지만 광야에는 순수함이 있었다. 게다가 가나안에는 인간이 살아가는 데 꼭 필요한 몇 가지가 이미 준비되어 있었다. 물과 식량, 소금이 그것이다.

인간이 살아가는 데 꼭 필요한 요소가 물과 식량, 불 이외에도 2개가 더 있는데, 소금과 땔감이 그것이다. 그러다 보니 인류는 물가 근처에서 식량과 소금을 구할 수 있는 범위 내에 모여 살아야 했다. 가나안 황야 한가운데는 오아시스와 식량감인 종려나무 열매와 사해

∴ 4대 문명 발상지

의 소금이 있었다.

　인류 문명의 4대 발상지가 모두 농사를 지을 수 있으며 주변에 소금이 나는 강 하류에서 발원하였다. 인류 최초의 문명인 수메르 문명도 밀농사가 가능하고 주변 지하수에서 소금물이 올라오는 유프라테스 강과 티그리스 강 하류에서 시작되었다.

　사실 소금은 수렵 위주의 원시생활을 하던 시대에는 그리 중요한 자원이 아니었다. 동물의 고기에는 염분이 포함되어 있어 육식을 하던 시대에는 따로 소금을 섭취할 필요가 없었다. 그러나 인간이 수렵 대신 농사를 짓게 되면서 생리적으로 소금이 필요하게 되었다.

소금 바다, 사해

　사해는 신기하게도 강물이 들어오는 곳은 있는데 나가는 곳이 없다. 그럼에도 일 년 내내 엄청난 양의 물이 증발하면서 주변을 소금기 땅으로 만들고 있다. 사해에서 증발되는 수량이 유입되는 수량보다 많아 수면이 점점 낮아지고 있다. 생명체가 살 수 없어 죽음의 바다, 곧 사해死海라는 이름이 붙었다. 일반적인 바다의 염분 농도는 3.5%인데 사해는 자그마치 25%의 농도를 갖고 있다. 바닷물보다 7배 이상 짜다. 사람이 물에 떠서 신문과 책을 읽을 수 있는 정도다.

분지 내 가장 낮은 곳에 자리한 사해는 서쪽으로는 유대 산맥, 동쪽으로는 높이 1200m의 모하드 산맥으로 둘러싸여 있다. 호수 수면은 해면보다 약 400m 낮아 지구상에서 가장 낮은 지역으로 사막 한가운데 있다. 사막 고지대와 높이차가 700~800m에 이른다. 사해는 남북 67km인 폐쇄 호수로 동서로는 18km에 이른다.

인류 최초의 도시, 예리코

소금 바다 옆에 생긴 종려나무의 도시, 예리코

인류 역사상 가장 오래된 도시 예리코Jericho는 비록 광야이긴 하나 오아시스가 있어 먹을 물과 과실수가 풍부하고 소금을 쉽게 구할 수 있는 사해가 근처에 있다. 1만 4000년 전 신석기시대에 인류가 수렵채취의 떠돌이 생활을 종료하고 이곳에 정착해 살기 시작했다.

∴ 인류 최초의 도시, 예리코

∴ 예리코의 종려나무

인간이 최초로 모여 살며 도시를 이루었다는 의미는 이미 그 시절에 상업과 교역이 발전했음을 뜻한다. 황야에서는 귀중한 식량인 종려나무 열매와 인간에게 없어서는 안 될 소금 거래가 활발히 이루어졌던 것으로 보인다.

예리코는 강물이 똬리를 틀며 사해로 들어가는 낮은 들판에 있다. 예루살렘 북동쪽 36km, 사해 북서쪽 11km, 해발이 바다 밑 258m인 예리코는 지상에서 가장 낮은 도시다. 그곳 오아시스 근처에는 키가 15m를 넘는 종려나무들이 신기할 정도로 쑥쑥 자란다. 성서에서는 이 도시를 '종려나무의 도시'라 부른다.

사막의 생명나무 열매, 대추야자

지금도 예리코 오아시스 근처에는 종려나무가 많다. 일명 대추야자나무로 불리는 종려나무는 광야에서 먼 길을 가는 사람들의 필수불가결한 귀중한 식량이다.

∴ 종려나무의 열매, 대추야자

대추야자 열매는 그야말로 나뭇가지가 꺾일 정도로 주렁주렁 열리기 때문에 오래전부터 다산의 상징이었다. 큰 나무는 연 200~250kg의 열매를 거의 100년간 생산한다.

먹거리가 부족한 사막 사람들에게 대추야자는 당분과 탄수화물 공급원이다. 그래서 생명나무라 하여 숭상하고 있다. 요한의 복음서 12장 13절을 보면 예수가 예루살렘에 입성할 때 사람들이 이 종려나무 가지를 들고 "호산나(구원하소서)!"라고 하며 환영했다는 기록이 있다. 당시 사람들이 종려나무를 승리와 환희의 표상으로 삼았음을 알 수 있다.

세상에서 가장 단 과일로 알려진 대추야자는 본래가 사막 기후에서만 자라는 나무이다. 재배에 적합한 조건은 연 강수량이 많지 않은 모래땅으로 꽃이 피어 성숙할 때까지 비가 오지 말아야 한다. 한마디로 사막 지역에 특화된 과실이다.

칼로리가 높아 2개만 먹어도 식사 대용이 되며 비타민과 무기질 또한 다량 함유되어 있어 생명을 유지시키는 주식으로 사막길에 없어서는 안 되는 귀중한 식량이다. 나중에 실크로드가 개발되고 대상隊商들이 그 먼 길을 왕래할 수 있었던 것도 대추야자 덕분이었다. 지금도 사막의 베두인Bedouin족은 말린 대추야자를 주식으로 삼고 있다.

수메르보다 4000년 이상 앞선 도시, 예리코

오아시스와 종려나무 덕분에 예리코에는 일찍부터 사람들이 정착해 살았다. 샘 옆에서 돌을 쌓아 만든 제단과 뼈로 만든 용기가 발견되었는데, 탄소연대 측정법을 통해 이들의 제작 연대를 조사한 결과 1만 2000년 전 것으로 밝혀졌다.

수메르보다 4000년 이상 앞선 도시 예리코의 언덕 위에 성벽의 흔적이 있다. 1952~1958년 영국의 캐슬린 케년 박사가 이끄는 발굴단은 4m 높이의 이 성벽이 9000년 전에 건설되었다는 판정을 내렸다. 성벽과 탑은 발전된 사회조직이 존재했었다는 사실을 말해준다.

예리코는 그리 큰 도시가 아니었다. 성의 길이가 대략 300m에 너비가 160m에 불과했다. 4ha 정도의 작은 면적에 인구는 2000~3000여 명으로 추정된다. 문명이 아직 이루어지지 않았다고 믿던 시대의 도시가 발견된 것은 고고학적으로 대단한 성과였다. 인류는 소금 바다 옆에 세계 최초로 도시를 건설했던 것이다.

가나안 지역의 페니키아가 해상무역을 석권할 수 있었던 원동력도 귀중한 소금 수출로부터 시작되었다. 황하 문명보다 훨씬 앞섰던 홍산 문화紅山文化도 그 주변에 염수가 있어 가능했다. 경제사를 추적해보면 모든 문명의 탄생은 물론 도시와 국가의 탄생이 소금과 관계가 깊다.

02

고도로 발달한 수메르 문명

농경생활의 시작

인류 최초의 도시 예리코와 다마스쿠스_{Damascus} 이외에도 터키의 '차탈휘위크_{Catalhuyuk}' 유적이 있다. 8000~9000년 전 주로 수렵채집으로 사회가 유지되던 신석기시대의 차탈휘위크 유적은 1000~2000호에 약 5000~1만 명이 거주했던 당대 최대의 선사취락이었다.

하지만 이보다 더 오래된 터키 남동부 '괴베클리 테페_{Gobekli Tepe}' 유적이 있다. 이 유적은 1996년 발견된 이후 아직 전체 유적의 10%도 발굴되지 않았는데, 놀라운 것은 유적의 연대가 1만 1000~1만 2000년 전으로

∴ 괴베클리 테페 유적

스톤헨지Stonehenge보다 무려 6000년 이상 앞선다는 점이다.

하지만 이러한 인류 최초의 취락지들과 도시들이 그 뒤 발생한 수메르 문명과 어떻게 연관되는지는 아직 밝혀지지 않았다.

인류 최초의 농업이 시작되다

메소포타미아 문명의 뿌리가 되는 수메르 문명이 발생할 수 있었던 것은 유프라테스 강과 티그리스 강 상류에서 많이 자라던 야생 밀과 관련이 깊다. 사람들이 이곳에서 야생 밀을 채취하며 수렵생활을 했다. 학자들은 기원전 9050년경 레반트Levant 지역, 곧 지금의 시리아 부근에서 인류 최초의 농업이 시작된 걸로 보고 있다. '텔 아부 흐레야Tell Abu Hureyra' 유적에 그 흔적이 남아 있다.

수메르어로 유프라테스는 '큰 하천', 티그리스는 '창처럼 빨리 흐르는 하천'이라는 뜻이다. 수메르인은 자연히 유속이 느리고 수량이 풍부한 유프라테스 강줄기를 따라 농사지으며 여러 개의 마을을 이루었다.

인간이 맨 처음 재배한 농산물은 '보리'와 '밀'이었다. 인간이 야생 식물을 개량하고 재배하는 기술을 점진적으로 습득했을 것이라고 믿는 학자들은 근동 지역이 많

은 재배종을 연속적으로 만들어낸 것에 놀란다. 포도가 팔레스타인과 북부 메소포타미아의 산간 지역에서 처음 재배되기 시작했다는 사실은 이미 잘 알려진 일이다. 대홍수 후 아라라트Ararat

산에 방주가 멈춘 다음 노아가 '포도나무를 심었다'는 구약성서의 기록도 우연은 아니다. 포도뿐 아니라 사과, 배, 무화과, 아몬드, 호두 등의 과일도 모두 이곳에서 재배되기 시작하였다.

그 무렵 원시 공동체에서는 모두가 평등했다. 그러나 농경생활을 시작하여 남는 식량, 곧 잉여 생산물이 발생하면서 이를 두고 싸우기 시작했다. 계급의 출현이자 빈부의 차가 생기기 시작한 것이다. 그 뒤 사유제도가 나타나 수메르에서는 밀 생산량에 따라 계급이 달라졌다. 계급의 분화를 바탕으로 공동체가 커지면서 필연적으로 여러 통치수단이 발생할 수밖에 없었다.

메소포타미아 북쪽 사람들이 남쪽으로 이주하다

수메르 문명은 세계에서 가장 오래된 문명으로 그들이 어디서 왔는지는 정확히 모르지만 대략 동쪽의 아시아로부터 이동해 온 것으로 추정된다. 그들은 처음에는 티그리스 강 상류 지역 자그로스_{Zagros} 산맥 북쪽 산악지대에 터를 잡고 살았다. 그때에 이미 그들이 원래 지역에서 갖고 있던 발달된 문명이 있었다. 그러다가 밀 재배가 가능하고 소금물 지하수가 나오는 유프라테스 강 하류 쪽으로 이동하여 정착했다.

메소포타미아 두 강은 3000m급의 아르메니아 산악지방에서 발원하여 눈 녹은 물이 흘러 내렸다. 사람들은 강 하류에 쌓이는 비옥한 퇴적층을 이용해 밀농사를 지을 수 있었다. 그리스어인 메소포타미아는 '강 사이에 있는 땅'이란 뜻으로 '강가의 땅'이라는 뜻의 '이라크'와 같은 의미다. 메소포타미아 남부, 곧 강 하류 지역을 수메르라 불렀다. 게다가 수메르에는 염수가 있어 소금 구하기가 편했다. 문명은 대부분 강 하류 퇴적층을 근거지로 소금을 쉽게 구할 수 있는 곳에서 발생했다.

고고학 기록은 초기 우바이드기Ubaid period(고대 농경문화 성숙기)에 수메르인들이 남부 메소포타미아에 정착했음을 보여준다. 우바이드기는 기원전 5200~기원전 4500년 혹은 기원전 6090~기원전 5429년 양설이 존재한다. 그 뒤 수메르인은 기존 원주민들과도 평화적인 상호 교류 끝에 서서히 융합되어 갔음을 보여준다.

그들은 티그리스 강과 유프라테스 강 사이의 풍부한 충적토로 비옥해진 땅을 경작했다. 당시 강우량이 현재보다도 적었기 때문에 강물을 관리하여 농업용수와 식수를 잘 공급해야 했다. 수메르어에는 운하, 제방, 저수지 등과 관련된 단어가 많이 발견된다.

수메르인들은 북부에서 농업 기술을 습득한 뒤 남쪽으로 내려온 농부들이었다. 수메르의 우바이드 토기는 기원전 5700~기원전 4900년에 존재했던 북부 사마라Samarra 유적의 토기와 연속성이 발견된다. 사마라 사람들은 티그리스 강 중류에서 최초로 원시적 형태의 경작을 시작한 부족이다.

우바이드 유적과 사마라 유적의 유사성은 1980년에 프랑스 발굴단에 의해 발굴된 라르사Larsa 근처의 텔 아웨이리에서 발견된 사마라 토기와 유사한 전기 우바이드 토기에서 더욱 분명해진다. 북부 출신 농경민족이 제정일치 사회구조를 이룩하고 수자원을 효과적으로 이용할 수 있는 기술을 습득하면서 더욱 어려운 환경에서도 살아남을 수 있게 되어 남쪽으로 이주한 것으로 보인다.✤

✤ 엔하위키 미러, '수메르'

고도로 발달한 수메르 문명

도시의 탄생

그 이후 메소포타미아 강 하류에 수메르 문명이 꽃피면서 에리두
Eridu를 필두로 도시국가들이 탄생하기 시작한다. 문명의 기본요소
로 도시는 상당히 중요하다. '문명'이라는 영어 단어 'civilization'도
'civis(도시민)', 'civitas(도시-국가)'라는 라틴어에서 유래한다. 그전에
도 원시적이긴 하지만 도시는 있었다. 이스라엘 사해 근처의 예리코
나 아나톨리아Anatolia(터키의 아시아 영역을 구성하는 반도)에 있는 차탈
휘위크처럼 기원전 7000~8000년경부터 독립적으로 도시가 존재했
다. 하지만 수메르에서 처음으로 도시국가들이 체계적으로 생겨나
기 시작했다.

도시는 대개 신탑이라고 여겨지는 높이 쌓아 올린 '지구라트ziggurat'

∴ 도시의 탄생

와 그 부속 건물을 중심으로 이전의 촌락에서 도시로 탈바꿈한다. 그리고 도시건축(주택, 성벽, 상하수도), 설형문자, 가장 오래된 성문법인 우르남무법전 등이 생겨나 인류사에 지대한 영향을 미쳤다.

수메르, 워낙 가진 게 없어 교역이 발달하다

수메르 지역은 이집트와 달리 주변에 금속은 물론 석재와 목재 등 문명생활에 필요한 기초재료가 귀했다. 이렇게 수메르 지역은 이집트 문명과는 태생적으로 달랐다. 워낙 환경이 척박해 가진 게 없었다. 그래서 수메르 사람들은 외부로부터 필요한 물건들을 가져오거나 재주껏 만들어 써야 했다. 그 때문에 일찍부터 교역을 하지 않을 수 없어 무역이 발전했다. 그리고 무언가 만들어 써야 하므로 불을 다루는 기술이 발달했다. 문명사를 들여다보면 문명은 풍요로운 곳이 아닌 이런 척박한 환경에서 발전했다. 토인비의 '도전과 응전' 이론이 딱 맞아떨어지는 곳이 수메르였다.

우선 수메르에는 집 지을 나무와 돌이 없었다. 그래서 그들은 아마누스 산에서 나무를 베어 오고 멀리서 돌을 가져와야 했다. 이것들을 강과 바다를 통해 가져오다 보니 배 만드는 기술이 발달했다. 그리고 배를 이용해 교역이 발전했다. 그들은 석재, 목재, 금속 등 원료를 사 오려면 이를 바꾸어 올 만한 물건이 있어야 했다. 이곳에서 산출되는 것이라곤 별로 없었으나, 다행히 퇴적층 기름진 땅이 유지되어 농사와 길쌈은 할 수 있었다. 이렇게 해서 수입품의 대가로 지불할 곡물과 옷감이 생산되었다. 이 통에 일찍이 농업과 직조 기술이 발전했다. 수메르 최초의 직물재료는 양모였다.

수메르 지역은 해마다 강물이 범람했다. 수메르 사람들은 범람이 신의 벌이라고 생각했다. 하지만 그들은 최초로 관개수로를 건설해 지혜롭게 대처했다. 관개시설과 농기구의 발달은 농업생산량을 늘렸다. 그리고 이는 주변과의 무역에 필요한 자본이 되었다.

특히 소금물 지하수로 만든 소금은 귀중한 교역물이 되었다. 고대에는 금값과 같은 귀한 소금으로 인해 교역이 발전했다. 고대에 소금이 나는 곳은 교역의 중심지가 되었다. 산간에 사는 수렵민이나 내륙의 농경민들은 그들이 잡은 짐승이나 농산물을 소금과 교환하기 위해 소금 산지로 모이게 되었다. 게다가 그곳에는 풍부한 곡식과 옷감이 있었다. 그 결과 교역이 발달하자 근처에 도시가 생기게 되고 교역로가 발달되었다.

이후 수메르 문명이 꽃피면서 기원전 5200~기원전 4500년경 에리두를 필두로 도시국가들이 생겨나기 시작했다. 마을 규모를 벗어나 도시가 탄생했음은 이미 농업 이외에 상업과 교역이 크게 발전했음을 뜻했다.

밀폐식 '가마'라는 신기술을 발명하다

그리고 나무와 돌 대신 무언가 만들어 써야 했기 때문에 불 다루는 기술이 발달했다. 그러다 멀리 있는 나무나 돌 대신 그들은 진흙을 햇볕에 말리거나 뜨거운 불에 구워 단단한 벽돌을 만드는 법을 알아냈다. 그걸로 집을 지었다. 그리고 그들은 벽돌로 배수와 관개를 위한 수로를 건설해 관개시설을 만들었다. 그들은 단단하고 깨어지지 않는 벽돌과 배수관을 만들기 위해서는 불의 온도를 높여야 했다.

더 나아가 당시 도공들은 높은 온도를 유지할 수 있는 밀폐식 '가마'를 만들어 불의 온도를 끌어올리는 원리를 발견했다. 기원전

7000~기원전 5500년의 일이다. 이것이 인류 과학기술의 첫 단추였다. 그들은 밀폐식 가마를 이용해 토기를 구워냈다.

불 다루는 기술이 문명을 창조하다

수메르 사람들은 가마를 이용해 세계 최초로 채색토기를 만들어 썼다. 채색토기란 질 좋은 진흙으로 600~1000도의 고온에서 구워낸 여러 색깔과 문양을 넣은 토기다. 대체로 붉은 바탕에 검정색 등 색깔과 문양을 넣는다. 일명 '채문토기彩文土器'라고도 한다. 고대에 밀폐식 노爐와 송풍관을 만들어 불의 온도를 600도 이상으로 끌어 올리는 기술은 대단한 경쟁력이었다.

수메르 채색토기가 전파되다

채색토기의 바탕이 붉은색인 것은 흙에 섞인 철분이 산화되었기 때문이다. 수메르 채색토기는 기원전 3500년경의 중국 허난성 양사오문화仰韶文化 채색토기보다 최소 2000~3000년 이상 빨랐다. 수

.·. 채색토기

메르 자모르 채도는 이미 기원전 7000년 전부터 만들어졌다. 다음으로 이란 시알크 채도는 기원전 5500년, 서아시아 아나우 채도는 기원전 5000년, 인도 모헨조다로 채도는 기원전 3000년께로 추정된다.

이렇듯 아시아 대륙의 동서 여러 곳에서 채도 유적이 연이

어 발견되면서 채도 문화권을 형성시킨 통로, 곧 '채도 벨트'가 있었다는 주장이 제기되었다. 스웨덴 학자 앤더슨은 '중국 채도의 서방 기원설'을 제창했다. 그는 또 채도와 함께 수메르의 농경문화가 중국으로 전해져 왔다고 주장했다.※

우바이드기의 채색토기들이 메소포타미아는 물론 페르시아 만 영역에 분포되고 있다. 당시 수메르의 종교 중심지는 에리두였다. 그러나 인근 도시인 우루크Uruk가 차츰 성장하여 에리두를 추월했다. 고고학적으로 우바이드기에서 우루크기로의 이동은 느린 물레로 만들던 채색토기에서, 빠른 물레에서 양산한 비채색토기로 바뀐다. 제4 우바이드기에서 초기 우루크기로의 이러한 변화는 논란의 여지

최고의 가마로 도자기를 구워낸 조선

인류 역사상 최고의 가마를 만들어 도자기를 구워낸 나라는 조선과 중국이었다. 18세기까지 청자와 백자를 만들 수 있는 나라는 조선과 중국 단 두 곳뿐이었다. 밀폐된 공간인 계단식 오름가마에 송풍기로 바람을 불어넣어 숯을 태워

※ 1300도 이상을 유지할 수 있는 조선의 계단식 오름가마

야 1300도 이상의 고온을 유지할 수 있어 자기가 구워진다. 당시 좋은 숯을 구워내는 기술은 단연 조선이 최고였다. 고대로부터 조선의 숯이 중국으로 수출되었다.

❖ 정수일 문명사연구가, 《한겨레》, 2006년 4월 10일

가 있으나 대략 기원전 4500년경이다.

그리고 수메르인들은 벽돌과 타일에 법랑과 유약을 칠하는 방법까지 알아냈다. 그들은 불의 온도를 더 끌어올려 도자기를 구워냈다. 또 대형 도자기 수로관을 만들어 멀리서 물을 끌어왔다. 고대의 기술이라고는 도저히 믿기지 않을 정도로 뛰어난 기술이었다. 심지어 찰흙을 원료로 거의 금속이나 다름없을 정도로 날카롭게 구워 단단한 농기구를 만들었다. 필요는 발명의 어머니였다. 그 뒤 그들은 벽돌로 주택, 관개시설, 성벽, 지구라트 등을 갖춘 계획도시를 건설했다.

우루크기

최초의 도시국가 에리두는 크게 번성하여 오리엔트 세계 최고의 문명을 창조했으나 몰락했다. 전설에 의하면 기원전 3000년경에 일어난 대홍수로 멸망했다. 대홍수가 지나간 뒤 도시국가 키시가 부상했다. 기원전 2650년경 키시Kish의 스물세 번째 왕 아가Agga는 우루크의 다섯 번째 왕 길가메시Gilgamesh와 싸워 패한다. 이때부터 우루크 시대가 시작된다.

길가메시는 인류 최초의 서사시로 알려진 〈길가메시의 서사시〉의 주인공이다. 이 서사시는 노아의 방주의 원형이라 할 수 있는 홍수 전설을 담고 있다.

우루크는 기원전 3500~기원전 3100년에 걸쳐 채색토기를 비롯하여 다양한 도기 문화를 발전시켰고 기원전 3200년경에 인류 최초의 문자를 만들었다. 이로써 기록이 전해지는 역사시대가 시작되었다. 우리가 수메르 문명을 비교적 소상하게 알 수 있는 이유이다.

이 무렵의 정치는 촌락 공동체의 평등한 원리가 남아 있어 성년 남자들로 구성되는 민회民會와 씨족장들의 장로회가 민주적으로 운영되었던 것으로 보인다. 그러나 전쟁과 같은 도시국가의 사활이 걸린 상황에서는 일시적으로 전권이 위임되는 왕이 선출되었다. 당시 우루크는 인구가 약 4만 5000명에 달할 정도로 큰 도시국가였다.

초기 왕조시대에 들어서면서 우루크, 우르Ur, 키시, 니푸르Nippur 등의 유력한 도시국가가 패권을 다투었다. 수메르는 다신교 사회로 이 중에서도 니푸르의 엔릴신을 각 도시의 왕들이 선망하여 수메르의 중심 신이 되었다. 각 도시는 신의 소유라고 생각되어 성벽으로 둘러싸인 신전을 중심으로 한 시역과 주위의 농경지로 이루어졌다. 정치, 경제, 군사, 생활 등이 모두 신전을 중심으로 이루어지는 신전 공동체 국가였다. 초기 왕조시대 500년간 각 도시국가가 서로 다투었다. 도시 간의 전쟁이 자주 있자 점차 왕권이 신장되는 한편 세습화되었다.

수메르, 주변과 활발히 교류하다

기원전 4500~기원전 3100년 우루크기에 대량의 물품이 수메르의 운하와 수로를 통해 거래되면서 거대한 신전 중심 도시들이 많이 세워졌다. 집권 관료층이 전문 일꾼들을 고용했으며 이 시기에 노예 제도가 시작되었다는 많은 증거가 발견되고 있다.

수메르 문명을 이루었던 도시국가들은 에리두, 키시, 우루크, 우르, 라가시Lagash 등 10여 개가 경쟁하고 있었다. 수메르 최초의 고대왕국은 에리두였다. 수메르 신화에 의하면 하늘 신 '안An(아누Anu)', 대기의 신 '엔릴Enlil', 물의 신 '엔키Enki'가 다른 신들인 '아눈나키Anunnaki' 50명을 이끌고 땅으로 내려와 최초로 건설한 도시가 바로 에리두라고 한다.

또한 수메르의 많은 공예품과 우루크의 식민지들이 터키의 타우루스 산맥과 지중해 서안 그리고 이란 중부에 이르는 넓은 지역에서 발견되고 있다. 수메르 상인들에 의해 우루크기의 수메르 문명은 주변에 영향을 미쳐 점차 주변 세력들도 성장했다. 그러나 수메르 도시국가들은 아직 먼 거리 식민지를 무력으로 제압할 만한 군사력은 갖추지 못했다.

우르기

수메르 최강의 도시국가로 알려진 우르는 흥망성쇠를 3번이나 반복했다. 기원전 2640년경에 왕조가 시작되어 170여 년간 지속되다 기원전 2463년 라가시에게 멸망한다. 그 뒤 기원전 2400년경 우르 제2왕조가 시작되지만 116년 후 북쪽의 아카드Akkad족에게 멸망한다. 아카드족은 셈족 계열로 분류된다. 아카드 제국은 기원전 2159년 구티인Gutian에게 멸망한다. 아카드 멸망 후 우르의 영웅 '우르남무Ur-Nammu'가 기원전 2111년 우르 제3왕조를 세운다.

수메르 최강의 도시국가로 알려진 우르는 아브라함이 출생한 고향으로 성서에는 '갈대아 우르'라고 기록되어 있다. 우르가 최강의 도시국가로 불리는 이유 중 하나는 그들이 남긴 유적과 유물에 있을 것이다. 그들이 남긴 거대한 지구라트와 황금 투구, 황금 소머리 하프, 황금 보검, 청동제 화살과 꽃병 술잔, 황금 나뭇잎과 장미로 장식된 왕비의 관冠, 도미노 게임판과 패, 주사위 등등 찬란했던 고대왕국의 모습이 쉽게 그려진다. 우리가 수메르 문명의 것이라고 사진을 통해 보는 대부분의 유물이 우르의 것이다.

제3왕조 초대 왕 우르남무는 도시의 성벽을 재건하고 궁전과 월신 난나$_{Nanna}$를 위해 웅대한 지구라트를 건설했다. 또한 우르남무의 법전은 후일 함무라비법전의 모태가 되었다. 당시 우르는 운하로 연결된 항구도시로 국제교역이 발달해 있었다. 다수의 점토판이 발견되어 당시의 경제생활과 교역활동을 전해준다. 그러나 이 왕조도 5대 107년간 계속되다가 엘람인$_{Elamite}$의 침입으로 멸망했다. 우르는 훗날 퇴적작용으로 강이 물줄기를 바꾸는 바람에 내륙이 되어버렸다.

인류 최초로 도시 건설: 상하수도 시설까지 갖추다

고고학자들은 수메르 주택단지를 파 들어가다 깜짝 놀랐다. 최초의 문명임에도 건물 하나에 많게는 수백 개의 방이 있었다. 수메르 사람들은 이런 건물을 비롯해 대단위 주거지역을 이루며 살았다. 파들어갈수록 대단했다. 하나의 도시였다. 그들은 인류 최초로 도시를 만들었던 것이다.

수메르에는 자연발생적으로 생겨난 도시들도 있었으나 대부분 계획도시였다. 도시의 발명이 지닌 역사적 의의는 크다. 인간들이 모여서 주거지를 건설하고 조직이라는 것을 만들어 서로 간의 삶을 규율하게 된 사건은 오늘날까지 인간 삶에 결정적인 영향을 끼치고 있다. 메소포타미아에는 석재가 귀했기 때문에 수메르인은 점토를 구워 말린 벽돌로 집을 지었다. 건물 하나가 많게는 수백 개의 방을 보유했고 현대판 회의실 그리고 연회석을 상상하게끔 하는 큰 거주공간을 보유한 점으로 보아 수메르인들은 조직적인

∴ 수메르 갈대아 우르의 유적지

주거지역을 이루며 살았던 것으로 보인다. 또한 그 벽돌로 배수와 관개를 위한 대수로를 건설했다. 수메르인은 비교적 짧은 기간에 인구 1만 명 정도의 도시국가들을 여러 개 건설했다.

더욱 놀라운 것은 그 무렵에 이미 도시 전체에 완벽한 상하수도 시설이 있었다는 점이다. 정수, 송배수 등을 거쳐서 물을 공급하는 체계를 훌륭히 갖추고 있었다. 수도관은 고열로 구운 진흙과 역청으로 만들어졌는데 오늘날의 시멘트나 도자기와 유사했다. 이런 도자기를 굽는 '불 조작 기술'이 청동기시대의 야금 기술을 가능케 했다.

청동 야금술, 수메르의 도시화를 촉진하다

금속시대부터는 불 다루는 기술이 중요해진다. 구리는 1085도 이상의 불을 때야 녹아 나오기 때문이다. 이런 불은 노천에서 나무를 태워서는 얻을 수 없다. 밀폐된 공간에서 숯(목탄)을 이용해 불을 피워야 한다. 구리와 주석을 섞어 가열하면 그보다 낮은 온도인 800~900도에서 녹으면서도 식으면 더 단단해진다. 이것이 바로 청동이다.

인간이 도처에 산재하는 철보다 앞서 청동 야금술을 먼저 개발한 이유는 바로 녹는점 때문이다. 철은 녹는점이 더 높았다. 철의 종류에 따라 다르긴 하지만 더 높은 온도인 1130~1539도가 되어야 녹는다. 이러한 광물의 사용으로 경제사에 '기술의 역사'가 시작되었다. 이때부터 기술의 발전이 경제 패러다임을 바꾸는 중요한 계기가 된다.

청동기시대 초기에는 부족장들이 청동을 독점했다. 그만큼 청동이 귀했기 때문이다. 주로 청동으로 권위를 상징하는 종교용 제기와 무기를 만들었다. 그 뒤 기원전 4000년대 중엽에 수메르에서 발달한 청동 야금술이 도구와 무기를 만들어내면서 수메르의 도시화를 가속화했다. 기원전 3000년 무렵에는 청동이 중동 지방까지 널리 알려지고, 유럽에도 전파되기 시작했다. 이렇듯 청동기시대를 수메르인이 열었다.

아브라함이 살았던 기원전 2000년대에 청동 사용량이 크게 늘어났다. 그 이유는 영국 남단 콘월에서 대규모 주석광산이 개발되었기 때문이다. 콘월에는 주석광상, 구리광상, 납·아연광상이 연달아 함께 있었다. 이 시기에 생산된 청동기의 상당 부분은 이 광산에서 채굴된 주석을 사용했다. 그 무렵 이미 먼 거리 해상교역이 활발했다는 이야기다.

납땜과 거푸집 발명으로 무기 대량생산이 가능해지다

아브라함이 살았던 우르에서는 우수한 공예품들이 많이 발굴되었다. 이는 납땜 기술이 대단했다는 것을 뜻한다. 보통 아연과 납은 함께 나온다. 아연광석은 보통 80~90% 정도의 아연에 나머지는 납이다. 아연을 다루다 납땜이 발명되어 이를 계기로 세공술이 발달했다. 우르의 왕묘에서 나온 납땜 공예품들은 오늘날과 비교해도 큰 차이가 나지 않는다. 납땜 기술은 무기의 발전도 가져왔다.

한편 이 시대에 이르러 녹인 쇳물을 거푸집에 부어 주물을 만드는 기술이 발달해 도구와 무기의 대량생산이 가능해졌다.

최초의 문명국가인 수메르는 원래 여러 도시국가가 잦은 전쟁을 일으키는 지역이었다. 더불어 끊임없는 유목민의 침공에도 대비해야 했다.

∴ 기원전 3500년경의 수메르 만곡도

이를 위해 청동 단검과 긴 칼인 만곡도, 투창용 창, 도끼 등이 만들어졌다. 새로운 발명품 가운데 가장 중요한 것은 검이었다. 역사에서 연장을 겸하지 않고 오로지 싸우는 데에만 쓰인 최초의 물건이 바로 검이다. 이어 거푸집을 이용하여 화살촉과 도끼를 만들었다.

초기에는 청동이 많지 않아 무기가 널리 보급되지 못했다. 오히려 돌로 만든 무기가 더 많이 쓰였다. 그 뒤 교역을 통해 구리와 주석이 다량 확보되자 청동 무기의 수가 늘어났다. 거푸집으로 화살촉과 검 그리고 창과 도끼를 대량으로 만들었다. 무기가 대량으로 생산되자 사람들은 다른 지역으로 쳐들어가 필요한 걸 빼앗아 오는 게 농경과 수렵보다 세력을 더 빨리 늘리는 방법이 되었다. 이로써 전쟁이 빈번해졌다.

후기 청동기시대에는 청동 갑옷과 투구도 만들어졌다. 발달된 청동 무기를 쓰는 민족이 당연히 쉽게 주변을 제패했다. 전쟁포로를 데려다 노예로 부려먹는 노예경제가 시작됐다. 수메르에서 시작된 청동 무기 사용은 중앙집권형 국가를 탄생시켰다.

세계 최초의 군대 탄생

이러한 끊임없는 전쟁 때문에 수메르 지역은 당시에 가장 발달된 무기와 군대가 탄생했다. 수메르인들의 가장 혁명적인 기술은 바로 전쟁에서 새로 발명된 바퀴를 응용했다는 것이다. 수메르인들은 기원전 2600년 이전부터 전차를 발명한 것으로 보인다. 이때의 전차는 바퀴가 4개인 4륜전차로 4마리의 말이 끄는 형태의 전차였다. 이러한 무기의 발달 이외에도 수메르인들은 세계 최초로 전문무사 계

충으로 이루어진 상비군과 주
민들의 일부를 징병하는 징병
제를 탄생시켰다. 수메르의 주
요 도시국가들은 각기 약 3만
5000명 내외의 주민을 지배하
고 있었는데 기원전 2600년경에
이르면 수메르의 각 도시들은
600~700명의 전문무사로 구성
된 상비군이 핵심을 이루고, 최

∴ 방패와 창이 보이는 밀집진형 모습의 부조

대 수천 명까지 동원되는 예비군들로 세계 최초의 군대를 만들었다.

수메르의 갑옷이나 무기를 살펴보면 수메르 군인에서 정예군은
가죽으로 만든 두꺼운 망토에 목 부분이 꽉 조여져 있고 청동 단추
들로 많이 장식된 갑옷을 입었다. 청동 단추들은 방호성을 높여주며
적군에게 위엄을 보이게 한다. 이 갑옷은 안에 두꺼운 심을 덧대거나
두꺼운 재질로 만들어져 있어 날아오는 주먹의 힘을 흡수하는 데에
도 도움이 된다. 그리고 그들은 청동 투구를 썼으며 청동검을 지니고
있었다.

민간인과는 확연하게 구분되는 전문적인 상비군의 출현은 상당
한 훈련을 요하는 밀집전투대형
(팔랑크스)의 탄생을 가능하게 해
줬다. 이후 세계의 주요 문명국
가들의 기본진형 형태가 되는
밀집진형은 각 병사들이 대오를
맞추고 1열의 병사가 쓰러지면

∴ 밀집진형

2열의 병사가 그 빈자리를 메꾸는 식으로 집단적인 힘으로 적에 대항하는 형태의 진형이었다.

인류 최초의 언어, 수메르어

수메르 문명이 인류에게 무려 100가지가 넘는 '최초의 것'들을 선물했다. 문자, 바퀴, 고층 건물, 음악과 악기, 야금술, 의학, 조각, 보석, 도시, 왕조, 법률, 사원, 기사도, 수학, 천문학, 달력 등이다. 그 가운데에서도 가장 중요한 것이 문자다. 인류가 사용한 최초의 문자는 기원전 3500년경의 도시국가 우루크에서 썼던 수메르어다. 우르 사람들도 이 쐐기문자를 썼으니 아브라함도 이 문자를 사용했을 것이다.

수메르인들은 메소포타미아의 기름진 땅에서 농사를 지으며 살았는데 신전을 지어 신에게 제사를 지내는 일을 중요하게 생각했다. 제사에는 그해 거둔 곡식, 가축, 노예 등을 제물로 바쳤는데 그 제물의 품목을 단순한 그림으로 기록했다. 수메르인들은 형체가 있는 물건의 모양을 본떠서 글자를 남기기 시작했던 것이다. 예를 들어 사람을 표현하려면 사람 모양을 그리고, 새를 표현하려면 새 모양을 그려서 초보적인 표현을 남겼다. 이런 초보적인 문자가 상형문자이다.

이것이 점점 간단한 기호로 바뀌었으며 그것을 '설형문자'라고 한다. 그림문자가 개념을 표기하고 발음을 가지게 되면서 단어문자로 발전한 것이다. 그리고 글자의 선이 쐐기풀 모양이라 '쐐기문자'라고도 한다.

애초에 약 2000개 정도의 문자기호를 사용했는데 지금으로부터 약 5000년 전에 800개

∴ 물품 보관 기록 등 점토판 문서

정도로 정리된다. 이후 기원전 약 2800~기원전 2600년경에 이 지역에서 지배권을 확보하는 셈계 아카드인이 약 570개 정도로 줄이고, 이 중 약 200~300개 정도가 일상적으로 사용되었다고 한다.

농사와 관련된 것을 기록하기 위해 문자가 발명된 것으로 보인다. 우르의 사원에서 발견된 점토판을 보면 식량을 계량해서 주민들에

우리말과 뿌리가 같은 교착어

한 가지 재미있는 사실은 수메르어 어순이 우리 한글과 비슷하다는 점이다. 문장이 주어+목적어+서술어의 순이다. 그뿐만이 아니다. '-가', '-을' 등의 토씨를 붙여서 말을 만드는 교착어膠着語다. 이것은 알타이어의 큰 특징이다. 영국의 《대영백과사전》은 수메르어와 한국어는 동일한 교착어로서 그 어근을 같이하며 그것은 터키어와는 다르고, 오히려 한국어나 일본어와 비슷하다고 했다.

또 단어도 비슷한 게 많다. 1인칭을 '나', 3인칭을 '그'로 지칭하는 것을 비롯해 엄마를 '움마'라 부른다. 아버지를 집에서는 '아바', 남에게 말할 때는 '아비'라 하며, '밭'을 '받', '길'을 '기르'라 불렀다. 그리고 상대방을 높여 부를 때는 이름 뒤에 '님'자를 붙였다. '하늘'을 '아눌'이라 하고 높인 말, 곧 '하늘님'을 '아눌님' 혹은 '아누님'이라 불렀다.

인류의 언어는 3가지로 나뉘는데 고립어, 교착어, 굴절어가 그것이다. 고립어는 단어의 변화가 없고 문법적 관계가 어순에 의해서만 결정된다. 중국어가 고립어이다. 굴절어는 단어 자체의 형태 변화로 문법적 특성을 나타낸다. 인도유럽어족, 라틴어, 셈어족이 이에 속한다. 영어도 처음엔 굴절어여서 대명사는 he-him으로 변환되고 동사는 go-went-gone으로 변환된다.

3가지 언어 중 고립어는 뜻이 분명치 않고, 굴절어는 외워야 할 단어가 너무 많지만, 교착어는 한 단어에 문법적 위치에 따라 접미사만 바꿔주면 되니 간단하고 뜻이 명확해 가장 우수한 언어라 할 수 있다.✤

✤ 안창범 제주대학교 명예교수, 〈수메르어와 한국어는 교착어이다〉

게 분배하는 일에 관한 내용이 대부분이다. 문자가 본디 지배층의 통치수단의 하나였음을 보여준다. 이외에도 상업과 교역을 위해서도 문자는 필요했다.

우리는 역사의 기록이 없는 시대를 '선사시대'라 부르고 기록이 남겨진 시대를 '역사시대'라 부른다. 수메르 문명이 인류 최초의 문명으로 인정받는 것은 바로 이 역사시대를 최초로 열었기 때문이다.

우리가 수메르 문명에 대해 잘 알게 된 것은 그들의 문자를 해독했기 때문이다. 수메르인은 점토판 문자를 통해 그들의 이야기를 자세히 전하고 있는 것이다.

신석기시대 으뜸 발명품, 바퀴

신석기시대에 인류가 발명한 것 가운데 으뜸이 바퀴다. 고대인들은 무거운 물건을 옮길 때 동그란 돌멩이나 통나무를 밑에 깔아 굴렸다. 바퀴의 원시적 형태다. 피라미드를 쌓을 때 쓰던 큰 돌들이 이렇게 운반되었다.

고고학에 따르면 바퀴가 처음으로 사용되기 시작한 것은 기원전 5000년경으로, 탈것에 부착된 것이 아니라 도공陶工들의 물레에 처음 사용되었다. 이 바퀴가 수메르인의 큰 발명 가운데 하나였다. 바퀴를 이용해 수메르인들은 돌림판, 곧 물레potter's wheel를 돌려 채색토기를 만들었다. 이후 물레는 솜이나 털 따위를 자아서 실을 만드는 기구로 발전한다.

탈것에 바퀴를 달아서 사용했다는 가장 오랜 기록 역시 기원전 4000~기원전 3500년의 수메르였다. 하지만 처음에 바퀴 달린 수레는 의식儀式이나 행사 때만 사용되었다. 전쟁에 수레가 쓰인 것은 나

중 일이다. 이후 바
퀴는 빠른 속도로
전파되어 중요한
운송 수단이 됨으
로써 육상교통의
혁명이 시작되었다.

기원전 5000년

∴ 도공들이 사용하는 물레

경에 만들어진 원판형 나무바퀴가 물레에
사용되었다가 그 뒤 기원전 4000~기원전
3500년에 두꺼운 나무판자를 이어 만든 튼
튼한 나무바퀴로 진화하여 탈것의 바퀴로 사
용되었다. 이것이 발전하여 기원전 2600년경
우르의 수메르인들은 통나무를 이어 만든 단

단한 원형 나무바퀴를 전차 바퀴로 사용했다. 이 전투용 사륜전차
를 이용한 강력한 군대로 우르는 주변을 석권할 수 있었다. 우르의 유
적에서 발굴된 포로를 잡아 개선하는 자개상감 그림에 전차의 모습
이 나타나 있다. 전차는 말을 타고 빠르게 이동하면서 적을 공격할
수 있는 훌륭한 도구였다.

전투용 전차 이외에 사람들이 타고 다니는 마차와 짐을 끄는 수레
도 있었다. 우르에 살았던 아브라함도 필시 먼 거리 이동에는 이런 마
차를 타고 다녔을 것이다. 그의 이주를 나타내는 그림에 나귀나 낙타
를 타고 이동한 것처럼 묘사한 것은 수메르 문명이 발견되기 이전의
것들이라 잘못된 고증으로 보인다.

기병보다 전차가 먼저 등장한 이유

기병보다 전차가 먼저 등장한 이유는 고대의 말이 지금보다 덩치가 매우 작았기 때문이다. 우리가 아는 큰 말이 등장한 것은 한참 후인 기원전 1000년경이다. 유전자 변이와 의도적인 교배를 통해 만들어졌다. 원래의 말은 덩치가 작아 사람이 타기 어려웠다. 탄다 해도 허리 부분이 아니라 엉덩이 쪽에 앉아야 했다. 그리고 힘이 달려 기동력과 체력이 지금 말에 비할 바가 못 되었다.

기원전 2400년경에는 바퀴살이 있는 바퀴가 처음으로 등장했다. 바퀴살이 발명됨으로써 훨씬 더 가벼운 바퀴로 더 많은 물건을 실어 나를 수 있었다. 이때부터 사륜전차는 기동성이 좋은 이륜전차로 진화한다. 이후 인류는 수레가 있었기에 발전할 수 있었다. 수레를 이용해 대규모 관개시설과 성을 건설하는 데 필요한 자재들을 운반하

.. 기원전 2600년경에는 말이 상당히 작았다.

여 고대왕국을 건설할 수 있었다. 또 먼 거리 이동을 원활케 하여 공간을 좁히고 시간을 줄이는 효과를 가져왔다. 그 뒤 바퀴를 더 강하게 만들기 위해 구리로 테를 둘렀다. 말하자면 수레는 오늘날 기계문명의 효시였다.

인류 최초의 화폐, 세겔

수메르인이 남긴 유산 가운데 경제사에 가장 큰 족적이 화폐의 발명이다. 기원전 9000년경부터 사람들은 종종 교환의 단위로 가축을 사용했다. 그 뒤 농업의 발달로 사람들은 물물교환을 위해 밀 다

발을 사용했는데 그 밀_{she} 다발 kel을 '세겔_{shekel}'이라 불렀다. 이후 수메르인들은 이미 기원전 3000년경에 동전 주화를 제조해 사용했던 것으로 보인다. 그들은 이 동전을 세겔_{shekel}이라

∴ 예수 당시 성전세 납부용으로 주조된 이스라엘 세겔 은화

불렀다. 인류 최초의 화폐단위였다. 이렇게 수메르인은 화폐를 발명해 물물교환을 한층 수월하게 했다. 그러나 큰 거래에는 금, 은이 사용되었다. 성서에도 아브라함이 사라를 위해 묘지를 살 때 화폐단위로 '세겔'을 사용했다.

중국과 아프리카 등지에서 송아지, 소금, 조개껍데기 등을 화폐로 쓸 때 유대인들은 벌써 금괴와 은괴를 사용했다. 금괴의 단위도 만들었다. 금괴 25kg을 1달란트, 1달란트는 60미나, 1미나는 60세겔이었다. 이스라엘은 지금도 화폐단위로 세겔을 쓰고 있다. 세겔은 인류 최초의 화폐단위이자 가장 오래 쓰이고 있는 화폐단위다.

첨단 세석기, 흑요석

메소포타미아 강 상류의 아르메니아 고원에는 귀한 흑요석_{obsidian}이 있었다. 노아의 방주가 대홍수 끝에 도착한 곳이라는 아라라트 산의 격렬한 화산 폭발 때 만들어진 것이다. 용암이 폭발할 때 생기는 유리질 광석이다. 무엇보다 가볍게 내리치면 예리한 날을 만들 수 있다는 것이 특징이다.

석기시대에 흑요석은 이른바 세석기細石器로 일상생활에 요긴한 칼이나 화살촉, 낚싯바늘 같은 것을 만들어 사용했다. 그들은 이 흑요

석을 가죽배에 실어 수메르에
공급했고 수메르 상인들은 이
것을 멀리까지 여러 곳에 수출
했다.

흑요석은 극히 한정된 화산
지역에서만 나오는 데다 출토지
마다 특이한 구조적 성질을 띠어 이를 분석하면 원산지를 추적할 수
있다. 이를 통해 당시 먼 거리 통상에 종사하는 상인들은 뒤의 페니
키아 상인만큼 활동범위가 넓었음을 알 수 있다.

수메르 활발한 해상교역, 선박의 종류만 105종

티그리스 강과 유프라테스 강 사이의 메소포타미아 지역은 왕래하
기가 쉬운 개방적인 지리 조건을 갖고 있었다. 이런 개방적인 환경은
민족 간의 활발한 교류를 가능하게 했다. 당시 수메르인은 배를 타고
홍해 주변과 인도양까지 진출해 인더스 문명과도 교류했다. 또 상인
들은 사막 길과 바다를 통해 페르시아 만에서 시리아와 소아시아까
지, 나일 강에서 키프로스 및 크레타까지, 그리고 저 북쪽의 흑해까
지 진출했다. 믿기지 않을 정도로 활동반경이 넓었다.

그 무렵 해상교역이 활발해 선박 제조 기술도 발달했다. 아카드어
로 번역된 선박 기술서에는 크기, 행선지와 사용 목적에 따라 105종
이나 되는 선박의 종류가 있었다.

인더스 문명과의 교류

이렇게 선박이 발달하고 먼 거리 통상이 활발해 그들은 홍해를 거

쳐 인더스 문명과도 교류가 많았다. 인더스는 물론 멀리 동방까지 교역했다. 수메르 사회는 모든 일에 계약문서를 만들었다. 심지어 혼인문서도 만들어 각자 보관했다. 계약서에는 도장이 필요했다. 초기 도장은 보석이나 돌에 문양을 새겨 사용하다 후기 들어 원통도장이 쓰이게 된다. 실린더형 원통도장은 점토판에 문양을 음각으로 새겼다. 이를 점토판 위에 굴려 서명하면 조각이 양각으로 부조된다. 고대 인도의 모헨조다로 유적에서 수메르에서 만든 실린더형 도장과 우르산 녹색 활석들이 많이 발견되어 서로 교역이 빈번했음을 알려준다. 활석은 부드러운 광물로 도료, 도자기 제작에 쓰인다.

고고학에 따르면 수메르는 인더스에 양털, 모직, 활석, 노예를 수출했다. 그리고 인더스는 수메르에 금, 구리, 터키옥, 구슬 장식품, 라피스라즐리(청금석), 히말리아산 목재, 밀, 상아, 목화, 면 등 다양한 품목을 팔았다. 수메르의 점토판 문서에 따르면, 인더스 사람들은 원자재를 그대로 내다 팔지 않고 "가공하여 더욱 가치 있는 제품으로 만들어 필요한 물건과 교환했다"고 기록하고 있다.

모헨조다로도 수메르의 영향을 받았는지 도시계획에 의해 벽돌로 건설된 도시였다. 그들은 정연한 도시계획에 따라서 견고한 주택과 목욕탕, 폭이 9m나 되는 곧은 가로街路를 건설했다. 건축 소재로는 주로 구운 벽돌이 이용되었다. 인더스 문명이 발생할 당시는 지금의 모습과 달리 우량이 많은 산림 지역이었다. 인더스 문명을 일으킨 종족은 산림

∴ 벽돌 가장자리를 석고로 몰타르한 대욕탕은 방수 처리가 완벽했다.

의 나무를 장작으로 하여 벽돌을 구웠을 것으로 생각된다. 주택에는 두꺼운 벽돌로 된 격벽이 있고 우물, 변소, 욕실과 같은 위생시설이 완비되어 있다. 배수를 위한 하수도의 발달은 현대 도시에 비해서도 손색이 없다.

당시 무역은 왕실의 독점사업

도시국가가 생기면 중심부에 가장 먼저 형성되는 것이 상인 거주 시설이었다. 그 무렵 이미 상업과 무역이 나라의 중요한 경제기반이 되었다. 당시 가난한 농민들에게서 걷어 들이는 세금에는 한계가 있어 왕실의 부는 무역에 달려 있었다. 따라서 외국과의 무역은 왕실의 독점사업이었다. 이를 위해 무역상을 지원하고 무역 루트를 안전하게 관리하고 보호했다.

수메르를 한때 통일했던 아카드의 사르곤 왕이 아나톨리아 지배 자에게 학대받고 있던 아카드 상인들을 구하기 위해 원정을 떠난 것 도 그러한 이유였다. 그 무렵 유목민 상인집단들이 육로로 뻗어나가 교역 경쟁국 간의 무역마찰이 심했음을 알 수 있다. 이후로 대부분의 국가에서 무역은 조공무역의 형태나 왕실 소속 무역상을 두어 왕실 의 독점사업이 되었다. 또 무역로에 대한 통과세가 생기고 관세가 부 과되었다.

그 뒤 아카드 왕국은 기원전 2150년경 이란 고원에서 침입해 온 산 악민족인 구티인에 의해 멸망당했다.

우르 제3왕조의 번영

또 구티인은 얼마 안 가 기원전 2100년경 수메르 우르 왕조에 의해 쫓겨난다. 다시 수메르 문명의 맥이 이어졌을 뿐 아니라 부흥기를 이루었다. 앞서 언급했듯 우르 제3왕조의 첫 번째 왕인 우르남무는 궁전과 성벽을 재건하고 월신 난나를 위해 웅대한 지구라트를 건설하고 주위에 신전을 건립하여 넓은 성역聖域을 만들었다. 또 인류 최초의 성문법전을 편찬했는데, 이것은 함무라비법전의 원형이 되었다.

또한 다수의 점토판이 발견되어 당시의 부유했던 경제생활과 교역활동을 전해준다. 당시 우르 제3왕조는 수메르 부흥기 또는 우르 제3제국으로 불리기도 한다. 이로써 우르가 번영하자 당시 무역거래에 재능을 발휘하던 아모리인Amorite들이 메소포타미아에 몰려드는 사태가 벌어졌다.

직조 기술 발달, 다양한 패션

당시 다른 주변 부족국가는 동물 가죽을 벗겨 입고 다닌 반면 수메르인들은 직조 기술을 이용해 옷을 만들어 입고 다녔다. 수메르는 농업과 더불어 길쌈을 하여 직조 기술도 발달했다. 직물 생산에는 서로 연관된 기술이 필요하다. 고대 문명사에서 직조 기술은 상당한 문명의 정도를 나타내는 척도였다. 이는 고대뿐 아니라 근대에 이르기까지도 마찬가지였다. 이미 기원전 3800년경에 아마와 양털로 만든 정교한 의류 제품들이 나타났으며 수메르인들은 염색 기술을 발견하여 옷을 물들여 입고 다녔다.

또한 아마와 양털로 옷감을 만드는 기술은 수메르 지역에서 비약적으로 발달했다. 아마와 양털로 만든 옷들이 다양한 패션으로 발전해 상당한 사치를 누렸다. 1950년대 하버드대학 발굴팀은 사카라 왕묘에서 오늘날 섬유공장에서 짜낼 수 있는 것보다 더 우수하고 가는 아마제 직물 천을 발굴했다고 한다. 수메르인의 직조 기술과 패션은 실로 고대 문명이라고 생각하기 어려울 정도다.

당시 옷감들이 어찌나 우수했던지 수메르 멸망 1000년이 지난 뒤 쓰인 여호수아 7장 21절에는 약탈을 자행하면 사형에 처한다는 포고를 무릅쓰고 유대 병사들이 '시날', 곧 수메르로 들어가 옷감 구하기를 주저하지 않았다는 기록이 있다.

인류 최초의 교육 시스템

벌써 5000년 전에 본격적인 교육이 실시되었다. 슈루파크Shuruppa 지역에서 기원전 3000년경에 세워진 학교 건물 유적이 발굴되었다. 학교는 '에두바edubba', 곧 '점토판의 집'이라고 불렸다. 처음에는 행정 관료인 서기 양성을 목표로 했다. 수메르인은 글을 쓴다는 것을 성스러운 것으로 간주해 서기를 최고의 직업으로 쳤다. 이들은 신전 서기, 공공기관 서기, 상업 서기, 학교 서기 등으로 세분되었으며 교사로도 활약했다.

그 뒤 학교에서 읽고 쓰기는 물론 수학, 신학, 지리학, 동식물학과 미술 그리고 신을 찬양하는 노래도 가르쳤다. 하프와 리라 같은 악기도 흔했다. 기원전 2000년 무렵 이미 오늘날과 같은 7음계 악보가 발명되었다. 이것은 서양 음악의 기원이 그리스가 아니라 수메르에서 시작되었음을 뜻한다.

신전 건축이 과학기술을 발전시키다

관개시설을 발전시키면서 다리 건설에 필수적인 아치도 만들어 사용했다. 기원전 4000년경에 우르에서 햇볕에 말린 벽돌로 아치를 만들었다. 이후 아치 기술이 발전한 게 돔이다. 지붕을 둥글게 만드는 돔도 수메르인이 처음으로 사용한 건축기법이다.

전쟁은 기술과 과학을 비약적으로 발전시키는 돌파구 역할을 한다. 수메르인에게는 신전 건축이 그 역할을 했다. 신전 건축에 필요한 돌들이 주변에 없었다. 그래서 불에 구운 벽돌로 지어야 했다. 벽돌과 점토용품을 만들려면 우선 크고 강한 도가니가 필요했다. 이 때문에 신전 건축은 요업은 물론 건축 기술과 기하학을 발전시켰다. 수메르에서는 원유와 역청을 이용한 화학공업도 발달하여 각종 염료와 의약품을 생산해냈다.

더욱이 제련 기술은 용광로를 발명하고 제련금속을 만들어냈다. 금속가공 기술은 고대에 있어서 놀라운 기술 문명의 한 단면이었다. 도가니가 만들어져 강한 열과 함께 온도를 임의로 조절하고 불순물 없는 정련된 금속을 채취할 수 있었다. 이미 8000년 전에 동북부 자그로스와 타우루스 산지에서 자연 금이나 은, 구리 원광을 녹이고 두드려 원하는 금속을 얻었다. 또 인력 동원을 위한 효율적인 행정조직 체계까지 발전시켰다.

수메르인들의 번영기에 사회는 부유하고 강력했다. 그들의 최대 작품은 신전이었다. 그것은 정사각형 기둥과 열주列柱들로 장식되었다. 사원의 전면은 기하학적 모형으로 된 모자이크로 장식되었다. 신전은 여러 층으로 되어 폭 180m, 길이 240m의 넓이로 현대 도시의 3블록 넓이에 해당하여 미국 국회의사당만큼의 면적이다.

철기시대, 비밀에 부친 강철 제련 기술

수메르인은 철을 '안바anbar'라 불렀다. 이는 '하늘의 선물'이라는 뜻으로 '운석'을 의미한다. 운석은 철Fe과 니켈Ni의 합금이다. 그들이 쇠로 된 칼을 가지게 된 것도 이 운철을 통해서였다. 제련 기술의 발달로 지상의 철이 가공되기 시작한 것은 대략 기원전 3000년경으로 오늘날 바그다드 근처 텔 아스마Tel Asma에서 기원전 2700년경에 사용된 철로 만든 단검과 칼날이 발견됐다. 이때부터 철기시대가 시작되었다.

고고학에 의하면 강철은 아르메니아 지방의 히타이트족이 기원전 2000년경에 개발한 것이다. 하지만 그들은 강철을 용광로에서 직접 얻은 게 아니라 연철의 표면을 열처리해가며 두들겨 강철로 변화시킨 질 낮은 것이었다. 그나마 이 기술도 히타이트족이 비밀로 하는 바람에 밖으로 퍼져나가지 못했다. 그 뒤 히타이트족이 붕괴되자 그제야 강철 제련 기술이 여러 지방으로 퍼져나갔다. 기원전 12~기원전 10세기가 되어서야 메소포타미아와 지중해 동부 지역에서 강철이 제련된 이유이다.

기하학과 수학의 발전

수메르인은 씨 뿌리고 수확할 시기를 정하는 지식과 강물의 범람에 대비하는 기술을 갖추어야 했다. 그리하여 곧 천문학과 달력을 만드는 연구를 통해 역법과 기하학, 수학이 발달했다. 그래서 탄생한 것이 농사짓는 데 필요한 물시계와 태음력이다.

수메르 점토판에는 거래 내역과 영수증이 쏟아져 나올 만큼 수학이 보편화되었다. 그리고 수메르인이 땅의 크기를 재면서 발전한 것이 기하학으로 기하학을 바탕으로 원을 360도로 표현했다. 이들은 당시 곡식의 양이나 땅의 크기를 재기 위해 곱셈과 나눗셈, 심지어 제곱근과 세제곱근을 구하는 방법도 알고 있었다.

∴ 미트라 신전의 부조, 태양신이 가운데 있고, 그 주위에 12궁도의 별자리가 새겨져 있다.

숫자 체계와 도량형은 60을 단위로 하는 12진법이었다. 또 금과 은의 가치를 정하면서 계산에 12진법을 채택했다. 한 다스가 12개인 이유이다. 사람의 손가락이 10개라 10진법 사용이 훨씬 쉬웠을 것이나 그들은 12진법을 선택했다. 그 까닭은 12라는 숫자가 성스러운 수이기 때문이었다. 그것은 태양이 매년 통과하는 12종류의 별자리, 곧 12궁도의 수였다. 구약에는 12지파가 있고, 예수에게는 12명의 제자가 있었다. 그리스 신화에는 무수한 신이 등장하지만 올림포스의 원탁회의에는 12명의 신만이 참석했다. 인도와 이집트의 신들도 주요한 신들만을 간추리면 항상 12명이다. 우리 동양의 12간지 역시 12종류의 동물들이 등장한다.

이러한 성스러운 숫자라는 개념은 곧잘 신비주의와 결합되었다. 피타고라스는 만물의 근원을 '수數'로 보고 수의 비밀을 연구하는 데 평생을 바쳤다. 유대교 신비주의 카발라Kabbalah도 성서에 쓰인 히브리어 단어의 숫자 속에 비밀이 감추어져 있다고 보았다. 위대한 과학자 다빈치나 뉴턴조차 카발라 연구에 말년을 보냈다.

뉴턴은 실제로 생의 많은 시간을 고대의 종교 연구에 투자했다. 그가 남긴 연구 결과는 사후 50년이 지나서야 출판되었는데, 우리가 알고 있는 《프린키피아: 자연철학의 수학적 원리Principia: Philosophiae Naturalis Principia Mathematica》가 그것이다. 거기서 뉴턴은 "모든 고대민족은 12명의 똑같은 신들을 믿었다"고 기록하고 있다. 유대인 인류학자 제카리아 시친Zecharia Sitchin도 이를 연구했는데 이집트, 인도, 바빌로니아, 그리스, 로마, 미케네, 기타 중동과 소아시아 문명권 각국의 여러 신을 비교 분석한 결과, 모든 중요한 신들은 항상 12명으로 구성되어 있었다는 사실을 밝혀냈다. 그리고 이 모든 다양하고 복잡한 신들의 계보와 관계가 결국은 하나의 계보로 수렴된다는 사실을 입증했다. 그 기본 모델은 수메르 점토판에 기록된 신들의 계보도와 정확히 일치했다.

과학의 첫걸음, 천문학

천문학은 동서양 가릴 것 없이 가장 먼저 태동한 학문이다. 초기에는 점성술 분야가 중요시되었다. 과학사가들은 신비철학, 곧 비학秘學이 근대과학의 모태였음을 강조한다. 시간이 지나면서 비학이 비합리적인 요소와 합리적인 요소가 나뉘면서 후자가 근대과학으로 발전했다. 점성술에서 천문학이, 연금술에서 화학이 분화되어 나왔다.

오늘날의 과학은 천문학으로부터 시작했으며, 인류 최초의 천문학
은 수메르에서 시작되었다.

요일의 유래

학자들은 요일의 순서에 관한 해답을 수메르 7층 신전탑에서 찾
아냈다. 제일 밑층에서부터 토성, 목성, 화성, 태양, 금성, 수성 그리고
맨 위 달의 제단에 힌트가 있었다. 이것은 당시 점성술사들에 의해
태양을 가운데 두고 만든 천동설에 입각한 태양계였다. 이 7층탑에
서 일곱 신에게 제사 드렸던 순서가 바로 오늘날 요일의 명칭이다. 곧
일요일은 태양신 샤마쉬Shamash에게, 월요일은 월신 난나에게 제사 드
리는 날이었다. 수메르인은 이들 행성을 상징하는 신들에게 각각 하
루씩을 봉헌했다. 태양과 달까지 포함하면 모두 7개로 여기에서 일
주일이 생겨났다.

그들은 제자리에 가만히 있
지 않고 일부 돌아다니는 별들
이 인간의 운명을 좌우한다고
생각했다. 어떤 행성은 행운을
가져다주고 어떤 행성은 불행
을 가져다준다고 믿었다. 이를테
면 전쟁의 신 마르스Mars를 상징
하는 화성은 전쟁을 뜻했고, 사
랑의 신 비너스Venus를 상징하는
금성은 사랑을 의미했다. 이러한
상징은 서양 신화의 기초가 되

∴ 미켈란젤로, 〈비너스와 삼미신에게 무장해제되는 마르
스〉, 벨기에왕립미술관, 1824년

어 그리스·로마 시대로 계승되었다. 당시에 알려진 5개 행성이 화성Mars, 수성Merkur, 목성Jupiter, 금성Venus, 토성Saturn이었다. 각 나라의 요일명에는 아직도 그 흔적이 남아 있다.

음력을 기초로 한 유대인의 히브리력

달빛은 고대인의 밤 생활에 중요한 불빛이었다. 달이 찼다 기울었다 하는 삭망朔望 주기가 정확히 되풀이되는 걸 보고 고대인들은 우주가 법칙에 의해 운행되고 있음을 느꼈다. 태양 궤도도 1년을 주기로 반복되는 것을 알았다. 그래서 이런 것들을 하나둘씩 적어가는 동안 천문학과 수학의 발달로 이어져 역법을 알아냈다.

이렇게 달이 한 번 차오르고 지는 데 걸리는 기간 29.5일이 음력 한 달이다. 그래서 한 달의 길이는 29일이나 30일이 된다. 이렇게 계산하면 1년은 354일이다. 이같이 처음에는 일 년을 354일 12개월로, 한 달은 29일과 30일로 했다. 이 역법이 소위 바빌로니아 태음력lunar calendar이다. 순수한 음력이었다. 따라서 하루는 달이 뜨는 저녁부터 시작되고 한 달은 일몰 직후 보이는 새로운 초승달 저녁부터 시작된다.

유대인의 히브리력은 여기서 유래되었다. 하루는 해가 지는 일몰부터 시작한다. 창세기 1장 5절을 보면, "…이렇게 첫날이 밤, 낮 하루가 지났다"로 되어 밤을 낮보다 먼저 적고 있다. 이는 음력을 쓰는 유대인의 습관상 해질 때가 하루의 시작이기 때문이다. 그리고 한 주일은 토요일 일몰부터 시작된다. 그래서 유대인의 안식일은 금요일 일몰부터 다음 날 토요일 일몰까지다.

그리고 한 달도 처음 초승달이 보이는 저녁때부터 시작되었다. 해가 바뀌는 정월 초하루는 가을 추분 직후의 초승달부터 시작했다.

이는 히브리력이 음력이기 때문이다. 이렇게 달을 기준으로 한 것이 음력이고, 계절 순환주기인 태양이 일주하는 주기에 맞춘 것이 양력이다. 음력의 삭망 주기는 정확히 29.530589일이고 태양년은 365.2422일이다. 그래서 음력에서는 한 달 29일과 30일을 번갈아 쓰다 보니 한 해가 354일이 되어 지구의 태양 공전 주기 365일보다 11일이 짧았다. 그러다 보니 태음력은 1년 주기가 천문상의 1회귀년, 곧 '추분에서 추분까지'의 주기와 맞지 않아 다음 해가 추분 약 11일 전에 시작되는 모순이 생겼다.

그래서 그것을 채우기 위해 윤년을 두었다. 윤달을 19년 동안 7번 집어넣는 방식을 택했다. 그래서 윤달이 있는 해는 30일이 더 늘어난다. 이 개정 역법이 소위 바빌로니아 태음태양력luni-solar calendar이다. 음력에 기준을 두면서 계절도 맞춘 역법이다. 유대인들은 지금까지도 이것을 유대력으로 사용하고 있다. 그래서 유대력은 19년마다 똑같은 시간대를 가진다.

유대력의 1월 1일은 태양력으로는 10월 전후 추분 지나 달이 처음 뜨는 날이다. 그날이 유대인의 설날이자 창조 기념일이다. 곧 추분이

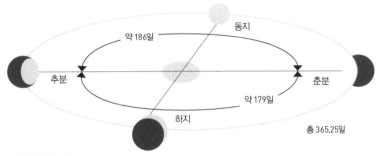

∴ 천문학적인 표준

한 해의 시작인 것이다. 봄은 일 년 중 일하는 때의 시작이고, 가을은 추수를 하고 일손을 놓는, 일하는 때의 끝이다. 그런데 유대인들은 끝이야말로 새로운 시작이라고 본 것이다. 그래서 추분 무렵에 오는 티슈리Tishri 월의 첫 이틀이 유대인들의 양력설 연휴다. 그 뒤 바빌로니아 새 역법은 일 년의 시작을 추분에서 춘분으로 옮겨 봄으로 고쳤으나 유대인들은 바빌로니아 구 역법을 조금 고쳐 지금도 추분을 한 해의 시작으로 하고 있다.

유대 역사가 요세푸스의 《유대 고대사》는 아브라함이 천문학에도 조예가 깊었다고 적고 있다. 수많은 신 때문에 생기는 폐단과 혼란을 목격하고 있던 아브라함은 어느 날 하늘의 별들을 바라보며 생각했다. "천체가 인간의 유익에 기여하는 것은 그들을 주관하시는 창조주의 명령에 순종하기 때문이다."《유대 고대사》 1-7)

라마단이 3년마다 한 달씩 앞당겨지는 연유

한편 유대력과 같은 음력을 쓰는 이슬람력은 태양력보다 부족한 11일 차이를 조정하지 않는다. 따라서 이슬람력의 정초는 매년 11일씩 앞당겨진다. 그래서 이슬람교의 라마단이 3년에 한 달씩 앞당겨지는 것이다. 유대인들은 율법을 준수하기 위해서라도 유대력을 태양력에 일치시키지 않을 수 없었다. 곧 '이집트에서의 탈출을 기념하는' 유월절은 봄에 지내라고 했는데 이슬람력처럼 매년 11일씩 앞당겨진다면 유월절을 겨울에 맞을 수도 있기 때문이다.✣

✣ 강영수 지음, 《유태인 오천년사》, 청년정신, 2003

세차운동마저 알고 있었다

이렇게 수메르인은 1년을 12달로 하는 태음력을 만들고, 다시 하루는 2번의 12시간으로 구성하는 12진법을 썼다. 그리고 한 시간을 60분, 1분을 60초로 하는 60진법을 만들었다. 그들은 북반구와 황도대의 별자리는 물론 남반구의 별자리들까지 알고 있었다. 그들이 알고 있

∴ 세차운동

었던 목성 너머 토성, 천왕성, 해왕성, 명왕성 등의 존재는 수메르 이후 완전히 잊혔다가 근세에 이르러서야 천문학과 물리학의 발전으로 다시 그 존재가 증명된 별들이다. 그들은 명왕성 너머의 또 다른 행성에 대해서도 언급하고 있을 정도다.

우리가 사용하는 달력을 만든 것도 그들이요, 우리가 알고 있는 모든 별자리에 이름을 붙인 것도 그들이었다. 무엇보다 놀라운 점은 수메르인이 사용하던 달력은 일식, 월식의 기록은 물론 행성들의 세세한 움직임도 알고 있었다는 것이다. 또한 2만 5920년을 주기로 '지구 회전축 자체가 원운동을 보이는 현상'인 세차운동마저 알고 있었다. 이 사실은 단순히 놀랍다는 말로는 설명되지 않는다.

인류 최초의 성문법, 우르남무법전

기원전 18세기 함무라비법전 이전에 이미 기원전 21세기에 우르남무법전이 있었다. 수메르 시대는 어부나 서기의 직업조차 세분화

♣ 우르남무법전 점토판

될 정도로 산업활동이 왕성했다. 그에 비례해 부패와 비리도 심했던 것 같다. 기원전 2600년 무렵의 우르카기나 왕(엔시Ensi)은 '자유, 평등, 정의'에 대한 개념을 명문화했다.

그리고 사업장의 월권과 부당한 착취, 공권력 남용, 독과점 집단의 가격조작 등에 대한 개혁령을 선포했다. 예컨대 집 한 채 값도 임의로 정할 수 없었다. 강자가 약자를 억압해서도 안 되고, 또 빈민과 과부와 고아는 물론 이혼당한 여자도 법의 보호를 받도록 했다. 그리고 부자들이 가난한 이들로부터 구매할 때는 은을 사용할 것을 포고했다. 하지만 법전은 전해져 내려오지 않는다.

수메르의 법령은 특히 상업사회의 병폐인 경제 범죄에 관한 규정이 두드러진다. 우르남무법전에 보면 사기꾼과 뇌물을 받은 자들을 나라에서 쫓아내고, 공정한 도량형을 확립했다. 이 밖에도 상당히 많은 분량의 법률 문서들이 발견되었다. 예컨대 계약서, 양도증서, 유언서, 약속어음, 영수증, 법정판결문 등이다. 심지어 식량 가격과 양$_量$, 선박, 가축의 임대료, 부동산, 재산상속, 노사관계와 세금에 대한 이의신청 절차까지 있었다.

지금까지 알려진 인류 최초의 법률 역시 수메르인들이 만들었다. 법전은 적어도 기원전 21세기 중엽에 통치했던 우르남무의 시대에 편찬되었다. 바빌론의 함무라비법전보다 300년 이상 앞선 것이다. 우르남무가 반포한 법률은 뒤에 바빌로니아의 함무라비법전에 큰 영향을 끼쳤다. 수메르인이 만든 사회제도와 관료제도, 법률 등이 후대의 제국들에 의해 그대로 차용되다시피 했다.

수메르인은 신이 지상에 정의를 보장하기 위해 왕을 임명했다고 믿었다. 따라서 법률을 정의의 개념에서 이해했다. 곧 왕일지라도 그가 얼마나 많은 땅을 정복했는가, 얼마나 나라가 부유한가로 업적을 평가하는 게 아니라 그의 행위가 얼마나 정의로운가 하는 윤리적 기준으로 평가했다. 이것은 히브리 성서에서 야훼가 임명한 판관[判官]의 이야기와 일치한다. 수메르와 히브리 민족 모두에게 판관은 '정의의 목자'로 불렸다. 각 도시 간의 연방제, 민회와 장로회가 민주적으로 운영되어 왕을 선출하기도 했다.

법전의 정신, 평등과 정의

법전은 서문에서 "강력한 전사 우르남무는 우르, 수메르, 아카드의 왕으로 도시의 주인 난나의 힘으로…, 나라에 평등을 성취하였다. 그는 악덕과 폭력 그리고 헐벗음을 근절하였고, 사원의 월간 비용을 보리 90구르, 양 30마리 그리고 버터 30실라로 설정하였다. 그는 청동의 실라 단위를 널리 쓰도록 하였으며 1미나의 무게와 1미나와 관련된 은의 세겔 무게를 표준화하였다. … 고아는 부유한 이에게는 보내지지 않았다. 과부는 힘센 이에게는 보내지지 않았다. 1세겔의 사람은 1미나의 사람에게는 보내지지 않았다"고 밝히고 있다. 그 무렵 왕권신수설과 화폐제도 그리고 고아와 과부 등 사회적 약자를 보호하는 사회정의의 개념을 볼 수 있다.

이처럼 우르남무 왕은 고아와 과부 같은 사회적 약자들이 공평하게 살도록 기초생활법을 만들고 부자들이 노예들에게 불법적으로 폭력을 쓰지 못하도록 했다. 위증자들을 벌주기 위한 새로운 법과 강도나 상해에 의한 희생자들을 돕기 위한 재정적 보상법과 남편에게 부당하게 대우받는 부인들을 위한 보상법 등을 제정했다. 초기 1세겔은 은 약 12g(180그레인) 정도로 추정된다. 은 1세겔은 대략 노동자 4일치 품삯이었다.

최초의 의회제도

최초의 의회제도가 이미 기원전 3000년에 있었다. 그때의 의회제도는 지금의 우리 것과 과히 다르지 않았다. 곧 양원이었다. 원로들로 구성된 상원과 일반 무사계급으로 구성된 하원이 그것이다. 그리스 민주주의, 그리고 로마 공화제가 수메르에서부터 기원된 것이다.

아브라함이 살았던 고등문명 도시, 우르

수메르는 주변이 아직 석기시대였던 기원전 4000년경에 청동기시대로 접어들었다. 대량의 물품이 강과 운하를 통해 거래되면서 주변에 큰 도시들이 생겨났다. 그 무렵 공예품들이 지금도 터키의 산맥과 지중해 서안 그리고 이란 중부와 멀리 인도에 이르기까지 넓은 지역에서 발견되고 있다. 수메르 문명은 이렇게 넓은 주변 세력에 영향을 미쳤다. 아브라함이 바로 수메르 문명의 중심지 우르에서 살았다.

부가 축적되자 도시계획에 의한 도시들이 많이 건설되었다. 신전 중심의 다신교 사회였다. 집권 관료층이 전문화된 일꾼들을 고용했고 전쟁포로 노예제도가 시작되었다.

앞서 언급했듯 수메르 문명을 이루었던 도시국가들은 에리두, 키시, 우루크, 우르, 라가시 등 10여 개가 경쟁하고 있었다. 성서 속의 에덴과 혼동되기도 하는 수메르 최초의 고대왕국 에리두는 기원전

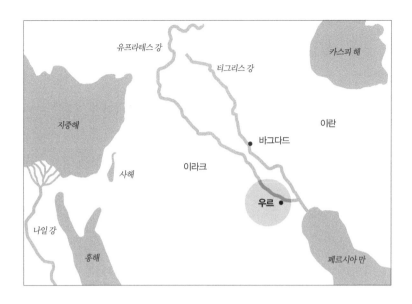

지중해

유프라테스 강

티그리스 강

카스피 해

이란

바그다드

이라크

사해

우르

나일 강

홍해

페르시아 만

5000년경에 시작되어 기원전 3000년경에 일어난 대홍수로 멸망했다.

수메르 문명이 가장 융성했던 때는 기원전 3000년기로, 역사학자들은 이 기간을 초기 왕조시대(BC 2900~BC 2350), 아카드 왕조시대(BC 2350~BC 2150), 우르 제3왕조시대(BC 2150~BC 2000)의 세 시대로 구분한다. 아브라함은 우르 제3왕조시대의 사람이다.

수메르 이주 문명설의 등장

수메르인은 대략 기원전 5000~4500년경에 나타나 에리두 도시국가를 건설한 이래 약 3000년 이상 이 지역을 지배했다. 수메르인이 어디에서 기원한 민족인지에 대해서는 분명한 정설이 없다. 고고학자들은 터키 중부 차탈휘위크와 유고슬라비아의 레페스키비르와 팔레스타인의 예리코 등지에서 9000년 전에 형성되었던 마을의 유적을 발견해 수메르 문명 역시 원래 이 지역에서 자생적으로 발전한 문명으로 보기도 한다.

하지만 일생을 수메르 점토판 해석에 바친 수메르학자 새뮤얼 크레이머Samuel Kramer는 수메르인은 높은 문명을 가지고 외부로부터 이주해 온 민족으로 추정했다. 주변 민족들의 신석기시대 생활과는 달리 청동기와 고등문명을 소유했었기 때문이다. 특히 도시가 자연발생적으로 생겨나지 않고 계획적으로 건설된 것으로 보아 더욱 그렇다는 것이다.

다른 고고학자들도 수메르인들이 원래 이 지역 원주민이 아니라 어디에선가 이주해 온 것으로 추정했다. 고고학자 헨리 프랭크포트는 한마디로 '놀라운 것', 앙드레 파로는 '돌연히 타오른 불길', 신화학자 조셉 캠벨은 '놀라운 돌발성…이 좁은 수메르의 진흙 바닥에 세계 고등문명의 씨앗이 발아한 것'이라고 표현했다.

수메르 유적 발굴에 지대한 공을 세운 고고학자 울리와 독일인 세람은 수메르인이 계단 모양의 신전을 만들어 그곳에 신을 모신 걸 보면 산악지대가 그들의 고향으로 신들은 높은 데 산다고 생각한 것 같다고 했다. 수메르 축조물 중 가장 오래된 건물이 목조건물 양식으로 지어져 있는 점으로 보아 나무가 무성한 고지대가 그들의 발원지였을 것이라고 주장했다.

수메르 외계 문명설

심지어 외계 문명설도 있다. 고고학자 제카리아 시친은 그의 저서 《수메르, 신들의 고향》에서 수메르 문명이 외계인에 의해 전파된 것이라고 주장했다. 그는 수메르 유적지에서 발견된 다양한 유물들을 근거로 들었다. 수메르인들은 자신들의 초고도화된 문명이 신들의 선

물이라고 주장했으며, '인안나
의 기도문'을 보면 인안나라는
여신이 비행을 했다는 전설, 마
리 유적지에서 발견한 물병을 든
여신상에서 헬멧 모양의 모자가
씌워진 것 등이 우주비행을 의
미한다는 것이다.

또한 로켓을 형상화한 듯한 조각도 발견됐고 기원전 13세기경 한
원통형 연장에 로켓 우주선이 하늘을 나는 듯한 그림도 있다. 시친
의 관심은 인간을 창조하고 최초에 지구에 문명을 건설한 우주인, 더
구체적으로는 12번째 행성 '니비루'에서 온 신적 존재들에 모인다.

그에 따르면 그곳에서 '아눈나키'라는 외계인들이 지구를 방문
해 인간을 창조했음을 수메르 점토판 기록에서 발견하고 이들이 바
로 성서에서 '거인'이라고 하는 '네피림'이라고 주장했다. 시친은 현
재의 과학이나 기술로도 이해하기 어려운 내용들이 수메르 점토판
에는 많이 있는데, 이런 지식의 전수자가 바로 이들이라는 것이다. 자
카리아는 한 단계 더 나아가 푸아비Pu-abi 왕비 유골 유전자 분석을
통해 그가 외계인과 인간의 혼혈임을 입증하려 했다.

우리와 유사한 풍속들

수메르인Sumerian은 '검은 머리Black Headed People'라는 뜻이다. 수메르인이라는 명칭은 아카드 사람들이 붙인 이름이었다. 그들은 자신들을 '검은 머리의 사람들'이라 불렀다.

∴ 기원전 2400년경의 수메르 구리 향로와 고구려 각저총 고분벽화의 왼씨름 자세가 똑같다. 왼씨름은 한민족 전통의 씨름 형태이다.

크레이머는 수메르인의 편편한 두개골 모양(편두)과 검은 머리 등으로 미루어 동아시아 민족 가운데 하나가 문명을 갖고 갑자기 나타나 세운 것이 수메르 문명이라고 보았다. 수메르 문명과 우리 민족의 문화가 유사한 것이 많다는 것은 이미 많이 알려졌다.

그들의 검은 머리와 편두뿐 아니라 수메르 언어가 우리 한글과 어순도 같고 토씨를 같이하는 교착어다. 고든 박사는 "수메르인들은 메소포타미아에 정착하기 전에 이미 그들의 고유한 문자인 설형문자를 가지고 왔다"고 했다. 주목할 만한 사실은 그들이 동방의 도덕주의를 바탕으로 살았다는 점이다. 학교 선생님을 아버지라 불렀고 선생은 제자를 아들이라 했다.

이외에도 신정일치와 제천의식이 우리 고조선과 비슷하고, 60진법과 음력을 사용하며, 결혼 전에 함을 지는 풍습까지도 우리와 비슷하다. 순장 풍속, 왼씨름 등 우리와 유사한 그들의 풍속이 우리 재야사학자들을 흥분시키고 있다.

역사를 증언하는 고고학 발굴

인류 최초의 고고학 발굴, 폴 에밀 보타

1840년 모술에 프랑스 영사관이 들어섰다. 영사로 폴 에밀 보타 Paul Emile Botta가 취임했다. 지금은 이라크 땅이 된 모술은 당시 교통의 요지였다. 모술 강 건넛마을에 높다란 둔덕들이 띄엄띄엄 있었다. 보타는 저녁마다 말을 타고 둔덕들을 둘러보며 집집이 점토판이나 골동품을 수소문했다. 이미 이집트 알렉산드리아에서 7년 동안 외교관으로 근무하며 고대 유적에 익숙해진 보타는 모술 시장에서 골동품들을 사들였다. 그의 목적은 유물의 출처를 알아낸 후 유적지 자체를 발굴하는 것이었다.

예언자 요나의 무덤사원이 있는 네비 유누스 Nebi Yunus 언덕에 집을 짓고 사는 사람들이 많은 골동품을 캐내고 있다는 소문이 퍼졌다. 보타는 그곳을 발굴하려 했다. 하지만 예언자의 신성을 훼손시킨다는 이유로 마을 사람들의 반대에 부닥쳤다. 보타는 할 수 없이 그곳

에서 약간 떨어진 퀸지크(양떼) 언덕을 파보기로 했다.

　그는 본디 의사였다. 고고학자가 아니었다. 그런데도 둔덕을 파보려는 까닭은, 부친이 역사학자로 평소 역사에 관심이 많았던 차에 독일인 아시아학자 줄리우스 몰이 부탁한 말 때문이었다. "대영박물관에 가면 메소포타미아 벽돌들이 전시되어 있는데, 쐐기 모양 문자가 새겨져 있습니다. 아마도 수천 년간 땅속에 묻혀 있는 엄청난 문명을 풀 실마리가 될 겁니다. 그러니 모술에 가거든 쐐기문자가 새겨진 벽돌을 찾아보고 가능하면 거기 널린 둔덕들을 파보십시오. 아시리아의 수도 니네베가 거기 묻혀 있을지도 모릅니다."

　보타는 일꾼을 모아 둔덕을 1년 가까이 팠으나 아무것도 나오지 않았다. 그러던 어느 날 모술에서 1km 떨어진 코르사바드Khorsabad에서 사람이 찾아왔다. "우리 마을에는 당신이 찾고 있는 점토판들이 얼마든지 있습니다." 보타는 일꾼 두세 명을 딸려 보냈다. 일주일쯤 지나 일꾼 한 사람이 헐레벌떡 돌아왔다. "삽질을 하자마자 벽이 나타났는데 이상한 그림들이 새겨져 있더군요." 보타는 허겁지겁 말에 뛰어올라 그곳으로 달렸다.

최초의 발굴품, 사람 얼굴에 날개 달린 짐승

몇 시간 뒤 그는 그때까지 누구도 본 적 없는 유물들을 캐냈다. 턱수염이 무성한 사람 얼굴에 날개 달린 짐승의 몸뚱이였다. 그것은 이집트에서도 보지못한 새로운 조각품이었다. 보타의 가슴은 터질 것 같았다. 발굴현장에 쪼그리고 앉아 조각품들을 모사했다. 너무도 생소한 것들이었다.

며칠 후 탐사대 전체를 코르사바드로 불렀다. 성벽이 드러났다. 땅을 팔 때마다 새로운 성벽이 나타났다. 보타는 아시리아 왕궁 가운데 하나를 발견했다고 확신했다. 그는 이 사실을 얼른 파리로 알렸다. 1843년 5월 24일이었다. 신문에 아시리아 유적이 발견됐다고 대서특필되었다. 현대 고고학 발굴의 효시였다. 폴 에밀 보타의 '땅 파기'에 프랑스는 열광했다.

전설을 역사의 세계로 끌어내다

그 무렵 이집트가 인류의 발상지라고 알려져 있었다. 에덴동산
은 다만 전설일 뿐이었다. 성서에 무려 152차례나 언급된 아시리아
제국 또한 전설에 지나지 않았다. '니네베(니느웨)'라는 말은 성서에
20군데, '아시리아'라는 말은 132군데나 나온다. 그런데 그 아시리아
가 정말 있었다. 메소포타미아에 이집트보다 더 오래된 문명이 있었
다. 학자들은 긴장했고, 기독교 신자들은 흥분했다.

니네베 근교의 여름궁전

프랑스 정부는 거금 14만 프랑을 모아 발굴한 유물을 스케치할
화가까지 딸려 보냈다. 아직 사진기가 없을 때였다. 힘을 얻은 보타
는 1843년부터 4년 동안 메마른 날씨와 말라리아에 시달리며 발굴
에 모든 힘을 쏟았다. 보타가 코르사바드에서 찾아낸 것은 기원전
709년 니네베 근교에 세워진 여름궁전이었다. 성벽이 잇따라 나오고,
방과 정원들이 속속 모습을 드러냈다. 돌을 깎아 만든 사람이나 짐
승 모습의 '조상彫像'과 편평한 돌 따위에 어떤 모양을 반입체적으로
돋을새김한 '부조浮彫'들도 쏟아져 나왔다.

거대 도시가 5년 만에 건설되다

이 도시는 기원전 8세기 아시리아 제국의 왕 사르곤 2세가 통치할
때의 수도였다. 도시 중심의 거대한 왕궁으로 700개의 방이 안뜰을
둘러싸고 있는 궁전이었다. 여기 궁전 도서관에서 약 2만여 개의 고
문서를 발견함으로써 아시리아학이 탄생했다.

왕궁 벽에는 수렵과 전쟁 모습이 채색 타일로 묘사되어 있었다. 그

리고 거대한 부조로 장식된 성벽의 길이만 사방 1.6km에 달했다. 놀라운 것은 이런 거대 도시가 단 5년 만에 건설되었다는 사실이다. 3000년 전 나라가 그토록 짧은 기간에 거대 도시를 완성할 만한 국력을 가졌던 것이다.

급류가 삼켜버린 인류 유산들

보타는 30여 톤에 달하는 거상을 네 조각으로 나누어 뗏목에 실었다. 그런데 뗏목이 티그리스 강 급류에 휘말려 그만 가라앉고 말았다. 수천 년 만에 부활한 아시리아의 석조 신과 왕들은 또다시 현실 세계로부터 사라졌다. 그러나 보타는 낙심하지 않았다. 새로운 배를 띄워 더 많은 유물을 파리로 실어 보냈다. 2500년 전 역사에서 사라졌던 대제국의 자취들은 이렇게 해서 루브르박물관에 자리 잡았다.

보타는 1843년부터 4년 동안 발굴에 힘을 쏟았는데 이 유적지의 발굴은 후임자 빅토르 플라스(1858~1865년)와 미국의 시카고대학 탐험대(1928~1935년)에 의해 계속되었다. 성곽의 훌륭한 부조, 상아 조각품, 거대한 날개 달린 황소상들이 발견되었지만, 가장 귀중한 발견은 기원전 1700년경부터 기원전 11세기 중반 무렵까지의 아시리아 왕들에 관한 기록인 '아시리아 왕 명부'이다. 보타의 후임인 빅토르 플라스는 톱질을 하지는 않았지만 강에서 마주치는 재앙을 피해 갈 수는 없었다. 1856년 루브르에 도착한 유물은 이때도 수백 점 가운데 불과 26점뿐이었다.✤

✤ 〈추적 발굴현장〉, 《스포츠투데이》

아시리아 수도 니네베를 발굴한 레어드 경

요나 이야기

유대인에게 니네베(니느웨)는 이스라엘을 괴롭혔던 적대 세력 아시리아의 수도였다. 기원전 7세기경 요나라는 예언자가 있었다. 야훼는 그가 아시리아의 수도 니네베로 가서 죄악을 책하고 선교하길 바랐다. 하지만 그는 잔인한 전쟁으로 유명한 아시리아로 가서 선교활동을 하는 것은 자살 행위나 다름없다고 생각했다. 요나는 야훼의 명령을 피해 도망가려고 지중해 건너 가장 먼 곳에 자리한 스페인의 무역도시 다르싯(다시스)으로 가는 배에 올랐다.

바다에 풍랑이 몰아쳐 파선 위기에 놓이자 사람들은 누군가 신에게 죄를 지은 결과라고 해석했다. 바다의 신에게 인신공양을 하기 위해 제비를 뽑았는데 결국 요나가 뽑혔다. 요나는 산 채로 바다에 던

져졌고 커다란 물고기가 그를 삼켰다. 요나가 회개하자 물고기가 3일 후 그를 해변에 토해냈다. 원래의 목적지 니네베에 도착한 요나가 40일 후 니네베가 파괴될 것이라고 외치자 왕 이하 니네베 모든 사람이 회개하는 놀라운 일이 벌어졌다. 물고기 사건보다 더 큰 기적이었다. 하지만 성서에 이렇게 쓰여 있어도 아시리아의 수도 니네베는 그 어

디에도 흔적조차 없었다.

한 고고학자의 집념

하지만 후에 한 고고학자에 의해 언덕 밑에서 니네베가 발굴되었
다. 영국인 오스틴 헨리 레어드Austen Henry Layard에 의해서였다. 그는 영
국인이지만 파리에서 태어나 소년 시절을 이탈리아 피렌체와 스위스
에서 보냈다. 그때 레어드는 아버지를 따라 박물관과 미술관들을 돌
아보며 골동품과 미술품 보는 눈을 키웠다. 소년은 그림도 배웠는데,
이것은 뒷날 그가 유물들을 스케치하는 데 도움이 되었다.

세계주의를 지향했던 그는 육로로 소아시아와 근동을 거쳐 인도
와 스리랑카까지 여행하는 꿈을 키워나갔다. 레어드는 스물두 살 때
무작정 아시아로 향했다. 레어드는 아무도 가본 적이 없는 뭍길을 통
해 1839년 7월 메소포타미아로 갔다. 그 무렵은 이집트와 중동 지역
의 여러 민족이 오스만 제국에 반기를 들어 몹시 어수선할 때였다.
자칫 생명을 잃을 수 있는 여행이었다. 하지만 옛 문명을 보고 싶다
는 그의 욕망은 강렬했다.

터키와 페르시아를 여행한 후 1840년 4월 그는 모술에 닿았다. 강
건너에 니네베의 폐허일 것으로 짐작되는 거대한 둔덕들이 그의 마
음을 사로잡았다. 그는 날마다 둔덕을 탐색하는 일로 하루해를 보
냈다. 아무 데도 돌기둥이나 조각품은 없었다. 둔덕들은 그저 밋밋
하게 솟은 흙더미였다. 레어드가 일주일이나 더듬은 둔덕은 높이가
28.5m나 되었다. 어림잡아 12만 톤이나 되는 흙을 파헤치려면 일꾼
만 명이 10년도 더 달라붙어야 할 만큼 어마어마했다. 빈털터리 청년
이 도전하기에는 불가능한 일이었다. 그럴수록 그곳을 파보고 싶은

마음은 뜨겁게 타올랐다.

1842년 레어드가 페르시아에 갔다가 모술로 돌아와 보니 그 사이에 프랑스 영사관이 들어서 있었고, 영사 폴 에밀 보타가 쿤지크 둔덕을 발굴하고 있었다. 레어드의 가슴이 철렁 내려앉았다. 그러나 보타를 만나보니 좋은 친구가 될 수 있을 것 같았다. 레어드로서도 발굴을 더 늦출 수 없었다. 그는 보타를 찾아가 둔덕에 틀림없이 중요한 것이 묻혀 있을 것이라고 격려한 뒤 발굴 자금을 구하러 영국으로 떠났다. 가는 길에 콘스탄티노플에 들른 그는 영국 대사 캐닝의 협조를 받기 위해 그곳에 머물러 있었다. 1845년 11월 캐닝 대사에게 비공식 외교관으로 채용되어 외교 업무를 수행하면서 신임을 얻었다.

어느 날 보타로부터 코르사바드라는 곳에서 옛날 궁전을 발굴했다는 소식이 들려왔다. 그는 더 이상 지체할 수가 없었다. 캐닝 대사에게 외교관 신분증과 60파운드를 얻은 레어드는 다시 모술을 찾았다. 그는 니므루드Nimrud로 가서 유목민 부족 우두머리와 사귀었다. 니므루드에 그가 점찍어둔 둔덕이 있었기 때문이다. 니므루드는 창세기에 나오는 노아의 증손자 니므롯Nimrod에서 비롯되었다고 본다. 그는 아시라아의 주신인 '아수르Ashur'로 니네베를 건설했다고 전해진다.

니므루드 발굴

1845년 그는 니므루드를 니네베로 잘못 알고 발굴을 시작했다. 니므루드는 성서의 도시 '갈라'다. 기원전 13세기 아시리아 수도로 약 1000년간 존재했다. 니므루드는 모술에서 동남쪽으로 30km 떨어진 티그리스 강 제방에 자리한 유적지였다. 첫날부터 삽질을 시작한 지

∴ 출처: encyber.com

얼마 지나지 않아 석판 여러 개가 나왔다. 그 얇은 돋을새김은 전투 장면을 새긴 것이었다. 전체가 짜임새 있고, 사람과 말의 근육까지도 세밀하게 새겨져 있었다. 오늘날에는 이런 조각이나 부조를 책이나 박물관에서 쉽게 볼 수 있지만, 그때는 그런 것을 본 문명인이 한 사람도 없었다.

어느 날 일꾼들이 달려와 레어드가 뛰어가 보니 날개 달린 사람 머리가 흙 위로 나와 있었다.

아시리아인은 사람의 뛰어난 머리와 사자의 힘센 몸뚱이, 독수리의 날랜 날개를 숭상했다. 사람 머리에 날개 달린 사자는 신전 입

∴ 니므루드 우물에서 건져 올린 상아 조각품: 좌로부터 니므루드의 모나리자, 스핑크스, 초원의 사자와 흑인. 아마도 갑자기 들이닥친 갈대아군의 공격을 피해 달아나면서 우물 속에 쓸어 넣었던 것으로 여겨진다.

∴ 라마수

구를 지키는 수호신이었다. 조상과 부조는 끊임없이 쏟아져 나왔다. 머리는 사람이고 몸통에는 날개가 달린 사자와 황소 조상은 13쌍이나 나왔다. 특히 머리는 인간이고 몸은 날개 달린 황소인간 '라마수Lamassu'를 많이 발견했다. 모든 신전의 입구에 있었다.

이집트의 스핑크스도 라마수와 유사하다. 인간의 머리에 몸통의 앞부분은 사자이며 뒷부분은 황소로 독수리의 날개를 달고 있다. 두 문명 사이의 관계를 유추해볼 수 있는 대목이다. 스핑크스는 인간이 생각해낼 수 있는 가장 이상적인 생명체다. 솔로몬 성전에도 날개가 10m인 두 마리의 케루빔cherubim(거룹)이 있었다. 케루빔도 스핑크스의 한 종류였다.

∴ 검은 오벨리스크

니므루드 둔덕의 폐허는 기원전 9세기 아시리아 아수르나시르팔Ashurnasirpal 2세의 궁전이었다. 그때부터 350년간 아시리아는 세계에서 제일 크고 강했다. 그 세력이 동서로는 인도에서 이집트, 남북으로는 아라비아에서 러시아까지 미쳤다. 궁전은 60만 평이나 되는 대규모 성채였다. 그곳에서 발견된 토판들이 귀중한 정보를 제공해줬다. 이 발굴로 레어드의 명성은 보타를 앞지르게 되었다. 이후 1847년까지 2년 동안 레어드는 이곳에서 6개의 궁전을 발굴해낸다. 석회석의 벽 부조에는 사람의 머리를 한 어마어마한 황소들의 석상과 유명한 검은 오벨리스크도 있다.

기원전 7세기 니네베의 센나케리브 궁전 발굴

레어드는 다음 발굴지를 티그리스 강변의 퀸지크 둔덕으로 정했다. 이번에는 틀림없는 니네베일 것으로 믿었다. 파볼 만한 곳이 많았음에도 그는 보타가 1년을 파헤쳐서 아무것도 얻지 못한 곳을 다시 파 들어갔다. 그는 둔덕의 겉모습만 보고도 어디를 파야 할지 알았다. 그 판단은 정확했다. 레어드가 예상한 대로 퀸지크는 니네베 궁전 터였다.

1849년 가을 그가 땅속 6m에서 찾아낸 니네베 궁전은 기원전 7세기의 센나케리브Sennacherib 왕의 궁전이었다. 그는 아시리아 최대의 정복왕으로, 니네베를 아시리아의 수도로 삼은 장본인이다. 왕궁은 전체 면적이 가로 180m, 세로 189m나 되는 규모였다. 레어드는 여기서 엄청난 유적을 발굴했다. 유명한 석판 유물 대부분이 여기서 발견되었다. 주요 출입구 몇 군데는 측면에 사람 머리를 한 황소의 조각상들이 나란히 세워져 있었다.

원래 니네베는 남북 4.8km,

∴ 모래가 덮인 유적지에서 복원한 니네베 성벽

동서 1.2~1.6km의 규모로, 약 664만 m²에 이르는 매우 큰 도시였다. 도시 한편으로는 티그리스 강이 흐르고 있었다. 도시 전체는 거대한 15개의 성문을 가진 내벽과 외벽으로 된 이중 성곽으로 싸여 있었다. 그뿐만 아니라 성 밖을 둘러 파서 연못으로 만든 해자moats와 강으로 둘러싸여 있는 견고한 성채였다. 고대에는 외적으로부터 방어를 쉽게 하도록 강가 옆이나 구릉지대, 산 위 등 천연적인 요새를 활용하여 성을 쌓았다. 그리고 두꺼운 성벽도 이중으로 세웠다. 또 성벽 주위에 인공 호수를 파서 외적이 쉽게 접근치 못하도록 이중, 삼중의 보호막을 설치했다.

기원전 7세기 고대의 토목 기술도 대단했다. 센나케리브는 니네베에 깨끗한 물을 공급하기 위해 80km에 이르는 석조 운하를 만들었다. 그리고 고도의 기술 수준을 보여주는 18개의 수로망을 통해 구릉지대 물을 끌어다 썼다. 새로이 들여온 목화 농사를 위해 종종 물이 부족한 때가 있던 티그리스 강과 호스르 강 대신 그는 니네베 북쪽의 산악지대에서 개울을 찾아내 그 물을 돌로 만든 대형 운하를 통해 호스르 강으로 끌어왔다.

니네베에서 점토판과 비문이 쏟아져 나왔다. 설형문자 연구에도 가속도가 붙었다. 설형문자 해독은 처음에 페르시아 지역에서 발견된 점토판에 새겨진 것을 1802년 독일인 게오르게 그로테펜트가 실마리를 푼 뒤 한동안 주춤했었다. 그러다 레어드의 엄청난 발굴에 힘입어 1857년 영국인 헨리 롤린슨이 완벽하게 풀어냈다. 이로써 아시리아 문명의 2500년 전 모습이 드러나게 되었다.✣

✣ 〈추적 발굴현장〉,《스포츠투데이》

아시리아 제국의 수도 니네베

메소포타미아에는 수메르, 아카드, 바빌로니아, 아시리아가 차례로 번성했다. 아시리아는 기원전 2500년 아수르 지역에 세워진 국가다. 상비常備 시민군을 만들면서부터 강해졌다. 기원전 1200년에는 강대국 바빌로니아까지 지배했다. 앞서 언급했듯 기원전 960년부터 350여 년간 아시리아는 세계에서 제일 큰 제국이었다. 그 세력이 동서로는 인도에서 이집트, 남북으로는 아라비아에서 러시아에까지 미쳤다.

사르곤 왕조는 사르곤 2세에서 시작되어 센나케리브, 에사르하돈, 아수르바니팔Ashurbanipal까지의 4대 90여 년을 가리킨다. 아수르바니팔 왕은 왕궁에 부속도서관을 짓고 각종 사료史料를 수집·정리했는데, 이는 오늘날의 귀중한 자료가 된다.

사르곤 왕조가 제국을 실현할 수 있었던 것은 메소포타미아를 관통하는 2대 통상로를 지배할 수 있었기 때문이다. 이를 통해 교역품과 통과물품에 대한 징세로 큰 이익을 볼 수 있었다. 그리고 정복지 공납품 유입과 그곳 주민을 강제로 이주시켜 노역과 병역 의무를 부과해 우수한 상비군을 유지할 수 있었다.

왕궁터에선 "나는 강력

∴ 궁전 벽면 부조, 아수르바니팔 왕의 사냥 모습

하다. 정말로 강력하다. 모든 왕 중에서 나와 겨룰 자는 없다"며 자신만만했던 아수르바니팔 대왕의 사자 사냥도가 발견되었다. 현재 대영박물관에 소장되어 있는데 뛰어난 사실적인 조각이다. 이러한 사실적 기법은 왕궁의 문에 2개씩 쌍으로 세워놓은 '라마수'에도 잘 나타나 있다. 사람의 얼굴에 독수리 날개를 단 거대한 황소상인 라마수는 아시리아의 수호신상이었다.

또 왕궁 도서관에는 진흙을 구운 점토판에 쐐기 모양 글자를 새긴 책이 2500개나 묻혀 있었다. 점토판은 아수르바니팔 왕이 서아시아 방방곡곡에서 거두어들인 자료였다. 거기에는 철학, 천문학, 수학, 의학은 물론 왕의 계보와 역사, 문학, 가요도 있었다.

길가메시의 서사시, 대홍수 이야기

이 도서관에 인류 최초의 서사시인 〈길가메시 서사시〉가 있었다. 〈길가메시 서사시〉는 레어드가 1851년 니네베 아수르바니팔 궁전 지하 서고에서 발견했다. 모두 12개의 점토판에 134행의 시 형태로 기록되어 있다.

길가메시는 기원전 2812년부터 126년 동안 우루크를 통치했던 왕으로 키가 4m나 되는 거인이다. 서사시의 내용을 보면, 우루크의 지배자 길가메시는 지상에서 가장 강력한 왕으로 3분의 2는 신, 3분의 1은 인간인 초인이다. 그러나 백성이 그의 압제에 불만을 터뜨리며

신들에게 길가메시에 맞서 싸울
강적을 만들어달라고 울부짖
자 천신 아누Anu와 모신 아루루
Aruru는 길가메시의 힘을 낮추기
위해 엔키두Enkidu라는 힘센 야
만인을 만든다.

∴ 돌을새김한 수메르의 거인 왕, 당시 실제 거인족이 살았
다는 설이 있다.

　길가메시와 엔키두가 싸워 예
상외로 길가메시가 이기자 둘은 친구가 된다. 둘은 삼나무 숲의 괴물
파수꾼 훔바바Humbaba를 정벌하는 모험을 떠나 그를 죽이고 우루크
에 돌아온다. 길가메시가 여신 이슈타르Ishtar의 유혹을 뿌리치자 그
녀는 아버지 아누에게 길가메시를 징벌하기 위해 하늘의 황소를 내
려줄 것을 요청한다. 길가메시와 엔키두는 하늘의 황소마저 죽인다.
신들은 엔키두가 훔바바와 하늘의 황소를 죽인 데 대해 분노하고 엔
키두를 죽인다. 친구의 죽음으로 충격을 받은 길가메시는 삶의 무상
함을 느끼고 영생을 얻는 방법을 찾아 죽지 않는 유일한 인간인 우
트나피시팀과 그의 아내를 찾아
나선다. 고생 끝에 우트나피시팀
을 만나 대홍수에 대해 전해 듣
는다.

　내용인즉, 인간들이 창조된
뒤 수많은 사람의 시끄러운 소
리로 땅의 신이 잠을 잘 수 없게
되었다. 신들은 파멸적인 대홍
수를 내리기로 결정하고 그 계

∴ 길가메시의 부조상. 코르사바드에 있는 사르곤 2세의 궁
전터에서 발견된 조상으로 품에 사자를 안고 서 있다. 파
리 루브르박물관

획을 비밀에 부쳤다. 그러나 경건한 사람 아트라하시스의 신은 꿈에 그에게 나타나 네모 상자 모양의 배를 만들고, 그의 가족과 동물들을 태우라는 지시를 했다. 모두 다 배에 오르자 7일간 홍수가 나서 온 인류를 휩쓸어 가버렸다. 신들 자신도 홍수의 영향을 받았다. 인간이 멸망되면서 그들은 인간이 제물로 바쳐오던 음식과 술을 잃게 되어 7일간의 폭풍우가 끝나기까지 비참하게 하늘에 앉아 있었다.

그 뒤 아트라하시스는 땅의 물이 줄어들었는지 알아보기 위해 새들을 날려 보냈다. 먼저 비둘기를 날려 보냈으나 되돌아왔으며 다음에 날려 보낸 제비도 되돌아왔다. 그러나 마지막으로 날려 보낸 까마귀는 돌아오지 않았다. 그 뒤 그의 배가 머문 산에서 제사를 드렸다. 음식에 굶주렸던 신들은 제물 냄새를 맡고는 파리 떼처럼 모여들어 다시는 그와 같은 파멸을 초래하지 않겠다고 맹세했다.

그 뒤 길가메시는 영원히 살 기회를 2번 얻지만 모두 실패하고 우루크에 돌아온다. 〈길가메시 서사시〉는 신처럼 영생을 누리고자 했던 그가 끝내 죽음 앞에 굴복한 내용을 담고 있다. 그리고 〈길가메시 서사시〉는 성서에 나오는 노아의 홍수와 너무나 흡사한 대홍수 이야기를 담고 있다. 점토판 내용이 노아의 방주로 알려진 성서 내용의 원형으로 보인다.

니네베와 그 폐허들

기원전 700년 아시리아의 수도가 된 니네베는 그 무렵 가장 큰 도시였다. 웅장한 궁전과 사원들을 둘러싼 성벽은 너비가 9.6m로 그 위로 수레 3대가 달릴 만큼 넓었고 23m나 솟은 성벽은 너비가 24m인 방어용 연못이 둘러싸고 있었다. '상인의 수가 별보다 많을' 정도로 번창했던 세계의 중심지 니네베는 기원전 612년 하루아침에 사라졌다.

메디아, 칼데아, 스키타이 연합군이 바빌로니아를 앞세우고 쳐들어왔다. 니네베의 계절적 약점은 일 년 내내 서풍이 심하게 불어온다는 사실이다. 이러한 약점을 이용해 연합군은 니네베 성의 서문 밖에 마른 풀을 산같이 쌓아 올리고 불을 질렀다. 강렬한 불길은 니네베 성 안으로 불기 시작하여 맹렬한 기세로 성읍을 불바다로 만들어버렸다. 그리하여 마침내 니네베 성은 연합군에 의해 멸망당한다. 지상에서 가장 눈부시고 거대했던 도시 니네베는 순식간에 폐허가 되었다. 지금도 니네베 성의 서문과 그 주변은 불에 타 검게 그을린 흔적을 발견할 수 있다. 그 뒤 수천 년간 사막 바람이 모래를 몰고 와 폐허를 덮자 왕성은 큰 둔덕으로 바뀌었다.

∴ 외젠 들라크루아, 〈사르다나팔루스의 죽음〉, 루브르박물관, 1827년. 아시리아 왕의 엽기적인 최후를 소재로 한 작품. 충복들에게 애첩들을 살해하게 한 후 불을 질러 자신을 포함한 모든 것을 불태웠다고 한다.

레어드는 자신의 발굴기록을 적어 《니네베와 그 폐허들》이란 책을 출간했다. 그는 발굴을 마친 뒤 일생을 정치가로 보냈다. 그리고 그는 1878년 유적 발굴 공로로 기사 작위를 받아 레어드 경이 되었으며 국회의원, 외무차관, 건설장관, 이스탄불 주재 영국 대사 등을 역임했다.

바벨탑을 찾아내다

7200년 전의 도시, 니푸르 발굴

피터스 목사는 1884년 미국 최초의 메소포타미아 발굴 원정대를 이끈 대장이었다. 미국 펜실베이니아대학은 니푸르 발굴에 7만 달러라는 당시로는 엄청난 기금을 지원했다. 피터스는 성서 역사 전문가였다. 하지만 융통성이라곤 조금도 없는 청교도 기질을 지닌 인물로 동양 사회를 경멸한 성격 탓에 일을 그르쳤다. 인근 부족 족장들에게 선물을 주는 관례를 무시했고, 경비원들에게 좀도둑으로 의심되는 사람이 있으면 발포하라고 지시했다. 결국 그의 첫 번째 발굴은 원주민들의 폭동으로 실패로 끝났다.

그 뒤 1889년 재도전한 미국 고고학 조사단이 니푸르를 발굴했다. 현재 알려진 고대 바빌로니아 도시 가운데 가장 오래된 도시다. 기원전 5202년까지 연대가 측정되었다. 고대 바빌로니아 수도였던 니푸르의 사원 자리에서 점토판 5만 매가 발견되었다. 인류 최초의 도서관이었다. 주로 종교, 문학, 과학, 법률 등에 관련된 점토판으로 90% 이상이 계약과 채무 관계를 다룬 것이었다. 이로 미루어 당시 경제활동이 활발했던 것으로 추정된다.

사원이 은행 역할도 하다: 점토판 영수증이 환어음

당시 사원은 경제의 중심지였다. 사제가 사업상의 계약에 증인 노릇을 했다. 그들은 모든 거래를 점토판에 기록했다. 그들은 매년 사원에 바치는 곡물이나 가축 이외에도 곡물이나 화폐의 구실을 하는 청동 등 귀중품을 사원에 맡길 수도 있었다. 이때 사제는 상인에게 영수증을 점토판에 써주었다. 이 영수증은 다른 사원이나, 사원에 빚이 있는 제3자에게서 현금화될 수 있었다. 일종의 신용장이자 환어음이었다. 유럽은 중세에 가서야 비로소 이 같은 환어음과 수표 제도가 통용되었다.

이로써 사람들은 노예를 사거나 빚을 갚을 때 더 이상 무거운 돈을 가지고 다닐 필요가 없게 되었다. 당시 돈은 꽤 무거웠다. 기원전 2000년경에 미네케의 1달란트 무게가 최소한 22kg이었다. 사람들의 저축이 보통 소 한 마리 이상이 끌어야 할 무게의 금속이었던 것을 생각할 때 이것은 대단히 편리한 제도였다.

당시 사원은 금, 은, 청동을 저장하는 가장 안전한 곳이었다. 이것이 발전하여 나중에 사제는 예금을 취급했다. 시간이 경과함에 따라 사제는 이들이 맡긴 곡물이나 귀금속 등을 필요한 사람들에게 빌려주기도 했다. 이렇게 해서 사원의 은행제도가 발달하기 시작했다.

함무라비법전을 보면, 바빌론에서는 은 대부 이자율을 연리 20%, 보리 대부 이자율을 33%를 상한선으로 정해 이를 명문화했다. 또한 이자 낸 액수가 원금과 같아지면 대출을 다 갚았다고 여겼다. 함무라비법전에는 3년 후 보증인을 해방했는데, 이는 보리 대부가 33%이기 때문이다. 또한 대부받은 상인이 도적을 만나거나, 배가 침몰하거나, 전쟁이 나거나 하면 대출을 갚지 않아도 되었다. 바빌론 지배자들은 가뭄, 전쟁 등 불가항력적 사태로 빚을 갚지 못하는 경우 일괄 탕감하는 방식을 써서 대출자들이 빚을 갚을 능력 이내에서만 대부업을 하도록 했다.

그 뒤 교역이 발달하면서 사설은행이 생겨났다. 2대 은행이 있었다. 시파의 이기비Igibi 은행과 니푸르의 무라추Muraschu 은행이다. 이 두 은행은 나중에는 농민들에게까지 적당한 이자율로 돈을 꾸어주게 된다.✢

그리고 기원전 455년에서 403년 사이에 기록된 것으로 보이는 650장에 이르는 상업 문서에는 인명의 8%가 유대계로 추정되었다. 유대인들은 그때에도 이재에 밝았다.

18년간 사막을 파헤쳐 '바벨탑'을 찾아낸 고고학자들

기독교도들은 성서의 바벨탑 존재에 대해 끊임없이 관심을 가졌다. 바벨탑의 흔적을 발견한 것은 20세기 초 로베르트 콜데바이Robert Koldewey를 비롯한 독일 고고학자들이었다. 이들은 1899년부터 18년 동안이나 사막을 파헤쳐 바빌론의 모습을 발굴했다. 지금은 사막 속의 폐허로 남아 있는 바빌론도 예전에는 살기 좋은 푸른 평야지대였다. 당시 초원에서 뛰놀던 사자 사냥도가 이를 입증하고 있다.

더구나 바빌로니아 제국의 수도로 당시에는 도처에서 무역을 하려고 몰려든 외국인들로 붐볐던 세계에서 가장 큰 도시였다. 고고학자들이 찾아낸 바깥쪽 성벽은 전체 길이가 16km나 되었다. 성벽 곳곳에 50여 개의 탑이 솟아 있었다. 헤로도토스(기원전 484~기원전 430)는

✢ 김학은 지음, 《돈의 역사》, 학민사, 1994

이중으로 된 바빌론 성벽 위 도로는 네 필의 말이 끄는 마차가 양쪽에서 달려와도 될 정도로 넓었다고 전했다. 이는 콜데바이의 발굴로 사실임이 입증되었다.

∴ 이슈타르 문의 사자 부조

콜데바이 일행은 폭 20m 정도의 넓은 포장도로도 발굴했다. 길 양쪽에는 푸른 타일을 붙인 벽이 있었고 벽면에는 사자 120마리가 새겨진 부조가 있었다. 바빌로니아에서 사자는 여신 이슈타르와 동일시되어 수많은 사자상이 남아 있다. 성의 정문인 이슈타르 문은 광택 타일로 사자나 용과 같은 신성한 동물들을 새겨 화려했다.

그리고 도시 중앙에는 첨탑의 사원이 있는데 그곳에서 지구라트의 흔적을 찾아냈다. 이곳에 느부갓네살(네부카드네자르, 기원전 605~기원전 562년)이 중건한 마르두크의 사원과 '에테메난키Etemenanki'로 불리는 거대한 탑이 있었다. 이른바 바벨탑이었다. 흔적밖에 없었지만 고고학자들의 면밀한 조사를 통해 바벨탑을 세우는 데 모두 8500만 개의 벽돌을 사용했으며, 건물의 규모는 가로와 세로, 그리고 높이가 약 90m에 달했다는 점이 밝혀졌다. 이 신전 탑의 첫 번째 층은 사방 넓이가 90m이지만 점차 좁아져 일곱 번째 층은 24m였다. 이렇듯 바벨탑의 규모는 다른 지구라트보다 훨씬 컸다.

이런 큰 규모를 갖게 된 것은

∴ 피테르 부르헬, 〈바벨탑〉, 빈미술사박물관, 1563년

바빌론이 그 무렵 정치·경제의 중심지였기 때문이다. 당시 바빌론의 외곽 둘레 길이는 16km에 이르렀고, 폭 27m에 달하는 도시의 내벽을 따라 경비 탑들이 서 있었다. 도시 한편에는 유프라테스 강이 흘러 천연의 방어선을 이루었다. 도시 안에 화려한 궁전이 많이 지어졌고, 한때 세계 7대 불가사의 중 하나였던 공중정원도 성 안에 있었다.

수메르인은 이렇듯 각 도시마다 한가운데에 벽돌로 거대한 신전을 만들었다. 훗날 40여 개의 신전이 발굴되었는데 대부분 계단식 7층탑 모양이었다. 이것을 '높은 곳'을 뜻하는 지구라트라 부른다. 수메르인은 실제로 하늘에 닿을 만큼 높다랗게 탑을 쌓았다. 그들이 믿는 태양과 달과 별들에 더욱 가까이 다가가기 위해서였다. 게다가 홍수가 잦은 곳이라 신을 높은 곳에 모신 것이다. 신전이 제사를 지내는 곳으로 한정되지 않고 경제활동의 중심지였다. 당시 세상 만물은 다 신의 소유였다. 방대한 규모의 토지가 신의 소유였으므로 신전은 경제를 좌지우지할 수 있었다. 또 지구라트는 천문관측대로도 쓰였고, 신의 소유인 추수한 곡식을 보관하는 창고로도 쓰였다.

과거 바벨탑 재건 시도가 있었다. 바벨탑은 기원전 479년 페르시아의 침공으로 파괴됐는데 그 뒤 그리스의 알렉산더 대왕이 바빌론을 점령했을 때 폐허가 된 바벨탑을 재건하려 했다. 하지만 너무나 거창한 사업이라 중간에 포기하지 않을 수 없었다. 1만여 명의 인원이 2개월간 투입된 후의 일이었다.

아수르 발굴

독일의 발터 안드레 발굴팀은 1903~1914년 사이에 아시리아의 신앙 본거지였던 아수르를 발굴했다. 바빌로니아와 아시리아라 두 나라는 기원전 1900년 무렵 일어나기 시작해 약 1500년간 공존과 전쟁을 거듭했다. 결국 기원전 612년 바빌로니아에 의해 아수르와 니네베가 함락되어 아시리아는 멸망했다. 또 바빌론도 성서의 예언대로 페르시아 키루스 왕의 공격으로 기원전 539년 종말을 맞았다. 아시리아와 바빌로니아는 시종 라이벌이었지만 문화나 문명은 별 차이가 없었다. 아시리아의 주신은 '아수르', 바빌론의 주신은 '마르둑'이라 불렸지만 두 신의 성격은 기본적으로 같았다.

아브라함이 살았던 우르 발굴, 울리 경

우르 발굴, 성서고고학의 획을 긋다

우르는 수메르 문명에서도 가장 번창했던 항구였다. 하지만 퇴적작용으로 강이 물줄기를 바꾸는 바람에 내륙이 되어 흙더미에 묻혀버렸다. 1927년부터 1932년 사이에 레오나르드 울리L. Woolley가 이끄는 대영박물관 발굴팀이 우르를 발굴해냈다. 우르 발굴은 성서고고학의 획을 긋는 중대한 사건이었다.

1929년 3월 17일자 《뉴욕타임스》의 머리기사는 모든 기독교인의 시선을 집중시켰다. "우르의 발굴, 새로운 아브라함의 발견", 그 밑으로 '아브라함은 유목민이 아니라 도시의 창시자'라는 소제목이 이어졌다. 당시 경제공황 속에서 실의에 잠겨 있던 미 국민에게 이러한 뉴스는 복음주의에 희망을 걸게 했다.

여기서 '새로운 아브라함'이라는 제목의 의도는 그가 창세기에서는 가나안 땅에 들어온 후 여기저기 떠돌아다니는 유목민으로 묘사되어 있지만, 원래 그의 고향인 우르에서는 도시 귀족이었다는 것이다. 나아가 아브라함은 빈손으로 온 것이 아니라 당대 최고로 발달한 도시 문명을 지니고 가나안 땅에 들어와 후손인 이스라엘 민족에게 전해줬다는 것이다.

우르는 울리에 의해 우연히 발견된 도시는 아니었다. 이미 1850년대부터 영국 고고학자들은 당시 '역청의 언덕'이라 불리는 고대 유적지를 주목했다. 무너진 지구라트의 벽돌 사이마다 검은색 역청이 덮여 있었기 때문에 붙은 이름이다. 실제 수메르인은 지구라트 아래층의 벽돌은 역청으로 이어 붙였으며 위층의 벽돌에는 회반죽을 사용했다.

당시 주이라크 영국 영사인 테일러는 1856년 지구라트를 조사하다 기원전 6세기 바빌로니아의 마지막 왕 나보니두스의 기록을 발견했다. 그 기록에서 왕 자신이 '우르'의 지구라트를 보수하고 증축했다고 언급한 대목을 찾아냈다. 이를 통해 이곳이 아브라함의 고향 '갈대아 우르'라는 사실이 처음으로 밝혀졌다. 당시 이것은 큰 반향을 불러일으켰다. 성서에 우르라는 지명은 여러 번 거론되었으나 대부분의 역사학자는 이것을 설화쯤으로 치부했다. 그런데 이 우르가 현실 세계에 정말로 나타난 것이다.

단순한 상징으로 치부되었던 성서의 기록이 이제는 고고학의 힘을 입어 긍정적 시각에서 보게 되었다. 학자들은 점차로 성서의 기술에는 역사적 진실이 들어 있을 것이라고 가정했다. 그리고 그것을 탐구해서 싹을 틔우는 것이 그들의 사명이라고 생각했다. 제1차 세계대전 이후 영국이 남부 메소포타미아를 장악하면서 1922년부터 본격적으로 우르를 발굴했다.

가장 완벽한 지구라트 발견

기원전 2100년경 건설된 우르의 지구라트는 지금까지 발견된 지구라트 중에서 가장 완벽하게 보전되어 있었다. 원래 4층 구조였으나 지금은 2층까지만 남아 있다. 우르가 부흥하면서 기원전 2113년 왕이 된 우르남무는

∴ 우르의 지구라트. 벽면에는 걸프전 때 탄흔이 남아 있다.

도시의 수호신 난나를 모신 신전을 좀 더 높은 곳에 세워 도시의 상징으로 만들었다. 난나는 달의 신이다. 난나 숭배의 중심 도시가 우르였다.

1850기 무덤 발굴: 고대 이집트 문화보다도 훨씬 앞서다

울리팀은 우르에서 무려 1850기나 되는 수메르인의 지하무덤을 발굴했다. 기원전 2600년경의 이집트 쿠푸 왕의 대피라미드와 동시대에 만들어진 무덤들이었다. 이집트 피라미드는 텅 비어서 발견된 반면 이 무덤들에서는 놀라운 물건들이 많이 발견되었다. 이로써 아시리아와 바빌로니아 이전의 수메르 사회가 최초로 고고학적으로 인정받았다. 더구나 수메르 문화가 가장 오래되었다고 믿어왔던 고대 이집트 문화보다도 훨씬 앞선 것으로 판명되었다.

이 가운데 16기는 '왕묘'로 불렸다. 신하들의 순장 풍습과 함께 각종 보석으로 만들어진 부장품이 너무나 화려했기 때문이다. 대부분 기원전 2600년부터 100여 년에 걸쳐 통치한 왕들과 귀족들의 것으로 추정되었다.

순장 풍습

우르에서 고대 왕실 분묘가 발굴된 것은 메소포타미아 고고학 역사상 유일한 것이었다. 이들 분묘에서는 호화로운 가구와 침구, 악기 등이 발견됐다. 샤바드 여왕 묘에서는 정교한 금은 세공과 보석을 박은 머리 장식품, 빗, 귀걸이, 가슴 장식품 등이 여왕의 시체와 함께 매장된 성장盛粧한 시녀 28명과 같이 발굴됐다.

이외에도 아름다운 모자이크로 장식된 하프, 7현금, 황금 그릇, 은제의 배 모형 등 다수가 출토되어 번영했던 고대의 모습들을 보여준다. 하프는 각각 수소, 암소, 수사슴의 머리를 장식하고 있었다. 울리는 이것이 각각 베이스, 테너, 알토의 표시라고 생각했다.

무덤에서 가장 놀라웠던 것은 바로 시녀들이었다. 왕이나 여왕이 죽을 때 신하, 시종, 노예 등을 함께 묻는 순장 풍습이었다. 다른 왕묘는 이미 파헤쳐졌으나, '죽음의 수갱竪坑'에서는 6마리 소가 끄는 2대의 수레와 병사, 시녀, 마부, 악사 등 정장한 63명의 시신이 발굴되었다. 또 '죽음의 대수갱'에서는 74명의 순장 사체가 발견되었다.

황금 장식들

특히 그 화려함에서 최고였던 것은 푸아비 왕비의 무덤이었다. 함께 출토된 도장을 통해 왕비로 추정된 푸아비의 무덤에서는 라피스라줄리와 카넬리안 같은 보석으로 장식된 황금 머리 장식이 발견됐다. 현대 디자인으로도 손색이 없는 세련된 것이었다.

그리고 함께 출토된 황금으로 치장된 소나 양의 머리 모양 하프는 역사상 최초의 악기로 밝혀졌다. 그녀의 시신 곁에는 초록색 아이섀도 한 통까지 있었다. 죽어서도 아름답고 싶은 마음이 수천 년 전의 여인에게도 있었다.

수많은 보석류, 무기, 전차, 금, 은, 청동제 투구들이 왕묘에서 발견되고 직조공장 터와 법원 기록이 드러났다. 이것은 우르 주민들이 부유했고 수준 높은 문화·예술을 가지고 있었음을 말해준다. 왕의 무덤에서 발굴된 군기, 악기, 금으로 만든 무기, 조상, 조각한 원통인장 등은 이전까지 알려지지 않았던 문화를 연구하는 데 특히 중요한 유물들이었다. 부인네들이 쓰던 금 장신구와 황금 제례용품, 황금 투구 그리고 금과 보석으로 장식된 단도도 있었다.

∴ 푸아비 왕비의 무덤에서 발견된 황금 머리 장식

그 밖에도 왕묘에서는 조개껍데기로 상감한 '우르의 군기'와 '우르의 전승기념비'가 출토되었다. 우르의 군기와 전승기념비는 각각 출정과 개선의 그림인데, 예술작품으로서도 훌륭하며 역사 기록으로서도 가치가 있다.

∴ 20세기 발굴 유물 중 최고품의 하나로 꼽히는 4600여 년 전 수메르 푸아비 왕비의 하프

수메르인의 문화유산 중 가장 걸작품으로 여겨지는 우르의 군기에

∴ 조개껍데기로 상감한 우르의 군기

는 장군과 전차를 뒤에 두고 포로를 인수인계하는 모습이 나타나 있다. 다른 면에는 동물, 물고기, 그 밖에 음식들이 전쟁을 축하하는 잔치 장소로 들어오고, 앉아 있는 사람들은 하프를 켜는 연주가들 옆에서 즐거운 시간을 보내고 있는 모습이 묘사되어 있다.

∴ 왕의 황금 투구

우르의 왕묘 고분군의 발견은 종래 메소포타미아에서 볼 수 없었던 것들이었다. 이러한 발굴로 우르는 매우 풍족한 생활을 누렸으며 원거리 중계무역을 통해 크게 번영했을 뿐 아니라 수메르 지방의 도시국가 중에서 지도적 지위에 있었음을 알 수 있다.

울리, 대홍수 흔적 찾다

우르는 기원전 26세기에서 기원전 21세기까지 500년에 걸쳐 수메르 왕국의 수도였다. 사람들이 살기 시작한 역사는 기원전 4000년경까지 소급된다. 이곳이야말로 수메르 역사의 왕도로 흥망성쇠가 거듭되었던 곳이다. 성벽과 수로로 둘러싸인 도시 면적은 약 30만 평(100헥타르)으로 성벽 내부에만 약 3만 5000명의 시민이 살았던 것으로 보인다. 우르는 인공으로 만든 운하를 통해 성 안으로 배가 드나들었다. 우르의 지구라트는 지금도 그 웅대한 자태를 보존하고 있는데 이것은 그 뒤에 세워진 신전 양식의 전형이 되었다.

울리는 화려한 무덤의 부장품에 만족하지 않고 대홍수의 흔적을 찾고자 했다. 지하무덤 발굴을 끝낸 1929년 그는 사방 20m 크기의 구덩이를 파 내려가기 시작했다. 12m쯤 내려갔을 때 더 이상 유물이 나오지 않는 바닥이 나왔다. 대부분의 고고학자는 이런 바닥이 나오면 주거지의 기초로 여기며 발굴을 중단했지만 울리는 진흙으로 이루어진 바닥을 더 파 내려갔다. 그리고 3.5m 아래에서 또다시 일상적인 유물들을 발견했다. 그 결과 8피트(25m)에 달하는 충적토층을 발견했다.

그의 추정에 의하면 이 지층은 기원전 4000년에서 3500년 사이의 것이었다. 울리는 이 진흙층을 수메르 신화와 창세기에 언급된 대홍수의 증거로 규정했다. 진흙층 아래에서 발견된 주거지가 대홍수로 파괴되었다는 것이다.

더욱이 진흙층 아래의 주거지 밑바닥에서 포장도로가 발견됨으로써 문명사회가 존재했다는 가정을 설득력 있게 뒷받침해주었다. 발굴팀은 객관성을 확보하기 위해 다른 지역에서도 땅을 파 내려갔다. 그 결과 길이 600km, 폭 160km 지역에 대홍수가 발생했음을 확인했다. 당시 수메르인에게 그 지역은 온 세상이었다.

∴ 우르 주랑신전

우르에서 주랑신전 등 여러 신전이 출토되었다. 주랑신전의 매력은 스토아_{stoa}, 곧 주랑柱廊이 많다는 것이다. 주랑은 기둥만 양쪽으로 나란히 서 있고 벽이 없는 복도가 특징이다. 이러한 거대한 신전 건축양식을 포함해 프레스코와 모자이크 벽화 양식도 서양 건축예술의 원류가 되었다. 그 영향이 인더스까지 미쳤다.✧

고고학 연대기

수메르 남쪽에 있는 '에리두'는 전승에 의하면 대홍수 이전 최초의 도시로 알려진 곳이다. 발굴자들이 깊이 파 들어가자 지혜의 신 엔키를 모시는 신전 터가 나타났다. 그런데 이것은 층위에 따라 기원전 3000년, 기원전 2800년, 기원전 2500년 등 연대순으로 여러 번 재건축됐던 것이 드러났다. 고고학에서는 이것을 '에리두기期'라고 부른다.

1919년 영국의 홀과 울리 경은 우르 서북쪽 4마일 거리의 '엘 우바이드'라는 촌락에서 고대 유적을 발굴했다. 기원전 5000~3500년 무렵의 것으로 추측되며 에리두기에 이어 두 번째 오래된 문화기로 알려졌다. 이곳이 '엘 우바이드기'의 표준 유적지다. 이곳에서 최초의 접토 벽돌, 모자이크 장식, 벽돌 장식 묘지, 기하학적 무늬의 채색토

✧ 김성 교수(협성대·성서고고학) 등

기와 구리 거울, 전투용 구리 도끼, 옷감, 가옥의 흔적 그리고 가장 중요한 신전 유적이 드러났다. 또한 1922~1937년 울리 경이 발굴을 지휘했던 바그다드 동남방 350km 지점에 있는 '우르'에서는 수많은 호화로운 보석류, 무기, 전차, 군기, 금, 은, 청동제 투구들이 왕묘에서 발견되고 직조공장 터와 법원 기록이며 거대한 지구라트 유적이 드러났다. 이곳이야말로 수메르 역사의 흥망성쇠가 거듭되었던 곳이다.

1913~1939년 사이 독일 오리엔트학회에서 15차례에 걸쳐 대대적으로 발굴했던 '우루크'는 영웅 길가메시의 고향이었으며, 여신 이난나_Inanna가 수호신으로 모셔진 도시였다. 이곳에서는 도가니에서 구운 최초의 채색토기와 최초의 석회암 포장도로 흔적이 발굴되었다. 또 최고신 아누_Anu를 모셨던 신전이며, 최초의 문자판과 원통인장이 나타났다. 이 문자판은 늦어도 기원전 3100년경에 쓰인 것으로 모두 570장에 달했다. 또 발굴된 원통인장도 고고학적 보물로 찬사를 받았다. 이 우루크의 유적을 표준 유적으로 하는 '우루크기'는 정통 학계에서 가장 오래된 역사시대로 인정되고 있다.

그다음은 '데트 나스르기(우루크 근처의 유적 발굴지 이름)', 대략 기원전 2800~기원전 2700년경 본격적인 도시혁명이 일어났던 시대였다. 이때의 도시 '수루파크'에서는 첫 학교 건물이 발굴되었다. 이 시대 도시들은 저마다 수호신을 모시고 통치자들은 그 대리자로서 '엔시' 또는 '루갈(큰 어른)'이라 불렸다.❖

❖ 김진영·김진경 지음, 《수수께끼의 고대문명》, 넥서스, 1996

수메르 문명 당시의 문란했던 사회상

수메르 신화

수메르 신화, 후대 민족들에게 큰 영향을 끼치다

아브라함 당시의 수메르 사회는 다신교 사회였다. 수메르 신들의 숫자는 많았다. 총 숫자는 '60×60'인 3600명이나 되었다. 그중에서도 중요한 회의에 참가하는 작은 신들의 숫자가 50명이었고 그들이 바로 '아눈나키'로 불린 존재들이었다. 그리고 그보다 더 고위직에 있었던 주신들이 태양계 천체의 수와 같은 12명이었는데, 이들은 그리스 신화의 신들처럼 가족관계에 있었다.

수메르 신화에는 우주 창생신화와 '하늘에서 온 사람들' 이야기가 나온다. 이후 수메르 신화는 메소포타미아 신화 전반에 영향을 끼쳤으며 그 내용이 아카드, 바빌로니아, 아시리아를 비롯해 다른 민족의 신화와 종교 속에 스며들었다.

수메르 창조신화를 보면 태초의 우주 상태는 물이었고, 모든 것의

∴ 수메르 원통형 인장에 새겨진 아눈나키들. 그때 이미 태양계 행성을 알고 있었다.

근원이 물이었다. 수메르인은 원시바다가 모든 창조의 근원이라 생각했다. 원시바다 남무Nammu로부터 하늘과 땅이 붙어 있는 우주가 생겨났다. 수메르인은 우주가 바다로 둘러싸여 있는 돔의 형태라고 생각했다. 지상의 땅이 돔의 하부이고, 땅 아래에는 지하세계와 압주Abzu라 불리는 담수가 있다고 여겼다. 돔 모양 창공의 남신은 안An, 땅의 여신은 키Ki라 불렸다. 하늘의 신 '안'이 땅의 신 '키'와 결합해 대기(공기)의 신 '엔릴Enlil'을 낳고, 그 뒤 '안'이 '남마Namma'와 결합해 물의 신이자 지혜의 신 '엔키Enki'를 낳았다. 둘은 배다른 형제간이다.

그런데 엔릴(공기)은 자신의 부모를 분리시켜 어머니 키(땅)를 자신의 아내로 삼는다. 엔릴과 키의 결합으로 모든 신이 태어났다. 이를 다시 말하면 태초에는 물로부터 하늘과 땅이 결합된 채로 나오나, 공기가 태어나면서 하늘과 땅이 갈라진다는 것이다. 그리고 하늘과 땅 사이에 있는 공기가 하늘을 대신하여 다시 땅과 결합하여 모든 신이 나오는 것이다.

땅의 여신 '키'는 나중에 닌후르사그Ninhursag라 불린다. 키는 수메르 신전에서 더 이상 엔릴의 아내가 아니고 '누이'로 인식되며, 땅의 여신으로서 키의 역할도 엔릴에 의해 흡수된다. 이로써 엔릴은 수메르 신전의 주신이 되며 바빌론에서는 마르둑Marduk으로 불렸다.[*]

점토판에 쓰인 수메르 신화

다음은 슈메르 점토판에 새겨진 신들에 관한 전설 이야기를 요약한 것이다.

45만 년 전에 하늘에서 신들이 내려왔다. 이들을 아눈나키Anunaki라 불렀다. 무리 가운데 주신의 이름은 아누Anu(An의 아카드어)였다. 그는 하늘An에 머물렀다. '안'의 상징은 소였다. 그리고 이는 후에 팔레스타인 지방에서 바알Baal신이라 불렸다.

그의 아들인 엔릴과 엔키가 땅을 다스렸다. 먼저 엔키가 부하들과 내려와 도시를 건설하고 농업과 광업을 일으켰다. 이들이 지상에 내려와 직접 노동을 하며 문명을 건설하자 엔릴이 내려와 본격적으로 지상을 다스리기 시작했고 엔키는 바다와 하계의 신이 되었다.

기독교의 신은 에덴동산이라는 낙원을 가지고 있었지만 수메르의 신들은 수로를 파고 물을 대는 관개사업을 통해 자신들이 살아갈 터전을 만들고 있었다. 그렇게 수로를 파는 노동에 동원된 신들은 작은 신 아눈나키들이었다.

그러던 가운데 아눈나키들은 과도한 노동에 불만을 품고 반역을 일으

❖ 장영란 지음, 《위대한 어머니 여신》(살림지식총서 011), 살림, 2003 등

켰다. 엔릴과 엔키는 반란을 진압하고 문제를 해결하기 위해 아눈나키 대신 일할 사람들을 만들기로 했다. 반란의 주동자를 재료로 삼아 흙을 섞어 인간을 창조했다. 수메르 신화에 보면 최초의 남자 이름이 '아다무'로 나온다. 바로 '아담'이다. 에덴동산 이야기의 원형인 것이다. 목표대로 인류를 완성시켜 인간을 노동에 활용하자 아눈나키들의 불만은 해소되었다.

그러나 시간이 지나자 인간의 수가 너무 많아져 통제하기 어려워졌다. 아눈나키 가운데 인간과 교접하여 피를 섞는 자마저 나타났다. 중요한 몇몇 기술을 인간들이 알아내는 사고마저 생겼다. 그러자 엔릴은 인류의 수를 줄이기로 했다. 처음에는 기근을 일으켰다. 다음으로 대홍수를 일으켜 사람들을 멸절시켰다. 홍수가 끝난 뒤 살아남은 사람들은 이전처럼 조직적으로 움직이지 못하고 뿔뿔이 흩어졌다.

수메르인들의 신은 수없이 많았다. 어떤 신은 물을 다스리고, 어떤 신은 불을 다스리며, 또 다른 신은 사냥, 날씨, 전쟁 등을 지배했다. 고대 사람들은 제물을 바치고 예배를 드림으로써 신에게 은혜를 간구하는 관습을 만들었다. 이러한 수메르인의 종교적 관념과 의식은 주위와 후대에 큰 영향을 미쳤다. 마치 로마가 그리스의 신들을 수입해 자신들의 것으로 만들었듯이 바빌론과 아시리아도 수메르 신들을 들여와 이름만 바꾼 것이 많았다.

에누마 엘리쉬
이외에도 수메르 신화를 쓴 점토판은 더 있다. 에누마 엘리쉬Enuma Elish 점토판은 기원전 19~기원전 17세기 것으로 추정되며 일곱 서판에 쓰였다. 니느웨 아수르바니팔의 도서관에서 발견되었다. 내용은 마르둑이 바빌론 신들의 우두머리로 즉위하게 되는 이야기를 통해 우주와 신들의 발생과 인간의 창조를 설명하고 있다.

바다의 여신인 티아맛Tiamat과 그녀의 남편 담수의 신 아프수Apsu는 고요를 방해하는 그들의 자녀들을 죽이기로 결심한다. 이 사실을 알아낸 현명한 신 이아Ea는 주문을 외워 아프수를 죽인다. 티아맛은 새 남편인 킹구Kingu와 함께 전쟁에 나서는데, 늙은 신들이 그들을 대표해 티아맛과 싸울 투사를 못 찾아 애쓰자 이때 이아의 아들인 태풍의 신 마르둑이 도전에 응한다. 그 대가로 자신을 모든 신들의 우두머리로 인정해줄 것을 요구해 수락받는다. 그 뒤 마르둑이 티아맛을 죽이고 시체를 둘로 갈라 하늘 위의 물과 땅 밑의 물로 갈라놓았다. 또한 마르둑은 해, 달, 별 등을 만들어 시간과 계절을 구분한다.

끝으로 그는 티아맛의 새 남편 킹구를 붙잡아 죽인 뒤 어머니 이아로 하여금 킹구의 피와 흙을 섞어 사람을 만들게 해 사람을 신들의 일을 대신하는 노예로 만든다. 신들은 마르둑이 자신들이 해야 할 일들을 인간이 하게 만든 마르둑을 찬양한다.

수메르 신화도 바빌로니아로 넘어오면서 슬며시 그 내용이 시대에 맞게 각색되는 것을 볼 수 있다.

낙원설화

수메르 신화에는 낙원설화도 있다. 구약성서의 에덴동산을 수메르 신화에서는 '딜문Dilmun'이라 했다. 딜문이란 '정토, 밝은 세계'라는 뜻으로 병도 죽음도 없는 생명의 땅이다. 그러나 딜문에 물이 없었다. 그래서 물의 신 엔키가 태양신 우투Utu에게 명하여 땅의 물을 길어 딜문동산에 채우게 했다. 드디어 딜문은 푸른 초장이 생기고 나무가 우거진 정원이 된다.

딜문동산에 여러 신이 모여 살았는데 그 가운데 태모신 닌후르사그가 여덟 그루의 나무를 동산에 심었다. 닌후르사그는 땅의 번식도 주관했던 지모신이었다. 닌후르사그는 물의 여신들이 3대에 걸쳐 생산 과정을 거듭하는 동안 나무들을 키우는 데 성공한다. 생산의 수고를 하는 물의 여신들은 생명을 낳는 고통 없이 생산했다. 그런데 일이 생겼다. 나무 열매를 먹고 싶어 하는 엔키의 눈치를 그의 하인 두 얼굴의 이시무드Isimud가 알아채고는 과일을 따주어 엔키가 먹는다.

이에 분노한 닌후르사그는 엔키에게 죽음의 저주를 한 후 사라진다. 엔키는 과일을 먹자 오장육부가 썩기 시작했다. 엔키의 병이 급속히 악화되자 수메르의 신들은 모두 진흙에 주저앉아 버린다. 대기의 신 엔릴조차 어찌할 줄 몰랐다. 그때 여우가 엔릴에게 큰 보상을 주면 닌후르사그에게 데려다주겠다고 제의한다. 여우의 말이 성사되어 신들이 닌후르사그를 만나 타협을 보았다. 닌후르사그가 엔키의 병을 고치기 위해 엔키 곁에 앉아 오장육부 가운데 아픈 부분을 말하게 하고는 그 장기를 주관하는 신들을 하나하나 불러 치료하게 했다.

이때 엔키에게 병이 난 곳 가운데 하나가 갈비뼈였다. 갈비뼈가 수메르어로는 '티'이다. 그리고 엔키의 병난 갈비뼈 치료를 위해 창조된 여신이 바로 '닌티Ninti'이다. 곧 갈비의 여인이란 뜻이다. 닌후르사그는 이렇게 해서 엔키의 병을 완치시킨다. 구약성서에서 낙원의 신은 남성이지만 수메르의 경우에는 여신이다. 이것은 전자는 남성 부계 사회를, 후자는 여성 모계사회를 배경으로 생겨난 설화임을 말해주고 있다.

수메르의 문란한 사회상

성적 행위가 종교의식의 하나

아브라함이 살았던 무렵의 가나안 민족은 바알신과 아세라 여신을 믿었다. 바알신은 풍요를 가져다주는 비와 폭풍우를, 아세라 여신은 창조와 번식을 주관했다. 그 무렵 가나안 사람들은 신들이 성행위를 자주 해야 비가 많이 내려 풍년이 든다고 생각했다. 여신이 성적으로 흥분해 땀을 흘리면 그게 비가 된다고 생각했다. 그래서 신전 제례에 참가하는 사람은 여사제와 '사통하는' 의식이 포함되어 있었다. 곧 바알과 아세라 신이 볼 수 있도록 신전에서 인간이 성행위를 하는 것이었다. 성행위가 곧 종교의식이었다.

당시 신전은 여사제들의 성창이었다. 성창이란 제사를 드리러 온 사람들과 제례의식의 하나로 성행위를 하는 여사제들을 이른다. 수메르 종교의 가장 큰 특색은 성교를 나름대로 신성시한다는 점이다. 왕이 일 년에 한 차례 정도 여사제와 성관계를 맺었다. 이유는 풍요롭고 안녕한 한 해와 왕의 성공적 통치를 기원하기 위해서였다. 그들은 여사제들이 인간의 본성을 치료하는 강력한 힘이 있다고 믿었다.

❖ 새뮤얼 크레이머 지음, 김상일 옮김, 《역사는 수메르에서 시작되었다》, 가름기획, 2000

수메르인은 매해 봄마다 수태 준비를 마친 대지에 씨를 뿌린 뒤 두무지Dumuzi의 부활제를 올렸다. 그들은 두무지를 성장의 신으로서, 대지의 여신이 탐하는 남성적인 힘의 상징으로서 숭배했다.

이렇게 출산과 풍작을 기원하던 기복신앙은 신화를 거쳐 종교로 발전했다. 이 단계에서 등장하는 여신들이 수메르 우루크의 이난나다. 고대에서 생산을 주관하는 모든 여신이 그렇

∴ 이난나 여신. 수메르 신화에 의하면 이난나는 인간을 포함한 삼라만상의 창조주이며 신성한 권능과 지혜의 정수를 지녔다. 그녀가 밟고 있는 사자와 올빼미는 지하세계의 사악함을 상징한다.

듯 이난나 여신은 풍요와 생명을 상징했다. 아브라함의 고향 우르에는 난나 신전이 있었다. 우루크의 이난나를 우르 시대에 와서는 난나로 불렀다. 달의 여신인 '난나'의 의미는 '빛을 내는 자illuminator'라는 뜻으로 나중에 신Sin으로도 불렀다.

그런데 이 풍요와 생명의 상징인 이난나 여신이 시대와 장소에 따라 부르는 이름이 달라졌다. 가나안 지역에서는 아스다롯Ashtoreth 여신으로 불렸고, 아시리아에서는 밀리타Mylitta, 그리고 바빌로니아에서는 이슈타르Ishtar 여신이 되었다. 그리스로 가서는 미와 사랑의 여신인 아프로디테Aphrodite가 되었다. 아프로디테는 신 중에 가장 화끈하게 사랑을 나누는 정염의 화신이기도 하지만, 한 도시를 보호하고 상인들을 수호하며 전쟁으로부터 지켜주는 여신으로 숭배되기도

∴ 산드로 보티첼리, 〈비너스의 탄생〉, 우피치미술관, 1485년경

했다. 그리고 로마로 들어가서는 미의 여신 비너스Venus가 되었다.

그 신이 다 그 신이다. 그 원조가 이난나 여신이다. 그리스와 로마 신화 속의 성 풍속이 난해한 것은 수메르 여신 때문이다. 신화 속 성과 사랑은 어떠한 금기도 없고 도덕과 윤리도 아랑곳하지 않았다. 당시 신화 속의 성 풍속도가 워낙 난해하다 보니 사회적으로 일반인들 사이에서도 근친상간이 만연했다.

앞서 언급했듯 당시 사람들은 여신이 성적으로 흥분해 땀을 흘리면 비가 많이 와 농사가 잘된다고 생각했다. 그래서 여신을 흥분시키기 위해 제례의식의 하나로 신전에서 성교를 했다. 이를 위해 봄철 난나 숭배기간 동안 여사제는 물론 모든 여성이 신전에서 남성들과 자유로운 성교를 즐길 수 있게 했다.

이러한 풍년제 기간에는 모든 아내가 좋아하는 다른 남자와도 잘 수 있는 권리를 남편에게 인정받고 자유롭게 사랑의 상대를 선택할

수 있었다. 그렇긴 하나 남편 이외 연인의 정액은 밖으로 흐르게 하여 임신하지 않도록 스스로 주의해야 했다. 그렇지 않으면 결혼의 의무를 저버리기 때문이다.

처녀들도 이를 피해 갈 수 없었다. 모든 처녀도 최소한 일생에 한 번은 모르는 남자와 성교를 해야 했다. 종교적 의무였다. 이러한 매춘으로 받은 돈이 신전의 후원금이나 불쌍한 사람들의 구호자금으로 쓰였다. 이런 헌신, 곧 '신성한 매춘sacred prostitution'은 오히려 사회적 갈채를 받았다.

따라서 여신을 섬기는 의례는 격렬한 엑스터시를 동반하는 축제로 공공연한 난교의 장이었다. 사람들은 신들이 인간의 성행위를 보고 신들도 성행위를 하길 바랐다. 그래야 비가 내려 풍요로운 수확이 기대되기 때문이다. 당시 이렇게 해서 태어난 첫 아이는 신한테 번제물로 바치는 의식이 행해졌던 것으로 보인다. 그 무렵 첫 수확물은 신에게 바쳐야 했다.

수메르인의 신화나 종교의식, 기도문, 찬송 등은 후대에 차용되었다. 훗날 일부는 유대교에도 반영되었다. 그러나 아브라함이 믿었던 유일신 하느님과 수메르인들이 믿었던 신들은 성격이 달랐다. 수메르인의 종교는 농업과 전쟁 등을 위한 지극히 현세적인 종교로 영적 내용은 거의 찾아볼 수 없었다.

신전에서 맥주를 빚다

루브르박물관에 소장되어 있는 기원전 4200년경에 제작된 '모뉴멘트 블루'라는 점토판에는 수메르인들이 방아를 찧고 맥주를 빚어 니나Nina 여신에게 바치는 모습이 기록되어 있다. 이 점토판을 해독한

결과 수메르인들은 오늘날과는 달리 보리로 만든 빵을 물과 함께 섞어서 자연발효시켜 맥주를 만들었다. 수메르인은 이미 '시카루Sikaru'라고 하는 보통 맥주 외에도 강한 맥주, 검은 맥주, 붉은 맥주 등 여섯 종의 맥주를 주조하고 있었다.

점토판은 당시 수메르인들이 맥주를 신이 인간에게 내린 선물로 생각하여 사원 안에서 종교의식의 하나로 이 술을 빚었다는 것이다. 당시 맥주를 만드는 일은 여성이 맡아서 했으며, 양조가는 존경받는 직업이었다. 맥주와 관련된 신화에는 어김없이 여신들이 등장한다. 수메르인들은 맥주를 만들어 시리스Siris와 님스키Nimkasi 여신에 봉양한 후 급료로 지급하거나 선술집에서 마셨다. 수메르인들은 맥주를 '마음에 즐거움을 주고 간장에 행복을 주는 음료'라고 불렀다. 그들은 국가로부터 매일 2~3개 주전자의 맥주를 지급받았다는 기록도 있다. 그야말로 매일 엄청나게 마셔댄 셈이다.

그 뒤 이집트에서는 5000년 전부터 맥주가 국민 음료로 애용됐다. 실제로 맥주는 고대 이집트 신화에서 절대신 오시리스Osiris가 인간들에게 준 선물이라고 기록되어 있다. 이집트 고古 왕국시대 벽화에는 구운 빵, 말린 포도로 만든 효모, 맥아를 사용해 맥주를 담그는 그림이 있다.

히브리 민족도 이집트에 기거할 적에 맥주 제조 기술을 습득하여 후에 가나안 지방에 맥주 양조장을 세웠다. 그들은 맥주를 세카Sechar

라고 불렀다. 훗날 바빌론의 느부갓네살은 예루살렘을 점거해 유대인 포로들을 바빌론으로 데려가 맥주 제조에 진력하도록 했다.

고대의 결혼 풍습, 신부를 돈으로 사다

기원전 5세기의 그리스 역사가 헤로도토스가 전하는 풍습으로 고대 사회 환경을 유추해볼 수 있다. 헤로도토스는 "지금은 이 좋은 풍습이 아쉽게도 없어졌다"며 '과거'에 존재했다는 고대 메소포타미아 지방의 결혼 풍습과 신전 의례를 전했다.

마을에선 일 년에 한 번 혼기가 찬 여자들을 전부 한곳에 모은 뒤 남자들이 그 주위를 빙 둘러서도록 했다고 한다. 이어 경매인들이 한 사람씩 여자를 세워 경매에 부쳤다. 경매는 가장 아름다운 여자부터 시작해서 그 여자가 팔리면 두 번째 예쁜 여자가 경매에 부쳐지는 식으로 진행됐다.

적령기 남자 가운데 부유한 청년들은 서로 값을 올려 제일 아름다

∴ 에드윈 롱, 〈바빌론의 결혼시장〉, 로열 할러웨이 & 베드퍼드 뉴 칼리지, 1875년

운 여자를 사려고 혈안이 됐다. 반면 돈 없는 서민들은 돈을 주고 여자를 사기보다는 오히려 돈을 받고 못난 여자를 얻는 것이 통례였다.

신전 매춘이 만연하다

또 신전에서의 매춘 행위에 대해 헤로도토스는 "모든 여자는 일생에 적어도 한 번은 신전 앞뜰에 앉아 있다가 지나가는 낯선 남자와 성관계를 가져야 했다"고 전한다. 이는 '신성한 매춘'으로 화대는 못 사는 사람들을 위해 쓰였다. 이러한 헌신은 여성의 신분의 고하와 관련 없이 무조건 해야만 하는 '종교적 의무'였다는 게 헤로도토스의 설명이다.

이에 따라 여인들은 신전에 들어가는 남자에게 점지되기를 기다렸다. 여자가 일단 신전에 앉은 이상은 여행자가 무릎에 동전을 던져주고 신전 밖으로 데리고 나가 성관계를 갖기 전에는 집으로 돌아갈 수 없었다. 은화를 던진 남자는 "밀리타 여신의 이름으로"라고 외쳤다고 전해진다. 돈의 액수는 얼마라도 상관없었다. 적은 돈이라도 한 번 던지면 신성한 것이 되기 때문에 거절하거나 돌려줘선 안 됐다. 여자는 동전을 던진 남자를 따라가야 했다. 남녀가 몸을 섞은 뒤 여자는 그 돈을 신전에 바쳐야 여신에 대한 봉사를 다한 것이 되어 집으로 돌아갈 수 있었다.

당시 이것은 신에 대한 헌신으로 평가되어 사회적 찬양의 대상이었다. 매춘은 당사자에게 금전적 혜택이 돌아가는 게 아니었다. 본래 의도는 신전을 통해 어려운 처지의 사람들을 돕는 것이었다. 동시에 육체적 접촉을 통해서는 불쌍한 남성을 위로한다는 취지였다.

이 정신이 존경의 대상이 되자 자연히 신전 매춘이 등장했다. 이렇듯 당시 만연했던 우상숭배는 기본적으로 성적 음란을 기초로 하고 있었다. 그 무렵 그들에게 가장 고귀한 제물은 아기를 바치는 것이었다. 이러한 성행위를 통해 가장 확실하게 나타난 제물이 아기이기 때문이다.

II

영원한 계약

JEWISH ECONOMIC HISTORY

유대민족의 저력은 전적으로 그들의 종교에 기인한다. 유대교의 특징은 계약의 종교라는 점이다. 그들에게 계약은 목숨 걸고 지켜야 하는 당위다. 그들이 비단 신과의 계약뿐 아니라 상업상의 계약도 중시하는 이유이다. 그들은 서로 멀리 떨어져 있는 유대인 커뮤니티 간의 상업 및 금융상의 계약을 바탕으로 세계 경제사를 주도할 수 있었다.

또 유대교는 배움을 중시한다. 하느님의 섭리를 이해하려면 하나라도 더 배워야 한다는 것이다. 그래서 유대교는 배움을 기도와 똑같은 신앙생활로 간주한다. 더 나아가 유대교는 율법을 통해 유대인은 모두 한 형제라고 가르친다. 율법은 유대인 간에 형제애로 단합하고 협동할 것을 명령한다. 그들이 강한 이유이다.

그들은 수많은 고난과 뿔뿔이 흩어지는 이산의 아픔을 겪었다. 이러한 담금질을 통해 갈고닦아지면서 그들은 더욱 강해졌다. 고난이 바로 은혜였다.

유대인은 과거의 역사를 중시한다. 과거의 역사를 현재에 반추하며 이를 현재의 스승이자 미래의 거울로 삼는다. 그들의 조상 아브라함과 모세가 현재 그들의 기억과 예배 속에 살아 숨 쉬는 이유이다.

유대인의 경제사 굽이굽이에는 그러한 정신들이 깊숙이 배어 있다. 그 정신들이 어떻게 형성되었는지 유대민족과 유대교의 탄생 과정을 알아보자.

유대인의 역사는 성서와 궤를 같이한다

유대교는 현세 종교다

유대인의 경전 구약성서는 우주 만물에 대한 창조 이야기로 시작된다. 그 무렵 다른 고대인들이 생각했던 여타 우주관과 달랐다. 신기하게도 현대과학의 빅뱅 이론과 기본적으로 일치한다.

♣ 창세기의 천지창조도 모자이크, 베네치아 산 마르코 성당, 13세기

구약성서 창세기에 의하면 야훼는 천지 만물을 6일간에 걸쳐 창조했다. 제1일에는 빛이 있으라 하여 빛을 만들고, 제2일에는 천공天空, 제3일에는 땅과 식물, 제4일에는 천체天體, 제5일에는 물고기와 새, 제6일에는 기타 동물과 이를 지배하는 인간을

야훼의 형상을 본떠 만들었다. 제7일에는 창조의 일이 완성되었음을 축복하여 휴식하며 이날을 성스럽게 했다. 이 이야기는 수메르 천지창조 신화의 영향을 받은 것으로 보인다. 수메르 신화에는 서로 싸우는 여러 신이 등장하는 데 반해 구약에서는 유일신 신관 위에 이야기가 전개되고 있다.

하느님의 형상대로 인간을 창조하다

창세기에 의하면, 하느님은 모든 것을 만들고 그 말미에 '하느님의 형상'대로 인간을 창조했다. 하느님은 형상이 없다. 그런데 하느님의 형상대로 지었다고 하는 것은 우리 육안으로 볼 수 없는 하느님의 형상, 곧 그분의 신성을 본떠 인간의 영혼을 만든 것으로 이해된다.

기원전 1세기의 유명한 유대인 학자이자 랍비였던 힐렐은 "하느님이 인간 속에 심은 하느님의 형상이 완전히 개발되어 세계와 우주를 이해하여 지배하고, 모든 인류의 삶이 하느님의 평화에 이르는 것이 성서 전체의 뜻이다"라고 가르쳤다. 이 기본신앙 이외에 나머지 설명

∴ 미켈란젤로, 〈아담의 창조〉, 바티칸 시스티나 성당, 1511~1512년

은 다 주석에 불과한 것이라고 했다.

모든 동물이 엎드려 기어 다니며 땅을 보았다. 하지만 사람만은 두 발로 서서 앞을 보고 하늘을 볼 수 있게 만들었다. 이것은 멀리 내다볼 수 있는 능력을 뜻한다. 본능으로 살아가는 동물과 달리 인간이 이상을 추구하며 사는 것은 대단한 축복이었다.

영혼과 함께 달란트를 주다

창세기를 보면 하느님이 인간을 만들 때 하느님의 형상대로 빚은 뒤 코에 생기를 불어넣는 장면이 나온다. 유대인은 이 생기가 바로 하느님의 영혼이라고 믿는다. 즉 한 명 한 명 만들 때마다 하느님은 자신의 영혼을 불어넣었다. 그리고 하느님은 당신의 영혼을 나누어 줄 적에 그 영혼이 세상에서 합당하게 살아갈 수 있도록 그에 걸맞은 재능, 곧 달란트를 함께 주었다고 유대인들은 믿는다.

하느님의 영혼이 인간의 육신에서 살다가 죽으면 그 영혼은 다시 하느님께로 되돌아간다는 것이다. 이 같은 유대인의 사고에 따르면 결국 실존하는 것은 인간이 아니라 인간 내면 안에 깃든 하느님의 영혼이다.

이와 같은 사고 때문에 유대교는 내세 종교인 기독교와 달리 현세 종교이다. 곧 인간이 죽으면 그 영혼이 천국이나 지옥으로 가는 게 아니라 영혼은 하느님께로, 육신은 땅으로 돌아가는 것이다. 유대인들은 나중에 메시아가 와서 새로운 세상이 열릴 때 조상과 함께 부활한다고 믿고 있다.

그렇다 보니 유대교는 현세 지향적이며 행위, 곧 실천을 강조하는 종교이다. 토라의 준수를 지상명령으로 여기는 유대교는 내세보다는 지상에서 '거룩한 삶'을 구현하는 것을 가장 중요한 종교적 목표로 삼고 있다.

유대인의 역사는 성서와 궤를 같이한다

아담의 10대 후손이 노아다. 하느님은 타락한 세상을 '물'로 씻어내면서 노아를 선택해 그 가족을 구해냈다. 하느님은 다시는 물로 인간을 멸하지 않겠다고 그 증거로 무지개를 보여주었다. 노아의 큰아들 셈은 셈족의 시조다. 그의 10대 후손이 아브라함이다. 이번에는 방탕한 세상 소돔과 고모라를 '불'로 멸하면서 아브라함을 선택했다. 이번에는 증거를 보여주시지 않았다.

노아의 큰아들에게서 셈족이 나오다

아브라함은 노아의 큰아들 셈에게서 내려오는 셈족이다. 노아에게는 세 아들 셈, 함, 야벳이 있었다. 이들이 인류의 조상이다. 큰아들 셈의 후손들은 동쪽으로 갔다. 이들로부터 훗날 히브리, 페르시아, 시리아, 아시리아, 아라비아 그리고 몽골족, 한민족 등 중동아시아계가 나왔다. 이 셈족에서 유대인의 조상 아브라함이 나왔다.

성서를 보면 둘째 아들 함은 포도주에 취해 벌거벗은 채로 자는 아버지를 돌보지 않아 노아로부터 저주를 받는다. "가나안은 저주를 받아 형제들에게 천대받는 종이 되어라. … 하느님께서 야벳을 흥하게 하시어 셈의 천막에서 살게 하시고 가나안은 그의 종이 되어라." 이후 둘째 아들 함은 아프리카 쪽으로 갔고 그에게서 이집트, 에

∴ 미켈란젤로, 〈술 취한 노아〉, 바티칸 시스티나 성당, 1508년. 세 아
들의 피부색이 다르다.

티오피아, 리비아 등 아프
리카계와 가나안 사람들이
나왔다. 막내 야벳은 유럽
으로 가 그에게서 코카서
스인과 아리아인 등 백인이
나왔으며 이들에게서 바다
를 끼고 사는 백성이 갈라
져 나왔다. 지금의 북해와

지중해를 끼고 있는 유럽 나라들과 러시아 등이다.

이런 인종적 구분은 상당 부분 실제적인 사실로 규명되었고 서구
의 세계관과 인종 구분은 뿌리 깊게 이것에 근거하고 있다. 현대 진화
론자들도 모든 인류가 공통의 조상으로부터 시작했다는 데에는 창

∴ Y염색체로 본 인류의 이동 경로(자료: 스펜서 웰스 영국 옥스퍼드대학 교수, 〈인류의 여행〉), M175 등은 유전자형의 이름

조론자들과 의견을 같이하고 있다. 유전자 Y염색체로 본 인류의 이동 경로를 보면 6만 년 전 아프리카를 떠난 현생인류는 중동에서 나누어졌다. 그중 한반도로 온 인류는 중앙아시아와 동아시아를 거쳐 한반도로 이동했음을 보여준다. 그들의 문화를 후기 구석기 문화라 한다. 이들이 한반도에 들어온 시기는 약 3만 5000년 전으로 바로 한국과 일본에 처음으로 후기 구석기인들이 나타난 시기와 일치한다.

번성하여 땅에 충만하라

노아의 홍수 심판이 끝나고 하느님은 한 가지 약속을 했다. 그것은 다시는 땅 위의 생물을 홍수로 멸하지 않겠다는 약속이었다. 이 언약의 증거로 구름 가운데 무지개를 두었다. 다시 말해 무지개는 세상이 파멸하지 않으리라는 것을 하느님이 우리에게 상기시켜 주는 것이다.

그리고 하느님은 노아와 아들들에게 복을 주며 말했다. "많이 낳아, 온 땅에 가득히 불어나거라. 들짐승과 공중의 새와 땅 위를 기어다니는 길짐승과 바닷고기가 다 두려워 떨며 너희의 지배를 받으리

라. 살아 움직이는 모든 짐승이 너희의 양식이 되리라. 내가 전에 풀과 곡식을 양식으로 주었듯이 이제 이 모든 것을 너희에게 준다. 그러나 피가 있는 고기를 그대로 먹어서는 안 된다. 피는 곧 그 생명이다."

노아는 600세에 홍수를 겪고 그 뒤 350세를 더 살다가 950세에 죽었다. 홍수 후에 인간의 먹거리에 변화가 생긴다. 육식이 허용된 것이다. 노아의 홍수 전후에 두드러진 변화 중의 하나는 인간의 수명이 대폭 단축되었다는 점이다. 이때부터 인간의 수명은 120세로 줄어든다. 홍수 후의 변화된 환경과 그때부터 시작된 육식과 관계있는 듯하다. 한편 하느님은 고기를 먹되 동물의 목숨과 동일시되는 피는 먹지 말라고 말했다. 의학적으로도 동물의 피는 죽은 지 5분이 지나면 사체에서 독성이 분비되어 유해하다고 한다.

유대인의 경전 모세오경, 토라

개신교 구약성서는 총 39권으로 구성되어 있다. 도입부 처음 다섯 권이 모세오경이다. 창세기, 출애굽기, 레위기, 민수기, 신명기를 말한다. 다섯 두루마리라 보통 '오경'이라 불리며, 모세가 오경을 저술했다는 전승에 따라 '모세오경'이라 한다. 유대인들은 이 모세오경을 '토라Torah'라 부른다. 이 토라가 유대인들의 경전이다.

토라에는 창조 이야기를 시작으로 출애굽과 가나안 땅에 이르기까지의 유대인 역사가 적혀 있다. 또 시나이 산에서 하느님으로부터 받은 십계명을 비롯해 유대민족이 살아가면서 지켜야 할 계율이 상세히 적혀 있다. 토라에 실린 계율의 수는 613개다.

이 가운데 '하지 마라'가 365가지로 일 년의 날 수와 같고, '하라'가 248개로 인간의 뼈와 모든 장기의 수이다. 이는 다시 말해 우리가 일 년 내내 하지 말아야 할 것들이 있는가 하면, 우리의 지체를 가지고 열심히 해야 할 것들이 있음을 뜻하는 것이라 한다.

토라는 특별하게 규제하는 것이 없으면 무슨 일이라도 할 수 있도록 허락되어 있다. 율법은 '이런저런 일은 하라'고 적혀 있기도 하지만, 그보다는 '이런저런 일은 하지 마라'고 똑똑히 밝히고 있다. 규제를 최소화하는 이른바 '네가티브 시스템'이다.

∴ 법궤 안에 들어 있는 토라

토라는 '지시하다', '길을 가리키다'라는 히브리 동사 '야라'에서 파생되어 유대민족이 살아나가야 하는 길을 가리키는 말씀서이다. 토라는 유대인 역사의 기록이자 유대민족의 삶 전반에 걸쳐 필요한 가르침과 기본 도리를 제시해주고 있다.

이렇듯 토라는 유대민족이 어떻게 태동하여 발전해왔는지를 알려주는 '역사서'이자 유대인이 어떻게 살아가야 할지를 가르쳐주는 '율법서'이다. 토라는 모세가 썼다고 알려졌으나 후대의 전승과 편집 과정을 거쳐 현재 형태로 완성되었다. 오늘날 토라를 경전으로 삼고 있는 종교는 유대교, 기독교, 이슬람교이다. 한 뿌리의 세 종교이다.

토라의 내용

토라, 곧 모세오경의 내용을 보면 하느님의 천지창조부터 모세의 죽음까지가 하나의 줄거리로 이루어졌다. 이를 큰 틀로 나누어보면 우주창조, 죄의 기원과 확산, 조상들의 이야기를 다루는 창세기는 서론 부분이다. 그 뒤 이집트 탈출과 광야생활, 하느님과의 계약을 다루는 탈출기, 레위기, 민수기는 본론 부분이다. 그리고 마지막으로 모세가 시나이 산에서 맺은 계약을 모압 평야에 도착한 이스라엘 백성에게 다시 한 번 반포하는 내용의 신명기는 결론 부분이다.

오경은 '약속과 성취'라는 도식에 따라 이야기가 전개된다. 하느님은 조화롭고 행복한 세상을 창조하여 인간에게 맡기셨다. 그러나 인간의 죄로 말미암아 악이 범람하는 세상이 되고 만다. 그런데도 하느님은 인간 구원 의지를 버리지 않으시고 아브라함을 택하시어 그와 그의 후손들의 하느님이 되어 많은 후손과 땅을 주시겠다고 약속하신다.

이 약속을 성취하시고자 하느님이 인간 역사에 개입하여 활동하시는데 인간은 배신으로 응답한다. 그럼에도 하느님은 인간을 축복하시고 율법을 내려주시어 올바른 삶의 방향으로 이끌어주신다. 이처럼 일관된 주제로 이루어져 있기에 학계에서는 오경이 원래는 한 권의 책이었는데 후대에 다섯 권으로 나누어진 것으로 보고 있다.

모세오경은 이야기(설화, 학가다)와 율법(할라카)으로 이루어져 있다. 대표적인 설화로는 '창조설화', '홍수설화', '이집트 탈출 이야기'를 들 수 있다. 오경에서 가장 중심이 되는 이야기는 바로 '이집트 탈출 이야기'로 이것이 유대교 성립의 근본 핵심이 된다.❖

❖《여정》, 생활성서사, 1987년 9월

토라에 숨어 있는 계시

유대인에게 토라는 모세를 통해 하느님이 말씀하신 것이다. 따라서 토라, 곧 모세오경은 인간 구원을 위한 성서의 핵심이자 계시의 핵심이다. 계시revelation란 '숨겨져 있는 것을 나타내 보여준다'는 뜻이다. 유대인은 합리성을 중시한다. 그럼에도 계시가 합리성보다 우선한다고 믿고 있다.

유대인들의 토라에 대한 연구는 그들이 하느님의 계시에 참여하는 가장 본질적이고도 핵심적인 수단이다. 유대인에게 토라는 지나간 과거 이야기가 아니다. 영원히 현존하는 신비스러운 차원의 시간이다.

유대교는 오직 하느님만을 창조와 도덕 그리고 정의의 유일한 원천으로 간주한다. 따라서 유대인은 '모든 진리는 하느님에게서 나온다'고 믿고 있다. 진리는 인간이 만드는 것이 아니라 주어진 것을 단지 발견하는 것이라는 생각이다. 이러한 믿음은 자연히 유대인들을 계시의 교리로 이끈다. 유대인들은 모든 과학기술도 하느님이 창조한 세상과 생명의 섬세한 메커니즘을 인간이 이해하여 모방한 것이라는 시각을 갖고 있다.

창세기, 유대인의 뿌리가 아담에 닿아 있음을 보여주는 족보

창세기는 크게 우주와 인간의 창조와 유대민족의 태동이라는 2가지가 주요 내용이다. 곧 하느님이 세상과 인간을 창조하는 이야기부터 시작해 첫 인간 아담과 하와는 하느님의 말씀을 불순종하는 죄를 짓고 에덴동산에서 쫓겨나는 이야기로 이어진다. 그들의 두 아들 카인과 아벨의 이야기에 이어 다음으로 바벨탑의 건축을 둘러싼 여러 가지 이야기들과 수메르 홍수신화와 비슷한 노아 이야기가 나온다.

창세기에는 아담에서부터 유대인의 조상 아브라함까지의 족보가 쓰여 있다. 아담의 10대 후손이 노아이며, 아담의 아들 셈의 10대 후손이 아브라함이다. 이는 유대인의 뿌리가 아담에 닿아 있음을 보여 준다. 이로써 유대인은 자기들의 조상을 최초의 인간인 아담에게까지 소급시킬 수 있다고 여긴다.

그 뒤 하느님이 아브라함을 현재의 이스라엘 지역인 가나안 땅으로 불러내는 이야기에 이어 아브라함의 아들인 이사악, 그의 손자인 에사오와 야곱과 그의 가족들 이야기가 쓰여 있다. 마지막은 야곱의 자손들인 유대민족이 당시 파라오의 호의를 입어 이집트로 이주하는 것으로 마무리된다.

출애굽기와 레위기, 민수기

400년 동안 유대민족은 이집트에 살면서 신 왕조시대에 파라오가 바뀌자 노예생활을 하게 되었다. 노예생활, 모세, 10가지 재앙, 유월절 사건, 홍해 사건 등 이집트에서 어떻게 해방되었는가에 대한 전반적인 내용이 기록되어 있다.

아브라함의 손자인 야곱의 아들 가운데 한 아들의 이름이 레위다. 레위 지파 사람들은 성막에서 하느님을 섬기는 직책을 맡은 사람들이다. 만들어놓은 성막을 중심으로 하느님을 어떻게 섬겨야 하는지, 또 사람들과의 관계는 어떻게 해야 하는지에 대한 지침서가 바로 레위기다. 특히 이 레위기에는 제사법, 생활법, 절기 등이 기록되어 있다.

영어로 'Numbers'가 한글로는 '민수기'다. 여기에서 '민'은 백성 민民자요, '수'는 셀 수數자다. 말 그대로 이집트를 탈출해 가나안 땅을 향해 가는 유대민족의 숫자를 헤아린 인구조사를 뜻한다. 하느님께서 약속하신 가나안 땅으로 들어가는 동안 그들은 전쟁을 해야 했기에 병력을 정비한 것이다.

병력을 정돈하고 나니 성막 위에 머물러 있던 구름기둥이 드디어 움직였다. 이때가 이집트를 탈출한 지 13개월째인데, 이때로부터 39년간의 광야생활을 기록한 것이 민수기다.

모세는 가나안 땅이 보이는 요르단 강 동쪽에 있는 모압 지역까지 정복했다. 그는 요르단 강 동쪽 지역들을 정복하여 야곱의 열두 아들 가운데 갓 지파, 르우벤 지파, 므나쎄 지파에게 나누어 주었다.

신명기

'신명申命'이란 모세가 가나안 땅이 바라보이는 모압 평지에서 유대민족들을 모아놓고 한 마지막 설교이다. 곧 유대민족이 어떻게 이집트에서 탈출하게 되었으며 그 과정에서 어떻게 하느님의 도움을 받았는지를 요약해서 말해준 것이다. 그래서 신명기Detrounomy에는 출애굽기와 민수기의 이야기들이 반복된다.

유대민족은 여호수아와 갈렙을 제외하고는 이집트를 탈출할 때 성인이었던 남자들은 모두 광야에서 죽는다. 탈출 당시 20세가 되지 않아 인구조사 자격에도 들지 못했던 어린아이와 청소년들이 40년이 지나 가나안 땅에 들어가게 되는 것이다. 모세 자신은 가나안 땅에 들어가지 못하지만 가나안 땅에 들어가는 새로운 세대에게 새로운 마음가짐을 주지시켜 주기 위한 것이다.＊

민족의 기원력을 쓰는 두 민족

유대인은 아담이 기원전 3761년에 창조되었다고 믿었다. 그래서 유대력은 양력에 3760년을 더한다. 유대인은 그들의 달력을 '현세력'이라 부른다. 천지창조 이후의 일을 기록하기 때문이란다. 2015년은 현세력으로 5776년이다. 곧 천지가 창조된 지 5776년째라는 뜻이다. 흔히 '인류의 오천년사' 혹은 '유대인의 오천년사'라 함은 이때문이다.

우리도 단군왕검이 고조선을 세운 기원전 2333년을 원년으로 하는 단기檀紀를 쓰고 있다. 2015년은 단기 4348년이다. 반만년 유구한 역사란 여기서 유래된 말이다. 이러한 민족의 기원력紀元曆을 쓰고 있는 민족은 한민족과 유대민족뿐이다.

율법의 기본정신

토라에는 창조 이야기를 시작으로 출애굽과 가나안 땅에 이르기까지의 유대인 역사와 하느님으로부터 받은 십계명을 비롯해 유대민족이 살아가면서 지켜야 할 계율, 곧 율법이 상세히 적혀 있다.

레위기에는 레위 사람들이 관장하는 번제물 및 사원의식과 관련한 다수의 계율이 쓰여 있다. 민수기는 첫 부분에 이스라엘 백성의

＊ 조대형 목사, 〈구약의 구슬을 꿰어봅시다〉, 아멘넷 뉴스, 2009년 2월 1일

인구조사가 이루어지기 때문에 붙여진 이름이다. 민수기는 또한 모세의 인도에 대한 코라_{Korakh}의 반란에 대해 적고 있다. 신명기는 이스라엘 백성이 약속의 땅으로 건너갈 채비를 갖췄을 때 모세가 그들에게 전하는 고별 연설이 주를 이룬다. 자신은 약속의 땅으로 가지 못한다는 것을 알고 있는 모세는 죽기 전에 자신의 마지막 생각을 백성들에게 전한다.

율법의 기본정신은 "모든 인류가 섬겨야 하는 신은 오직 하느님 한 분이시다. 따라서 세상에는 단 하나의 도덕적 기준이 존재한다. 그 기준에 따르면 우리 인간은 가난한 자와 과부, 고아, 이방인 등을 사랑으로 보살피고, 하느님 아래 모든 인간은 평등하며, 일주일에 하루는 일을 하지 말고 그날을 성스러운 날로 기려야 할 의무가 있다. 그리고 유대인은 하느님께 선택받은 민족으로서 하느님의 메시지를 세상에 널리 퍼뜨려야 한다"는 것이다.

세 종교의 뿌리, 구약성서

유대민족의 역사를 기록한 책이 바로 구약성서이다. 구약성서는 모세오경(토라)을 비롯해 역사서, 시서, 지혜서, 예언서로 구성되어 있다. 이처럼 구약성서는 한 권의 책이 아니라 여러 권의 책들을 모아놓은 것이다.

당신 백성에게 개입한 하느님의 구원 업적이 때로는 역사서의 형태로, 때로는 시라는 문학적 형태로, 때로는 현자의 입을 통해, 때로는 예언자의 교훈적 가르침을 통해 기록되어 있다. 유대인들은 토라를 경전으로, 나머지 구약성서의 책들을 보조경전으로 여긴다. 역사가들은 구약성서가 기원전 1200년경에 시작되어 800년 이상에 걸쳐 기록되었을 것으로 보고 있다.

구약舊約의 약約은 '계약'을 뜻하는데, 히브리어로는 혈약血約을 의미한다. '피로 약속한 영원불변의 언약'이라는 뜻이다. 오늘날 구약을 경전으로 삼고 있는 종교는 유대교, 기독교, 이슬람교인데 유대교는 구약만을 성서로 인정한다. 반면 기독교는 구약과 예수 이후의 복음서인 '신약'을 함께 성서로 믿는다. 이슬람은 여기에 마지막 예언자 마호메트가 쓴 코란을 보탠다. 코란의 내용을 살펴보면 율법은 모세가, 복음은 예수가 선포했으되 진정한 예언자는 마호메트이고 그의 계시가 최종적인 것이라고 주장한다. 이슬람은 구약과 신약 내용 중 코란의 교리와 일치하는 부분만 그들의 경전으로 인정한다.

히브리 성서, 타나크

유대교의 히브리 성서 타나크TANAKH는 율법서Torah, 예언서Neviim, 성문서Ketubim로 구성되어 총 24권이다. '타나크'는 이 세 분류명의 첫 글자를 떼어 합성한 이름이다. 유대인들은 각 책의 첫머리에 나오는 히브리말 단어로 이름을 지었는데 이는 메소포타미아에서 유래한 고대의 관습이었다. 또 타나크는 읽히는 책이란 뜻으로 '미크라(선포)'라고도 한다. 유대교는 히브리 원문이 남아 있지 않으면 경전으로 인정하지 않았다. 그리고 후대 기독교에서는 너무 긴 내용은 두 권으로 나누었다. 그래서 타나크는 기독교의 구약성서보다 권수가 적다.

한편 기원전 3세기에 유대인들에 의해 그리스어로 번역되어 출간된 '70인역' 성서는 히브리 성서와 분류가 다르다. 곧 오경, 역사서, 시서와 지혜서, 예언서로 나뉘며, 제2경전도 각각의 분류 안에 포함되었다. 이런 연유 등으로 가톨릭 구약성서는 46권으로 늘어났다. 참고로 개신교는 제2경전을 인정하지 않아 그들의 구약성서 권수는 39권이다.

기독교에서는 그들의 새로운 복음을 '신약'이라 부르고 유대교의 타나크를 '구약'이라 부른다. 하지만 유대인들은 이 '구약'이라는 말을 좋아하지 않는다. 그들은 이를 '히브리 성서'라 부른다.

원죄사상

기독교에서는 아담과 하와가 하느님이 금한 선악과를 따 먹은 것을 '원죄'라 한다. 이 죄가 자손 대대로 전해 내려온다는 사상이 '원죄사상'이다. 선악과란 '선악을 분별하게 하는 지혜'를 주는 과일이다. 이에 하느님께서는 '이제 사람들이 우리처럼 선과 악을 알게 되었으니 손을 내밀어 생명나무까지 따 먹고 끝없이 살게 해서는 안 되겠다'고 생각하시고 에덴동산에서 내쫓으셨다. 중요한 점은 아담과 하와가 이 금단의 열매 선악과를 먹게 되면서 인간에게 '원죄'가 발생되었다는 사실이다. 다만 예수를 믿으면 예수가 우리의 죄를 대신해 십자가 보혈의 피로 대속했기 때문에 원죄에서 벗어난다고 가르친다.

반면 유대교는 아담과 하와의 불순종 죄를 인정한다. 그러나 이 죄가 후손 대대로 이어져 내려온다는 원죄사상은 없다. 그들은 과거에 얽매이지 않는다. 유대인들에게 죄란 과거에 있지 않고 현재에 있다. 유대교에선 현재에 충실하지 않는 삶이 죄다. 하느님의 뜻을 거스르는 삶이 죄다. 아담과 하와가 하느님에게 불순종한 것이 죄가 아니라 오늘을 사는 내가 하느님에게 불순종하는 것이 죄인 것이다.

인간은 하느님의 형상대로 지음 받았기에 하느님이 인간에 거는 기대가 있다. 그래서 유대교에서는 하느님의 자녀로서 합당한 삶을 살지 않는 것이 죄다. 주어진 가능성에 최선을 다하지 않는 '게으름'과 '무능력'이 죄다. 자신의 미래에 대한 가능성을 믿지 않고 자기계발을 게을리하는 사람은 하느님께 죄를 짓는 것이다. 하느님이 주신 자기 안의 달란트를 찾아내어 힘을 다하여 이를 키워나가지 않아 무능력한 사람이 되는 것이 하느님께 죄를 짓는 것이다. 따라서 유대인에게 신앙이란 자기 자신 속에 내재된 하느님의 형상을 찾아 자신을 발전시켜 나가는 노력이다.

엄한 징벌에도 아담은 900세 넘게 살았고, 아담과 하와의 자손들은 현재 세계 곳곳에서 살고 있다. 인류 전체가 이 한 쌍의 남녀에게서 비롯되었다는 창세기의 주장은 인종과 종교를 막론하고 모든 인간이 서로 형제자매라는 것이다.

무화과 열매

유대 전승에 따르면 지혜의 나무 열
매인 선악과는 무화과라 하며 생명의 열
매라고도 불린다. 선악과를 따 먹은 아
담과 하와가 수치심을 느끼고 옷 대신
입은 것이 무화과나무의 잎이다. 미켈란
젤로도 시스티나 성당의 그림에서 지혜
의 나무를 무화과나무로 표현했다.

무화과無花果는 꽃이 피지 않는 과일이
라고 해서 무화과라고 부른다. 하지만
꽃이 피지 않고 과일을 맺는 나무가 과연 있을까? 실제로 무화과 꽃은
열매 안에서 피기 때문에 다만 밖에서 보이지 않을 뿐이다. 무화과는 열
매처럼 생겼지만 속의 먹는 부분이 꽃이다. 곧 열매처럼 생긴 껍질이 꽃
받침이며, 내부의 붉은 융털 달린 것들이 꽃이다. 무화과 열매는 열매인
동시에 꽃이다.

재미있는 것은 열매 내부의 무화과 꽃들을 수정시켜 주는 아주 작은
벌이 따로 있다는 것이다. 이른바 '무화과나무 벌'이다. 이 벌이 열매 속
에 빽빽한 꽃들에 닿기 위해서는 유일한 입구인 열매 밑동의 매우 작은
구멍을 통과해야 한다. 그래서 보통의 나비나 벌들은 무화과 꿀을 따 먹
을 엄두를 못 낸다. 다만 무화과와 공생하도록 특별하게 진화된 초소형
무화과나무 벌만이 열매 속으로 기어들어 가 꽃들을 수정시켜 준다.

유대인의 역사는 세계 경제사와 궤적을 같이한다

아브라함 이전의 경제사

유대인의 역사와 경제 행위를 살펴보려면 불가분 세계 경제사가 어떻게 발전해왔는지를 함께 살펴야 한다. 왜냐하면 그 중심에 항상 유대인이 있었기 때문이다. 아브라함은 가장 오래된 문명인 수메르 문명기의 인물이다. 따라서 그 이전은 아직 유대인의 조상이 태어나기 전이다. 하지만 이참에 인류의 경제활동이 어떻게 시작되었는지 경제사의 시발점부터 살펴보자.

인류가 동물과 구별되기 시작한 것은 걷기 시작하면서부터다. 이 때부터 자유롭게 양손을 활용하여 '도구'를 쓸 수 있었다. 인류는 도구를 사용하여 투입 노동력 대비 생산량을 늘렸다. 이것이 인류 경제사의 출발이다. 처음에는 나무막대나 돌 같은 자연 그대로의 것들을 도구로 썼다. 그러다 어느 때부터인가 돌을 용도에 맞추어 '깨뜨려' 사용했다. 이른바 구석기시대가 시작된 것이다. 대략 70만 년 전으로 추정된다. 청동기가 가장 먼저 시작된 메소포타미아 지방이 고작 7000~8000년 전이니 인류는 99.9% 이상 대부분의 시간을 석기시대에 살았던 셈이다.

진화, 단계별로 이루어지는 또 하나의 창조: 티쿤올람 사상

19세기 다윈의 진화론이 나오면서 종교계는 충격에 휩싸였다. 기독교도들은 다윈이 하느님의 형상을 닮은 인간을 원숭이의 이미지로 훼손시켰다고 비난했다. 하지만 유대교에선 진화를 단계별로 이루어지는 또 하나의 창조로 해석한다.

유대교의 티쿤올람tikkun olam 사상에 따르면 '세상은 있는 그대로'가 아닌 '개선 중에 있는 미완성 창조물이거나 개선시켜야 할 대상'이기 때문이다. 티쿤올람이란 유대교 신앙의 기본 원리 가운데 하나로 '세계를 고친다'는 뜻의 히브리어다. 하느님의 파트너로 세상을 개선시키고 완전하게 만들어야 하는 인간의 책임을 뜻한다.

신은 세상을 창조했지만 미완성의 상태이기 때문에 인간은 완성을 위해 계속되는 창조 행위를 도와야 하며 그것이 바로 신의 뜻이자 인간의 의무라는 설명이다. 이것이 유대인들의 현대판 메시아사상이다.

메시아란 어느 날 세상을 구하기 위해 홀연히 나타나는 것이 아니라 그들 스스로가 협력하여 미완성 상태인 세상을 완성시키는 메시아가 되어야 한다는 생각이다. 유대인들의 창조성이 강하다는 평가를 받는 것은 바로 이 사상 때문이다.

1차 경제혁명, 신석기혁명

인류 고고학에 의하면 약 6만 년 전 아프리카를 떠난 인류는 티그리스·유프라테스 강 유역의 비옥한 초승달 지대에 정착했다. 그리고 약 1만 년 전쯤에 빙하기가 끝나면서 구석기시대는 끝나게 된다. 또한 간빙기의 새로운 환경 하에서 신석기시대가 시작된다.

그리고 인류는 기원전 7000년경부터 수렵채취 경제로부터 본격적인 농경사회로 옮겨 갔다. 이것을 경제사에서는 '신석기혁명'이라 부른다. 신석기혁명은 식량 채집에서 '식량 생산'으로의 변화를 뜻한다. 경제사를 제도발전 차원에서 다룬 공로로 1993년 노벨 경제학상을 받은 버클리대학의 더글러스 노스 교수는 신석기혁명이 산업혁명에 버금가는 큰 변화로 보았다. 그래서 이를 1차 경제혁명이라 명명하고, 산업혁명을 2차 경제혁명으로 보았다.

수렵채취 사회는 부족원이 다 같이 사냥하고 채취하여 나누어 먹는 원시 공산사회였다. 인류의 역사를 350만 년이라고 보면 349만 3000년간 평등한 공산사회에 살았다. 비록 배고픈 평등이었지만 말이다. 이에 반해 농경사회는 사적 재산권을 인정해줌으로써 효율과 생산성을 높였다. 사적 소유제라는 유인으로 인류가 놀랍게 진보했다.

고대는 기술사가 곧 경제사다

기원전 6500년 가장 먼저 채취된 구리

인류의 본격적인 경제사는 금속의 발견으로부터 시작된다. 원시인들은 불 피우는 화덕을 돌을 쌓아 만들었다. 그런데 그 가운데 어떤 초록색 돌들은 불에 오랜 시간 가열되면 찐득찐득한 붉은 물질을 뱉어냈다. 식은 다음에 보니 멋지게 반짝였다. 이 물질이 바로 구리였다.

그 뒤 사람들은 초록색 돌들을 따로 구해 높은 온도의 불에 가열하여 구리가 녹아 나오게 만들었다. 이렇게 하여 구리는 기원전 6500년경부터 터키 아나톨리아 지방에서 채취되었다. 구리는 자연 상태에서 가끔 덩어리로 발견된다. 그래도 구리는 귀해 아주 귀중한 것을 만드는 데만 사용했다. 구리는 녹는점이 높아 제련은 힘들지만 비교적 도구 만들기는 간단하여 어떤 금속보다 먼저 이용되었다.

구리는 수메르인이 사는 강변에서 멀리 떨어진 소아시아 산

악지대와 페르시아 만 근처에 매장되어 있었다. 그러나 수메르인은 소아시아보다는 페르시아 만이나 키프로스에서 나는 구리를 강과 바다를 통해 갖다 썼다. 특히 키프로스 섬은 구리의 대량 생산지였다. 구리의 영어명인 copper는 키프로스 섬의 라틴명인 cuprum에서 유래했다.

청동의 발견: 본격적인 인류 문명의 시작

그러나 구리는 연해서 잘 찌그러졌다. 녹는점이 1000도가 넘는 구리는 당시에 녹이기도 어려웠지만 단단하지도 않아 연장을 만들기에 부적당했다. 그러다 구리와 주석 등 두 종류 이상의 다른 광석들을 함께 녹이다 우연히 '새로운 구리'가 발견되었다. 이것이 구리와 주석의 합금인 청동이다. 구리가 본격적으로 활용되기 시작한 것은 청동을 만들면서부터다.

청동은 구리나 주석보다 녹는 온도가 훨씬 낮아 녹이기도 쉬울 뿐 아니라 훨씬 단단해서 도구를 만드는 데 유용했다. 특히 주조鑄造하기에 편했다. '주조'란 쇳물을 형틀에 부어 원하는 모양을 얻는 공정을 말한다. 청동의 주석 함유량은 약 10%로 단조鍛造된 청동은 구리보다 2배 정도 더 단단했다. '단조'란 쇠를 두들기거나 압력을 가해 모양을 만드는 것을 말한다. 청동의 발견으로 본격적인 청동기시대가 열렸다.

재미있는 광물, 주석과 아연

주석$_{Tin}$은 재미있는 광물이다. 먼저 공기 중에서 잘 녹슬지 않는다. 그래서 철 등 다른 금속의 표면 도금에 쓰인다. 철의 양쪽 표면에 주석을 입힌 것을 양철이라 하고, 아연을 도금한 것을 함석이라 한다. 주석은 인체에 무해하여 통조림통 등에 사용된다. 또 유기주석화합물은 진균제나 살생제의 주성분으로 사용된다. 주석은 금, 은 다음의 귀한 금속으로 백납 혹은 퓨터$_{pewter}$라고 불린다. 유럽에서는 일찍이 장식품과 맥주잔 등으로 만들어져 사랑받아 왔다. 특히 주석을 소지하면 백년해로하고 행운이 찾아온다는 속담이 있다.

아연$_{Zinc}$은 더 재미있는 광물이다. 아연은 인체에 무해한 정도가 아니라 유익한 광물이다. 유기아연은 인체 내에서 세포를 구성하고 생리적 기능을 조절하는 대표적인 무기물질 가운데 하나로 생명 유지에 꼭 필요한 원소다. 세포의 성장과 면역 기능 그리고 호르몬 생성에 중요한 역할을 한다.

수메르, 부가가치를 높여 교역하다

메소포타미아는 하천활동에 의해 진흙, 모래 따위가 쌓여 이루어진 충적층 평야라 이집트와 달리 금속은 물론 석재와 목재 등 문명생활에 필요한 기초재료가 귀했다. 따라서 역사가 시작된 때부터 교역이 필요했다. 이로써 수메르 도시국가들은 태생적으로 처음부터 교역이 발달할 수밖에 없었다. 따라서 일찍부터 먼 거리 교역이 행해져 동쪽은 인더스 유역, 서쪽은 아나톨리아·시리아·이집트까지 미쳤다. 또 그 무역을 통해 수메르 문명은 각지로 전파되었다.

유프라테스 강과 나일 강 유역의 농지에선 곡식, 채소, 과일이 재배되어 주변국으로 수출되었다. 청동기시대에 들어와 구리 수요가 늘어나자 수메르인들은 터키 동부 산맥지대나 이집트로부터 석재나 광물을 사들이고 이들을 가공한 완제품을 내다 팔았다. 부가가치를 높인 것이다. 일례로 티그리스 강 상류 아르메니아 사람들로부터 자연산 유리인 흑요석을 사들여 날카로운 화살촉과 도구를 만들어 팔았다.

이에 대해 기원전 5세기의 그리스 역사가 헤로도토스는 이렇게 기록하고 있다.

그들이 강물을 타고 바빌론으로 내려가는 데 사용하는 배들은 둥글고 전체가 가죽으로 되어 있다. 그들은 버들가지로 틀을 만들고 그 바깥에 방수용 짐승 가죽을 입혀 선체 노릇을 하게 한다. 그러고 나서 속을 짚으로 채우고 화물을 실은 다음 강물을 따라 떠내려 보낸다. … 배마다 살아 있는 당나귀를 한 마리씩 싣고 다닌다. 바빌론에 도착해 짐을 다 처분하고 나면 배의 틀과 짚조차 다 팔아버린 다음 짐승 가죽을 당나귀에 싣고 아르메니아로 몰고 간다. 유속이 빨라 강물을 거슬러 항해하는 것은 불가능하기 때문이다. 그래서 그들은 나무가 아닌 짐승 가죽으로 배를 만드는 것이다. 당나귀를 몰고 일단 아르메니아로 돌아오면 그들은 똑같은 방법으로 다시 배를 만든다.※

이러한 교역의 발달로 수공업자들과 상인층이 자리 잡고 운송과 교통이 발전했다. 각 지역 특산품들이 활발히 교환되어 교역품목이

※ 주경철 서울대학교 교수, 〈경제사 뒤집어 읽기〉,《한국경제》

늘어났다. 시나이 반도에서는 구리가 생산되었고 소아시아 타우루스에서는 은이 채굴되었다. 그리고 아프리카의 소말리아와 나일 강유역 누비아에서는 사금이 채취되었고 상아가 수집되었다.

한편 이집트에서는 희귀한 향수, 향료와 더불어 훌륭한 아마포가수출되었다. 그 무렵 크레타 섬 사람들은 아름다운 도기를 만들었다. 그리고 멀리 인도와도 무역이 성행했다. 인도의 고대 유적에서 수메르 시대의 교역품과 인장이 다량 발견되어 이들이 서로 활발하게 왕래했음을 보여준다. 이러한 상인들의 교역 과정에서 금은 부의 축적과 교환을 한결 쉽게 해주었다.

금의 역사, 연금술이 화학을 발전시키다

금은 구리 다음으로 일찍 사용된 금속이다. 기원전 6000년경 메소포타미아에서 처음 발견되었다. 금은 대부분 자연금의 형태로 산출되지만, 모암母岩이 풍화되어 강바닥에 침적해 사금으로 발견되는 경우도 많다. 고대의 금은 대부분 사금으로부터 채취했다. 금은 대략 금광석 1톤을 처리해야 2g 정도를 얻는다. 이러니 귀할 수밖에 없다.

금은 무른 금속이기 때문에 실생활에는 별로 사용되지 않았다. 하지만 세공이 쉽고 처음부터 귀한 것으로 여겨져 고급 장식용과 경건한 제례의식의 제기로 사용되었다. 금은 화학적으로 가장 안정된 금속으로 녹이 슬지 않는다. 인류는 변치 않는 금의 가치를 귀히 여겨 역사에서 경제활동이 시작된 이래 금은 사람들이 가장 귀하게 여기는 금속이다. 그래서 귀금속이다. 이로써 금이 부의 저장수단이자 인류 전체의 교환수단으로 자리 잡았다.

인류는 아주 오래전부터 금을 만들어내려고 '연금술'을 연구했다.

연금술은 중세에 동서양을 막론하고 유행했다. 동양은 불로장생약을 만들 비술을 찾았고, 서양은 금을 얻는 비법을 연구했다. 결국 연금술은 실패로 끝났지만 연금술사들이 1000년 넘게 불로장생약과 금을 만드는 방법을 추구한 덕분에 각종 화학물질 및 실험기구가 발명되고 화학이 발전하여 근대 과학기술의 모태가 되었다.

은, 기원전 3000년경 본격적인 교환수단으로 등장

은은 예로부터 알려진 금속이었지만 이용 면에서는 금보다 뒤졌다. 자연은으로 산출되는 경우가 금에 비해 적고 까다로운 정제법 때문이었다. 은이란 금속도 우리 몸에 무해할 뿐 아니라 오히려 유익한 금속이다. 그 대표적인 게 은진silver dust이다. 은진은 몸 안의 불순물을 제거하는 효과가 있다.

고대로부터 은으로 식기를 만들어 썼던 이유는 은으로 독의 유무를 알아낼 수 있다는 믿음 때문이다. 예로부터 많이 사용된 독약 중에는 비상砒霜이 있는데, 냄새가 없는 흰색 물질로 아주 독성이 강하다. 소량으로도 계속 섭취하면 결국 사망에 이른다. 은은 황이나 황화수소와는 반응을 일으켜 검은색으로 변한다. 따라서 음식물에 비상 성분이 들어가게 되면 비상 속의 황과 은수저가 반응해 검게 변한다. 이런 특성 때문에 은수저가 독(비상)을 검출하는 데 쓰이게 되었다.

금보다 훨씬 매장량이 많은 은이 기원전 3000년경부터 본격적으로 교환수단으로 널리 쓰였다. 아브라함도 은으로 아내의 묘지를 샀다. 은과 납은 모두 방연석에서 얻어져 거의 함께 채취된다. 당시 은은 터키 동북부에서 주로 생산되었다. 수메르 도시국가의 사제는 은과 납을 사기 위해 상인들을 아나톨리아 고원의 히타이트로 보내기도 했다. 지금도 은은 여러 산업 재료에 사용되어 가격 변동이 경기에 민감한 금속이다.

금과 은이 보편적 지불수단, 교환비율 1:13.5

그 무렵 은의 무게를 달아 화폐로 사용했다. 은 1미나는 60세겔이다. 바빌로니아의 사제들은 금은 태양, 은은 달과 관계가 있다고 보았다. 그래서 금과 은에는 신성이 있다고 가르쳤다. 그리고 금과 은의 교환비율을 1:13.5로 고정시켰는데, 이것은 양력 1년에 대한 음력 월수의 비율이다. 이는 이후 대대로 유럽에서 금과 은의 교환비율의 기준이 되었다.

고대에 이미 금과 은이 보편적 지불수단이 되었다. 당시 사람들은 소액 지불이 필요할 때에는 금이나 은 막대에서 해당하는 양만큼을 잘라내어 썼다. 기본적인 중량 단위로는 밀 한 알의 무게(0.0648g)를 사용했는데, 이것이 1그레인이다. 아직도 금 세공인들이 이를 쓰고 있다. 여기서 온스와 파운드가 나왔다. 그 무렵 일반 거래에는 주로 은이 사용되었으며 금은 보통 사원에 보관되어 있었다. 그러나 먼 거리 교역에서는 금이 중요한 교환수단이었다.

유대인의 조상 아브라함이 맺은
영원한 계약

아브라함을 통한 구원의 역사

수메르 문명의 중심 도시 우르에 살고 있던 아브라함 가족이 그곳을 떠나 문화적으로 낙후되고 척박한 땅 가나안으로 이주하는 것으로 이스라엘 역사는 시작된다. 그 무렵 데라는 북쪽의 바빌론이 우르를 침략하려 한다는 소식을 듣고 피난길에 오른다. 그는 큰아들 아브라함 부부와 손자 롯을 데리고 하란으로 옮겨 와 살고 있었다. 당시 북방 아나톨리아와 가까운 하란은 우르 캐러밴 상인들의 거점으로 바빌로니아–소아시아–이집트를 연결하는 통상 중심지였다.

선택받은 아브라함

그 무렵 수메르 문명은 놀랍도록 발달한 문명이었다. 물질만능 시대를 구가하고 있었다. 물질이 발달하자 부작용도 일어났다. 메소포타미아 사람들 일부가 지나치게 타락하고 우상숭배가 만연하여 영적

∴ 우르에서 하란을 거쳐 가나안 가는 길

으로 회복되기 어려운 지경에 이르렀다. 이 시기에 아브라함은 그의 조상 노아가 타락된 세상에서 선택받았듯이 하느님께 선택받았다.

아브라함이 부름을 받은 것은 바벨탑이 무너지고 인간의 언어가 혼잡하게 흩어진 지 얼마 지나지 않아서의 일이다. 성서의 연대를 살펴보면 노아의 연대가 기원전 3000년 전이요, 아브라함은 기원전 2000년대가 된다. 이미 바벨탑 시대에 벌써 달과 별 그리고 태양에 제사하는 우상숭배가 만연되었다.

하느님은 아브라함에게 말씀하셨다. "네 고향과 친척과 아비의 집을 떠나 내가 장차 보여줄 땅으로 가

∴ 루카 조르다노, 〈아브라함이 엎드려 하느님의 약속을 듣다〉, 1685년

거라. 나는 너를 큰 민족이 되게 하리라. 너에게 복을 주어 네 이름을 떨치게 하리라. 네 이름은 남에게 복을 끼쳐주는 이름이 될 것이다. 너에게 복을 비는 사람에게는 내가 복을 내릴 것이며 너를 저주하는 사람에게는 저주를 내리리라. 세상 사람들이 네 덕을 입을 것이다." (창세기 12:1-3) 인간적인 측면에서 보면 척박한 가나안 땅에서 문명도 시로 이주하는 것이 오히려 합당하게 생각된다. 그러나 인간의 타산 적 계산을 초월하는 방법으로 아브라함을 통한 구원의 역사는 시작 된다.

아브라함의 순종으로 구원의 역사가 시작되다

고향을 떠난다는 것은 두려움이다. 그러나 아브라함은 하느님 말씀에 순종하여 길을 떠난다. 그래서 믿음의 조상이 된다. 그의 나이 75세 때였다. 아브라함은 음란이 일상화된 우상숭배 도시에서 하느님의 부름에 순종하여 황량하지만 순수한 광야로 간 것이다.

이 시대에 다른 민족들은 다신교와 우상숭배에 빠져 있었다. 하느님이 아브라함을 선택하신 목적은 하느님이 한 분밖에 없다는 것을 깨달아 올바른 삶의 길을 가르치기 위한 것이었다. 4000여 년 전 한 노인의 결단이 오늘날 유대교, 기독교, 이슬람교를 낳았다.✤

히브리, 강 건너에서 온 사람들

아브라함은 사촌누이이자 아내인 사라와 조카 롯과 함께 그의 집에서 태어나 훈련받은 318명의 남자 종 등 대규모 식솔을 이끌고 길

✤ 우광호 기자, 〈유대인 이야기〉, 《가톨릭신문》

을 떠났다. 그리고 900km의 긴 여정을 거쳐 가나안에 도착했다. 지금의 팔레스타인이다. 이스라엘 역사는 이처럼 아브라함의 이주로부터 시작되었다.

∴ 나귀를 타고 고향을 떠나는 아브라함

가나안 사람들은 그때부터 그들을 히브리(헤브라이) 사람들이라고 불렀다. '유프라테스 강 건너에서 온 사람들'이란 뜻이다. 본토박이가 아닌 이방인이란 의미다. 도시 사람이었던 아브라함은 성서의 땅 유대로 들어와 베두인, 즉 유목민이 되어 양 떼를 치며 이곳저곳을 유랑하면서 살았다.

아랍인의 조상 이스마엘이 태어나다

그 후 아브라함이 나이가 들도록 아이가 생기지 않자 아내 사라는 당시의 관습대로 여종 하갈을 소실로 넣어주었다. 애굽 여자 하갈은 임신을 하자 사라를 괄시하기 시작했다. 하갈은 이스마엘을 낳았다. 아브라함의 나이 86세 때였다.

이스마엘은 '하느님께서 들으심'이라는 뜻이다. 셈족과 함족의 피를 이어받은 이스마엘은

∴ 아드리안 베르프, 〈하갈을 아브라함에게 소개하는 사라〉

아랍인의 조상이 된다. 지금도 아랍인들은 아브라함을 그들의 조상으로 받든다. 이슬람이 아브라함을 자기들의 최고最古 조상으로 여기는 이유이다.

아브라함이 맺은 영원한 계약

계약의 민족

아브라함의 나이 99세 되던 해에 하느님은 아브라함과 계약을 맺는다. "나는 전능한 신이다. 너는 내 앞을 떠나지 말고 흠 없이 살아라. 나는 나와 너 사이에 계약을 세워 네 후손을 많이 불어나게 하리라."(창세기 17:1-2) "내가 너와 계약을 맺는다. 너는 많은 민족의 조상이 되리라. 내가 너를 많은 민족의 조상으로 삼으리니, 네 이름은 이제 아브람이 아니라 아브라함이라 불리리라. 나는 너에게서 많은 자손이 태어나 큰 민족을 이루게 하고 왕손도 너에게서 나오게 하리라. 나는 너와 네 후손의 하느님이 되어주기로, 너와 대대로 네 뒤를 이을 후손들과 나 사이에 계약을 세워 이를 영원한 계약으로 삼으리라. 네가 몸 붙여 살고 있는 가나안 온 땅을 너와 네 후손에게 준다. 나는 그들의 하느님이 되어주리라."(창세기 17:4-8) '아브라함'에서 '아브'는 아버지라는 뜻이고 '함'은 민족이라는 뜻이다. 곧 그를 '민족의 아버지'로 세우신 것이다.

계약의 징표, 할례

"너는 내 계약을 지켜야 한다. 너뿐 아니라, 네 후손 대대로 지켜야 한다. 너희 남자들은 모두 할례를 받아라. 이것이 너와 네 후손과 나 사이에 세운 내 계약으로서 너희가 지켜야 할 일이다. 너희는 포경을 베어 할례를 베풀어야 한다. 이것이 나와 너희 사이에 세운 계약의 표다. 대대로 너희 모든 남자는 난 지 팔 일 만에 할례를 받아야 한다."
(창세기 17:9-12)

아브라함은 그날로 집안의 모든 남자를 불러 모아 할례를 베풀었다. 아브라함도 포경을 베어 할례를 받았는데 그이 나이 99세였고 이스마엘의 나이 13세였다. 이로써 유대인들은 계약의 백성이 되었다. 유대인에게 할례는 하느님과 맺은 계약의 징표다. 어떠한 상황에서도 하느님 자녀로서의 마음가짐과 희망의 세계를 바라볼 수 있는 신앙을 가슴 깊이 새기기 위해 거룩한 표시를 몸에 새겨두는 것이다. 이로써 할례를 받은 유대인은 더 이상 사람의 자식이 아닌 '하느님의 자녀'가 되는 것이다.

소돔과 고모라의 멸망, 유황불로 벌하다

소돔성은 당시 세속적 문명이 극단적으로 발달하여 타락과 음란이 일상화된 곳이었다. 야훼께서 아브라함에게 말씀하셨다. "소돔과 고모라에서 들려오는 저 아우성을 나는 차마 들을 수가 없다. 너무나 엄청난 죄를 짓고들 있다."(창세기 18:20) 아브라함은 그곳에 열 사람의 의인만 있어도 멸하지 않도록 용서를 청했다. 그러나 그마저도 없었다.

결국 하느님은 소돔에 사는 롯을 구해내시고 그곳을 멸하셨다. 소돔과 고모라에 유황불 심판을 내리신 것이다. 후세의 사가들은 당시 대지진이 일어나 땅이 꺼지면서 밑에서 역청과 유황이 뒤섞여 솟아

오른 것으로 보고 있다. 끈적끈적한 원유를 고대에는 역청이라 불렀다. 이들 도시의 위치는 이스라엘 사해 남부 지역으로 이때 지진으로 현재는 사해에 수몰된 것으로 추정된다.

이사악이 태어나고 이스마엘이 쫓겨나다

아브라함이 100세 되었을 때 하느님의 약속대로 본처인 사라에게도 아이가 생겼다. 이사악이 태어난 것이다. 사라는 그동안 자기를 괄시한 하녀 하갈과 그녀의 아들 이스마엘을 광야로 내쫓는다.

아랍인과 유대인은 모두 아브라함의 후손이다. 같은 조상을 모신 형제 민족 간의 악연은 이렇게 시작되었다. 이것이 이스라엘과 아랍 간 투쟁의 시작인 셈이다. 하느님께서는 광야의 이스마엘도 돌보시어 큰 민족의 조상이 되게 하셨다. 이스마엘의 열두 아들이 열두 부족의 조상이 되었다.

아브라함의 종교를 이사악을 통해 전수받은 사람들이 유대인들이라면, 이스마엘을 통해 전달받은 사람들이 바로 이슬람들이다. 이슬람의 주장에 의하면 알라와 야훼 하느님은 같은 신이다. 이슬람은 유대인들과 기독교도들이 아브라함의 종교를 타락시키고 경전으로 내려준 성

∴ 아드리안 베르프, 〈하갈의 추방〉

서를 왜곡시키고 변질시켰다고 보고 있다. 그래서 알라가 모하메드를 통해 하늘에 있는 경전의 원본을 내려보내어 아브라함의 종교를 회복시킨 것이 이슬람이라는 주장이다.

아브라함의 순명, 이사악을 바쳐라

어느 날 하느님은 아브라함에게 아들 이사악을 번제물로 바치라고 이르셨다. 이에 아브라함이 순명順命하며 이사악을 데리고 산에 올라가 제단 위에 올려놓고 번제물로 바치려 하자 하느님이 그의 믿음을 보고 중단시키셨다. 대신 번제물로 양을 바치도록 하셨다.

하느님의 천사가 큰 소리로 말했다. "네가 네 아들, 네 외아들마저 서슴지 않고 바쳐 충성을 다하였으니, 나는 나의 이름을 걸고 맹세한다. 이는 내 말이다. 어김이 없다. 나는 너에게 더욱 복을 주어 네 자손이 하늘의 별과 바닷가의 모래처럼 불어나게 하리라. 네 후손은 원수의 성문을 부수고 그 성을 점령할 것이다. 네가 이렇게 내 말을 들었기 때문에 세상 만민들이 네 후손의 덕을 입을 것이다."(창세기 22:16-18)

∴ 렘브란트, 〈이사악의 희생〉, 1635년

이 사건은 종교 역사를 통틀어 가장 극적이고 당혹스러운 사건의 하나다. 성서 가운데 중요한 이정표를 이루고 있다. 나이 100세에 얻은 이사악은 아브라함에게 어쩌면 자기 생명보다 더 귀중한 존재였을 것이다. 그러나 이 이야기는 인간이 소유한 모든 것은 무엇이든 하느님에게서 온 것이며 그렇기에 마땅히 하느님에게 되돌려 바칠 수 있어야 한다는 점을 상징적으로 강조한 것이다. 13세기 탈무드 학자인 나흐마니데스는 이 사건을 '하느님의 예지와 인간의 자유의지가 양립할 수 있다'는 것을 보여주는 최초의 예로 이해했다.

참고로 이슬람에서는 당시 아브라함의 번제물이 이사악이 아니라 맏아들 이스마엘이라고 주장하고 있다.

가장 좋은 첫 수확물과 맏배를 신에게 바쳐

아브라함이 살았던 수메르 문명 당시 다신교 신전에서는 가장 좋은 첫 수확물과 맏배를 신에게 바치는 관습이 있었다. 또 계약의 체결은 동물의 희생 제물로 보증하는 것이 관례였다. 특히 신과의 계약은 중요했기 때문에 당연히 가장 귀한 인간이 주로 공물로 바쳐졌다.

아즈텍과 잉카에서 태양신을 위해 수많은 젊은이가 심장을 꺼내 바치고, 인당수에 심청이를 바쳐야 폭풍우가 가라앉는다는 믿음과 비슷한 것이었다. 그 무렵 주변의 다신교 신전의 제례의식 역시 살아 있는 생명을 바쳤다.

수많은 지원자 가운데에서 엄선된 한 쌍의 남녀는 지구라트 위의 신전 앞에서 엄숙하게 결혼식을 올린다. 식이 끝나면 부부와 수행원, 그리고 가족들은 신전 안으로 들어간다. 이곳에는 2개의 관이 있는데, 이곳에서 신랑과 신부는 성스러운 죽음을 맞는다. 그들이 관속에 뉘어지면 수행원들도 독약을 마시고 부부를 따라간다. 곧이어 가축들을 죽여 제물로 바친 후 무거운 돌문을 닫는 것으로 의식은 끝난다. 이들의 성스러운 죽음으로 살아 있는 사람들에게 신들의 은총이 내려져 풍요와 영원한 삶이 보장된다고 믿었다.

성서에서 제사의 의미

창조주 하느님과 인간이 처음 창조 상태의 죄 없는 관계를 회복하려면 먼저 그 관계를 단절시킨 죗값이 해결되어야 했다. 죄의 해결을 위해서는 에덴동산에서의 언약에 따라 원래는 죄를 범한 자가 생명의 근원이 되는 피를 흘려야 한다. 성서에 "선과 악을 알게 하는 나무 열매만은 따 먹지 마라. 그것을 따 먹는 날, 너는 반드시 죽는다"(창세기 2:17)라고 했다.

그런데 인간은 하느님 명령을 어겼다. 하느님 앞에 '반드시' 죽어야 할 죄를 지은 것이다. 이렇듯 원래 죄의 삯은 죽음으로 죄를 지으면 자기 생명을 내놓아야 했다. 무릇 죄인은 거룩하신 하느님 앞에 나아갈 수가 없다. 오직 죄의 삯이 지불될 때에만 형벌이 풀리고 용서를 받아 하느님 앞에 나갈 수 있다.

하느님은 한 번 세우신 법대로 죄는 분명 죽음으로 처벌하시되, 죄 지은 인간은 살려주시기 위한 새로운 법을 주셨다. 이는 인간 대신 그 죄를 전가받은 흠 없는 동물, 이른바 속죄양이 죽는 것이었다. 인간의 피를 동물의 피로 대신하는 것이다. 이렇게 하느님께서는 사랑하는 인간의 죄를 용서해주는 방안의 하나로 흠 없는 가축을 인간의 피 대신 받으시어 인간이 죄를 용서받을 수 있는 길을 열어주셨다. 그것이 곧 하느님께 봉헌하는 제사의 유래였다.

그래서 인간들은 잘못하면 그때마다 제사를 드렸다. 죄로 말미암아 죽을 수밖에 없는 사람들이 자기 대신 번제물을 죽여 제물로 드리는 것이다.

그 뒤 아브라함의 신앙은 크게 3가지로 나타난다. '하느님 이외에 어떤 다른 신도 섬기지 못한다. 하느님과의 계약의 징표로 할례의식을 행한다. 그리고 하느님께 드리는 제사에 인간을 희생 제물로 써서는 안 된다.' 그 뒤 유대교는 살아 있는 사람을 제물로 쓰지 않게 되었다. 아브라함 이전에는 흠 없는 정결한 어린아이를 희생 제물로 쓰는 관습이 있었다. 이 사건은 그 무렵 가나안에서 사람을 죽여 신에게 제사 지내던 관습에 반대하는 메시지로 이해된다.

하느님의 보편성이 담긴 약속, 인류 구원사 시작되다

이사악 번제물 사건으로 성서에서 하느님이 보편성이 담긴 약속을 처음으로 제시했다는 점이 중요하다. 여기서 하느님은 단지 아브라함의 자손들에게만 번성을 약속한 것이 아니었다. 또 "네가 이렇게 내 말을 들었기 때문에 세상 만민이 네 후손의 덕을 입을 것이다" (창세기 22:18)라고 말씀하셨다.

이로써 유대인의 역사가 단순히 유대 한 민족의 구원 역사가 아닌 인류의 구원사가 되었다. 아브라함의 순종은 이스라엘 문명사의 출발점이자 동시에 인류 구원사의 시작이었다.

최초의 유대인 땅 헤브론, 강인한 역사를 웅변하다

유대인 역사상 중요한 일이 또 하나 생긴다. 가나안 땅을 최초로 '공식적으로' 획득한 것이다. 예루살렘 남쪽에 있는 헤브론은 사라가 죽자 아브라함이 그녀를 안장시키기 위해 사들인 땅이다. 드디어 떠돌이 아브라함이 땅의 소유자가 된 것이다. 성서는 아브라함이 땅

을 사들이는 과정을 유독 상세
히 기술하여 의미를 부여하고
있다. 땅을 구입하는 데 든 돈은
은 400세겔로 약 4.5kg이었다.
당시 은은 주화가 아니라 은괴
였다. 이를 무게로 달아 계산했
다. 아브라함이 최초로 자기 소
유 땅을 획득하고 바로 그 땅에
유목민 생활을 마감하고 묻힌
것이다. 그래서 오늘날 유대인들
에게도 헤브론은 각별한 의미를
지니고 있다. 예루살렘 다음으
로 중요한 성지이며 영원한 고향
이다.

∴ 헤브론의 막벨라 동굴 위에 헤롯이 세운 성벽. 이 성벽은 예루살렘 대성전 성벽과 똑같이 만들었다.

∴ 유대교 회당 내 토라를 보관하는 곳

　이곳은 유대교와 기독교 그리
고 이슬람교 모두에게 거룩한 장소다. 세 종교 모두 경전에서 아브라
함을 언급하고 있기 때문이다. 이곳은 정복자가 많이 바뀌었다. 그때
마다 히브리인들의 기도소, 유대교의 시너고그Synagogue(회당), 비잔틴
제국의 성당, 이슬람교의 모스크, 십자군의 교회, 그리고 다시 모스
크, 이렇게 번갈아가며 사용되었다.

　지금도 이곳에는 유대인 회당과 이슬람 사원이 함께 공존하고 있
다. 이곳을 지배하던 가나안인, 에돔인, 그리스인, 로마인, 비잔틴인,
프랑크인, 맘루크인, 그리고 오스만 터키인은 역사 저 너머로 사라졌
지만 유대인만큼은 헤브론 땅에 지금도 자리 잡고 있다. 이처럼 헤브

론은 4000년이 넘는 세월 동안 유대인들이 어떻게 살아남았는지를 보여주는 표상이다. 곧 그들의 비극적 역사와 역경을 극복해나가는 강인함을 상징하고 있다.[*]

동양인의 덕을 겸비한 유대인의 조상 아브라함

유대인의 조상은 다른 민족들과 달리 처음부터 부자였다. 아브라함은 가축과 은과 금을 많이 가졌으며 집안에서 훈련된 장정만 318명에 이를 정도의 큰 부자였다. 이사악도 창세기 12장에 보면 농업으로 한 해에 100배의 수익을 올리고 마침내 거부가 되어 양과 소가 떼를 이루고 노복이 심히 많다고 기록되어 있다. 유대인에게 부_富는 처음부터 떼려야 뗄 수 없는 관계였다.

성서는 아브라함을 히브리 민족의 시조로서 선하고 올바른 사람의 예로 묘사하고 있다. 그는 의리를 위해 나가 싸웠고 승리를 거둔 뒤 관대함을 보이기도 했다. 또한 그는 평화를 사랑하고 욕심 없는 사람이었다(창세기 14:17-24). 자기 가족들에게 헌신적이었고 이방인들을 극진히 대접했다. 이웃을 향한 마음을 가지고 동료의 안녕을 살폈다. 무엇보다 하느님을 경외하며 명령에 순종했다. 그렇다고 해서 아브라함이 항상 모범적이었다는 이야기는 아니다. 때로는 인간적이고 현실적이며, 또 때로는 겁을 먹기도 하고 의심을 품기도 하지만, 그러면서도 궁극적으로는 충실하게 하느님을 섬겼다.^{**}

이를 《가톨릭신문》의 우광호 기자는 이렇게 표현했다. "아브라함

❖ 우광호 기자, 〈유대인 이야기〉, 《가톨릭신문》.
❖❖ 폴 존슨 지음, 김한성 옮김, 《유대인의 역사》, 포이에마, 2014

은 동양적인 덕을 겸비하고 있었다. 그는 옳고 그름을 분별할 줄 알았으며(시비지심), 어렵고 불쌍한 이웃을 보면 가만히 있지 못했고(측은지심), 항상 스스로를 부끄럽게 여겼으며(수오지심), 겸손했다(사양지심). 많은 토착민이 아브라함에게 보여준 호의는 바로 그러한 인간적인 매력을 높이 샀기 때문인지도 모른다."

아브라함의 고백으로부터 유대인의 역사는 시작한다. "나는 여러분들 가운데서 나그네로, 떠돌이로 살고 있습니다." 그 뒤로 4000여 년의 유대인 역사는 한마디로 방랑의 역사였다. 400여 년간의 이집트에서 종살이가 그랬고, 모세의 지도로 이집트에서 탈출해 광야에서 보내야 했던 40여 년의 세월이 그랬다. 아시리아와 바빌론으로부터 나라를 빼앗겼던 포로 시대가 또 그러했으며 결국 로마 제국에 의해 세계 곳곳으로 뿔뿔이 흩어진 2000여 년의 디아스포라의 역사가 유랑과 핍박의 역사였다. 이 시련의 유랑길이 그들에게는 힘든 고난의 길이었지만 경제사를 추적해보면 한편으로는 은혜의 길이기도 했다.

III
예정되어 있었던
고난의 역사, 엑소더스

JEWISH ECONOMIC HISTORY

유대민족이 이집트에서 종살이하며 괴로움에 지치자 그제야 그들의 조상을 보살 펴던 하느님을 기억하고 도움을 간구한다. 유대인들이 노예의 멍에에서 해방된 이집트 탈출 사건은 유대교가 본격적으로 시작하게 된 중요한 사건이다.

하느님이 선택하신 모세의 인도로 이집트를 탈출한 유대인들은 광야에서 수많은 곤경과 배고픔과 목마름으로 불평과 후회를 거듭한다. 하지만 하느님은 끝까지 당신의 백성을 버리지 않으시고 구원의 길로 이끄신다.

이 광야의 여정을 통해 유대민족은 시나이 산에서 하느님과 계약을 맺는다. 그들은 이 계약을 통해 하느님이 진정 그들의 주인이시고 하느님이 그들을 아끼어 거룩한 민족으로 이끌어주시리라는 것을 깨닫게 된다. 그런 의미에서 이집트 탈출 사건은 유대교 신앙의 중심이자 출발점이었다.❖

❖《여정》, 생활성서사, 1987년 9월

이집트로 팔려 간 요셉

이방인과 결혼 막으려 사촌끼리 결혼하다

아브라함은 이사악이 다 컸을 때 이방인과 결혼하지 않도록 멀리 하란에 있는 동생의 딸 리브가를 며느리로 맞았다. 사촌 사이인 이들에게서 쌍둥이 아들이 태어난다. 바로 성서에 나오는 에사오와 야곱이다. 에사오가 나이 마흔이 되었을 때 가나안 여인, 곧 페니키아 출신의 두 여인과 결혼했는데 이 혼인은 이사악과 리브가를 몹시 슬프게 했다. 왜냐하면 두 아내는 모두 여호와 하느님을 섬기지 않았기 때문이다.

그 뒤 세월이 흘러 이사악은 나이가 들어 눈이 멀었다. 야곱이 어머니의 도움으로 아버지 이사악을

∴ 죠바니 베네데토, 〈이사악과 리브가〉

속여 에사오에게 주어질 만
아들의 권리를 가로챘다.
당연히 형은 화를 냈고, 놀
란 야곱은 일단 가나안을
떠나 하란을 거쳐 메소포타
미아 지역으로 몸을 피한다.
야곱도 나이 들자 그의
아버지 이사악이 그랬던 것

∴ 주세페 리베라, 《야곱의 꿈》, 프라도미술관, 1639년

처럼 하란에 있는 외삼촌 딸과 결혼하기 위해 길을 떠난다. 그 뒤에
도 이방인과의 결혼을 막기 위해 이러한 사촌 간의 결혼은 유대인 사
회에서 흔히 볼 수 있는 관습으로 최근까지도 이어져 내려온다. 야곱
이 광야에서 돌베개를 베고 잠이 들었다. 이때 꿈에 하느님이 나타나
말씀하셨다.

"나는 야훼, 네 할아버지 아브라함의 하느님이요. 네 아버지 이사
악의 하느님이다. 나는 네가 지금 누워 있는 이 땅을 너와 네 후손에
게 주리라. 네 후손은 땅의 티끌만큼 불어나서 동서남북으로 멀리
퍼질 것이다. 땅에 사는 모든 종족이 너와 네 후손의 덕을 입을 것이
다. 내가 너와 함께 있어 네가 어디로 가든지 너를 지켜주다가 기어이
이리로 다시 데려오리라. 너에게 약속한 것을 다 이루어줄 때까지 나
는 네 곁을 떠나지 않으리라."(창세기 28:13-15) "너는 하느님과 겨루어
냈고 사람과도 겨루어 이긴 사람이다. 그러니 다시는 너를 야곱이라
하지 말고 이스라엘이라 하여라."(창세기 32:29)

여기서 하느님은 너의 조상의 하느님이자 지금 현존하는 너의 하
느님임을 강조하셨다. 이스라엘 민족에 대한 계시이자 현존하는 민

는 자들에 대한 계시였다. 또 땅에 사는 모든 종족이 유대민족의 덕을 입을 것이라고 말씀하셨다. 이는 아브라함에게 하셨던 말씀(창세기 22:18)을 다시 반복해서 야곱에게도 말씀하신 것이다.

이스라엘

성서에서 '이스라엘'이라는 이름이 최초로 등장하는 순간이다. 야곱은 꿈에 하느님과 씨름했다 하여 '이스라엘'이란 이름을 얻었다. 이스라엘이라는 이름은 '하느님과 씨름하다'는 뜻이다. 이것이 지금 이스라엘의 국호다. 이것이 유대인 개인에서 '이스라엘'이라는 민족으로 발전하는 시발점이다.

이스라엘은 '하느님과 씨름하다'는 뜻 이외에도 '하느님과 겨룬 사람', '하느님께서 싸워주시기를', '하느님을 위해 싸우는 사람' 등 다양한 의미가 있다. 이러한 해석들에서 공통으로 드러나는 함의가 있다. '싸우다'가 그것이다. 이스라엘이라는 이름 자체가 전투적인 의미를 지니고 있는 것이다. 실제로 이스라엘은 역사 이래 계속 싸워왔고 지금도 싸우고 있으며 치열한 삶을 살아가고 있다.

하느님이 항상 함께 있겠다고 약속한 이름, 야곱. 서

∴ 외젠 들라크루아, 〈천사와 씨름하는 야곱〉, 1861년

양인들 사이에서 가장 인기 있는 것이다. 영어로는 제이콥Jacob, 잭Jack 혹은 재키Jake로 불린다. 요한이 존John, 베드로가 피터Peter, 바오로가 폴Paul로 불리는 것과 마찬가지다. 최근 미국에서 남자아이 이름으로 가장 많은 이름이 제이콥, 잭으로 불리는 야곱Jacob이다.

요셉, 이집트로 팔려 가다

야곱은 14년간 외삼촌 일을 돌봐주고 사촌누이인 레아와 라헬을 부인으로 맞아들였다. 이들 2명의 부인과 2명의 여종으로부터 모두 12명의 아들을 얻었다.

열한 번째 아들인 요셉이 형들에게 밉보여 어릴 적에 은 20냥에 이집트로 팔려 갔다. 당시 '왕의 큰길King's Highway'이라 일컬어지는 사막 길을 오가며 향료, 유향, 몰약, 금, 노예 등을 교역한 대상들에게 팔려 간 것이다.

요셉은 이집트에서 고관집에 팔렸다. 요셉은 그 집 부인의 꾐에 빠져 누명을 쓰고 옥에 갇혔으나 그는 명석하고 기민할 뿐 아니라 상상력이 풍부하고 세상을 긍정적으로 보는 이상주의자였다. 그는 복잡한 현상들을 쉽게 해석할 수 있는 탁월한 능력을 갖고 있었다.

∴ 라파엘로, 〈야곱의 라헬〉, 1518~1519년

∴ 프리드리히 오베르베크, 〈팔려 가는 요셉〉

그는 이집트 왕이 꾼 꿈을 '7년간의 풍년 뒤에 7년간의 흉년이 온다'는 징조로 해몽하여 자신의 예지력을 보여주었다. 이를 계기로 그는 대책을 세울 부왕 副王(대신)에 발탁되었다. 왕 다음가는 직위였다.

수메르에서 아카드를 거쳐 바빌로니아로

기원전 5500년경 생겨나기 시작한 수메르 도시국가들은 부존자원이 척박하여 초기부터 금속, 귀석, 석재, 목재 등 원료를 찾아 주변 지역들과 활발히 교역했다. 이 통에 수메르 문화가 여러 곳에 전파되었다. 이집트 통일국가의 출현에도 수메르의 영향이 있었다.

메소포타미아 최초의 통일국가, 아카드

아카드, 신병기로 메소포타미아를 통일하다

기원전 2000년쯤 메소포타미아에는 획기적인 신무기가 출현했다. 두 마리 말이 끄는 쇠로 만든 이륜전차war chariot가 그것이다. 아카드인들의 전차는 바퀴를 4개 다는 대신 2개를 달았고 전차의 무게도 줄였다. 말이 끄는 견고한 쇠바퀴가 달린 이륜전차는 그간의 사륜마차와 바퀴가 달랐다. 최초의 바퀴살로 이루어진 쇠바퀴로 무엇보다 속

도와 내구성이 달랐다. 이는 대단한 진보였다. 따라서 전차의 속도가 빨라지고 장거리 원정이 가능해졌다. 그것은 전례가 없었던 일로 전투에 일대 혁신을 가져왔다.

아카드에 의해 발명된 가볍고 견고한 '쇠 바퀴살'을 이용한 이륜전차 덕분에 사르곤 왕은 메소포타미아에서, 아리안족은 북인도에서 승리를 거둘 수 있었다. 셈족의 한 갈래인 아카드족이 만든 최초의 이륜전차는 사륜전차보다 가볍고 튼튼했으며 다양한 지형에서 운용할 수 있어 장거리 고속이동이 가능했다.

아카드인의 전차는 두 마리 말이 끄는 전차 위에 궁수, 마부, 창병 한 명씩 3명이 탑승했다. 궁수는 장거리에서 활을 쏘아 적을 혼란에 빠뜨리고, 창·도끼·단검·몽둥이 등 각종 무기로 무장한 창병은 전차가 적진을 돌파하거나 퇴각하는 적을 뒤쫓을 때 활약했다. 이렇게 3명이 한 조를 이루는 방식의 전차는 이후 지중해 동부, 인도, 중국 등 세계 주요 문명국 전차의 원형이 됐다. 아카드인들은 사르곤 왕을 중심으로 전차를 이용해 기원전 2350년경 메소포타미아 문명권을 최초로 통일하게 된다. 이집트에 비하면 통일국가는 약 반세기 늦게 출현했다.

뿔로 만든 활이 등장하다

사르곤의 아들 나람신은 소뿔로 복합궁(합성궁)을 만들어 아카드 왕국의 두 번째 중흥을 이끌었다. 이륜전차와 함께 아카드인들이 만들어낸 복합궁은 소뿔을 주재료로 목재와 동물의 힘줄 등을 적절히 사용해 탄력성이 좋아 사거리가 길었다.

활은 기원전 2만~기원전 1만 년경 석기시대부터 사용해온 유서 깊은 무기다. 하지만 초기의 활은 나무 한 가지 재료만으로 만든 단궁으로 투창과 사정거리가 거의 비슷해 전쟁용 무기로는 한계가 있었다. 투창보다 위력이 모자라기 때문에 대부분 초기 문명권에선 활보다 투창을 선호했다. 이후 아카드인들이 소뿔을 이용해 합성궁을 만들었는데, 위력이 좋아 잘 쏘면 가죽 갑옷은 물론이고 청동 방어구도 관통할 수 있었다.

또 사르곤 왕은 전차와 각궁의 도입 외에 군대의 규모를 대거 확장했다. 수메르의 도시국가들이 각기 600~700명의 상비군을 유지하던 것과는 달리 사르곤 왕은 상비군 규모를 5000~6000명으로 확장했다. 이들 상비군은 전투에만 전념하는 직업군인들로 왕에게만 충성하는 친위군단이기도 했다. 이들 친위군단은 사르곤 왕의 정복전쟁을 가능하게 해줬다. 이와 더불어 정복된 영토에

♣ 나람신 전승비, 루브르박물관

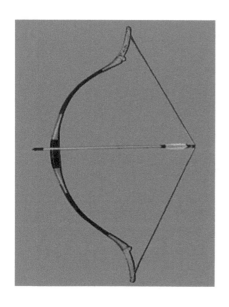

서 군대를 징발하는 정책을 써 최대 수만 명 규모의 군대를 보유할 수 있게 됐다. 이후 전차와 합성궁의 조합은 무시무시한 위력으로 아카드인이 광대한 제국을 이루는 원동력이 되었다.

이러한 합성궁 제작법은 전차와 함께 여러 문명권으로 퍼져나갔는데, 합성궁의 위력을 극단적으로 잘 활용한 곳은 북방 유목민족들이었다. 합성궁 제작법은 고대 스키타이부터 시작해 몽골과 고조선에도 퍼져나갔다. 훗날 칭기즈 칸이 이끄는 몽골 제국의 세계 제패는 이 합성궁 덕분이었다. 사르곤 1세 당시의 영토는 북쪽은 토로스 산맥, 남쪽은 페르시아 만, 서쪽은 지중해, 동쪽은 엘람까지 광활한 땅에 이르렀다. 아카드 왕국 이후 남부 메소포타미아의 북반부를 아카드, 남반부를 수메르라고 불렀다.

사르곤의 아카드 제국은 도량형을 통일하고 전국에 도로망을 깔았으며 언어·문화상으로도 수메르어로부터 셈어로 옮아갔다. 아카드인은 일찍부터 수메르 북쪽에 살며 문자를 비롯해 신의 관념, 세계관, 문화, 기술 등에서 수메르적 요소를 많이 받아들였다. 인종적으로도 양자는 차츰 융합되었다.

바빌로니아 왕국의 탄생과 함무라비법전

그 뒤 메소포타미아에 무역을 위한 아모리인의 이주지가 건설되었다. 이를 통해 서쪽으로부터 유목민인 아모리인들이 대거 유입되었다. 이들은 아람인으로도 불리는데 시리아와 가나안 등지의 여러 서부 도시들과 정기적인 무역을 했다. 이후 오랜 혼란기를 거쳐 바빌론에 정착한 셈계의 아모리인들이 수메르와 아카드 문명을 흡수 통일했다. 이후 이 나라를 수도 바빌론에서 연유해 바빌로니아로 불렀다. 바빌론이라는 말은 '신의 문'이란 뜻이다.

기원전 2000년경부터 개별 문명권에서 성장한 강국들이 서로 연관성을 갖기 시작했다. 바빌로니아, 이집트 왕국, 소아시아의 히타이트, 에게 문명의 크레타 등 이들은 때로는 전쟁을 통해, 때로는 외교적 교류와 평화적인 교역을 통해 서로 연결되어 국제사회를 형성했다. 글로벌 경제의 태동이었다.

국제교역 도시 바빌론의 중흥

기원전 18세기에 이르러 함무라비 왕 때 바빌로니아는 전성기를 맞는다. 바빌론은 유프라트 강 중류에 자리하고 있어 무역과 교통의 요지였다. 왕은 수도 바빌론의 성채를 높이고 성벽을 강화했으며, 사원의 규모를 확장했다. 원래 성벽 주위에는 상인들이 모여들어 시장을 형성하게 되어 있다. 무엇보다 안전한 곳이기 때문이다. 그 뒤 바빌론 성문 주위에 더 많은 상인이 모여들어 지중해 주변에서 가장 큰 시장을 형성했다. 시장에서는 식품, 건축자재, 노예, 직물, 가축들을 사고팔았다.

이 시장에 외국 무역상들이 몰려들기 시작했다. 멀리 인도, 유럽, 페르시아, 아나톨리아, 이집트 등에서 그들의 특산물을 가지고 찾아왔다. 왕은 운하를 파고 도로도 정비하여 무역을 융성하게 했다. 이로써 특히 인도와의 교역이 많이 늘어났다. 또 전반적인 관세 수입도 높일 수 있었다. 그 자신도 직접 시리아, 아시리아, 페르시아 만의 왕국들과 교류하며 직물과 곡식을 금, 은, 보석 등으로 바꾸었다. 그 뒤 국력이 충실해져 바빌론은 오리엔트의 중심 도시로 번영했다.

바빌로니아의 교역 확대가 전쟁으로 치닫다

그러나 이러한 교역의 확대는 필연적으로 충돌을 불러왔다. 그 무렵 자그로스 산맥을 중심으로 중개무역을 장악하고 있던 엘람 왕국이 기원전 1766년에 메소포타미아를 침공하여 바빌로니아를 비롯한 중소 왕국들을 공격했다. 메소포타미아의 중소 왕국들을 정복한 엘람에 맞서 함무라비는 라사 왕국과 동맹을 맺었으나 결국 군사력이 약한 라사 왕국의 도움 없이 독자적으로 엘람의 공격을 막아냈다.

이후 함무라비는 엘람과의 전쟁에서 소극적 행동을 보인 라사 왕국 공격을 시작으로 유프라테스 강 중류 지역의 국가들을 차례로 정복하여 기원전 1763년에 메소포타미아 전역을 통일했다. 이후 바빌론의 지배는 지중해까지 미쳤다.

통일 후에도 경제기반 확대정책에 주력하다

이로써 그는 바빌로니아 통일왕국의 사실상 첫 번째 왕이 된다. 그는 이집트에 견줄 만한 통일국가를 세우고 이민족의 동화정책을 취했다. 함무라비는 남부의 풍요로운 농업지대로 왕령을 확대시키고 여러 직업에 종사하는 사람들에게 토지를 나눠 주었다. 대신 부역·군역·납세 제도를 갖추어 왕국의 경제적·군사적 기반을 확립했다. 특히 관개시설의 확대에 힘써 농업생산력과 수송력 증강을 꾀했다. 그리고 수공업과 먼 거리 무역을 육성했다. 그 뒤 과학과 학문을 발전시켰으며 역법曆法을 통일시켰다.*

함무라비법전, 발달된 경제제도를 반영하다

함무라비 왕의 정치이념은 신의 뜻에 따라 국가를 바로 세우고 풍요를 베풀며, 사회적 약자를 보호하는 '정의'를 실현하는 것이었다. 그는 중앙집권제도를 확립한 뒤 왕권 강화를 위해 군주의 권력은 신에게서 왔음을 강조했다. 그는 수메르 우르남무법전을 계승한 법전을 제정하여 '함무라비법전'을 반포했다. 법전의 정신은 약한 자가

---

* 두산 백과사전

∴ 함무라비법전 비문, 루브르박물관

억울한 일을 당하지 않도록 하는 데 주안점을 두었다. 이러한 법전의 제정은 제도의 통일뿐 아니라 사상적인 통일을 뜻했다.

우리가 함무라비법전을 알게 된 것은 법조문이 새겨진 비문을 발견한 덕분이다. 1901년 프랑스의 드 모르간이 지휘하는 탐험대가 페르시아 만 고대 도시 유적에서 큰 돌기둥 하나를 발견했다. 세 토막으로 끊어져 있었지만 완전한 모습이었다. 이 돌기둥 비문에는 설형문자가 촘촘히 새겨져 있었다. 해독한 결과 법조문이었다. 또한 돌기둥 상부에는 함무라비 왕이 태양신으로부터 법전을 받는 광경이 조각되어 있었다. 함무라비 왕이 백성을 통치하는 권한을 신으로부터 위임받았다는 뜻이다.

함무라비법전, 사회질서를 법치제도 아래 둔 큰 진보

함무라비법전은 282조로 구성되어 토지제도, 재산, 결혼, 상속, 범죄에 대한 형벌 등 여러 규정을 담고 있었다. "눈에는 눈, 이에는 이"라는 구절로 유명한 법전이다. 성서에도 이와 유사한 구절이 있다. 이는 현대의 관점에서 보면 무자비한 복수를 표현한 것 같지만 사실은 '당시 횡행했던 무제한의 복수를 종결시키고 같은 정도의 복수로 제한한 진일보한 법조문'이었다.

인간이 복수가 아닌 보상을 정의의 원칙으로 받아들였다는 것은, 복수 감정의 기초가 되는 증오심을 극복했다는 것을 뜻한다. 감정보다는 이성을 따랐다는 의미다. 이는 분명 인간 역사의 발전이었다. 그것도 아름다운 발전이었다. 사회질서를 법치제도 아래 둔 큰 진보였다.

함무라비법전의 상당 부분이 경제조항

법전은 당시 사회가 세 계층으로 나뉘어 있음을 보여준다. 지배계층은 사제 및 귀족, 일반 시민계층은 상인 및 농민, 최하위 계층은 숫자가 급증하고 있던 노예들이었다. 고대 형법은 일반적으로 신분의 차에 따라 형벌 정도가 달랐다. 따라서 3가지 형태의 법조문이 각 계층에 다르게 적용되었다. 그러나 동일 계층 내의 구성원들은 법 앞에 평등했다. 법전에는 여성도 재산을 소유할 수 있으며 노예들도 자신들의 자유를 금전으로 살 수 있다고 규정되어 있었다.

옛날부터 국가와 법의 발전은 경제활동의 발전과 밀접하게 연관돼 있었다. 함무라비법전을 보면 이 같은 사실을 잘 알 수 있다. 함무라비법전의 상당 부분이 교역과 채권, 채무 관계 등 경제조항으로 이루어져 있다. 당시 사회의 산업발달 수준이 상당히 발전했음을 뜻한다. 특히 국제교역에서 야기될 수 있는 문제에 대해 40여 개에 달하는 법규들에서 상당히 세밀한 부분들까지 다루고 있다. 일정 이상의 이윤을 남기는 경우와 저울눈을 속이는 경우에는 벌금형이 가해졌다. 또한 상품 거래 시 영수증을 주고받아야 하도록 되어 있다. 다른 사람에게 곡식이나 금, 은을 맡기는 경우 반드시 계약과 증인이 필요하도록 했다. 위탁한 물건에 대해서는 어느 경우에도, 설사 도둑맞았을 경우라도 위탁받은 자가 책임을 지도록 규정하고 있다.

최초의 보험제도, 해상보험

보험제도의 시초를 함무라비법전에서 찾아볼 수 있다. 당시 상인들은 해상교역에서 발생할 수 있는 위험을 보호받길 원했다. 이러한 욕구를 충족하기 위해 '보텀리'라는 선박 저당계약이 생겨났다. 보텀리는 선박이나 적재화물의 소유자가 항해에 앞서 선박이나 화물을 저당으로 자금을 차입한 후 항해가 무사히 끝나면 원금과 고율의 이자를 지급하고, 만약 해난으로 인한 손해가 발생하면 채무의 일부나 전부를 면제받는 대차거래로 오늘날 보험의 효시다.

함무라비법전은 모세의 십계명보다 몇 세기 이전에 만들어졌는데 두 내용에 유사성이 있다. 함무라비법전의 엄격한 율법도 성서에서 많이 찾아볼 수 있다. 오랫동안 함무라비법전이 가장 오래된 법전으로 알려졌으나 그 뒤 1947년에 리피트이시타르 왕의 법전이 발견되었고, 1952년에는 수메르 우르남무 왕의 법전이 발견되었다. 현재는 우르남무 왕의 법전이 가장 오래된 것으로 인정받고 있다.

나일 문명에 기여한 유대민족

나일 강의 선물, 이집트

이집트인은 함족 계통에 속하는 민족이다. 이집트는 사방으로 툭 터진 메소포타미아와는 달리 동서로는 사막, 북방은 바다, 남방은 밀림으로 둘러싸여 있다. 곧 외부의 침입으로부터 보호되어 2000년 이상 고유 문화를 간직할 수 있었다. 이렇게 주위로부터 격리되어 있었으나 자원이 풍부했기 때문에 거의 자급자족이 가능했다.

약 60km에 달하는 세계에서 두 번째로 긴 나일 강을 끼고 형성된 나일 문명은 주기적으로 범람하는 나일 강의 혜택으로 농업이 크게 발달했다. 매년 여름 나일 강의 홍수와 범람은 거의 시계처럼 정확하게 일어난다. 5월이면 북부 수단에서 수위가 상승해 6월에 남부 이집트의 아스완 근처 제1폭포에 도달하고, 9월이 되면 나일 유역의 범람원 전체가 검붉고 탁한 물 아래 잠긴다. 이 물이 빠지고 나면 두껍고 냄새가 강한 잔존물이 남아 비옥한 흑토가 된다.

∴ 메소포타미아와 나일 문명

농부들은 이 땅에 파종하고 나무 쟁기로 흙을 긁어 덮어준 다음 4~5월에 수확한다. 매년 이런 식으로 농사를 짓는 일이 수천 년간 지속됐다. 특히 하류의 땅은 기름져서 일 년에 3번까지 수확할 수 있었다. 이집트가 고대 지중해 지역에서 가장 부유한 식량원이 된 것은 바로 이 때문이다. 기원전 460년에 이집트를 방문한 그리스 역사가 헤로도토스는 이집트를 두고 '나일 강의 선물'이라고 표현했다. 나일 강은 그 강을 따라 사는 사람들의 식수원으로 사막지대의 식수원은 그들의 생명줄이었다. 나일 강은 또한 교통로로도 중요했다. 그들은 일찍부터 파피루스로 만든 배를 타고 강을 따라 이동했다.

토지측량의 결과로 발달한 기하학

이집트는 해마다 반복되는 나일 강의 홍수로 치수와 관개공사에 매달리게 되어 토지측량이 발달했다. 강이 범람할 때마다 경계가 없어진 자신의 농지를 되찾기 위해, 또 토지 수확에 따른 세금을 파라오에게 바치기 위해 그들은 네모꼴, 사다리꼴, 원형 등의 땅의 넓이를 재는 방법을 일찍부터 터득했다. 토지측량을 라틴어로 표현하면 'geometria'로, 이것이 기하학geometry이 되었다.

그들은 가뭄과 홍수가 일어나는 것이 필경 천체의 움직임과 관련이 있으리라 보고 태양력과 천문학을 발전시켰다. 기원전 그리스의 철학자이자 수학자들인 탈레스, 피타고라스, 유클리드 모두가 학문이 발달된 이집트에서 수학 공부를 했다. 특히 유클리드는 이집트 알렉산드리아 시에 학교를 세우고 기하학을 가르치며 방대한《기하학 원본》을 저술했다. 이 시대에 기하학뿐 아니라 천문학, 수학, 의학 등의 학문이 발전했다.

이집트 고왕국: 파라오의 사후 거처 피라미드 건설

나일 강 덕분에 기원전 3500년 무렵에 이미 토목 및 건축학이 발달하기 시작했다. 기원전 3100년경에 중앙집권제가 완성되어 최초의 왕조가 탄생했다. 그 무렵 이집트인들은 순환하는 자연현상을 보고 삶과 죽음도 순환한다고 생각했다. 그들은 태양신은 저녁에 죽었다가 새벽에 다시 살아나 떠오른다고 보았다. 당시 사람들은 왕을 태양신의 아들이라고 여겼다. 따라서 왕도 죽은 후 태양처럼 다시 살아온다고 믿었다. 또한 이때 미라를 만드는 기술도 생겼다. 미라는 육신

∴ 피라미드와 스핑크스

이 죽은 뒤에 살아남을 영혼을 위한 것이었다.

파라오는 살아생전의 궁전도 필요했지만 죽은 뒤 영생할 거처인 궁전무덤도 필요했다. 그래서 파라오들이 사후에 자기 영혼이 영원히 거처할 궁전을 나일 강 서쪽에 지었다. 태양이 지는 서쪽에 영원한 세계가 있다고 믿었기 때문이다. 이를 위해 기원전 2700년경부터 피라미드 건축이 시작되었다. 나일 강이 범람하여 농사를 지을 수 없는 시기에 농민들을 동원해 건축물을 지었다. 최초의 피라미드는 사카라에 세운 계단식 피라미드로 왕의 시신을 미라로 만들어 보존하는 궁전무덤이었다.

그 뒤 쿠푸(케옵스) 왕이 기자에 높이 148m의 대피라미드를 만들었다. 현재는 137m이다. 그 뒤 아들인 카프렌도 같은 장소에 비슷한 규모의 피라미드를 만들었다. 그의 피라미드가 아버지의 것보다 높은 지면에 만들어져 높이가 136m로 약간 낮지만 보기엔 더 높아 보인다. 그 앞에 바로 유명한 스핑크스가 있다. 다음 왕도 기자에 피라미드를 구축했다. 많은 피라미드 중에서도 이들 3개가 가장 유명하다. 이 시대를 피라미드 시대라 한다. 고왕국 시대의 일이다.

이집트 종교는 현세적인 수메르 종교와 달리 내세를 믿다

피라미드를 짓는 데는 규모도 규모려니와 당시는 아직 초보적인 도구들밖에 없었던 터라 많은 노동력이 필요했다. 피라미드를 하나 건설하려면 대략 10만 명의 사람들이 30년 동안 농한기 때마다 징집되어 혹사당했다. 파라오는 피라미드를 건설하는 동안 노예들의 힘을 돋우기 위해 은화 1600달란트어치의 파, 마늘, 무를 구입해 먹였다는 기록이 있다. 이집트 사람들은 파와 마늘을 신채神菜라고 불렀으며 체력을 유지하고 질병을 치료하는 약초이자 식품으로 여겼다.

쿠푸 왕의 대피라미드는 한 변이 230m이고 높이는 146.6m이다. 지금까지 인류가 만든 단일 건축물로는 가장 규모가 크다. 또한 높이도 세계에서 가장 높은 문화재다. 쿠푸 왕의 대피라미드는 그 어마어마한 규모와 사용된 돌덩어리들의 크기와 무게를 고려할 때 설계의 기하학적 정밀성이나 돌을 깎은 정확도에 감탄할 만하다. 외벽 돌들은 무게가 16톤까지 나가는 것도 있다. 이 외벽 돌은 물론 내벽까지도 세계 어느 곳의 석조건축보다 더 정교하게 연접되어 있다. 여기에 사용된 돌은 평균 2.5톤 무게로 230만 개라 한다.

각 변 길이의 오차는 불과 20cm 미만이다. 이를 볼 때 당시 기하학 및 건축 기술이 얼마나 수준급이었나를 알 수 있다. 피라미드 이외에도 사자 몸과 사람 머리를 갖고 피라미드를 지키는 스핑크스와 신전 등 많은 건축물이 함께 지어졌다. 대부분은 죽은 자를 위한 무덤이거나 기념비였다.

대단한 고대의 선박 제조 기술

나일 강은 또한 교통로로도 중요했다. 그들은 기원전 4000년 중엽에 갈대의 일종인 파피루스를 엮어서 뗏목을 만들어냈다. 그 뒤 뗏목은 배로 진화하여 일찍부터 갈대로 만든 배를 타고 강을 따라 이동했다. 파피루스는 부드럽고 질겨 바구니나 상자로 엮을 수 있고, 안에 역청과 나무진을 칠하면 배로 사용할 수 있었다. 파피루스는 담수식물로서 나일 강 유역에서 많이 자라며, 가죽질의 질긴 줄기 껍질로 바구니나 배, 샌들을 만들고 흰 속으로는 종이를 만들었다. 이후 기원전 3000년경에 돛을 단 무역선이 개발되어 지중해 연안 교역

∴ 파피루스 배

에 투입되었다. 그 무렵에 이미 이집트인들은 동쪽의 지중해를 통해 나일 강 입구에서 북동쪽으로 480km가량 떨어진 크레타와 북서쪽으로 320km가량 떨어진 페니키아 해변에까지 배를 보냈다.

당시 이집트는 큰 나무가 자라지 않아 대형 선박을 만들 수 없었다. 그래서 아카시아 나무판을 겹겹이 잇대어 배를 만들었다. 그러나 기원전 2600년경부터는 페니키아로부터 대형목재 백향목이 수입되어 대형선박 건조가 이루어졌다. 쿠푸 왕 피라미드 남쪽의 거대한 구덩이에서 기원전 2500여 년경 묻어놓은 길이 약 60m의 목조선박이 해체된 상태로 5척이나 발견됐다. 파라오가 사후에 타고 간다는 세계에서 가장 오래된 돛단배 '아켄의 배', 곧 태양의 배였다.

그 뒤 기원전 2000년경에는 대형범선이 등장했다. 갤리선의 시조다. 배의 규모가 대단했다. 기원전 15세기 하셉수트 여왕(기원전 1503~기원전 1482년 재위) 시대에 카르낙의 아몬 대신전을 위해 2개의 오벨리스크를 한 번의 항해로 옮기는 부조 그림이 있다. 오벨리스크 하나의 길이가 30m에 350톤이므로 이 배는 채석장인 아스완에서 카르낙까지 700톤의 돌을 운반해야 했다. 당시에 사용된 배는 1500 톤이 넘는 엄청난 규모였다는 뜻이다. 이 정도 크기의 배는 서구에서는 대항해시대까지 건조되지 않았다.

이집트의 교역과 번성

이집트는 고대부터 교역이 활발했다. 시칠리아에 보관되어 있는 팔레르모 스톤에는 기원전 27세기에 페니키아 삼나무를 가져오기 위해 배를 보내는 파라오에 관한 이야기가 언급되어 있다. 그 무렵 삼나무는 고급 건축자재일 뿐 아니라 배를 만드는 데 중요하게 쓰였다. 원래 뛰어난 항해술로 무역을 장악했던 페니키아는 이미 기원전 3000년경부터 이집트와 교류하며 파라오를 위해 대리상인 노릇을 했다. 그들은 양 문명 사이를 계절풍을 이용해 바다로 오갔다. 특히 페니키아의 항구 도시 비블로스는 이집트의 곡물과 파피루스 그리고 수공예품들을 수입하고 페니키아의 자색 염료, 자색 직물, 삼나무 목재 백향목, 키프로스의 구리 등과 같은 특산물들을 교역하는 중심 항구였다.

그 뒤 기원전 2040년경에 시작된 이집트 중왕국에 이르러 이집트의 교역이 중동 지방까지 확대되었다. 그 무렵 멘투호테프 2세가 지방 세력들을 제압

.: 팔레르모 스톤

하고 남북 이집트를 재통일했다. 그리고 그의 아들 멘투호테프 3세가 리비아, 누비아, 시나이, 시리아 지역을 정벌해 대제국을 이루고 지금의 에티오피아 해안을 탐사했다는 기록이 있다. 도중에 길을 잃어버려 헤매다가 우연히 지금의 소말리아 지역인 푼트를 발견하여 밀라 나무를 싣고 돌아올 수 있었다. 이후 밀라 나무가 배를 만드는 데 쓰였다.

그 뒤 누비아의 금광이 개발되었으며 하셉수트 여왕은 이 지역을 항해한 후 자세한 항해기록을 사원 벽에 남겼다. 벽화를 보면 가축, 보석, 무기를 수출하고 향나무, 머리 염색용 헤나, 기린 등을 수입했다. 당시 사람들도 머리 염색을 했던 모양이다.

푼트 지역 소금을 화폐로 쓰다

고대 여러 나라에서는 소금으로 세금을 내기도 했으며 지중해 주변의 여러 지역에서는 소금 덩어리를 화폐로 사용했는데 푼트 지역이 그랬다. 이집트에서는 왕실이 소금 생산을 독점했는데 소금을 장악하는 것이 곧 권력을 장악하는 것을 의미했다.

당시 소금은 금값과 같았으며 하도 귀한 물품이라 내다 팔 사이도 없이 상인들이 몰려와 사 갔다. 특히 사막지대에서의 소금은 생명과 같았다. 고대 이집트에서는 소금이 신에게 바치는 제물이었다. 또 영생을 준비하는 데도 소금을 썼다. 곧 시체를 장시간 소금물에 담가 부패를 방지하고 향료를 발라서 미라로 만들었다.

이집트 중왕국: 이륜전차의 출현과 힉소스 왕조

기원전 2000년쯤 획기적인 신무기가 출현했다. 앞서 언급했듯 두

마리 말이 끄는 이륜전차가 그
것이다. 힉소스인에 의해 발명된
가볍고 견고한 '쇠바퀴살'을 이
용한 이륜전차의 탄생은 인류사
에 큰 의미를 지닌다. 이로써 인
류의 문명은 이동수단의 편리함
으로 내달릴 수 있었다. 말이 끄
는 견고한 바퀴 달린 수레는 전
차로 사용되어 이동수단이자 무
력의 도구로 이용되었다. 그것은
전례가 없었던 기동성으로 전투
에 일대 혁신을 가져왔다.

♣ 기원전 1800년경 힉소스의 마차

　기원전 1720년경 이집트 중왕국은 당시 최첨단 무기인 전차군단
을 몰고, 활을 쏘며, 초승달처럼 굽은 칼 언월도를 휘두르며 쳐들어
온 힉소스 부족에 의해 정복되었다. 힉소스는 이집트에서 새로운 파
라오 왕국을 세웠다. 힉소스인은 메소포타미아 지역에서 이동해 왔
는데 이들의 근본은 셈족이었다.

　힉소스란 '유랑의 왕자'란 뜻으로 원래 유목민족이다. 메소포타미
아의 힉소스인과 유대민족은 혈
통으로 볼 때 사촌뻘인 셈이다.
이집트는 비록 힉소스인에게 정
복당했지만 그들로부터 전차 등
발전된 군사 기술뿐 아니라 제
련법 등 신기술을 배워 이집트

가 다시 부흥하는 계기가 되었다. 힉소스인은 이집트를 정복한 뒤 팔레스타인에도 제국을 건설했다. 이들의 지배 영역은 멀리 아시아에까지 미쳤다.

힘들이지 않고 품위 있게 움직일 수 있는 수레는 단번에 권력의 상징이 되었다. 이들이 타고 온 전차의 바퀴는 우수한 재료와 다양한 형태로 발전했다. 이를 제작할 수 있는 전문 직인들과 이를 관리하는 전투귀족, 곧 기사의 탄생으로 이어져 최초의 봉건제 국가를 낳았다.

이집트 국가 건설의 일등공신, 요셉

꿈을 잘 풀이하여 부왕으로 발탁된 요셉은 경제에 관한 대처와 경영 능력이 뛰어났다. 고대사회에서 해몽은 특별한 신의 은총을 받은 사람만이 할 수 있는 일로 여겨졌다. 따라서 해몽가는 신이 점지한 사람이자 지혜자로 여겨졌다.

∴ 샤갈, 〈요셉〉, 히브리 의대 병원 회당의 색유리

요셉은 꿈의 풀이대로 이집트에 풍년이 들자 수확물의 5분의 1을 세금으로 징수했다. 이를 보관하여 흉년이 들자 되팔아 국민을 대기근으로부터 구했다. 또 이 돈으로 거의 전 국토를 사들일 수 있었다. 이 과정에서 국가관리 시스템을 완성해가며 자연스럽게 전제주의 왕권을 확립했다. 중앙집권제 국가를 건설하여 이집트를 역사의 전면에 부상시켰다. 이집트 역사의 황금기였다.

이집트로 이주한 유대인, 나일 문명에 기여하다

아브라함이 이사악을 낳고, 이사악이 야곱을 낳고, 야곱이 요셉을 포함한 12명의 아들을 낳는 동안 어느새 유대인의 400년 역사가 흘렀다. 당시에는 사람들이 오래 살았다. 그러던 어느 해 가나안에 기근이 들었다. 요셉은 아버지와 형제들을 기근이 든 고향에서 풍요로운 애굽으로 부른다.

이리하여 야곱은 아들들과 식솔 70명의 장정과 그에 딸린 식구들을 거느리고 애굽으로 이주하여 풍요로운 나일 강 유역 '고센'에 정착했다. 야곱은 아들 덕분에 이집트에서 가장 비옥한 땅에 정착할 수 있었다. "요셉의 형제들이 왔다는 소식이 파라오의 집안에 전해지자 파라오와 그의 신하들은 기뻐하였다."(창세기 45:16) 힉소스 왕가가 같은 셈족 계통이었다. 그래서 요셉이 친족들을 불러들여 쉽게 정착시킬 수 있었다.

이집트는 원래 예로부터 이스라엘 민족의 피난처였다. 아브라함이나 야곱의 가족은 가나안 땅에 기근이 들었을 때 물이 풍성한 이집트로 내려가서 도움을 요청했고 훗날 신약시대 예수 가족도 헤로데 왕의 박해를 피해 이집트로 내려가기도 했다. 야곱의 열두 아들 가운데 10명과 요셉의 아들 2명이 이스라엘 12지파의 조상이 되었다. 고대 이스라엘의 역사는 12지파를 중심으로 전개되며 각 지파 간의 협력과 갈등의 역사이기도 했다.

이때가 힉소스 왕가의 이집트 통치 말기였다. 힉소스인은 요셉의 일족에 대해 환대를 베풀었다. 외부 침략자 힉소스인이 이집트를 250년간 통치하면서 이집트 원주민들 다수가 남쪽으로 쫓겨 간 반면 이방인인 이스라엘 족속은 힉소스 왕가의 호의로 북쪽의 기름진 땅에 살면서 번성하는 것에 이집트인들이 반감을 품게 된다. 이는 그 뒤 힉소스 왕가를 전복시킨 이집트인들이 이스라엘인들을 핍박하고 노예화시키는 데서 잘 나타난다.

이집트의 운하 건설

학자들에 의하면 청동기시대 이집트의 구리 생산량은 연간 약 4톤에 불과했다. 당시 동알프스 지역의 구리 생산량은 연 17톤으로 추정되어 많은 양이 지중해 건너편 나라들로부터 수입했을 것으로 추정된다. 이집트의 곡물과 공예품들은 멀리 크레타 섬이나 메소포타미아 지역으로까지 수출되었다.

교역을 통한 이집트의 번영은 기원전 1850년경에 절정을 이루었다. 그 뒤 기원전 15세기 탐험의 여왕으로 불리는 하셉수트 여왕은 푼트와 직접 교역을 위해 나일 강에서 홍해를 잇는 운하를 건설했다고 한다. 그리고 이집트에 나지 않는 목재를 구하기 위해 푼트에 대규모의 원정대를 보냈다. 게다가 이 지역은 향과 몰약 나무를 갖고 있었다. 식량과 선물을 실은 다섯 척의 배에 탄 이집트 사람들은 나일 강에서 홍해까지 사막 한가운데의 운하를 가로질러 배를 만들 재료와 금, 향, 몰약 나무 등을 운반했다. 당시 튼튼한 배는 교역에 필수적이었다.

그 뒤 나일 강 유역의 운하는 끊임없이 유입되는 토사 때문에 끝없는 보수공사가 필요했다. 기술적 한계도 있어 제대로 유지가 어려웠다. 이후에도 운하는 홍수에 매몰되거나 정치적인 이유로 함몰과 재건, 그리고 폐쇄를 반복하게 된다.

가장 활발하게 해외 원정과 교역을 시도한 파라오로는 기원전 600년 무렵의 네코 2세를 들 수 있다. 그는 강력한 군대로 멀리 유프라테스 강 유역에 이르는 광대한 지역을 지배했다. 그가 시도한 가장 대담한 사업 역시 운하를 건설한 일이었다. 나일 강 삼각주의 제일 동쪽 끝에 흐르는 한 지류와 홍해를 연결했다. 네코는 두 척의 배가 동시에 지날 수 있을 정도로 넓게 판 운하로 지중해와 홍해를 연결해 양쪽 바다의 함대를 통합 운영하려 했다. 그런데 무려 12만 명의 사망자를 내며 거의 완성 직전까지 갔던 이 사업을 돌연 중단했는데, 그 이유는 운하가 완성되면 적들이 유리하게 이용하리라는 신탁을 받았기 때문이라고 한다.

역사상 운하의 건설은 여러 차례 시도됐으나 페르시아의 다리우스 1세(기원전 521~기원전 486년 재위)가 이집트를 정복한 후 드디어 완성되어 이집트와 페르시아 간 항해가 쉬워졌다. 알렉산드로스 대왕의 사후 이집트를 지배한 프톨레마이오스 왕조, 로마 제국이 전성기를 구가하던 2세기 초의 트라야누스 황제 시대, 초기 이슬람 시대에도 운하가 재개통됐지만 그때마다 침니沈泥 현상이 일어나 물길이 다시 막혔다. 그 후에도 홍해와 지중해를 연결하려는 계획이 여러 차례 논의되다가 1869년 오늘날의 수에즈 운하가 개통됐다.✣

✣ 주경철 서울대학교 교수, 〈경제사 뒤집어 읽기〉, 《한국경제》

유대민족 전체가 건설노예가 되다

건설노예가 된 유대민족

이집트 신왕국: 유대인을 노예로 삼다

그런데 요셉의 사적을 모르는 왕이 새로 이집트 왕이 되어 자기 백성에게 이렇게 일렀다. "보아라, 이스라엘 백성이 이렇듯 무섭게 불어나니 큰일이다. 그들이 더 불어나지 못하게 기회를 보아 손을 써야겠다. 전쟁이라도 일어나면 원수의 편에 붙어 우리를 치고 나라를 빼앗을지 모른다."(출애굽기 1:9-10) 그리하여 그들은 이스라엘 백성 전체를 노예로 만들어 그들에게 강제 노동을 시켰다. 그때 유대 건설노예들이 파라오의 곡식을 저장해둘 도성 비돔과 라므세스를 세웠다.

그러나 억압을 받으면 받을수록 이스라엘 백성은 불어났다. 이집트인들은 그들을 두려워한 나머지 이스라엘 백성을 더욱 혹독하게 부렸다. 그들은 흙을 이겨 벽돌을 만드는 일과 밭일 등 온갖 고된 것을 시키면서 이스라엘 백성을 괴롭혔다(출애굽기 1:12-14).

"요셉을 알지 못하는 '새 임금'이 군림하게 되었다"는 말은 새로운 왕조가 나타났음을 뜻한다. 테베의 왕 아모스는 나일 강 삼각주에서 전쟁을 일으켜 기원전 1580년경에 마침내 힉소스족을 무찔렀다. '언젠가는 아시아에서 온 침략자들, 그리고 그들과 함께 이주해 온 이스라엘 민족들에게 톡톡히 앙갚음해주고 말겠다'는 그들의 꿈이 현실로 이루어졌다.

제18왕조의 첫 통치자가 된 아모스는 마침내 이집트의 통치권을 회복했다. 그리고 남아 있던 힉소스족과 그들이 불러들인 다른 민족들을 노예로 삼았다. 힉소스족의 이집트 점령은 250년 이상 지속되어 그 무렵 이집트는 강력한 군사대국이 되었던 것처럼 아모스도 힉소스족을 몰아낸 후 귀족들의 재산을 몰수하고 모든 이집트를 파라오의 영지를 만들어 군사국가화했다. 이후 이집트는 더욱 강력해져 세계적으로도 영향력을 과시했다.

파라오의 유대인 말살정책

그 무렵 이집트에 거주하는 유대인 인구가 400년이 흘러 12개 부족 200만 명이 되었다. 오히려 이집트인보다 더 많아졌다. 당시로는 대단히 큰 민족이었다. 순수 야곱의 후예 이외에도 전쟁노예들과 이방인들이 섞여 공동체를 이루고 있었던 것으로 보인다. 이집트인들은 자기들보다도 더 커진 유대민족에 대해 두려움을 느꼈다. 이집트는 유대인들의 언어와 문화를 말살하려고 여러 차례 시도했으나 그때마다 수포로 돌아갔다.

그럼에도 유대인들이 불어나자 결국 파라오는 유대인들의 씨를 말리기 위해 새로 태어나는 유대인 남자 아기는 모두 강물에 던져버리라는 명령을 공포했다. 훗날 유대인을 이끌고 이집트에서 탈출한 모세의 이름은 바로 '강물에서 건진 아이'라는 뜻이다. 이스라엘 민족이 이집트를 탈출하는 시기는 기원전 15세기 설과 기원전 13세기 설로 양분되어 있으나 많은 학자는 대체로 그 연대를 람세스 2세 통치 기간인 기원전 1220년대로 추정하고 있다.

고대 3대 제국 히타이트, 이집트, 아시리아

기원전 1700년경 아나톨리아 지방에서 히타이트족이 철기시대를 처음으로 열었다. 아나톨리아는 뒷날의 터키를 말하는데, 히타이트족은 강철로 3인용 전차를 만들었다. 이러한 강력한 철제 무기를 이용해 건설된 제국이 바로 히타이트이다. 그들은 기원전 17세기 후반에 북시리아까지 진격했고 그 뒤 강력한 바빌로니아 왕국까지 정복했다. 이들은 피정복민을 죽이거나 노예로 삼는 것을 삼가고, 조약을 맺고 쌍무협정을 통해 이들을 복속시켰다. 이들이 이른바 국제법을 세운 것이다.

기원전 14세기에 이르러 메소포타미아 지역에는 양대 세력이 팽팽히 자웅을 겨루고 있었다. 곧 성서에서 이야기하는 가나안 땅에 거주하는 일곱 족속의 하나인 '헷 족속' 히타이트와 이집트 왕국이 그들이다. 그 무렵 이집트는 이집트 왕조의 꽃이라 불리는 신왕조 시대였다. 투탕카멘을 거쳐 람세스 2세가 파라오에 등극했다.

히타이트와 이집트의 카데시 전투

기원전 13세기에 이집트의 람세스 2세는 히타이트 왕에게 철을 보내줄 것을 부탁했지만 거절당했다. 그 뒤 두 나라 사이에는 긴장이 고조되었다. 결국 히타이트는 시리아의 지배권을 두고 이집트와 맞붙는다. 람세스는 이집트를 공격해 온 히타이트족을 기원전 1286년 카데시 전투에서 맞아 싸웠다. 카데시 전투는 오리엔트 지역의 패자 이집트와 철제 무기와 전차를 본격적으로 사용한 히타이트가 한판 승부를 벌인 세기적 대회전이었다. 3000여 년 전에 양 제국 간에 벌어진 인류 최초의 세계대전인 셈이었다.

무려 5000대가 넘는 전차부대가 격돌한 이집트 역사상 최대의 전투였다. 이 전투가 중요한 이유는 히타이트와 이집트 중 누가 티그리스와 유프라테스 강에서 지중해까지 이르는 지역의 지배권을 차지하느냐는 문제가 걸려 있었기 때문이다. 특히 시리아의 오론테스 강가에 자리한 아시아와 연계된 중요한 무역 중심지 카데시는 이집트의 최대 관심 지역이었다.

이 전쟁은 철제 무기를 사용하는 히타이트와 청동 무기를 사용하는 이집트의 싸움이었다. 물론 이집트가 히타이트를 능가하는 세력이었지만 무기의 열세 앞에서는 어쩔 수 없었다. 히타이트는 강철로 3인용 전차의 차축을 만들어 2인용 전차밖에

∴ 히타이트 전차

갖지 못했던 이집트의 람세스 2세 군사를 크게 이겼다. 람세스 2세의 주력군은 괴멸당했지만 히타이트의 확장을 막는 데는 성공했다. 양쪽은 16년간 전쟁을 계속하다 신흥 강국이었던 아시리아의 위협에 기원전 1269년에 평화조약을 맺고 휴전했다. 이 조약으로 람세스 2세는 히타이트 왕녀를 왕비로 맞이했다. 이것이 세계사 최초의 성문화된 평화조약이다.

유대인 건설노예들이 지은 신전들

람세스 2세는 평화협정으로 안정된 정세를 마련하고 유대인 건설노예를 활용하여 기념비적인 건축물을 많이 건설했다. 그리하여 '건축의 대왕'이라 불린다. 그는 별명에 걸맞게 아비도스 신전, 카르나크 신전, 룩소르 신전, 아부심벨 대신전과 소신전, 라메세움 신전 등 이집트 전역에 수많은 신전 건축물을 세우고 내부를 자신이 거둔 승리를 묘사한 글과 그림들로 도배했다.

람세스 2세는 카데시 원정을 화려한 승리로 묘사했다. 하지만 실제로는 시리아의 지배권을 빼앗기고 주변 국가가 히타이트의 영향력 아래에 들어선다. 카데시도 여전히 히타이트 손에 남아 있었다.

당시 람세스는 힉소스의 수도였던 아리바스를 재건하고 람세스의 집이라 불렀다. 그리고 야곱의 후손들이 번성한 비돔과 라므세스에 곡식 창고를 건설했다. 또 몇 개의 도시를 더 건설하여 가나안과 시리아 출정기지로 삼았다. 이러한 건설사업을 위해 많은 유대인이 징집되어 혹사당했다.

람세스 2세는 유대인들을 끊임없이 학대했다. 그러나 그들은 학대를 받을수록 더욱 번성하여 더 큰 무리가 되었다. 요즘 관광객들이 보는 많은 이집트 신전 건축물 대부분이 그때 유대인 건설노예들에 의해 지어진 것이다. 유대인들을 이용하여 여러 도시 건설은 물론 고대 왕국의 피라미드 건설 이후 이집트 역사상 가장 많은 건축물이 건설되었다.

∴ 아부심벨 신전의 벽에 새겨진 람세스 2세 모습

기원전 16세기에 시작된 이집트의 신왕국 시대는 고왕국의 피라미드를 대신해 신전이 건축의 주요 형태였다. 가장 대표적인 사례는 카르나크와 룩소르의 거대한 신전들이었다. 그림들이 새겨진 거대한 수많은 기둥은 이집트인의 놀라운 건축 재능을 보여주고 있다.

람세스 대왕의 건축물 중 가장 유명한 것이 나세르_{Nasser} 호수 연안의 아부심벨 대신전과 소신전이다. 피라미드를 본 관광객들은 아스

∴ 건설 현장에 동원된 유대인들

∴ 아부심벨 대신전과 소신전

완의 아부심벨 신전을 보고 다시 한 번 놀란다. 대신전은 람세스 2세 자신을 위해 지은 건물이고, 소신전은 왕비를 위한 것이다.

소신전은 대신전에서 북으로 90m 정도 떨어져 있으며, 입구에는 람세스 2세의 석상 4개와 왕비 네페르타리의 석상 2개가 세워져 있다. 벽면을 덮는 그림과 문자들은 카데시 전투에 대한 기록으로 이집트군의 승리를 자랑스럽게 서술하고 있다.

아스완에서 남쪽으로 320km 떨어진 돌산을 깎아 만든 아부심벨 대신전의 정면은 파라오의 모습을 한 4개의 거상으로 만들어져 있다. 대신전은 정면 높이 32m, 너비 38m에 달하며, 신전의 길이도 63m에 달한다. 각 조상은 높이가 22m, 얼굴의 귀에서 귀까지의 거리가 4m, 입술의 폭이 1m에 달하는 엄청난 크기다. 조각 뒤로 돌산을 파서 만든 신전은 매년 춘분과 추분에 아침 햇빛이 신전 가장 깊숙한 곳에 자리한 태양신과 파라오의 조상을 환하게 비치도록 설계되어 있다.

또한 아부심벨 신전 이외에도 카르나크 신전, 라메세움 등의 거대한 건축물들을 건설했다. 특히 카르나크 신전은 이집트 역사상 숭배받아온 테베의 3신인 아몬, 무트, 콘수 신전이 있는 이집트 최대의 신전군이다. 따라서 고대 이집트 종교의 총본산이라 할 수 있다.

이집트 신전의 특징은 거대한 규모에 있다. 카르나크 신전은 길이가 약 400m에 달하는 역사상 가장 넓은 면적을 차지하는 종교 건축물이다. 유럽의 고딕 성당 중 아무리 큰 것이라도 이 신전의 중앙홀에 쏙 들어갈 수 있을 정도이다.

신전 주위에 돌이 없어 모든 돌을 아스완에서 운반해 왔다. 이것들이 모두 유대인 건설노예들이 지은 것이다. 오늘날 이것들을 바라보는 유대인들의 감회는 남다를 수밖에 없다.

나일 강가에서 야곱 일가 남자 70명과 그 가족들로 시작한 유대민족은 430여 년 만에 200만 명이 넘는 큰 민족으로 번성했다. 유대민족은 나일 문명 발전에 풍부한 유대인 노동력과 두뇌를 제공하여 이집트 전성기의 발흥에 큰 보탬이 되었다. 지금도 현존하는 나일 강의 유적은 이렇게 유대인들의 피와 땀으로 건축된 것들이 많다. 유대인이 나일 문명의 구축에 당당히 한 축을 거든 것이다.

유대인들은 무자비한 압제와 혹독한 종살이에 지칠 대로 지쳐갔다. 강대한 이집트 제국의 노예로 전락한 유대인들은 절망적인 강제노동의 끔찍한 상황에서 여호와 하느님께 구원을 간구했다. 하느님의 백성에게는 많은 경우 고통의 시간이야말로 고통을 통해 그들을 부르시는 소명의 시간이었다. 이집트 땅에서 유대인들의 삶이 만일 번영의 지속이었다면 그들은 결코 이집트를 떠날 생각을 안 했을 것이다. 그러나 고통이 그들로 하여금 이집트를 떠나 시온 땅으로 가야

할 하느님의 부르심을 생각하게 만들었다. 고통의 시간이 유대인에
게는 바로 약속의 땅을 향한 위대한 로드맵의 시작이었다.

엑소더스

'엑소더스'란 탈출의 의미를 가진 그리스어다. 유대인 역사 가운데 출애굽 사건은 유대 신앙의 구심점이다. 이 출애굽 사건을 성서에서뿐 아니라 역사성에 기인해서 살펴보자.

이집트 탈출

모세의 영도

"야훼께서 계속 말씀하셨다. '나는 내 백성이 이집트에서 고생하는 것을 똑똑히 보았고 억압을 받으며 괴로워 울부짖는 소리를 들었다. 그들이 얼마나 고생하는지 나는 잘 알고 있다. 나 이제 내려가서 그들을 이집트인들의 손아귀에서 빼내어 그 땅에서 이끌고 젖과 꿀이 흐르는 아름답고 넓은 땅, 가나안족과 헷족과 아모리족과 브리즈족과 히위족과 여부스족이 사는 땅으로 데려가고자 한다.'"(출애굽기

∴ 라파엘로, 〈모세를 건져 올림〉, 1518~1519년

3:7-8)

이때 하느님이 어눌한 모세를 선택하시어 이스라엘 백성 구원 사업에 앞장서게 한다. 모세는 원래 유대인 노예의 아들로 태어났다. 그가 태어난 시대는 유대인 아들이 태어나면 무조건 죽이도록 명령된 시대였다. 석 달을 숨겨 키운 어머니는 그 아기를 갈대 상자에 담아 나일 강에 띄웠다. 마침 나일 강에 목욕 나왔던 이집트 공주가 발견하여 데리고 가 키웠다.

모세, 야훼를 만나다

모세는 성장하면서 자신이 유대인이라는 자의식을 갖기 시작했다. 동족을 못살게 구는 이집트 병사를 죽이는 사고를 친 후 미디안 광야로 도망가 살다가 호렙산 떨기나무 불꽃 속에서 야훼를 만나는 체험을 하게 된다.

모세는 미디안 사막에서 양을 치다 어느 날 새로운 광경을 목격한다. 사막에 쓸쓸히 서 있는 가시덤불 나무에 불이 붙었음에도 타지 않는, 소위 인간의 경험을 초월하는 체험을 하게 된다.

∴ 모세와 불꽃나무

모세는 이 엄청난 만남에서 신의 본질에 대해 질문한다. "당신의 이름이 무엇입니까?" 신은 "나는 나다"라고 대답한다. 이

대답은 '신'은 인간의 용어로는 설명 불가능하다는 뜻이다.

신은 모세에게 새로운 미션을 준다. 학대받고 있는 히브리인들을 해방하라는 명령이다. 모세의 나이 80세 때였다. 모세는 더 이상 한낱 양치기로 남아 있을 수 없었다. 명령 앞에서 모세는 자신은 일개 목동이라고 항변하지만, 신은 모세에게 다음과 같이 말한다. "내가 너와 함께하겠다." 이 사상을 '임마누엘'이라 한다.

모세, 파라오와 맞서다

모세는 야훼의 명령을 받아 이집트에 돌아가 유대인 노예들을 해방시키는 작업을 시작했다. 모세는 람세스 2세에게 유대인들이 광야로 가서 제사 드릴 수 있게 해달라고 했다가 거절당한다. 모세는 이어지는 담판에서도 별 성과를 거두지 못했다. 모세는 모든 방법을 동원하여 파라오와 정면으로 맞선다. 10가지 재앙 이야기가 그것이다.

나일 강이 피로 변하고, 개구리 소동이 일어나고, 모기와 등에가 들끓고, 가축병과 피부병이 만연하고, 우박이 쏟아지고, 한바탕 메뚜기 소동이 일어나고, 세상이 어둠으로 변한다. 하지만 파라오는 꿈쩍도 하지 않는다.

"썩 물러가거라. 다시는 내 얼굴을 볼 생각을 마라. 다시 내 앞에 얼씬거렸다가는 죽을 줄 알아라."(출애굽기 10:28) 하지만 모세도 최후통첩으로 맞선다. "그 말씀 잘하셨습니다. 나도 다시는 당신 앞에 나타나지 않겠습니다."(출애굽기 10:29) 마지막 열 번째 재앙은 이집트 모든 맏아들의 죽음이었다.

유월절: 재앙이 넘어가다

하느님은 마지막 재앙이 다가오기 전에 이스라엘 가정은 집 대문 문설주에 양의 피를 바르라고 지시하셨다. 그날 밤 이스라엘 백성은 양의 피를 바르고 기다렸다. 피 흘림은 죄 사함의 표시로 하느님 백성이라는 징표였다. 그래서 재앙을 내리는 천사들이 피를 보면 그 집은 건너뛰었다. 구약에서 피 흘림의 제사는 번제물을 통해 사람마다, 죄마다 반복해서 드려졌다. 그러므로 피 흘림이 없으면 죄 사함이 없었다. 여기저기서 통곡하는 소리가 들려왔다. 이집트의 모든 장자가 죽었으며 파라오의 장자도 죽었다. 이집트 맏아들이 죽어나가던 그날 밤 유대인 맏아들은 모두 무사했다.

그래서 그날을 유월절逾越節(과월절)이라고 부른다. 유월절은 '재앙이 넘어간다'는 뜻이다. 그래서 영어로는 'Passover'다. 이것이 그리스어로 파스카_{Pascha}로 발음되고, 히브리어로 '페사흐'로 불린다.

더 이상 버티는 것이 힘들다고 판단한 파라오는 밤중에 모세와 아론을 불러 이집트에서 떠나기를 원했다. 이집트 사람들도 그동안 온갖 재앙을 겪어왔던 터라 자신들이 가지고 있던 금은 패물과 의복까지도 이스라엘 자손들에게 내어주며 속히 떠나기를 원했다.

탈출의 긴박함 속에서 유대인들은 먹을 때도 허리에 띠를 매고, 발에는 신을 신고, 손에는 지팡이를 쥐고, 서둘러야 했다. "그들은 이집트에서 가지고 나온 누룩 없는 빵 반죽으로 과자를 구워야 했다. 이집트에서 경황없이 나오느라고 먹을 것을 미처 장만하지 못했던 것이다."(출애굽기 12:39) 이렇듯 유월절은 이스라엘 백성을 이집트의 포로생활에서 해방시킨 날이다. 하느님은 이를 자손 대대로 기념하라고 명하셨다.

엑소더스

이렇듯 우여곡절 끝에 유대인들은 모세의 영도 아래 민족 대탈출을 감행했다. 이것이 바로 유명한 '엑소더스'다. 이집트를 탈출했다고는 하나 아직 안심할 수 없었다. 파라오의 마음이 언제 변할지 모르기 때문이었다.

∴ 바티칸 시스티나 성당 벽화

아이들을 제외해도 걸어서 행진하는 장정만 60만여 명에 이르는 대규모 인원이라 이동이 느릴 수밖에 없었다. 아니나 다를까. 파라오의 추격이 시작됐다. 정예부대가 이끄는 병거(전차)만 600여 대에 이를 정도로 대부대였다(출애굽기 14:7). 하지만 모세가 하느님의 지시대로 지팡이를 내려치자 갈대 바다가 갈라졌다. 유대인들은 무사히 바다를 건너 이집트 병사들을 따돌릴 수 있었다.

성서는 출애굽 과정에서 신이 보여준 여러 기적을 기록하고 있다. 그중에서도 홍해 바닷물을 양쪽으로 갈라지게 해서 이스라엘 민족을 무사히 건너가게 한 다음 뒤따라 밀어닥친 이집트 군대에는 물을 다시 합쳐 익사시킨 기적은 이스라엘 민족에게 깊은 인상을 주었다.

거룩한 백성이 되라

유대인들은 드디어 해방을 맞았다. 이집트에서 탈출시키실 때 하느님은 이스라엘을 향해서 "너희야말로 사제의 직책을 맡은 내 나라, 거룩한 내 백성이 되리라"라고 말씀하셨다. 이후 '사제의 나라', '거룩한 백성'이라는 말은 유대인 삶에 항상 지표가 된다.

토라는 유대인들에게 어떤 장소, 어느 때든지 거룩하라고 가르친다. 유대교의 거룩은 성스럽고 위대하다는 뜻이지만 금욕적인 삶을 의미하지는 않는다. 거룩한 생활방식은 하느님을 표현하는 생활을 하는 것이다. 그래서 유대인에게 거룩이란 하느님이 보시기에 아름답고 정당한 길을 감으로써 하느님의 뜻을 나타내는 것이다. 이러한 신의 뜻을 추구하는 '거룩' 정신이 유대인의 가정생활, 사회생활, 자녀교육, 그리고 신앙생활을 관통하는 키워드다.

40년 동안 주어진 '만나'

이집트로 건너간 지 430년을 마치는 날에 이집트를 출발한 유대인들은 2개월 25일 만에 새로운 땅에 이르렀다. 하지만 기쁨도 잠시, 유대인들은 자신들 앞에 놓인 막막한 현실 앞에서 말을 잃게 된다. 가지고 온 양식도 떨어지고 물과 먹을 것이 절대적으로 부족했다.

이때부터 유대인들은 모세를 원망하고 불평을 쏟아내기 시작했다. 울면서 매달리는 것은 물론 심지어 이집트 노예생활을 그리워하며 분노를 터뜨리고 저주하고 위협까지 했다. "그곳에서는 고기 냄비 주변에 둘러앉아 빵을 배불리 먹었다. 차라리 죽더라도 이집트에서 배불리 먹고 죽는 것이 훨씬 더 낫겠다." 그럼에도 하느님은 늘 유대인들과 함께하셨다. 야훼는 모세에게 "저녁에는 먹을 고기를 주시고 아침에는 배불리 먹을 빵을 주신다"라고 일렀다.

과연 그날 저녁 수많은 메추라기가 내려와서 야영지를 덮었고 다음 날 아침에는 서리같이 희고 동그란 것이 가득히 흩어져 있었다. 모세는 백성들에게 "이것은 야훼께서 너희에게 먹으라고 주시는 양식이다. 저마다 먹을 만큼씩 거두어들여라" 하고 일렀다. 이것이 '만나_{manna}'다. 그 맛은 꿀 과자 같았으며 해가 뜨면 사라져버리기 때문에 날마다 새벽에 일어나서 그것을 모았다. 또 하루가 지나면 부패해 버리는 성질이 있어 그날 필요한 몫, 곧 한 사람이 1호멜(4리터)을 가지도록 규정했다. 유대인들은 가나안 땅에 이르기까지 40년 동안을 날마다 만나에 의해 목숨을 이어갔다.

꾸중 들은 모세

또 마실 물이 없어진 이스라엘 민족은 모세에게 불평한다. 백성들은 모세에게 먹을 물을 내라고 들이댔다. 모세는 그 문제를 가지고 하느님께 나아간다. 야훼 하느님은 모세에게 이렇게 명령했다. "너는 지팡이를 가지고 회중을 불러 모아라. 그리고 형 아론과 함께 모든 사람이 보는 앞에서 이 바위에게 물을 내라고 명령하여라. 그리하면 네가 이 바위에서 터져 나오는 물로 회중과 가축을 먹일 수 있으리라."(민수기 20:8)

모세는 늘 불평을 일삼는 이스라엘 백성에게 "반역자들아. 들어라. 이 바위에서 물이 터져 나오게 해주랴?"라고 화를 내면서 바위를 지팡이로 2번이나 쳤다. 물이 콸콸 터져 나왔다. 모세가 성질을 부린 것이다. 하느님께서 명령하신 대로 바위를 향하여 말하지 아니하고, 그것을 성질을 부리며 지팡이로 쳐서 물이 나오도록 한 것이다. 이것은 그 영광을 하느님께 돌리지 아니하고 자신이 취한 것이 되어 죄가 되었다. 하여튼 백성은 흡족하게 물을 마신다.

그런데 여기서 모세는 하느님께 꾸중을 듣는다. "너희가 나를 믿지 않고 이스라엘 백성들 앞에서 내 영광을 드러내지 못하였다. 그러므로 너희는 내가 이 회중에게 줄 땅으로 그들을 인도하여 들이지 못하리라."(민수기 20:12) 그 말씀대로 모세는 가나안 땅에 들어가지 못했다.

율법과 십계명

시나이 산에서 받은 율법

이집트에서 나온 지 석 달 뒤 이스라엘 자손들은 시나이 산 앞에 이르러 그곳에 장막을 쳤다. 그곳은 하느님께서 떨기나무 가운데에서 모세에게 나타나셨던 곳이다. 모세는 산으로 올라갔다.

하느님은 그곳에서 모세에게 이스라엘 백성과 맺을 언약에 대해 말씀해주셨다. "이스라엘이 내가 주는 언약을 지키면, 세상 민족 중에서 '제사장 나라'와 '거룩한 백성'이 되리라" 하셨다. 하느님은 모세에게 이 말씀을 하신 후에 이스라엘 백성에게 가서 전하라고 지시하셨다.

모세는 산에서 내려와 장로들을 모아놓고 그들에게 하느님의 말씀을 모두 전했다. 이 말을 들은 백성들은 일제히 "야훼께서 말씀하신 것은 모두 그대로 실천하겠습니다"라고 대답했다. 이때 기록으로 남겨진 성문율법 613개는 토라에 적혀 있고 입에서 입으로 전해져 내려온 구전율법은 훗날 탈무드에 기록되었다.

∴ 2285m의 시나이 산

십계명

시나이 산에서 40일간의 기다림 끝에 모세가 하느님으로부터 십계명을 받았다. 정통 유대교 신앙에서는 출애굽기에 기록된 대로 시나이 산 정상으로 하느님이 직접 '강림'함으로써 모든 인류에게 스스로를 드러냈다고 여긴다. 성서에 따르면 그 판은 하느님께서 손수 만드신 것이고, 판에 새겨진 글자도 손수 새기신 것이라 한다.

토라, 곧 모세오경은 이러한 것에 대한 영원한 증거이다. 모세의 손을 거쳐 나타난 하느님의 말씀이다. 하느님은 유대인을 선택하셔서 율법, 곧 토라를 주시어 온 인류의 빛이 되게 하셨다. 그들을 온 인류를 구원하기 위한 도구로 삼으셨다.

♣ 모세와 십계명

광야의 금송아지

그런데 밑에서는 모세가 시나이 산에 율법을 받으러 들어간 40일 사이에 사단이 일어났다. 그때 산 아래에 있던 이스라엘 사람들이 생각하기를 산에 올라간 모세가 40일이 다 되도록 내려오지 않자 죽었나 보다 하며 혼란과 의심에 빠졌다. 사람들은 두렵고 당황한 나머지 자신들의 앞길을 인도해줄 '금송아지'를 만들 생각을 하게 된다. 자신들을 이집트에서 이끌어온 신을 만들자 하여 아론으로 하여금 금송아지를 만들게 했다.

∴ 니콜라스 푸생, 〈금송아지 숭배〉

그때 시나이 산에서 하느님이 손수 돌판에 쓰신 증거판 2개를 받아 산에서 내려온 모세는 히브리인들이 금송아지를 만들어 춤추고 경배하는 우상숭배에 격노하여 감히 하느님이 직접 만드신 증거판을 내던져 금송아지를 쳐부순다. 그리고 그 가루를 물에 타서 백성으로 하여금 마시게 했다. 우상숭배로 인해 그날 3000명이나 죽임을 당했다.

모세는 다시 시나이 산에 올라가 40일간을 하느님과 교통했다. 하느님으로부터 또다시 십계명을 받았고 이스라엘을 위한 하느님의 율법을 받았다. "그러고 나서 계약서를 집어 들고 백성에게 읽어 들려주었다. 그러자 그들은 '야훼께서 말씀하신 대로 다 따르겠습니다' 하고 다짐하였다."(출애굽기 24:7)

이 말은 첫째로 하느님의 의지에 따라 행동할 의사가 있다는 것이고, 둘째로 하느님의 말씀을 연구할 자세가 되어 있다는 것이다. 모세는 율법들을 가르쳤다. 그 뒤 유대민족은 시나

∴ 렘브란트, 〈십계 증거판을 깨는 모세〉

이 산에서 하느님과 계약을 다시 맺고 하느님의 백성이 된다. 이 계약은 아브라함이 맺었던 계약을 새롭게 한 것으로, 이스라엘은 모든 것을 하느님께 맡기고 하느님에게만 예배 드리기로 했다. 4000년 동안에 유대인도, 유대주의도 변했지만 '하느님과의 계약'이라는 이 사상만은 변함없이 이어져 왔다.

속죄일 '욤 키푸르'

모세가 이스라엘 민족을 대신해 하느님의 용서를 받고 두 번째 십계판을 갖고 내려왔다는 날이 유대인의 속죄일인 '욤 키푸르Yom Kippur'이다. 욤 키푸르는 광야에서 금송아지를 우상으로 만들어놓고 숭배했던 이스라엘 사람들의 참회와 속죄에서 비롯됐다. 욤 키푸르란 히브리어로 '덮어주다'라는 뜻으로 신이 죄를 덮어주는 날, 즉 속죄일을 의미한다. 이날은 한 해 동안 명예와 권력을 위해 살아온 죄를 참회하고 종일 금식하며 예배를 드린다.

십계명의 요지

하느님은 이스라엘이 지켜야 할 10가지 계명을 주셨다. 유대민족의 헌법인 십계명은 이후 모든 세부 법전들의 모태가 된다. 유대교나 가톨릭, 개신교 모두 십계명을 하느님께서 주신 계명으로 받아들인다.

십계명은 첫 번째 계명부터 네 번째까지가 모두 신앙에 관한 계명이다. 이렇듯 하느님이 유대인들에게 무엇보다도 중요하게 당부한 것이 신앙이었다. 특히 다른 신을 만들어 우상숭배를 하지 말라고 엄하게 이르셨다. 유대인들은 하느님의 이름을 헛되이 부르지 않기 위해 야훼 대신 '아도나이Adonai(나의 주님)' 등으로 읽는다. 유대인들은 기독교인들이 하느님의 이름을 '야훼' 또는 '여호와'라고 직접 부르는 것을 대담한 행위로 간주한다. 실제로 가톨릭에서도 이 문제를 정화하기 위해 앞으로의 성서에서는 야훼나 여호와의 이름 대신 하느님, 주님 등으로 호칭을 바꾸기로 했다.

다섯 번째 계명부터 마지막 열 번째 계명까지는 인간관계에서 지켜야 할 계명들이다. 인간관계에서 가장 우선으로 지켜야 할 계명이 바로 "네 부모를 공경하라"이다. 게다가 다른 계명들은 사회생활을 하면서 당연히 지켜야 할 강제적 성격인 반면 이 계명은 십계명 가운데 유일하게 합당한 대가를 언급하고 있다. "너희는 부모를 공경하여라. 그래야 너희는 너희 하느님 야훼께서 주신 땅에서 오래 살 것이다."(출애굽기 20:12) 다시 말해 장수의 축복을 주시겠다는 것이다. 유대인들은 모든 축복 중에서도 장수를 최고로 여긴다.

십계명에 담긴 뜻은 크게 2가지로 '하느님 공경'과 '인간 사랑'이다. 예수는 훗날 바리사이파의 질문에 하느님의 계명을 다음과 같이 요약했다. "'네 마음을 다하고 목숨을 다하고 뜻을 다하여 주님이신 너희 하느님을 사랑하여라.' 이것이 가장 크고 첫째가는 계명이고, '네 이웃을 네 몸같이 사랑하여라.' 한 둘째 계명도 이에 못지않게 중요하다. 이 두 계명이 모든 율법과 예언서의 골자이다."(마태오의 복음서 22:37-40)

종교마다 약간씩 다른 십계명

모세가 시나이 산에서 받은 십계명은 하나이다. 그러나 유대교, 가톨릭, 개신교는 각 종교마다 십계명을 약간씩 다르게 이해하고 있다. 왜냐하면 '십계명'이 기록되어 있는 출애굽기 20장이나 신명기 5장에 나오는 십계명은 분류하기에 따라 10개도 되고, 11개도 되며, 심지어 12개도 될 수 있기 때문이다.

유대교의 십계명은 개신교 십계명과 1번이 다르다. 유대교의 십계명은 "1. 나는 너의 하느님 야훼라"로 시작한다. 야훼가 그들과 직접 계약을 맺으면서 그들에게 말한 첫 대목을 강조한 것이다. 그들의 하느님이자 그들의 유일신임을 강조한 것으로 보인다. 반면 개신교의 십계명 제1계명은 "1. 너는 나 이외의 다른 신들을 네게 두지 마라"로 시작된다. 나머지 다른 계명들은 양쪽이 같다.

가톨릭과 개신교의 십계명도 약간 다르다. 가톨릭의 제1계명이 개신교에서는 제1계명과 제2계명으로 나뉘어 있다. 반면 가톨릭의 제9계명과 제10계명이 개신교에서는 제10계명에 합쳐져 있다.

누룩은 교만의 위험성을 암시

유대인들은 이집트를 탈출한 이듬해 시나이 광야에서 첫 번째 파스카 축제(유월절)를 지낸 이후 지금까지 축제 때 허리에 띠를 매고, 신을 신고, 지팡이를 쥐고, '누룩 없는 빵'을 먹는다. 유대인들은 지금도 유월절 때면 과거 이집트의 노예생활을 잊지 않으려고 노예생활의 고통을 상징하는 쓴 나물과 누룩을 넣지 않은 납작하고 딱딱한 과자 '맛초matzo'를 먹으면서 선조들의 고통을 되새긴다. 이것이 지금까지도 이어지고 있는 유대민족 최대의 축제이다.

3000년이 지난 현재에도 유대인들은 매년 봄 일주일 동안 지속되는 유월절 기간에는 발효식품이 식단에서 사라진다. 성서에 유월절에는 발효된 식품을 먹지도 말며 집에 보관하지도 말라고 했기 때문이다. 그래서 이 기간에는 이스라엘의 슈퍼마켓이나 식품가게에서

부풀린 빵을 구할 수 없다. 심지어 맥도날드나 피자헛에서도 딱딱한 나무토막 같은 햄버거와 피자가 나온다.

유월절은 당초 고대 근동 지방의 봄 축제였다. 모세는 이 기간을 탈출 기회로 삼아 결국 성공한 것이다. 당연히 파스카는 유대인에게 억압에서 벗어나는 해방절이 된 셈이다. 이 해방은 단순히 노예 상태에서의 육체적 해방을 뜻하는 것이 아니라 숨 막힐 것 같은 영적 감옥으로부터의 탈출이었다. 영원한 자유의 체험이었다.

여기서 누룩을 넣지 않은 빵은 교만의 위험성을 암시한다. 교만은 인간이 하느님을 도외시하고 자기중심적으로 생각할 때 나타나는 현상이다. 하느님은 교만을 가장 싫어하신다. 또한 누룩은 인간의 자부심이 이기심으로 '커져가는' 방식을 뜻한다. 이렇게 되면 축제가 지향하는 진정한 자유를 체험할 수 없음을 상징한다.

빵에 누룩을 넣으면 빵이 부드럽고 먹기가 편해진다. 누룩은 안락하고 편안한 생활을 의미한다. 인간은 편해지면 나태해지고 타락하기 쉽다. 또 자기도 모르는 사이에 자기중심적인 사람, 곧 교만한 사람이 된다. 그러나 누룩이 없는 빵(떡)은 딱딱하고 맛이 없다. 누룩 없는 빵을 먹는 것은 고난의 의미를 기억하기 위함이다. 고난은 인간을 성숙시키는 하느님의 은혜이기도 하기 때문이다. 고난은 하느님 앞에 인간이 얼마나 하찮은 존재인지를 깨닫게 하여 교만을 참회하고 하느님 앞으로 다시 나가게 한다.

40년간 광야의 시련: 유대인에게 '40'의 의미

이스라엘 백성이 광야를 걸어간 과정을 살펴보면 직선거리로 일주일이면 갈 수 있는 거리다. 그런데 하느님은 그들로 하여금 굽이굽이 돌아서 40년 동안 고난의 길을 걷게 하셨다. 광야는 황무지 사막으로 이집트와 약속의 땅 가나안 사이에 자리했다. 이스라엘 백성은 여기에서 40년을 걸어 다니며 수많은 시행착오를 겪으며 깨달아야 했다. 그들은 하느님 은혜를 저버리고 40년의 광야생활 동안 10번이나 하느님을 시험하고 불신했다. 여기서부터

∴ 출애굽의 여정

신앙이 새로 시작되는 것이다.

유대인 역사에서 40년간의 광야생활은 아주 중요한 집단적 체험이자 기억이다. 유대인에게 '40'이라는 숫자는 특별한 의미가 있다. 구원을 위한 정화기간을 뜻한다. 고난과 시련을 통해 죄를 참회케 하여 속죄시키는 것이다. 또 '40'은 정화를 통해 그 뒤 더 높은 상태의 부흥을 의미하며 고난의 과정을 통해 은혜를 주시는 하느님의 섭리를 뜻한다. 이는 이집트에서의 노예정신에서 벗어나 앞으로 나아가야 할 '새로운' 세대를 위해 필요한 정화기간이었다. 이 시기에 유대인들은 태양이 이글거리는 광야에서 우왕좌왕하며 어떻게 살아가야 할지 몰랐다. 규율도, 질서도 없었다. 이를 보시고 하느님께서 직접 유대인을 위한 율법을 내려주셨다.

유대교 역사 중 가장 중요한 사건

모세는 시나이 산에서 하느님으로부터 십계명을 포함한 율법(토라)을 받아 유대인들에게 주었다. 이것이 유대교 신앙의 본질이다. 여호와는 유대인들을 이집트에서 구하셨을 뿐 아니라, 시나이 산에서 그 민족과 공식적으로 언약을 맺으시고 십계명을 주심으로써 이스라엘 백성이 하느님 및 이웃과 좋은 관계를 유지하는 방법을 알려주셨다. 또 다른 율법도 주시어 예배하는 법과 사는 법을 가르치셨다. 이스라엘 백성에게 구원과 구속이라는 큰 주제는 이집트 탈출과 떼려야 뗄 수 없다. 하느님은 이스라엘을 끔찍한 상황에서 구하시고 자유를 주셨다.

이러한 율법과 언약을 중심으로 하느님과 유대민족 간에 계약을 체결함으로써 유대인들은 비로소 하나의 민족으로 재탄생했다. 이스라엘이 아브라함, 이사악, 야곱의 씨족적 경험의 역사를 가진 민족이었음에도 이집트 탈출 이후 야훼와의 새로운 계약을 바탕으로 '새로운 백성'으로 자신들을 이해하기 시작했다. 이러한 이해는 비로소 이스라엘을 하나의 민족 공동체로 묶어주는 계기가 되었다.

이로부터 진정한 의미의 이스라엘이 시작되었다는 점에서 이집트 탈출과 시나이 산 사건은 이스라엘 전 역사를 통해 가장 중요한 역사적 사건이다. 성서가 말하려고 하는 것은 메마르고 사람이 살지 않는, 마실 물도 먹을 것도 없는 광야에서 야훼는 바위를 쳐서 물을 나게 하시고 40년간 하늘에서 만나를 내려 그의 백성을 먹이심으로써 인간의 의지가 아닌 하느님의 보살핌으로 가나안 땅에 들어올 수 있었다는 신앙고백을 하게 한 것이다. 그런 의미에서 40년간의 광야 생활은 하느님과 유대인의 밀월 시대였다.

유대인에게 신앙을 지킨다는 것은 율법을 지킨다는 뜻이다. 그들에게 하느님의 뜻은 계약으로 표현됐고 계약은 곧 율법이기 때문이다. 따라서 신앙을 지키기 위해 율법의 준수가 무엇보다 강조되었다. 율법은 단순한 외적 강제 규범으로서가 아니라 유대인 양심의 응답으로서 지켜야 할 생명 규범이었다. 그들은 야훼가 그들의 역사와 운명을 어떻게 인도했으며 어떻게 위험에서 보호하고 이끌어내었는지를 그들의 파란만장한 생애에서 체험했기 때문이다.

출애굽은 유대인들의 기억 속에 유일신에 대한 신념을 담은 위대한 '기억'을 남겼다. 유대인들은 오늘날에도 유월절과 율법을 받은 날, 그리고 광야의 방황을 기억하는 날을 기념비적인 사건으로 경축하며 해마다 그 기억을 새롭게 하고 있다.

시대를 앞선 율법 정신

모세 율법의 기본정신은 '정의와 평등'이었다. 정의는 공동체 안의 약자, 곧 과부나 고아 등 사회적 약자를 돌보는 것이다. 평등이란 세상의 통치자는 하느님 한 분이며 하늘 아래 모든 인간은 평등하다는 사상이다.

또 율법은 인본주의를 바탕으로 어떤 성문법보다도 '민주주의 정신 그리고 여성 존중'이라는 새로운 시대정신을 가르치고 있었다. 그무렵 '법 앞의 평등'이라는 개념은 혁명이자 파격이었다. 게다가 율법에 명시된 위생 관련 사항은 유대인들을 중세 죽음의 전염병에서 건져주었다. 그 뒤 안식일이란 개념은 훗날 로마 시대에 채택되어 인류를 당시의 혹독한 노동 환경에서 구해내어 적어도 일주일에 하루는 쉬게 해주었다. 또 모세 율법은 최초로 종교와 국가의 분리를 원칙으

로 세웠다. 이는 3000년이 지난 뒤 18세기 계몽주의 시대가 되어서
야 역사에 등장하게 된다.

모세의 율법 수여가 끝나자 모세의 임무도 완수된다. 그 뒤 모세
는 가나안 땅에 들어가 보지 못하고 광야에서 죽었다. 모세는 죽기
전 유대민족의 새 지도자로 여호수아를 세웠다. 유대인에게 모세는
기독교도들에게 예수와도 같은 인물이지만 그를 기리는 명절은 없
다. 복음서, 곧 신약성서는 예수의 말씀을 기록한 것이지만 모세오경
에는 모세가 말했다고 인용할 만한 것은 하나도 없다.

예정되어 있었던 고난의 역사

창세기에 보면 야훼께서 아브라함에게 하신 말씀이 있다. "똑똑히
알아두어라. 네 자손이 남의 나라에 가서 그들의 종이 되어 얹혀살
며 사백 년 동안 압제를 받을 것이다. 그러나 네 자손을 부리던 민족
을 나는 심판하리라. 그런 다음, 네 자손에게 많은 재물을 들려 거기
에서 나오게 하리라."(창세기 15:13-14)

이미 창세기 때부터 예정되어 있었던 고난의 역사인 것이다. 일주
일 만에 갈 수 있는 가나안 땅을 지척에 두고도 40년간 광야의 삶을
살아야 했던 민족, 이들의 후손이 2000년 가까이 외지를 떠돌면서도
야훼와 가나안에 대한 희망을 잃지 않았던 이유는 어디에 있을까?

쇠는 뜨거운 불 속의 풀무질과 담금질을 반복함으로써 더 단단해
지고 예리해진다. 실질이 강해지는 것이다. 하느님은 유대민족을 혹
독한 시련을 통해 단련시키셨다.

IV

페니키아, 히브리, 그리스의 상권 각축

JEWISH ECONOMIC HISTORY

기원전 1300년경 당시로는 믿기 어려울 정도로 창조적이며 진취적인 민족들이 지중해 지역 가까이서 함께 살고 있었다. 바로 페니키아인과 히브리인들이다. 뒤에 그리스인들이 합류한다. 이들은 태생적으로 도시국가나 지파 공동체의 자치제도 아래서 살았기 때문에 사고방식이 군주전제 하의 절대 봉건주의에 얽매이지 않고 자유로웠다. 진보적이고 개방적이었다. 세계를 발전 가능한 대상으로 인식했다. 이들은 무엇보다도 인간의 자유로운 삶이 중요하다고 생각했다. 게다가 진취적인 기상으로 해외 개척에 대한 도전의식을 갖고 있었다.

철기 문명의 탄생과 인류 대이동

철기 문명의 탄생

백인종 아리안족에 의해 철기 문명이 탄생하다

사하라 사막에서 발견된 이전의 동굴벽화에는 지금의 사막에서 상상할 수도 없는 하마, 물소 등의 동물이 등장한다. 중동이나 아프리카의 많은 호수는 이전에 지금보다 훨씬 넓었다는 사실도 밝혀졌다. 이 지역이 과거에 지금보다 강수량이 많았다는 뜻이다.

이렇게 온난 다습했던 기후가 고대 문명이 탄생하던 시기부터 지속적으로 건조해지기 시작했다. 대륙의 심장부에 몰아닥친 건조화는 수많은 초원을 연속적으로 만들어냈다. 다뉴브 강변에서 만주의 눈 강에 이르는 지역이 드넓은 풀밭으로 물결쳤다. 세계의 곳곳에서 농경 문명들이 기지개를 켜고 있을 때 초원의 사람들은 아직도 정착을 위한 싸움을 끝내지 못하고 있었다.

기원전 2000년경부터 기원전 1700년까지 흑해와 카스피 해 연안 주변, 이른바 코카서스 지방에 흰 피부의 유목민족인 아리안족이 살고 있었다. 이들은 시대를 가를 만한 기술을 발견했다. 높은 온도를 낼 수 있는 밀폐된 공간의 화덕을 만들어 강철을 뽑아내는 제련 기술을 터득한 것이다. 바로 이 제련 기술이 경제사는 물론 세계사의 운명을 갈랐다.

아리안, 강철 만드는 법을 알아내다

철광석은 금, 은, 구리 등 여타 광석보다 훨씬 널리 분포하고 있어 쉽게 얻을 수 있다. 비교적 지각에 풍부하게 있는 게 철광석이다. 구리는 지각의 0.01%밖에 안 되지만 철은 알루미늄 다음으로 풍부해 지각의 약 5%를 차지한다. 실제 따지고 보면 더 많다. 사실 지구에서 가장 많은 금속으로 지구 무게의 3분의 1 이상이 철이다. 지구 중심

∴ 철광석

핵에 몰려 있어 지구 자기장을 형성하는 역할을 하고 있다.

철 기술은 청동의 제련 기술에서 발전되었다. 철은 구리나 주석과는 달리 지표 도처에 존재했다. 원래 순철은 1500도 이상이어야만 녹는다. 하지만 고대에는 이러한 고온의 노를 만들지 못해 700~800도 정도에서 자연계에 있는 산화철로부터 소량의 연철煉鐵을 얻었다. 연철이란 단련할 수 있는 철이라는 뜻이다.

이처럼 철은 본디 쉽게 얻을 수 있었다. 그러나 산화철은 절반 녹다 만 상태에서 굳는다. 이렇게 뽑아낸 철을 잡쇳덩어리라 하여 괴련철이라 부른다. 아직 불순물이 많이 남아 있어 별로 쓸모가 없다.

아리안족이 바로 이 쓸모없는 괴련철을 단단한 철로 바꾸는 방법을 알아냈다. 그들은 괴련철을 목탄(숯)을 써서 가열하고 작은 망치로 두드려 이물질을 제거하면 강한 철, 강철이 된다는 것을 발견하였다. 숯불에 달구고 두드리기를 반복하는데 이를 담금질이라 한다. 이 과정에서 불순물이 빠져나가고 단단한 철만 남는다. 당시는 이렇게 하면 연철이 숯불의 탄소와 화합하여 철의 미세구조를 변화시켜 강도가 높아진다는 이론은 몰랐겠지만, 하여튼 그들은 단단한 철을 만드는 기술을 개발한 것이다.

그리고 단단한 철을 가열시킨 뒤 망치로 두들겨 무기와 도구를 만드는 '단조' 기술도 개발했다. 좋은 검을 만들기 위해서는 담금질 공정을 약 20번 이상 반복해야 했다. 청동도 단단하기는 했지만 쉽게 부러졌으나 철은 바위를 깰 정도로 단단했다. 이로써 철기가 청동기를 대체하였다. 청동기시대에 불가능했던 도구의 대량 제작이 가능해 서민까지도 철기 도구를 사용하게 되었다.

날카롭게 날을 세울 수 있는 강한 철제 무기를 쓰는 민족은 청동 무기를 쓰는 민족을 쉽게 제압할 수 있었다. 이로써 권력의 이동이 시작되었다. 청동기시대에는 청동이 귀해 귀족이나 일부 군사만 검을 가질 수 있었다. 이에 비해 구하기 쉽고 싼 철기의 발명은 평범한 목동이나 농민까지도 전사로 만들었다. 그 뒤 아리안족은 철검을 이용하여 주변을 복속시키고 철기 문화를 퍼뜨리게 된다.

그 뒤 철기 문화는 스키타이 문화가 되어 초원길을 따라 전파되기 시작했다. 연철, 선철, 강철 등 철의 종류에 따라 녹는 온도가 다르긴 하지만 철은 고온으로 가열해야만 얻을 수 있기 때문에 상당한 제련 기술이 필요했다. 그래서 철기시대가 시작된 시기는 지역에 따라 상당한 차이가 있다. 동북아에서는 초원길로 연결된 고조선이 중국보다 빨랐다. 고조선에서 기원전 12세기에 강철이 등장한다.

초기 철기시대에는 철이 주로 무기에 사용되었으나 나중에는 농기구에도 많이 쓰였다. 청동 농기구는 자갈이나 바위가 뒤섞인 땅을 파는 재료로는 적당하지 않았다. 그러나 철은 인장 강도가 크기 때문에 땅을 파는 데 써도 닳거나 부러지지 않았다. 바위를 깨는 철의 능력 덕분에 평야지대뿐 아니라 메마르고 높은 산악지대까지 농경지를 넓혀갈 수 있었다. 농업경제가 한층 확대되었다.

히타이트의 멸망으로 철기 문화가 급속도로 퍼지다

수많은 금속 중에서도 인류의 사랑을 독차지한 것은 단연 청동과 철이다. 이것은 인류의 시대가 구석기, 신석기, 청동기, 철기로 나누어지는 점에서도 알 수 있다. 청동기는 돌을 자르지 못하지만 철기는 바위를 자른다. 이로써 철기 문명이 위세를 떨치며 청동기 문명을 제압하게 된다.

청동기시대는 기원전 3000년쯤부터 시작되었고 철기시대는 기원전 2000년경에 선을 보였으나 기원전 1800년경에 시작되었다. 기원전 1700년경에 강력한 철기제국을 건설한 히타이트족이 바로 아리안족의 일파다. 히타이트 제국 초기에 철은 금보다 5배, 은보다는 40배나 값진 물건이었다.

히타이트는 기원전 1600년경부터 기원전 1200년경까지 메소포타미아 지역을 지배했다. 이들은 철 제련 방법을 철저히 비밀에 부쳐 기원전 1300년경까지 쇠를 녹여 야금하는 기술을 거의 독점적으로 보유하고 있었다. 그 뒤 기원전 1200년경에 히타이트 제국은 아나톨리아 남부 해안을 따라 밀려들어 온 해양 사람들에 의해 멸망했다.

이후 히타이트 제국이 독점적으로 보유했던 철 야금 기술은 이집트, 아시리아를 필두로 전 세계로 급속히 퍼져나가 철기의 보편화를 가져왔다. 20세기 이후에 플라스틱이나 세라믹과 같은 신소재가 개발되어 사용되고 있지만 철을 완전히 대체하지는 못하고 있다. 철기시대가 지금까지 계속되고 있는 이유 중의 하나이다. 지금도 철기시대인 것이다.❖

❖ 장수하늘소 지음,《인류 100대 과학사건》, 웅진닷컴, 2001

철의 역사

기원전 25세기경 수메르에서 처음으로 철기를 만들었다. 수메르인은 철을 안바anbar라고 불렀는데, 이것은 '하늘의 선물'이라는 뜻이다. '운석'을 의미한다. 고대인들은 운석에서 철을 채취하였다. 운석은 철Fe과 니켈Ni의 합금이다. 그들이 쇠로 된 칼을 가지게 된 것도 이 운철을 통해서였다.

그 뒤 지표상의 철광석이 제련되어 가공되기 시작한 것은 대략 기원전 3000년경으로 이라크에서 기원전 3000~기원전 2700년경으로 추정되는 층에서 제련된 형태의 철 덩어리가 발견됐다. 오늘날 바그다드 근처의 텔 아스마에서는 기원전 2700년경에 사용된 철로 만든 단검과 칼날이 발견됐다. 그 뒤 담금질을 통해 강철 칼을 만들어낸 종족이 아리안족이었다. 이로써 그들의 이동이 세상을 재편하게 된다.

기원전 1800년경 바빌론 지방에서 철을 경제적으로 사용한 것으로 보이며 당시 철은 아주 값진 물건이었다. 철로 된 반지에 대한 기록과 쇠로 만든 화살촉에 대한 언급도 있다. 기원전 2000년 전부터 진보된 야금 기술이라고 하는 노지에서 철을 얻어낼 수 있는 기술을 발견했다고 한다.

고고학사에 의하면 강철은 아르메니아 지방의 히타이트족이 기원전 2000년경에 개발한 것이다. 하지만 그들은 강철을 용광로에서 직접 얻은 게 아니라 연철의 표면을 침탄법으로 열처리하여 강철로 변화시킨 질 낮은 것이었다. 그나마 이 기술도 히타이트족이 비밀로 독점하다가 그들이 멸망하자 여러 지방으로 퍼져나갔다. 철이 생산된 지 10세기가 지난 기원전 12~기원전 10세기가 되어서야 팔레스타인, 메소포타미아 등 지중해 동부 지역에서 강철이 제련된 것도 그 때문이다.

최초의 인류 대이동

　최초의 철기 문명 소유자들이자 기마전술의 아리안족이 기후가
변하고 인구가 불어나자 새로운 목초지가 있는 살기 좋은 곳을 찾아
대이동을 시작하였다. 역사는 아리안족의 이동을 최초의 인류 이동
으로 규정한다.

　그들은 동서양 양쪽으로 이동하였다. 한 무리는 동쪽을 향해 중동
으로 갔다. 이들이 또다시 둘로 나뉘어 한 무리는 중동 쪽으로 계속
가고, 다른 무리는 지금의 이란에 정착했다가 기원전 1500년경 인더
스 강을 통해 인도로 들어갔다. 이들이 인더스 문명을 흡수하여 오
늘의 인도 문명을 이루었다. 이들은 영어 등 지금 유럽어의 조상격인
인도유럽어를 사용했다. 그래서 인도의 산스크리트어와 영어는 비슷
한 점이 많다. 인도인들이 영어를 잘하는 이유이다.

아리안이 만든 카스트 제도, 브라만교를 만들다

아리안족은 리그베다의 민족으로 인류 역사에 기록된 자들이다. 리그베다란 그들의 처절한 눈물의 역정을 대자연의 섭리에 빗대어 노래한 장엄한 서사시다. 초원의 민족들이 바위에 그림을 남겼다면 이들은 목소리에 영혼의 그림을 남겼다. 리그는 성가聖歌, 베다는 경전이란 뜻으로 바로 그들의 종교가 되었다. 아리안족은 리그베다의 민족이자 전차의 민족이기도 했다. 바로 이 전차에 철검으로 무장한 놀라운 전사들이 정복전쟁을 벌였다.

아리안족은 정복민족의 우월성을 강조하기 위해 엄격한 노동 신분을 구분하는 카스트 제도를 만들었다. 카스트 제도는 브라만(사제), 크샤트리아(무사, 귀족), 바이샤(평민), 수드라(주로 노예) 순서이다. 또한 이들의 종교는 다신교였다. 기원전 1300년경에 그들이 숭배하는 신들을 모아 베다Veda 성전을 만들었다. 베다종교는 브라만 계급, 곧 아리안족을 중심으로 발달한 특정 교조가 없는 종교로 브라만교 또는 바라문교라고도 한다. 우주의 근본 원리인 '범梵(브라만)'과 개인의 중심인 '아我(아트만)'가 궁극적으로 같다는 범아일여梵我一如 사상에 기초를 두고 있다.

카스트 제도에 반발하여 일어난 종교, 불교

이러한 카스트 제도에 반발하여 일어난 종교가 불교다. 기원전 5세기경에 갠지스 강 유역에서 석가모니에 의해 불교가 태어났다. 석가모니는 카스트 제도를 반대하고 인류의 평등과 자비를 주장했다. 당시 인도인은 브라만교를 믿고 있었다. 거기에는 수많은 신과 윤회관이 있었다.

석가모니는 브라만교의 세계관을 상식으로 가지고 있는 이들을 상대로 설법을 했다. 그들의 세계관을 전적으로 부정하지도, 전적으로 긍정하지도 않았다. 다만 우주의 이치에 대한 그들의 '오해'를 바로잡는 데 주력했다. 그게 불교이다. 그래서 불교에는 은연중에 브라만교적 요소가 강하게 녹아 있다. 이리하여 대중의 환영과 지지를 받은 불교는 급속도로 발전해 오늘날 동남아시아에 널리 퍼지게 되었다. 현재 세계에서 신자가 제일 많은 종교가 되었다.

브라만교에 뿌리를 둔 힌두교

그러나 아이러니하게도 오늘날 인도의 가장 큰 종교는 불교가 아니라 힌두교로 그 전신은 브라만교이다. 흥미로운 것은 불교의 도전에 맞서 브라만교의 반격이 시작됐다는 사실이다. 목숨을 걸다시피한 종교 사상의 치열한 투쟁은 오히려 유례없이 풍요로운 사유의 마당을 열었다. 도처에 학당이 들어섰고, 철학 논쟁이 벌어졌다. 논쟁은 흡사 싸움판 같았다. 관중이 구름처럼 몰려들었다. 이 과정에서 브라만교가 토착 민간신앙을 흡수하고 힌두교로 재탄생하여 인도 제일의 종교가 되었다.

인도유럽어족의 탄생

또 다른 아리안족 무리는 유럽 쪽으로 이동하여 크레타 섬의 미노아 문명을 흡수하고 유럽 문명을 시작하였다. 그리스 원주민들은 느닷없이 바다를 통해 나타난 이들을 '바다의 사람'이라 불렀다. 이들이 모든 인도유럽어족의 조상이 된다.

아리안이라 함은 인종을 말하기도 하며 어족을 지칭하기도 한다.

어족을 말할 때는 셈어족, 인도유럽어족(아리안어족), 알타이어족으로 구분되는 세계 3대 어족의 하나다. 아리안어족은 역사시대 이래 인도에서 유럽에 걸친 지역에서 쓰는 언어족으로 인도, 그리스, 라틴계, 슬라브계 언어를 총칭하는 용어다. 따라서 인도유럽어족은 영어, 스페인어, 프랑스어, 독일어 등 오늘날 유럽 각국어의 조상이다. 셈어족은 히브리어, 아람어, 페니키아어, 아카드어 등 중근동의 고전어와 여기에서 발전한 중근동 지역의 언어와 아랍어를 일컫는다. 유대인종은 셈어족에 뿌리를 둔 히브리어를 사용하는 민족이다.

아리안족의 힘의 근원은 바로 철기전차와 철기검

이렇게 아리안족이 종횡무진일 수 있었던 힘의 근원은 바로 '철기검'이었다. 더구나 그들은 유목민족답게 뛰어난 기마전술을 구사했다. 청동기 문명에 안주하고 있던 바빌로니아 왕국은 기원전 1530년 히타이트인에 의해 멸망한다. 히타이트인은 당시 메소포타미아 지역에 살았던 셈족과 달리 코가 크고 피부가 희고 눈이 파란 전형적인 백인이었다. 아리안족은 계속 유럽으로 이동하여 현지인들과 동화하며 그리스족, 라틴족, 게르만족을 형성했다. 아리안족들이 이동한 오늘날 인도, 페르시아, 그리스를 중심으로 한 에게 해 일대에는 큰 변화가 있었다.

훗날 히틀러는 반유대인 정책을 사용할 때 독일 민족이 순수 아리안의 직계 후손임을 강조하며 순수 아리안 혈통 보존과 인종 선별을 주장하고 홀로코스트의 만행을 저질렀다.

가나안 사람들, 해상무역을 주도하다

문명의 교차로, 가나안: 팔레스타인 분쟁의 시작

가나안 지방은 지정학적으로 메소포타미아 문명과 이집트 문명을 연결하는 교통의 요충지로서 상업의 교역로이자 세력 간의 각축지였다. 유대인들이 가나안에 돌아온 기원전 13세기는 바로 소아시아에서 철기 문명이 시작된 시기였다. 또한 이 시기에 아리안인의 후손인 인도게르만족(인도유럽어족)의 대이동이 시작되었다. 이들이 서구로 퍼져나가면서 민족들 간의 연쇄적인 이동이 불가피했다. 이들이 그리스 지역에 들어와 원주민과 합쳐져 지금의 그리스인들이 되었다. 세계 인구는 퍼져나갔고 곳곳에 새로운 철기 문명이 생겨났다.

유대인에게 처음 붙은 명칭은 아브라함과 그 자녀들에게 붙여진 하와리Ivree였다. 여기에서 히브리Hebrew가 나왔다. 하와리란 단어는 '강 건너에서 옮겨 온 사람들'이란 뜻이다. 당시 사람들이 보기에 유대인들은 외지에서 옮겨 온 이방인들이었다. 그런데 이집트의 노예생활에서 벗어나 약속의 땅으로 들어가는 시점에서부터 야곱, 곧 이스라엘의 자손이란 의미로 이스라엘이라 불리기 시작했다.

이집트에서 돌아온 유대민족은 기존 팔레스타인 지역에 살던 민족들과 한바탕 전쟁을 벌였다. 그 뒤 그들은 약 800여 년간 가나안 땅에서 살았다. 세 대륙 사이에 있는 가나안 땅은 문명의 교차로이자 여러 민족의 이동 통로였다. 그 결과 유동 인구가 증가하면서 유대인을 중심으로 여러 민족이 함께 뒤섞여 살게 되었다. 여러 민족과 함께 사는 과정에서 불가피하게 인종이 섞이기도 했으나 하느님께서 주신 약속을 믿으며 신앙을 지키려 노력하였다. 누구나 유대교를 믿으면 신앙 공동체의 일원으로 받아들여졌다.

페니키아인, 히브리인, 그리스인들의 협동과 각축

기원전 1300년경 당시로는 믿기 어려울 정도로 창조적이며 진취적인 민족들이 지중해 지역 가까이서 함께 살고 있었다. 바로 페니키아인과 히브리인들이다. 뒤에 그리스인들이 합류한다. 이들은 태생적으로 도시국가나 지파 공동체의 자치제도 아래에서 살았기 때문에 사고방식이 군주전제 하의 절대 봉건주의에 얽매이지 않고 자유로웠다. 진보적이고 개방적이었다. 세계를 발전 가능한 대상으로 인식했다. 이들은 무엇보다 인간의 자유로운 삶이 중요하다고 생각했다. 게다가 진취적인 기상으로 해외 개척에 대한 도전의식을 갖고 있었다.

기독교 이전의 고대 서양에서는 정복이란 명예로운 일이었다. 그들

입장에선 누군가를 지배하고 권력을 얻는 것은 좋은 것이었다. 오히려 장사를 명예로운 정복전쟁에 비해 떳떳하지 못한 상인들의 간교한 속임수로 보았다. 그러나 페니키아인과 히브리인들의 생각은 달랐다. 그들은 고대사회의 특징인 정복전쟁을 통한 부의 탈취보다는 교역을 통한 부의 증대를 꾀했다. 게다가 대륙이 아닌 해양을 개척해야 할 대상으로 본 최초의 민족들이었다.

자유와 창의성이 보장되는 곳에서 경제발전 이루어지다

역사의 흐름 속에서 민족, 국가 같은 경제단위의 흥망성쇠 요인을 파악하기란 간단치 않다. 그래도 경제사를 들여다보면 분명한 것이 하나 있다. 인간의 자유와 창의성이 보장되는 곳에서 경제발전이 이루어졌다는 사실이다. 창의력과 자유의 반대는 억압과 규제이다. 인간의 자유의지가 경제적 영역에서 무한하게 발현되는 시기가 고대에도 있었다. 페니키아인, 히브리인 그리고 그리스인들이 그들이다. 그들은 서로 경쟁하며, 한편으론 협동하고 또 한편으론 적대하며 이웃 사촌으로 컸다. 이들을 서로 관통하는 키워드는 '자유와 개방'이었다. 이들이 서로 주고받은 시너지 효과는 대단했다.

오늘날까지도 역사가들은 국가와 군주 중심의 역사 기술에 익숙해 있다. 그러나 이들은 국가나 군주 중심이 아닌 개인의 삶을 중요하게 생각했다. 이들은 노예와 이방인을 제외한 모든 인간은 동등하다고 보았다. 인간이 자유를 획득하기 위해 부의 축적이 필요하다고 믿었다. 게다가 가난은 일종의 위협이며 오히려 물질적인 부를 개척하고 축적하는 일이 자유로운 삶을 보장받아 신에게 더욱 가까이 다가 가는 길이라고 믿었다. 한마디로 이들은 인간의 미래가 인간의 자유 의지에 의해 현재보다 나아져야 하며 나아질 수 있다고 믿는 사람들 이었다. 역사는 그들 덕분에 진보할 수 있었다.

페니키아인, 히브리인, 그리스인들은 자유를 숭상하고, 부의 축적을 신의 축복이라고 생각했다. 이 사상이 자본주의를 이루는 그리스-히브리 사상의 근간이 되었다. 경제사에서는 그들의 진취적인 해외시장 개척과 상업활동을 고대라는 시간 틀에 가두어 크게 주목하고 있지 않다. 그러나 자본주의의 시발점으로 그들을 재조명하여 재평가해야 한다.

페니키아

소금과 백향목이 지중해 역사를 움직이다

가나안 사람들, 최초의 해상교역을 시작하다

기원전 3000년경부터 가나안 땅 해안지대에 페니키아인들이 살

고 있었다. 현재 이스라엘과 레바논에 해당하는 지역이다. 페니키아라는 말 자체가 후대에 그리스인들이 명명한 것이다. 페니키아인들 자신은 스스로를 '가나안 사람들'이라고 불렀다. 그들은 히브리인, 아람인과 함께 셈족의 가나안계에 속하며 오래전에 이들 민족 간에 혼혈이 이루어졌다.

또한 페니키아는 오늘날의 시리아, 레바논과 이스라엘 북부 해안 지대, 곧 지중해 동쪽 해안을 일컫는 고대 지명 이름이다. 따라서 페니키아인이라 하면 민족을 지칭하는 것이 아니라 이 지역에서 주로 활동하던 사람들을 일컫는 말이다. 따라서 페니키아인들은 이들 혼혈 민족과 함께 그 지역에 살았던 아람인을 비롯해 유대인들도 포함된다. 지역 주민을 일컫는 대명사이다.

페니키아인들은 주로 해안가에 살았다. 뒤로는 산이 가로막고 있었기 때문에 평야가 아주 협소했다. 그래서 그들은 앞으로 마주한 바다로 나가지 않을 수 없었다. 이후 이들은 배 타는 것을 업으로 삼으며 바다가 그들의 먹거리를 해결해주는 주 무대였다. 레바논 산맥은 겨울에는 눈 때문에, 여름에는 석회암 때문에 하얗게 보인다고 해서 '레바논(흰 산맥)'이라고 불렸다.

지중해 역사는 소금과 레바논 삼나무가 움직였다

페니키아의 특산품은 재질이 단단하고 좋은 향기를 내뿜는 소나무과의 '레바논 삼나무'였다. 그들은 수메르 이래로 삼나무 목재로 뗏목을 만들어 인근 지역에 내다 팔았다. 그 뒤 삼나무로 큰 배를 만들어 소금과 해발 2000m의 높은 산맥에서 벌채한 삼나무 목재와 함께 올리브와 포도주, 그리고 바다에서 잡은 생선을 말려 인근 지역들과 해상교역을 하기 시작했다. 특히 소금과 올리브 그리고 포도는 기후와 토양을 가린다. 그래서 소금이 생산되는 지역과 흐리고 비가 많아 소금 생산이 어려운 곳 그리고 올리브와 포도를 재배할 수 있는 지역과 그렇지 못한 지역이 있어 자연스럽게 이 두 지역 사이에 무역이 이루어졌다.

교통이 발달하지 못한 고대에는 주로 수로를 통해 교역이 이루어질 수밖에 없었다. 이들을 갖다 주고 키프로스에서 구리와 토기를, 이집트에서 곡물과 파피루스를, 크레타에서 토기를, 밀로스 섬에서 흑요석 무기와 도구들을 수입하여 인근 지역에 되팔았다. 이들은 해적질도 곧잘 하여 가끔 주변 이스라엘 사람들을 납치해 그리스에 노예로 팔기도 했다. 당시 교역은 약탈과 혼재되어 있었다.

고대에 바다를 통한 무역을 하자면 많은 과학기술의 바탕이 있어야 했다. 배를 건조할 수 있는 조선 기술, 배를 운항하는 항해술, 게다가 바다에 대한 이해와 더불어 천체를 살필 수 있어야 아무런 지표가 없는 바다에서 살아남고 항해할 수 있다. 페니키아 상인들은 이 삼박자를 갖추었기 때문에 그 옛날에 엄청난 부를 축적할 수 있었다.

페니키아 무역, 소금으로부터 유래되다

페니키아인들은 이집트 소금 호수에서 조염을 가져와 물에 녹여 정제염을 만든 최초의 민족이다. 지중해 연안은 대부분 깎아지른 것 같은 절벽이 대부분이어서 소금을 생산할 적지는 많지 않았다. 다른 지역은 대체로 흐리고 비가 오는 날이 많아 더더욱 소금 생산이 어려웠다. 그만큼 소금은 희귀할 수밖에 없었고, 아주 비싼 값에 팔렸다.

그 무렵 중국은 바닷물을 토기에 넣고 불을 지펴 소금을 생산할 때였다. 인근 이스라엘인들은 사해와 사해 밑 소금 계곡에서 소금을 거저 줍다시피 했는데 질이 그리 좋지는 않았다. 그럼에도 고대에는 소금이 귀해 값은 비쌌다. 페니키아 정제염은 순도가 높고 품질이 좋아 더 비싼 값에 팔 수 있었다.

소금은 인류에게 재화를 얻는 중요한 방법을 하나 더 발명하도록 했다. 그것은 거래였다. 거래는 시장을 형성시켰고, 시장의 형성은 도시를 낳았다. 페니키아인들은 소금을 다른 민족들에게 금보다 더 비싸게 팔았다. 소금은 페니키아 최초의 국제무역 상품이었다. 페니키아 무역의 근원은 소금으로부터 유래되었다. 그런데 거래는 생산보다 그 생산성이 훨씬 더 컸다. 특히 소금은 비가 많아 생산되지 못하는 곳에서는 금보다 비쌌다.

소금은 변질되지 않으므로 장거리 교역이 가능했다. 지중해는 가장 값싼 운반수단인 해운까지 제공했다. 페니키아인들은 소금을 팔기 위해 먼 거리 항해를 마지않았다. 갈리아 지방이나 잉글랜드처럼 멀리 나갈수록 더 비싸게 팔 수 있었기 때문이다. 이에 따라 원양 항해가 발달했다.

그리고 페니키아에는 주변에서 소금을 사러 사람들이 모여들었다. 거래가 활발하고 시장이 발달한 곳에서는 경제가 더 빨리 발전했다. 역사적으로 소금이 생산되는 곳이 경제적 번영을 누렸던 이유가 여기에 있었다. 고대 유럽에서 소금 생산이 가능한 지중해 연안은 경제적 중심지의 역할을 했다. 당시에는 암염 광산의 개발이 본격적으로 이루어지기 전이라 소금 생산이 가능한 곳이 지중해 해안 중에서도 일부 지역에 한정되어 있었다. 그만큼 소금은 희귀할 수밖에 없었다. 이렇게 소금을 이용해 지중해 문명을 만든 최초의 민족이 바로 페니키아인들이었다.

태양과 바람의 축복, 천일염
소금은 바닷가에서 쉽게 만들 수 있을 것으로 생각되나 이게 그리 간단치 않다. 바닷물에는 소금이 약 2.5%, 그 밖의 광물이 약 1% 정도 들어 있다. 바닷물에서 천일염을 얻기 위해서는 먼저 기후가 물을 빨리 증발시킬 수 있을 정도로 덥고 건조해야 한다. 한마디로 햇볕과 기온이 좋아야 한다. 한 해 동안 연평균 기온이 25도 안팎으로 물의 증발량이 일정 기준 이상이어야 하고 최소한 건기와 우기가 뚜렷해야 한다.

그리고 비가 적고 주변에 큰 산지가 없어 적당한 바람이 있어야 한다. 게다가 갯벌이 넓고 적당한 간만의 차가 있어 계단식 염전을 꾸미기에 알맞아야 한다. 그래야 잇달아 있는 염전에 바닷물을 옮겨 담아 가며 증발시켜서 소금을 얻을 수 있다. 바닷물에 있는 여러 가지 광물이 가라앉는 속도는 각각 다른데, 대부분의 광물은 소금보다 먼저 가라앉기 때문에 바닷물을 한 못에서 다른 못으로 옮길 때마다 다른 광물들은 바닥에 남게 된다. 이렇게 해서 얻은 소금은 순도가 95~98% 정도 된다.

이와 같은 조건의 지역은 생각보다 그리 많지 않다. 지중해 연안 일부, 인도 서부, 오스트레일리아 서부 그리고 한국 등 극히 제한되어 있다. 이 방식으로 제조된 소금을 천일염天日鹽이라 한다. 게다가 옛날에는 지하에 묻혀 있는 암염층에서 소금을 파내는 방법도 몰랐다. 그래서 옛날에 질 좋은 소금이 그리 귀했던 것이다. 이렇듯 해안 염전에서 소금을 만들 수 있는 나라는 축복받은 기후를 갖고 있는 것이다.

오늘날에도 바닷가 염전에서 얻는 소금은 생산량의 3분의 1도 안된다. 전 세계에서 생산하는 소금 가운데 70% 정도는 땅속에서 얻는다. 지하의 암염층은 독일, 러시아, 미국 등에 많이 있는데 옛날에 바다였던 곳이다. 그래서 암염층 밑에서 종종 석유가 발견되기도 한다. 이런 이유로 석유는 플랑크톤 등 태곳적 바다 생물이 퇴적되어 이루어졌다는 학설이 우세하다. SK가 브라질에서 발견한 원유도 암염층 밑에서 발견되었다.

페니키아 최대 수출품목, 백향목

페니키아인은 향이 나는 목재라 백향목柏香木이라 불리는 레바논 삼나무로 배를 만들어 지중해 지역을 오가며 교역을 하였다. 이 크고 튼튼한 삼나무 배가 페니키아인들이 지중해 해상무역을 석권할 수 있었던 이유였다. 백향목은 구약성서에 70번이나 등장하는 귀한 나무로 레바논 산맥 표고 2000여 m의 눈 덮인 높은 산에 자라는 나무다. 특이하게 이곳에서만 크게 자란다. 레바논 삼나무는 단단할 뿐 아니라 물에 잘 썩지 않는 것이 특징이다. 솔로몬의 성전과 왕궁을 지을 때 사용한 목재이자 베네치아 바다 밑 침목들이 주로 레바논 삼나무로 이루어져 있다. 백향목은 수피에 상처가 나면 송진을 내는데 매우 향기롭다. 이 송진은 방부제와 방충재가 함유되어 있어 고대 로마에서는 종이에 발라 책에 좀이 쓰는 것을 막기도 했다. 그래서 백송나무라 불리기도 한다. 이 성질 때문에 오랜 기간 썩지 않는 고급 목재로 사용할 수 있는 것이다.

레바논 삼나무는 그 크기가 웅대하다. 나무의 높이는 40m, 둘레는 4m에 달하고 오래된 것은 수령이 3000년이나 된다. 지금은 귀한 나무이지만 당시에는 수량이 풍부했다. 이 삼나무가 있어 페니키아인들은 거대한 배를 만들고 목재를 수출할 수 있었다. 페니키아인

∴ 레바논 삼나무

들은 갤리선을 처음 발명한 사람들인데, 이는 사람들이 양쪽에서 노를 저어 움직이는 큰 배이다. 페니키아인들은 백향목으로 대형 배를 만들어 먼 거리 항해를 주도했다. 지금도 레바논 국기 한가운데는 그들이 자랑하는 삼나무 그림이 들어 있다.

그 뒤 페니키아는 지중해에서 오랜 기간 해상무역에 종사했다. 그들의 항해는 세계사에서 하나의 전환점을 마련했다. 교역량이 커지고 해상교역 거리가 점점 멀어지자 현지 항구에 식민지를 건설하기 시작했다.

페니키아인들은 사이프러스에서 코르시카와 스페인에 이르는 땅들을 식민지화했다. 그리고 기원전 810년경에는 오늘날의 튀니지에 카르타고를 세웠다. 후에 카르타고는 전 지중해에서 가장 강력한 도시국가의 하나로 성장하여 북아프리카, 사르디니아, 코르시카, 시칠리아 일부와 스페인을 지배하는 세력권을 형성하면서 서부 지중해의 통상을 지배하고 해양 패권을 장악했다. 그들의 발자취를 더듬어 보자.

가나안 해변의 도시국가들이 탄생하다

지정학적으로도 당시 이스라엘 사람들과 함께 페니키아인들이 사는 팔레스타인 지역은 교통의 요충지이자 상업의 교역로였다. 큰 도로가 2개 있었는데 하나는 '해변의 길'이고 다른 하나는 동쪽 산악에 있는 일명 '왕의 큰길'이었다. 해안 도로를 따라 도시국가들이 발달하기 시작하였다. 이 가운데 페니키아인들에 의해 지중해 연안에 티레, 시돈, 베리토스(베이루트), 비블로스, 우가릿 등의 연안 도시국가들이 건설되었다. 이들은 그들이 세운 항구도시들을 중심으로 도시연맹의 형태를 취했다. 그들은 처음으로 광활한 바다를 항해하며 '해상교역'을 시작했던 최초의 해양민족이다.

거주민 대부분이 주로 해상무역에 관련된 일에 종사하며 페니키아 특유의 문명을 발달시켰다. 그리고 페니키아인들은 크레타와 그리스에 문화적 영향을 끼쳤다. 서양 문명의 시원을 거슬러 올라가면 그리스 문명보다는 페니키아 문명에 도달하게 된다. 오리엔트 문명과 서양 문명의 다리 역할을 한 것이다.

원시 교환시장의 탄생과 식민도시 건설

그 무렵 페니키아인들은 배를 타고 지중해 전역 곳곳을 돌아다니며 교역을 했다. 그리스의 역사가 헤로도토스는 원시 형태의 교환을 다음과 같이 기록했다. "상선을 타지에 정박시키고 상인은 상륙한다. 그들은 물건을 진열한 다음 우호의 뜻을 표시하는 것으로 그 자리를 물러난다. 뒤에 원주민들이 나타나서 자신들의 물건을 늘어놓고 상대방을 놀라게 하지 않기 위해 사라진다. 그러면 상인은 다시 돌아와서 상대방의 물건을 조사한다. 만족하지 않으면 자신의 물건 일부를 갖고 사라진다. 새로운 흥정을 의미한다. 이 같은 흥정은 쌍방의 제안 균형이 이루어지고, 모두가 만족할 때까지 계속된다. 그리고 거래가 이루어진다." 이것은 아마 성가신 과정이겠지만 이로써 교환시장이 생겨났다.

그 뒤 페니키아인들은 교역 중심지 항구도시에 식민도시를 건설했다. 이들이 다루었던 주요 교역품목은 주로 정착지에 꼭 필요한 구리, 주석, 철 등 금속을 비롯해 밀과 기름, 포도주, 직물, 노예 등이었다. 특히 목재류, 사이프러스의 구리와 주석, 이베리아 반도의 납,

양모, 올리브, 포도주, 곡물, 채색유기, 소금, 건어물 등의 교역은 식민지 건설사업의 필수품으로 지중해 연안지대의 발전에 지대한 공헌을 했다.

또한 청동, 금은, 보석, 상아, 유리공예품 등을 무역 루트를 통해 오리엔트와 지중해 각지에 널리 퍼뜨렸다. 여기에 티레, 비블로스, 베리투스에서 생산되던 고운 아마포, 뿔고둥에서 추출하는 티레의 보랏빛 염료와 염색 옷감, 시돈에서 생산되던 금속, 유리 제품, 도자기, 자수 제품, 값비싼 직물, 향신료, 향수 등 귀족들을 위한 특산물도 운송했다. 이러한 것들은 부피가 작게 나가면서도 비싼 것들이어서 교역에는 안성맞춤이었다.

페니키아, 해외 거점항구에 식민지를 건설하다

페니키아인들의 항해는 세계사에서 하나의 전환점을 마련했다. 교역량이 커지고 해상교역 거리가 점점 멀어지자 현지 항구에 식민

∴ 페니키아와 그리스의 식민도시들

지를 건설하기 시작했다. 그들은 지중해 양 해안의 거의 모든 항구를 방문했다. 그리고 원주민들에게 교역에 대해 가르치고 페니키아 문자를 전파했으며 페니키아로부터 포도나무와 올리브나무를 갖다 심었다.

그 뒤 그리스에서 포도주가 생산되었다. 그들은 세계 최초로 막강한 해상교역국이 되었다. 그들은 당시 그들이 세상 끝이라고 믿었던 곳까지 교역망을 확장하기 위해 노력하였다. 상선들은 지브롤터 해협을 넘어 대서양까지 항해했고 북유럽의 항구와 아래로는 아프리카 해안까지 갔다. 어떤 사람들은 그들이 실제로 북아메리카 해안까지 도달했다고 주장하기도 한다.

비블로스 시대

페니키아 최초 항구, 비블로스

기원전 4000년경에 건설된 비블로스는 알파벳의 기원이 된 페니키아 문자를 남긴 것으로 유명한 도시다. 발굴 자료에 따르면 기원전 2613~기원전 2494년 사이의 이집트 제4왕조 때 비블로스와 이집트 간의 상업교역이 있었다. 그들은 이집트에 배를 만드는 데 쓰이는 백향목을 수출하고 파피루스를 수입했다.

또 이 도시의 이름 자체가 그리스어로 파피루스라는 뜻이다. 그들은 이집트로부터 수입한 파피루스를 메소포타미아와 그리스 등에 되파는 중계무역으로 부를 쌓았다. 종이가 생기기 전에 쓰이던 파피루스는 점토판보다 한 단계 업그레이드된 것이다. 종이를 영어로 페이퍼라고 하는데 이것은 파피루스에서 나온 말이다. 파피루스 풀은 이집트의 나일 강에서만 자라기 때문에 책을 만들고 싶은 나라들은 이집트에서 수입해야만 했다. 그래서 파피루스는 이집트의 귀중한 수출품으로 국가에서 직접 관리하는 중요한 자원이었다. 비블로스를 통해 팔려나간 파피루스는 대부분 두루마리 책을 만드는데 이 두루마리를 '비블로스' 또는 '비블리온'이라 불렀다. 성서의 '바이블'도 여기에서 나온 말이라고 한다.

파피루스의 수출 금지로 만들어진 양피지

기원전 200년경에는 이집트의 왕이 페르가몬에 파피루스 수출을 금지하라는 명령을 내렸는데 이것은 이웃 나라 페르가몬이 이집트보다 더 많은 책을 만들기 위해 파피루스 수입을 늘렸기 때문이라고 한다. 책에 대한 관심이 높았던 왕들은 지식 정보를 기록하는 것이 얼마나 중요한지를 알기에 누구보다 많은 책을 가지고 싶어 했다. 그래서 나온 것이 양피지라고 한다. 양, 염소, 송아지 등 동물의 가죽을 이용해 '양피지'를 만들어낸 것이다. 양피지 두루마리 한 권을 만들

∴ 파피루스

∴ 양피지

기 위해 10~15마리의 양이 필요했다. 이것은 종이가 만들어지기 전까지 서양 사람들에게 커다란 사랑을 받고 널리 이용되었다.

이집트, 백향목으로 대형 배를 건조하다

그들은 이집트로부터 파피루스를 수입하고 대신 백향목을 수출했다. 이집트에는 큰 나무가 자라지 않아 구왕국 시대(기원전 2815~기원전 2270) 제2왕조 때부터 목재를 들여와 건축, 가구, 조선 등에 사용했다. 제4왕조 무렵에는 페니키아 삼나무를

∴ 기자의 피라미드에 그려진 이집트 초기 목선, 기원전 2400~기원전 2300년

들여와 길이가 60m에 달하는 상당히 큰 배를 건조했다. 이렇게 삼나무는 당시 좋은 목재가 절대적으로 부족했던 이집트와 메소포타미아, 그리고 지중해 지역에서 탐내던 귀중한 자원이었다. 당시 백향목은 아주 단단한 최고급 목재로 페니키아 지방에서만 자라고 있었다.

이집트의 파라오들이 무덤을 만들 때 주로 썼으며 솔로몬 왕이 예루살렘 성전을 세울 때도 사용했는데 지금의 예루살렘에 있는 통곡의 벽 축대도 이것으로 만들었다. 그들은 솔로몬 왕에게 백향목과 잣나무 목재를 바닷길로 운송해주고 밀과 기름을 대가로 받았다.

페니키아의 항해술

지도나 나침반이 없었던 고대의 항해자들은 육지를 시야에서 놓치는 것을 두려워하였다. 항해자들이 육지를 놓쳤을 경우에는 미리

준비해둔 육지에 살던 새를 날려 보내 그 새가 하늘 높이 날아 올라가서 육지를 발견하고, 그 육지를 향해 날아가면 그 새를 따라 돌아갈 수 있었다. 결국 이것을 반복하면서 움직이지 않는 구름 밑에 섬이 있다는 것을 알게 된다. 이것은 섬이 태양에 의해 가열되어 상승기류가 발생하면 산꼭대기의 윗부분에 삿갓 모양의 구름이 생기기 때문이다. 또한 밤에는 별을 보고 방향을 알았다.

페니키아의 항해술도 이러한 연안항법을 기본으로 하였으나 그 외에도 천문 관측과 조수간만의 차이, 조류의 흐름 등에 대한 전문지식을 토대로 하였다. 그들은 심지어 야간 항해라든지 원양 항해를 처음 시도했다. 그 무렵 페니키아 사람들은 지중해에서 가장 뛰어난 항해술을 자랑하였다. 여러 개의 노와 하나의 돛이 있는 페니키아의 배는 길이가 짧고 폭은 넓고 튼튼했다. 이들의 가장 큰 업적은 천문 항해술로서 별의 위치를 보고 배의 위치를 판단하는 기술을 소개했다. 이 기술 이전에 배는 밤에 움직이지 못했다. 따라서 며칠 이상 걸리는 항해는 이전엔 불가능했었다. 그 무렵 페니키아인들은 배를 타고 지중해 전역 곳곳을 돌아다니며 교역을 했다.

중계무역과 해외 생산

또한 당시에 벌써 중계무역과 해외 생산이 이루어졌다. 그들은 지중해 연안뿐 아니라 홍해, 인도양, 대서양을 넘나드는 교역을 했다. 아프리카, 아시아를 잇는 중계무역을 통해 귀금속, 상아, 공예품을 사고팔았으며 전쟁포로를 사서 노예로 팔기도 했다. 또 당시 주요한 교역물품인 주석을 찾아 영국에, 그리고 호박과 모피를 찾아 덴마크와 스칸디나비아 반도에까지 진출한다. 그리고 식민지였던 이베리아 반도에서는 은을, 사이프러스에서는 구리를 직접 생산하여 거래했다. 종합상사가 따로 없었다. 군주가 주도하는 전쟁을 통한 정벌과 약탈이 아니라 고대에 벌써 상인에 의한 상거래를 통해 부의 축적과 분배가 폭넓게 시작된 것이다.

페니키아 항구도시들은 전형적인 상업도시들로, 부유한 상인들에 의해 왕의 권한이 제한되기도 했다. 상업이 번창했던 페니키아의 도시들은 강대국들의 세력에 무력으로 저항하지 않고 속국으로 처신하며 경제적 안정과 번영을 유지해나갔다. 따라서 이들은 쉽게 다른 종교나 문화에 적응하고 동화되었으며, 이를 다른 지역으로 전파하는 역할도 했다.

페니키아 문자의 진화, 알파벳

장사한 내용을 기록하기 위해, 또 오랜 기간 집을 떠나 장사를 하던 이들이 집에 소식을 전하기 위해서는 글자가 필요했다. 페니키아인들은 이집트의 상형문자와 수메르인이 쓰던 설형문자를 발전시켜 기원전 17세기경 표음문자인 알파벳 문자를 최초로 사용하기 시작하였다. 알파벳을 이용하면 다른 언어를 받아 적기가 쉬워 서로 다른 언어를 쓰는 이웃 국가들과의 무역을 훨씬 활발하게 할 수 있었다.

이 알파벳 문자는 22개 자음만으로 표기하는 문자 체계였는데 기원전 11세기에 이르러 페니키아의 식민·무역 활동으로 빠르게 주변 지역에 확산되었다. 또한 이 언어는 유대민족이 쓰는 히브리어와 맥을 같이하고 있다. 사실 어느 언어가 먼저 만들어졌는지는 불분명하나 서로 영향을 미친 것으로 보인다. 그들이 개발한 페니키아 문자는 그리스 알파벳의 모체가 되었다.

페니키아	그리스	로마
⟋	A	A
⟋	B	B
△	△	D
Ψ	K	K
⟨	∧	L
⟩	N	N
Φ	G	Q
⟨	P	R

기원전 9세기경 그리스인들은 22개 자음으로만 되어 있는 페니키아 언어를 받아들여 모음을 더하고 글자 방향도 왼쪽에서 오른쪽으로 바꾸었다. 이로써 무슨 글자든 다 쓸 수 있게 되었다. 이는 인류에게 전대미문의 사건이었다. 이것을 발명한 사람들은 종교적인 글이나 편지며 글을 많이 써야 하는 사람들이었다. 특히 계약서나 확인서를 많이 써야 했던 상인들이었다. 그리스어로 쓰인 최초의 서사시가 호메로스의 〈일리아드〉와 〈오디세이〉다. 그 뒤 페니키아 문자는 지중해 연안으로 전파되어 기원전 8세기 무렵에는 에트루리아 문자를 통해 라틴 문자 형성에 영향을 끼쳤다. 이는 다시 슬라브어의 모체가 되었으며 이탈리아 반도의 에트루이아어를 거쳐 로마인들에게 전해져 로마 글자인 라틴 알파벳이 만들어졌다. 로마 시대의 라틴 문자는 23자였으나 중세에 이르러 현재의 26자가 되었다. 지금의 알파벳으로 진화한 것이다.

시돈 시대

1차·2차·3차 산업을 모두 아우르는 경제체제

페니키아인들은 단순한 상인이 아니었다. 1차(농업)·2차(제조업)·

3차(유통업) 산업 모두를 아우르는 경제체제를 갖추고 있었다. 그들은 육지에서는 수출할 밀과 보리를 경작하고 무화과나무, 뽕나무, 올리브나무, 포도나무 등을 재배했다.

특히 당시 식용과 등잔유로 쓰였던 올리브기름과 잘 익은 포도주는 값비싼 수출품목이었다. 당시 좋은 와인은 5리터에 황소 한 마리 값이었다. 또 그 무렵에 벌써 유리를 생산하여 유리그릇을 제조하고 유리공예를 발전시켰다. 이것은 그 후 그들의 무역에 중요한 요소가 된다. 벌써 당시에 자주색 염료를 생산하여 자주색 직물을 탄생시켰다. 그들 스스로도 자주색 옷을 입고 다녔다. 이 자주색은 훗날 유럽 귀족과 성직자들이 가장 선호하는 색깔이 된다. 유리 제조와 염색 산업, 이 2가지는 당시의 첨단산업이자 고부가가치 산업이었다.

시돈, 세계 최초의 자색 염료와 유리 생산

시돈은 페니키아의 가장 고대 도시 중 하나로, 기원전 3000년대에 건립되어 그 후 1000년 동안 번영했다. 이 도시는 자주색 염료와 유리 제품으로 유명했다. 페니키아라는 명칭이 붙여진 것은 그리스인들에 의해서였다. 그리스인들은 그들을 포에니키스, 곧 '자紫색의 사람'이라고 불렀다. 이는 페니키아인들이 자색 옷을 주로 입고 값비싼 보랏빛 염료와 염색 옷감을 만드는 기술을 보유하고 있었기 때문이다.

그리스 신화에 따르면 자주색 물감은 티레의 수호신 멜카르트가 처음 발견했다고 한다. 그가 개와 함께 바닷가를 산책하고 있는데 소라를 깨물은 개의 입이 처음에는 붉게 물들었다가 차츰 자줏빛으로 변했다는 것이다. 페니키아의 어원이 되는 '페닉크'는 붉은 자주라는 뜻으로 원래는 지중해에 서식하는 소라의 일종인 뿔고둥이다. 그러나 그들 스스로는 자기들을 '가나안 사람들'이라고 불렀다. 당시에 가나안이라는 말은 동시에 장사꾼을 의미하기도 했다.

금값보다 비싼 자색 염료

염료 산업은 당시 시돈을 중심으로 이루어졌다. 당시는 주로 식물의 꽃, 잎, 열매, 껍질, 뿌리 등에서 추출한 물감이 사용됐다. 하지만 햇빛이나 세탁으로 쉽게 색이 바랬다. 그래서 좀 더 질이 좋은 물감의 필요성을 느꼈다. 이로써 동물성 염료가 개발된다.

옛날 시돈 주민들은 주로 농업, 목축업, 어업 및 무역업 등에 종사했는데, 어업기지인 이곳에서 자주색 물감 제조의 고고학적 증거로 산더미처럼 쌓여 있는 부숴진 소라들의 무더기가 발굴되었다. 소라를 단순히 식용으로 할 때는 끓는 물에 삶으면 되지만, 자주색 물감을 얻기 위해서는 소라의 껍데기를 깨 고둥을 꺼내어 내장의 특정 부위에서 분비액을 얻어야 하므로 깨진 소라들의 무더기는 모두가 자주 물감을 만들었던 흔적으로 볼 수 있다.

시돈 절벽 근처에서 발견된 수많은 뿔고둥 껍데기의 거대한 패총貝塚은 자색 염료공업이 당시 시돈의 중요 산업이었음을 말해주고 있다. 고대에 자색 염료는 약 1만 개의 뿔고둥을 벗겨야 1g 정도의 염료를 얻을 수 있었다. 염료를 만드는 과정에서 발생하는 불쾌한 냄새로 만들기도 어려웠다. 당시 자색 염료는 금값보다 비싸 이집트로 수출되었다. 고대 이래로 자색은 하도 귀해 중세에는 추기경의 색깔이라 하여 '최고의 영광'을 의미했다.

페니키아의 자색 염료 비법이 비잔틴 제국으로 전승된 후에는 제국이 직접 염료 생산과 판매를 관리하여 외부에 노출되지 않도록 하였다. 보안이 워낙 철저한 나머지 비잔틴 제국이 멸망함과 동시에 자색 염료의 생산법도 사장되고 만다. 이후 황제와 추기경의 색이 자색에서 붉은색으로 바뀌게 된다. 당시 왕들은 일반 평민은 이 색깔을 입거나 사용하지 못하도록 했다. 중세까지만 해도 서구 사람들은 붉은색 모직 재킷 한 번 입어보는 게 소원이었다. 여기서 중요한 사람을 예우하는 레드카펫이 유래됐다.

최초의 유리 발명

천연소다는 이집트의 소금 호수 기슭에서 대량으로 산출되어 옷감이나 천 등의 세탁에 쓰이고 있었다. 또한 이집트인들은 시체를 미라로 보존할 때 방부제로 천연소다를 사용했다. 어느 날 이집트 소다석을 실어 나르던 페니키아 상선이 시돈 해안가에 정박하게 되었다. 그들은 해안가에서 불을 피우려고 했으나 주변에 화덕을 만들 만한 돌들을 찾을 수 없었다. 하는 수 없이 배에 있는 소다석을 가져와 흰모래와 섞어 화덕을 만들고 불을 피웠다. 불이 뜨겁게 타오를 때였다. 모래와 소다석이 함께 녹으면서 투명한 물체가 만들어졌다. 바로 유리였다. 이렇듯 시돈 해안가에는 규석 성분이 많은 모래가 있어 세계 최초로 유리를 만드는 기술이 발명되었다.

유리에 대한 가장 오래된 기록으로 기원전 1세기 고대 로마 플리니우스의 《박물지The Natural History》 제36권에 나와 있는 내용이다. "어느 날 천연소다를 무역하는 페니키아 상인들이 지중해의 동해안 시리아의 베리우스 하구 근처의 모래밭에서 천연 소다석을 솥의 받침대로 하여 저녁 식사 준비를 위해 불을 피웠는데 불길이 너무 강해서 소다석과 흰 모래가 한꺼번에 녹았다가 굳으면서 투명한 물체인 유리가 만들어졌다."

그 뒤 페니키아는 유리 제품 수출로 번영을 누렸다. 이는 모세가 바다에서 얻는 것과 모래에 감추인 보배를 흡수하리라(신명기 33:19)고 말한 축복의 실현이기도 하다. 이 축복은 훗날 모래에서 추출한 반도체 원료인 규소(실리콘)로도 나타났다. 그리고 지금은 태양전지 등에 규소가 쓰이고 있어 앞으로도 모세의 축복은 계속 유효할 것으로 보인다.

그리스 상품의 교역 중심지, 우가릿

당시 우가릿Ugarit은 국제적인 상업 중심지이자 특히 에게 해 그리스 상품의 동방으로의 출구였다. 그 무렵 페니키아와 무역을 할 줄 몰랐던 그리스인들의 접촉이 많았음을 의미한다. 우가릿은 현 시리아의 북서해안에 있는 교역도시로 항구이자 양 강 사이의 기름진 땅이었다. 귤과 올리브가 풍성한 이곳에는 기원전 7000년께부터 사람이 살았으며, 기원전 2000년께 도시국가 우가릿 왕국이 등장했다. 우가릿은 기후가 온화하여 목축업이 번창하였다. 이 지역에서는 곡물, 올리브유, 포도주뿐 아니라 메소포타미아와 이집트에선 매우 귀한 산물인 삼나무 목재가 생산되었다.

또한 우가릿은 주요 교역로들이 교차하는 지점에 있었기 때문에 최초의 대규모 국제항 중 하나가 되었다. 바빌론, 아나톨리아, 에게 해, 이집트 그리고 중동 여러 지역의 상인들이 우가릿에서 금속과 농산물을 비롯한 온갖 토산물을 거래하였다. 왕국은 주변 나라와의 교역으로 막대한 부를 쌓으며 기원전 15~기원전 14세기 전성기를 누렸다. 그러다 기원전 1365년경 갑작스러운 지진과 화재로 파괴되었으며, 기원전 1200년경 외부의 침입으로 멸망하였다. 그 뒤 티레가 비블로스를 대신하여 주요 무역항으로 성장했다.

페니키아, 이집트 영향력에서 벗어나다

페니키아는 본래 기원전 1500년경까지 이집트의 통치를 받았다. 이집트는 기원전 2550년경 거의 45m에 달하는 배를, 기원전 1500년 경에는 이미 길이 60m, 폭 21m 크기의 선박을 만들었다. 페니키아 의 조선 기술과 해양술은 이집트의 영향을 받은 것으로 보인다. 그러 나 기원전 14세기에 들어 히타이트와 아모리인들이 이집트를 공격하 면서 이집트가 쇠약해진 틈을 타 페니키아는 독자적인 해양세력으 로 성장했다.

기원전 1250년경 이미 페니키아는 동지중해와 에게 해 연안을 장 악하여 시돈, 티루스 등 연안 도시국가들이 크게 발전했다. 기원전 12세기에 이르러 이집트의 영향력이 약해지면서 페니키아는 지중해 에서 가장 강력한 세력으로 부상하여 스스로 식민지를 개척하기 시

∴ 페니키아의 주요 해상무역로

작했다. 기원전 11세기에 페니키아 함선들은 지중해 곳곳을 항해하며 해안을 따라 중요한 무역항들을 세웠다. 이들 페니키아인들의 활동을 통해 오리엔트 문명이 지중해 지역에 전파되었다.

서유럽 최초의 도시, 카디스 건설

페니키아는 스페인에서 잘나가는 무역국가인 타르테소스_{Tartessos}와 교역하였다. '헤라클레스의 기둥'이라고 불리는 지브롤터 해협을 지나 이베리아 반도 해안에 가데스_{Gades}라는 페니키아의 식민도시는 이 국가와 무역하기 위해 만들어진 것이었다. 페니키아는 타르테소스로부터 청동의 재료인 주석을 받았었다. 이 주석은 영국에서 건너온 것이었다. 기원전 11세기에 건설된 이 항구는 나중에 카디스_{Cadiz}로 발전했다. 이때 탄생한 카디스가 서유럽 최초의 도시였다. 신대륙을 발견한 콜럼버스의 배가 이 항구에서 출발했고 근대에 이르기까지 스페인 최대의 무역항이었다.

페니키아인들은 이 지역을 사판_{sapan}이라 불렀다. 이는 라틴어로 히스파니아로 변했고 그것이 곧 에스파니아란 스페인을 나타내는 말이 되었다. 사판은 페니키아 말로 토끼가 많은 땅을 의미한다. 지금도 이베리아 반도에는 올리브와 도토리나무가 많아 토끼와 다람쥐들이 많다. 오늘날 유전자 검사에 의하면 스페인, 북아프리카, 몰타 지역에 페니키아인들의 유전자를 가진 사람들이 많이 나타났다.

티레 시대

티레가 주도하여 지중해 연안 식민도시 건설에 주력하다

기원전 10세기경에는 도시국가 티레(띠로, 두로)가 주도권을 쥐었다. 그리고 지중해 서쪽으로 진출하여 카르타고, 제노바, 시라쿠사, 크레타 등에 식민도시를 건설했다. 특히 기원전 950년을 전후해 히람 1세 때 티레는 최고의 번영을 누렸는데 솔로몬 왕과 동맹관계를 맺었다. 당시 티레는 메소포타미아, 아라비아, 소아시아, 이집트를 연결하는 교통의 요충지이자 중심 무역항이었다. 티레인들은 해상무역을 통해 부유해지자 국방을 강화하고 많은 식민지를 거느렸다.

그리고 티레 왕 히람은 다윗 왕 때부터 이스라엘과 가까이 지냈다. 백향목과 함께 목수와 석공들을 보내 다윗이 왕궁을 짓는 데 협조했으며, 솔로몬 왕 때에는 백향목으로 뗏목을 만들어 야파(요빠, 욥바)로 보내 육로를 통해 예루살렘으로 운반해 성전 건축을 도왔다. 이때 티레의 히람 왕과 솔로몬 왕은 동맹관계로 함께 해외시장을 개척하였다. 티레는 솔로몬 왕의 도움을 받아 홍해와 인도양으로 통하는 히브리의 항구를 이스라엘과 함께 쓸 수 있었고 그 지역의 광산을 공동 개발하고 조선소도 함께 운영하였다. 또 솔로몬 왕의 상선대는 티레 왕의 도움으로 지중해 페니키아 식민지에 진출할 수 있었다. 이를 통해 유대인들이 지중해 주요 거점에 상권을 마련했다. 그 무렵 이베리아 반도 카디스에 유대인들이 정착했다.

지금도 티레에 가면 예수와 동시대의 히포드롬(대전차 경기장)이 남아 있는데 길이 480m에 달하는 세계 최대 규모다. 그러나 이런 티레도 "너는 벌거숭이 바위로 남아 그물이나 펴서 말리는 곳이 되어 다시는 재건되지 않으리라"(에제키엘 26:14)는 에제키엘(에스겔) 선지자의 예언대로 바빌론이 유다 왕국을 멸망시킬 때 함께 비참한 종말을 맞았다.

상선과 전함으로 이루어진 상선단 출현

어느 시대나 마찬가지이지만, 고대의 해상무역은 뛰어난 과학기술을 필요로 했다. 배를 건조할 수 있는 조선 기술, 배를 운항하는 항해술, 게다가 바다에 대한 이해와 더불어 천체를 살필 수 있어야 아무런 지표가 없는 바다에서 살아남고 항해할 수 있었다. 페니키아 상인들은 이 삼박자를 다 갖추었다. 그래서 그 옛날에 엄청난 부를 축적할 수 있었다.

페니키아는 지중해를 항해하는 데 알맞은 선박을 건조하여 지중해의 상권을 장악했다. 조선 기술에서는 전투를 목적으로 하는 길고 폭이 좁은 전투선과 상선용의 라운드 선박으로 선박의 종류를 이원화시켰다. 상선은 화물 적재 능력을 최대화하기 위해 노가 그리 많지 않은, 돛에 의존하는 범선을 주로 사용했다. 따라서 페니키아 상선단은 둥근 범선 모양의 상선들과 이를 호위하는 폭이 좁고 빠른 전투선들로 이루어졌다.

∴ 페니키아 상선

∴ 페니키아 군선

갤리선의 시조, 페니키아 전투선

페니키아 전투선은 선수 하부에 예리한 충각ram을 가지고 있다. 고대 해전은 배를 서로 맞붙여놓고 적선에 기어올라 백병전으로 하든지, 적선의 옆구리를 충각으로 찔러 침몰시키는 2가지 전술밖에 없었다. 그러므로 고대 전투선은 모두 선수 충각을 가지고 있었는데 이것은 페니키아 배로부터 유래되었다.

근세 군함을 보더라도 수면 아래 선수 끝은 뾰족하게 되어 있는데 이는 충각의 형태가 퇴화하여 그대로 남아 있는 것이다. 전투선은 기

동성을 살리기 위해 돛대 이외
에 상선에는 없는 위아래로 정
렬된 2열의 노를 갖추었으며 그
에 더해 적의 배에 타격을 줄 수
있는 박차가 뱃머리에 붙어 있
었다.

   페니키아의 전투선은 후에 그
리스 갤리선의 모형이 되었다.
그리스 갤리선은 선수가 뾰족

⁂ 갤리선을 새겨 넣은 페니키아 동전

하고, 선미는 꼬리 모양으로 되
어 있으며, 여러 단의 노를 갖추고 있었다. 3단 갤리선은 젓는 인부가
170명에 이르는 것도 있었다. 페니키아는 중계무역을 중심으로 하는
해상교역을 통해 지중해 전역을 장악했는데, 그 바탕에는 이처럼 우
수한 조선 기술과 항해술이 뒷받침된 것이다.

페니키아, 지중해를 석권하다

   기원전 1000년 이후 지중해는 거의 '페니키아의 호수'가 됐다. 페
니키아인들은 백향목, 도자기, 소금, 유리 등을 여러 지역으로 수출
했는데 특히 세네갈에서 금과 교환하여 많은 이득을 취할 수 있었다.
고대인들은 지금의 지브롤터 해협인 헤라클레스의 기둥 지역을 지
나는 것을 무척이나 두려워했다. 그 이유는 헤라클레스의 기둥 너머
세상의 끝인 낭떠러지가 있다고 믿었기 때문이다. 그렇다면 어떻게
페니키아인들은 배를 타고 아프리카, 잉글랜드 등지로 무역활동을
할 수 있었을까? 기원전 5세기 그리스의 역사학자 헤르도토스는 그

이유가 바로 '금'이라고 했다. 금을 얻기 위해 두려움도 이겨내는 용기를 가졌던 것이다.

교역활동을 확대해가는 과정에서 그들의 모국으로부터 멀리 떨어진 지역에 중간 거점으로 식민지들을 건설하기 시작했다. 이들은 구리와 주석 등 금속을 찾아 멀리 북부 아프리카와 이베리아 반도 연안까지 진출하여 상업 거점의 터전을 잡았다. 그들은 당시의 주요 무역품인 청동 제조에 꼭 필요한 주석을 구하기 위해 지중해를 벗어나 멀리 잉글랜드까지 배를 보냈다. 당시 그곳 콘웰에 거대한 주석광산이 개발되었다. 기원전 1세기 고대 그리스의 지리학자 스트라본에 의하면 페니키아인들은 주석을 사기 위해 영국에 소금을 수출했다고 한다. 이후 이 광산 덕분에 유럽에 본격적인 청동기 전성시대가 도래했다.

아프리카 서해안에서는 많은 금과 상아를 거두었다. 그리고 아프리카 북부 카르타고 내륙에서는 대규모로 밀을 경작했다. 후대까지 이름이 높았던 카르타고의 밀 생산량은 풍부한 식량자원이 되었다. 당시 흑해에서 지브롤터 해협까지 항해하는 데 두 달 걸렸다. 지중해 연안의 사이프러스, 코카서스, 사르디니아, 이베리아 반도 등을 식민지화한 것은 물론 뛰어난 항해술을 바탕으로 아프리카 서안과 동인도까지 세력을 확장했다. 동인도 진출은 페니키아 티레의 히람 왕과 이스라엘 솔로몬 왕의 동맹에 힘입어 홍해에 있는 이스라엘의 항구를 쓸 수 있어 가능했다. 이후 두 나라는 상선단을 꾸려 해상무역을 공동으로 함께하는 경우가 많았다. 이때 멀리는 중국까지 진출했다.

페니키아, 지중해의 여왕 카르타고 건설

해상교역과 문화 전파를 통한 페니키아의 전성기는 약 400년간 지속되었다. 이 시기에 아르고스와 테베 등을 식민지배하며 그리스 문명을 일군 주역은 아리안족이 아닌 셈족의 페니키아인이었다는 설도 있다. 그 무렵 페니키아인들에 의해 스페인 남부의 카디스와 이비사 섬, 지브롤타 해협의 탕헤르, 북아프리카의 카르타고 등 서구 최초의 도시들이 잇달아 태어났다. 지중해 연안의 항구도시들로 교역을 위해 세운 도시들이었다. 그 뒤에도 이들 도시는 지중해 교역과 상업 거점지로 성장하여 교통과 경제의 중심지가 되었다.

페니키아는 지중해를 중심으로 유럽 남부와 아프리카 북부를 아우르는 도시들로 연결된 거대한 해양국가를 건설했다. 나중에 로마와 대결하게 되는 지중해의 여왕 카르타고는 페니키아가 지금의 튀니스 근처에 기원전 9세기에 세운 식민지였다. 특히 페니키아인들의 교역은 북아프리카의 카르타고를 중심으로 발전하였다. 카르타고는 지중해 심장부에 자리한 만큼 해상무역이 발달해 일찍부터 그들 고유의 전통적인 항해 기술을 이용하여 대외 무역을 통해 많은 부를 얻어 '지중해 최대의 부자 도시'로 명성을 떨쳤다. 카르타고인들은 그들 나름대로 스페인의 광대한 지역과 아프리카 서해안 지역에 식민지를 건설했다. 후일 카르타고는 식민 모국인 페니키아보다 훨씬 더 강대해져 서부 지중해 전역을 통제하는 강국으로 성장했다. 그러다 세계 제국으로 팽창해가던 로마와 지중해의 패권을 놓고 일대 결전을 벌였다가 패배했다.

아프리카를 일주한 페니키아

페니키아의 활동 영역은 지브롤터 해협을 통과해 대서양까지 팽창해갔다. 기원전 11세기에 전략적으로 중요한 지점인 지브롤터 해협을 장악한 이후 페니키아의 배들은 대서양과 북해 연안에서 유입되는 원재료들을 실질적으로 독점했다. 지중해와 대서양 및 북해 연안 일부가 모두 페니키아인들의 상업권에 속했으니 당시 그들에게 알려진 세계 전역을 포괄한 것이나 다름없었다. 페니키아인들의 위업으로 가장 유명한 것은 아프리카 일주 항해다.

기원전 600년계 이집트의 파라오 네코Necho가 고용한 페니키아의 선단이 3년을 소요하여 아프리카 대륙을 일주했다. 갑판도 없는 작고 약한 배로 홍해에서 출항하여 아프리카 동편 해안을 따라 내려갔다가 대서양을 타고 올라와 다시 지중해를 거쳐 돌아왔다. 이 사실을 기록한 헤로도토스는 이런 말을 덧붙였다. "그들은 자신들이 배를 타고 리비아(아프리카를 의미한다)를 돌 때 태양이 그들의 오른쪽에 있었다고 주장하는데 다른 사람들은 믿을지 몰라도 나는 믿지 않는다." 배가 남반구를 항해할 때 이런 일이 일어나는데 북반구에만 살던 헤로도토스로서는 이 같은 일이 도저히 이해되지 않았던 것이다. 그리하여 역설적으로 그가 믿지 못하겠다고 말한 바로 그 사실이 페니키아인들의 아프리카 일주를 입증하는 근거로 받아들여지고 있다.✤

✤ 주경철 서울대학교 교수, 〈경제사 뒤집어 읽기〉, 《한국경제》

카르타고 득세와 멸망

기원전 9세기에 바빌로니아 북쪽의 아시리아 세력이 팽창하면서 페니키아의 독립성은 점차 축소되었다. 아시리아는 이미 기원전 1950년경에 식민도시인 아나톨리아로 향하는 무역로를 개설하고 보석, 구리와 주석, 목재, 석재 등을 실어 나르는 상인들을 보호하기 위해 군사적인 역량을 강화할 정도로 강력한 국가를 이루었다. 페니키아 본국이 쇠약해지자 기원전 9세기경부터는 북부 아프리카의 페니키아 식민도시인 카르타고가 세력을 키워 독자적인 영향력을 갖추기 시작했다.

페니키아는 점점 쇠약해져 갔다. 페니키아의 맹주 티레도 "부귀영화가 한여름 밤의 꿈같이 물속에 잠기고 그물 말리는 한적한 어촌이 되리라"라는 에제키엘 선지자의 예언대로 바빌론이 기원전 586년 유다 왕국을 멸망시킬 때 함께 비참한 종말을 맞았다.

기원전 6세기에 카르타고와 이탈리아의 에트루리아인, 그리스인 간에 치열한 상업적 경쟁이 제해권을 둘러싼 전쟁으로 치달았다. 기원전 540년 코르시카 섬의 알라리아에서 해전이 벌어져 여기서 카르타고와 에르투리아의 동맹군에 패배한 그리스인은 코르시카를 뺏기고 지중해 서부에서는 더 이상 활동하지 못했다. 그 뒤 2년 후인 기원전 538년에 페니키아 본국은 페르시아의 지배를 받게 되었다.

이후 기원전 4세기 무렵 그리

∴ 티레의 유적

스가 성장하자 페니키아는 기원전 350년에 시돈이 공격을 받는 것을 시작으로 하여 기원전 332년 결국 알렉산더 대왕에 의해 그리스의 속주가 되었다. 고대 문명 속에서 3000년 동안 가장 진취적인 해상무역 강국이었던 페니키아가 북부 아프리카의 카르타고에 명맥을 넘기고 역사 속으로 사라졌다. 알렉산더 대왕의 공격으로 페니키아 본국이 무너진 다음 카르타고는 사실상 독립하여 지중해의 주인으로 군림했다.

그 뒤 카르타고는 로마와의 오랜 전쟁 끝에 의외로 해상전투에서 지게 된다. 이를 계기로 한니발 장군의 용투에도 기원전 64년 카르타고가 멸망하면서 페니키아 전역이 로마의 폼페이우스에 의해 시리아 속주로 편입되었다.

히브리

빈곤한 경제로 시작하다

기원전 1200년경에 여호수아의 지도 아래 장정 숫자만 60만 명인 유대인들이 430년 만에 이집트를 떠나 40년간의 광야생활을 거쳐 고향 가나안으로 돌아왔다.

세계 최초의 민주주의, 그리스보다 400년 빨라

가나안으로 돌아온 유대인들은 역사상 유례없는 독특한 정치체제를 탄생시킨다. 그들은 가나안에 정착한 후 12지파 족장이 땅을 분할하여 통치하고 종교의식에서만 유대를 같이하였다. 이렇듯 초기 이스라엘 지파연맹은 종교를 중심으로 공동체를 이루었다. 지파연맹 공동체 정치 형태의 특징은 야훼만을 주권자로 모시면서 모든 지파가 평등한 권리를 누리는 것이었다.

그들은 가나안의 다른 도시국가들과는 달리 왕을 세우지 않았다.

왜냐하면 파라오들로부터 그들이 억압을 당했던 부정적 경험들이 인간을 왕으로 세우는 것을 꺼렸기 때문이다. 이스라엘 지파연맹은 왕을 따로 세우는 것이 아니라 일종의 지파들 대표에 해당하는 판관을 민의로 '선출'했다. 그로 하여금 지파연맹에 관한 전반적인 사안들을 담당하도록 했다. 판관은 '상원'과 '대중의회'를 소집하고 안건을 제안하여 심의하도록 했다. 상원은 입법체일 뿐 아니라 사법권도 행사했다.

그러나 판관에게는 왕에게 주어졌던 것과 같은 전권이 주어지지 않았다. 이와 같은 이스라엘 지파연맹 체제가 대략 200여 년 동안 유지될 수 있었던 것은 지파연맹체가 '오직 야훼'만의 신앙으로 뭉치고 지파들 사이에 평등 사회를 이루었기 때문이다. 하느님 앞에서 모든 지파는 평등하다는 민주주의적 통치이념이 초기 이스라엘 지파연맹을 하나로 결속시키는 끈 역할을 했다. 그들은 하느님 야훼의 주권을 선언함으로써 인간에 의한 인간의 지배를 종식시키고, 강력한 권력을 바탕으로 형성된 왕 중심의 군주국가 체제를 부정했다.

판관 시대는 국가의 권한보다 지파의 권한을 강조하던 지방분권 시대였다. 각 부족은 장로가 지배하지만 그들을 중재하여 통괄하는 일을 판관이 하였다. 흔히 '판가름하는(판관기 11:27)' 일을 한다고 해서 판관이라 부르지만, 재판관이란 뜻보다는 통치자의 뜻에 더 가깝다. 판관은 이스라엘 각 지파 간의 분쟁을 해결하고 다스리는 일뿐 아니라 유사시 외적 공격으로부터 이스라엘 전체를 구하는 군사 지도자 역할도 했다. 이렇게 이스라엘은 자신들의 평등이념을 기초로 한 종교 공동체의 성격을 가지고 있었다. 그들은 그리스보다 400년이나 앞서 민주주의 제도를 실천했다.

유대인들은 위기가 닥치면 하느님이 모세와 같은 정신적 지도자를 보내 악으로부터 구해준다고 확신하고 있었다. 실제로 유대 역사에 드보라라는 이름의 잔 다르크에 비교될 만한 여성 판관이 있었다. 드보라는 하느님의 도움으로 철병거 900대를 이끌고 온 적을 무찔렀다. 그들은 위기가 닥칠 때마다 구원자가 나타날 것이라고 생각했다. 구원자에 대한 생각은 뒷날 구세주 개념의 뿌리가 되었다.

초기에 히브리인들은 팔레스타인의 남쪽에 거주하다 차츰 그 지역을 확장해나갔다. 그러면서 이들은 가나안 지방의 방언을 받아들이게 되었고 이것을 아람어의 언어 습관에 따라 조금씩 변형시켜 사용했다. 그 과정에서 정착된 언어가 히브리어로 발전된 것이다.

빈곤한 경제로 시작하다

물이 풍부한 메소포타미아나 이집트와는 달리 소규모 농사와 목축을 주업으로 삼았던 고대 이스라엘의 경제는 주변 국가들에 비하면 상대적으로 빈곤한 형편에서 시작했다. 문명 형성의 중요한 기준이 되는 강도 요르단 강을 비롯해 몇 개 되지 않거니와 그나마 수량이 부족해서 이집트의 나일 강변과 같은 대규모의 곡물 농사는 불가능했다. 구약성서에 등장하는 중요한 7가지 식물들은 밀, 보리의 2가지 곡물과 대추야자, 포도, 올리브, 무화과, 석류 등의 5가지 과일로 구분된다.

농사 외에 고대 이스라엘의 기본적인 생업은 목축이었다. 양과 염소를 주된 가축으로 하는 산악지대의 목축 외에도 넓은 초지가 자연스럽게 형성되는 바산(골란) 고원 지역에는 소들도 많이 방목하였다. 지중해변에는 페니키아의 전통으로 어업이 발달했고 갈릴리 호수에

서도 어족이 풍부해서 어촌들이 형성되었다. 갈릴리 지역에서는 목재로 사용할 만한 소나무와 상수리나무가 무성했고 돌감람나무와 올리브나무도 가구의 재료로 이용되었다.

2차산업으로는 직물류와 돌그릇, 토기, 파이앙스 등 그릇류가 생산되었다. 그리고 청동의 재료인 구리광산은 시나이 반도의 세라빗트 엘카딤과 이스라엘 만 부근의 팀나, 그리고 아카바 건너편의 페이난 등지에서 발견되어 채굴되었다. 구리에 첨가하여 단단한 청동을 만드는 데 필수적인 주석은 소아시아나 아프가니스탄에서 생산되어 구하기가 어려운 금속이었다. 이를 구하기 위해 그들과 교역을 해야 했다.

사해

다행히 이스라엘은 교역을 위한 소금이 있었다. 해안가 염전뿐 아니라 사해가 그것이다. 초기에는 사해 남단에 에돔 왕국이 있었다. 가나안은 전통적으로 요르단 강이 동쪽 경계를 이룬다. 북쪽에서 남쪽으로 흐르는 이 강은 주변의 여러 작은 개천들과 함께 갈릴리 호수로 모인다. 그리고 직선거리로는 100여 km밖에 되지 않지만 그것의 3배나 되는 거리를 굽이굽이 흘러 마침내 사해로 흘러들어 간다. 이 사해는 자연이 이루어놓은 가장 큰 놀라움 가운데 하나다. 해발 750m 산악지대에 자리한 예루살렘에서 동쪽으로 가파르게 내려가면 유명한 오아시스 도시이자 인류 최초의 도시인 예리코가 나온다.

예리코에서 다시 남쪽으로 조금 가면 상상하기 어려운 희귀한 경치가 시작된다. 생물은 하나도 존재할 수조차 없는 것처럼 메마르고 삭막한 풍광 한가운데에 사해가 자리 잡고 있다.

이 호수는 길이가 85km, 가장 넓은 곳이 15.7km, 가장 깊은 곳이 491m로, 조그마한 가나안 땅과 비교하면 매우 큰 편이다. 거기에다 지각변동에 의한 단층작용으로 형성된 계곡지대는 전 지역이 해수면보다는 낮다. 사해는 지구상에서 가장 낮은 바다로 지중해 해수면보다 약 400m나 더 낮고, 염분이 25%로 바다보다 9배 정도 더 높다. 그러니 그 둘레에 동물이건 식물이건 살 수 없는 것이다. 사해 양편에는 높은 벼랑들이 솟아 있으며 사해의 남서 모퉁이에는 소금산 예벨 우스둠이 있다. 그리고 물의 깊이가 낮아지는 남쪽 끝에는 '소금 기둥'들이 삐죽삐죽 때로는 기이한 모습으로 솟아 나와 괴이한 풍경을 더욱 고조시킨다. 사해는 생명이 없는 바다, 염분이 많은 사막과 산 같은 거대한 소금 기둥들이 둘러싸고 있는 곳, 뽀얀 먼지로 뒤덮여 있는 곳, 그리고 견딜 수 없는 더위가 거의 일 년 내내 계속되는 곳이다.

정말 '죽음의 바다'라는 사해死海가 구약성서에서는 서쪽의 지중해에 대비시키는 의미에서 '동쪽 바다', 광야 지방에 있다고 하여 '아라바(광야) 바다'라고 불렀다. 이스라엘에는 이렇게 '소금 바다'가 있었다. 그리고 그 주변에 '소금 성읍'과 '소금 골짜기'가 있었다. 실제 이 바다는 고대 이스라엘인들에게는 죽음의 바다가 아니라 축복의 바다였다. 고대의 소금은 금값에 버금갔기 때문이다. 옛날에는 천일염 제조 기술이 없어 소금이 매우 귀중해 이스라엘 왕국은 이 소금을 갖고 주변국들과 교역을 했다.

팔레스타인인들과의 악연

이사악이 살던 시기에 남부 해안에는 바다의 민족인 필리스틴 Philistine 사람들이 이주해 왔다. 이 사람들이 현 팔레스타인Palestine인들이다. 유대인들이 청동 무기를 쓰고 있을 때 이들은 이미 철제 무기를 썼다. 한 수 앞선 민족이었다. 이들이 이집트에서 돌아온 유대인들과 비슷한 시기에 가나안에 정착하였다. 이들은 원주민들에게 마차와 철제 무기를 소개했다. 이때부터 양 민족 간에 충돌과 영토 분쟁이 시작되었다.

오늘날 팔레스타인은 바로 필리스티아에서 유래한다. 고대 유대인들은 필리스티아 사람들과 전투를 치렀고, 3000년이 지난 지금도 여전히 팔레스타인 사람들과 힘든 싸움을 벌이고 있다. 필리스티아 사람들을 성서에선 '블레셋' 사람들이라 불렀다(창세기 26:1 참조). 훗날 다윗과 싸우는 블레셋 거인 장수 골리앗이 바로 필리스티아 사람이다. 오늘날 이스라엘과 팔레스타인이 갈등을 벌이는 가자지구도 고대 필리스티아 사람들이 건설한 곳이다.

어쨌든 유대인 입장에서는 호락호락하게 가나안 땅의 지배권을 필리스티아 사람들에게 내어줄 수는 없었다. 문제는 필리스티아가 지금까지 가나안 정복전쟁을 통해 만났던 상대와는 비교할 수 없는 크고 강한 적수였다는 점이다. 엄청난 힘을 자랑하던 판관 삼손도 그 벽을 넘지 못했다. 삼손이 필리스티아 사람들에게 포로로 잡혀 죽자 삼손을 따르던 단 지파는 해체됐다(판관기 18:1-31). 삼손 당시 이미 유다 지파는 필리스티아에 종속되어 있었다(판관기 15:11).

그러자 유대인들은 새로운 정치체제를 생각해낸다. 더욱 강력한 지도체제가 필요했다. 지금까지 유대민족 12지파는 외부에서 적이 침략해 왔을 때만 일시적으로 판관이라는 지도자 밑에서 동맹을 맺고 싸웠다. 이렇게 느슨한 동맹체제로는 강한 왕의 지휘 아래 일사불란하게 전쟁을 치르는 필리스티아를 대적하기 어려웠다. 이에 유대인들은 자신들을 항구적으로 통치하고 전쟁을 지휘해줄 왕을 요구하게 된다.✤

전쟁이 잦아지자 세계 최초 입헌군주제 도입

기원전 1100년경까지만 해도 유대인들은 자기들을 통치할 판관을 선출했으나 그 뒤 함족의 블레셋 사람들에 대항할 효율적인 전쟁 지휘권 확립을 위해 왕정체제를 수립했다. 이 왕들이 바로 성서에 나오는 사울 왕, 다윗 왕, 솔로몬 왕이다. 이스라엘에서 왕은 다른 나라의 왕들과는 개념이 달랐다. 그들의 율법 아래 선임된 왕들로, 곧 입헌군주제 하의 왕들이었다.

왕도 일반 시민처럼 사법적·도덕적·종교적 행위의 대상이었다. 왕을 위한 특별법이 있을 수 없었고 법의 예외가 될 수도 없었다. 이스라엘 왕은 다만 신의 대리자일 뿐 야훼께서 친히 당신 백성을 다스리신다는 사상이 여전히 깊게 깔려 있었다. 기원전 1000년에 12부족에 의해 세워진 입헌군주 체제는 세계사에 처음 있는 일이었다. 기원전 1020년에 마지막 판관인 사무엘은 사울을 왕으로 세웠다. 사울은 원래 베냐민 지파 농부의 아들이었다. 농부의 아들이 왕으로 발탁된 것이다. 그는 왕이 되기 전에 잘생긴 젊은이로서 지파의 영웅으로 부상했던 인물이다. 사울의 주요 임무는 중앙 산악지대에서 블레

✤ 우광호 기자, 〈유대인 이야기〉,《가톨릭신문》

셋 사람들을 몰아내는 일이었다.

다윗 시대

골리앗을 물리친 다윗

이스라엘의 초대 왕 사울이 블레셋 사람들과 싸움을 하는데, 하루는 블레셋 진영에서 하늘을 찌를 듯한 거인이 나타났다. 골리앗이었다. 그의 키는 6큐빗(3.8m), 머리에는 청동 투구를 쓰고 몸에는 5000세겔(57kg)의 비늘 모양 갑옷을 입고 있었다. 그는 이스라엘의 진지를 향해 무서운 소리로 외쳤다. "맞서 싸울 자를 골라 이리로 내려보내라. 만약 그자가 나한테 이겨서 나를 쳐죽이면 우리가 너희 종이 될 터이나, 내가 이겨서 그자를 죽이면 너희가 우리의 종이 되어 우리를 섬겨야 한다." 이렇게 40일 동안 아침저녁으로 나와서 싸움을 걸었으나, 그의 생김새에 겁을 집어먹은 이스라엘 사람들은 아무도 나서려 하지 않았다.

∴ 미켈란젤로의 다윗상. 피렌체 아카데미아. 돌을 끼워 던지는 팔매줄을 어깨에 메고 있다.

때마침 이스라엘의 진지에 다윗 소년이 있었다. 그는 유다 지파 베들레헴 출신이었다. 수금(하프)을 잘 타는 음악의 천재였다. 다윗은 골리앗을 보더니 분연히 나가서 상대하겠다고 했다. 사울 왕은 다윗에게 갑옷을 주었으나 다윗은 그것을 입지 않고 한 손에는 지팡이, 한 손에는 돌 5개를 넣은 자루를 들고 거인 앞

으로 나아갔다. 골리앗은 비웃으며 단숨에 죽이겠다고 덤볐으나 다
윗 소년이 돌팔매를 이용해 보기 좋게 거인 이마에 명중시켰다. 거인
은 그 자리에서 쓰러져 죽고 이에 놀란 블레셋 사람들은 총퇴각했다.

골리앗과의 전투에서 승리로 다윗은 유대민족의 전쟁 영웅이 됐
다. 당시 다른 나라들은 혈통에 의해 왕이 세습되었지만 유대인들은
율법에 합당한 능력자면 누구나 왕이 될 수 있었다. 우여곡절 끝에
사울 왕의 뒤를 이어 다윗이 왕이 됐을 때 그의 나이 30세였다.

다윗, 투석기와 활로 블레셋 사람들을 제압하다

다윗이 만난 가장 강했던 최초의 적은 필리스티아 사람들로서, 이
들은 팔레스타인을 지배했고 티레와 시돈이 해상무역으로 번성하
는 것을 방해했다. 그 무렵 다윗은 투석기로 날리는 돌보다 멀리 날
아가는 활의 장점에 매료됐던 것 같다. 활은 오래전에 개발되어 이사
악의 아들 에서도 활로 사냥을 했다.

다윗은 이스라엘 보병, 그중에서도 투석기를 다룰 줄 아는 궁수들
을 집중 훈련해 말과 전차를 사용한 필리스티아 군대와 그 밖의 적들
을 능가했다. 그들은 좌우 양손으로 돌팔매질도 하고 화살도 쏠 수
있는 궁수로서 일당백의 용사들이었다.

고조선과 고구려가 대국을 건설한 배경에도 활을 잘 쏘는 군사력
이 큰 역할을 했다. 먼 거리 전투에서 활의 역할은 절대적이었다.

기원전 1000년 예루살렘이 이스라엘의 수도가 되다

그 무렵 이스라엘 민족은 팔레스타인을 비롯한 가나안 원주민들
을 제압하고 다윗 왕 영도 아래 통일왕국을 이룬다. 다윗 왕은 이스

∴ 올리브 산에서 바라본 예루살렘

라엘의 통치권을 견고히 하기 위해 수도 이전의 필요성을 느낀다. 당시 수도였던 헤브론이 너무 남쪽에 처져 있었기 때문이다. 다윗 시대의 예루살렘은 이민족인 여부스족이 사는 견고한 성곽도시였다. 해발 790m의 산악지대 중심부에 자리해 있는 예루살렘은 누구도 쉽게 정복하지 못했다. 이는 높은 곳에 자리해 있을뿐더러 삼면이 골짜기로 싸여 있어 적군이 침투 시 한쪽 면만 지키면 되었기 때문이다.

기원전 1000년에 다윗의 병사들은 키드론 골짜기에 있는 기혼 샘과 연결된 지하 수로를 타고 올라가 여부스족의 성읍 예루살렘을 점령했다. 그 뒤 이를 '다윗 도성'이라 불렀다. 이후 다윗 왕은 예루살렘을 이스라엘의 수도로 만들었다. 그리고 12부족을 하나의 왕국으로 통합하여 예루살렘과 왕이 국민 생활의 중심이 되었다. 그 뒤 하느님의 언약궤를 예루살렘으로 옮겨 왔다. 언약 궤를 다윗 성 천막에 옮겨 성소에 안치시켰다.

전승에 따르면 언약궤는 이스라엘 민족과 함께 광야를 유랑하며 그들을 약속의 땅으로 인도했다. 그것은 직사각형의 나무 궤로서 원래 덮개가 없었으며 야훼가 이스라엘 백성과 함께 있다는 사실을 상징했다. 그것은 야훼 임재臨在의 상징이었고 심지어 구현具現이었다. 다윗은 예루살렘을 정치적 수도만 이 아니라 종교적 수도로 만들 려는 목적을 갖고 성전 건립을 준비했다.

∴ 수금을 연주하는 다윗 왕

다윗 왕은 팔레스타인을 정 복한 뒤에 주위 나라들과 우호 동맹을 조직하여 이스라엘을 강 대국의 대열에 올려놓았다. 그 뒤에도 다윗 왕은 언제나 싸움

을 승리로 이끌어 왕국은 아카바 만에 이르기까지 현재 이스라엘 영 토의 5배 정도로 커졌다. 이스라엘 역사상 가장 큰 영토였다. 그의 왕 국은 이집트 국경과 홍해에서 유프라테스 강 유역까지 확장되었다.

에돔 왕국 병합으로 대량의 소금과 철 생산

특히 남쪽의 에돔 왕국을 복속시킨 것은 군사적 측면뿐 아니라 경 제적 면에서도 큰 이익이었다. 에돔은 현 이스라엘 남쪽 지방 사해 주 변과 현 요르단의 산악 지방을 아우르는 곳에 있었다. 야곱의 형 에 사오의 후손들이 세운 나라였다. 에돔인들이 살던 산악지대는 사해 남단에 자리한 제러드 강에서부터 시작해 사해와 홍해까지 연결하 는 큰 골짜기가 아카바 만까지 뻗어 있었다.

그곳 사해 밑에 염곡, 곧 소금 골짜기가 있었다. '염곡' 사해의 남쪽 끝에 있던 사방 16km 정도 넓이로 된 소금 평원이 있는 세계에서 가 장 긴 협곡지대를 말한다. 당시 소금은 말 그대로 작은 금金이었다. 그 만큼 비쌌다. 인간은 소금 없이 살 수 없다. 모든 문명 발상지는 소금

과 관계가 깊다. 인류 역사상 가장 오래된 기원전 7000년경의 도시로 알려진 예리코도 소금을 쉽게 구할 수 있는 사해 근처에서 탄생했다.

에돔 왕국이 염곡을 안 빼앗기려고 격렬히 저항하는 통에 다윗 왕은 에돔군 8000명을 염곡 전투에서 죽여야 했다. 대규모 전투였다. 소금이 그만큼 중요한 재원이었다. 게다가 에돔에는 구리와 철광산도 있었다.

다윗은 지체 없이 소금 골짜기와 사해 염전, 그리고 구리와 철광산을 개발하여 대량의 소금과 구리 그리고 철을 생산해냈다. 사해 소금이 지금은 저렴하지만 옛날에는 금값에 버금가는 값비싼 귀한 물건이었다. 당시 소금은 워낙 귀해 미처 내다 팔 사이도 없이 사방에서 장사꾼들이 몰려들었다. 고대에는 소금 한 번 무사히 잘 운반하면 큰돈을 벌 수 있었다. 소금 자체의 값도 비쌌지만 내륙과 사막길 운반비와 통행료는 더 비싸 보통 소금값의 10배 정도 들었다. 당시 소금은 이스라엘 왕국의 주요 수출품이었다. 그 뒤 소금의 대량생산으로 국부의 기틀을 잡았다. 내국민에게는 싸게 팔아 이스라엘에서는 가뭄으로 척박한 땅을 비옥하게 하기 위해 땅에 소금을 뿌려서 비료로도 사용했다. 그만큼 그 귀한 소금이 염곡에는 지천이었다.

또 이스라엘인들은 철광산 개발로 더욱 강력한 철제 무기를 확보하고 건축에 필요한 못을 풍부하게 갖게 되었다. 이로써 선박 건조도 활성화되었다. 철광석과 철제품 역시 주요 수출품이 되었다.

국제 무역로를 장악하다

이스라엘이 에돔을 점령하는 주요 목적은 홍해의 엘랏 항구를 포함하여 '왕의 큰길'의 남단과 아카바 만의 에시온게벨 항구로 가는 길을 장악하기 위한 것이었다. 팔레스타인의 역사에서 이곳이 고대 근동의 국제적인 교역의 동맥이었다. 여기에 에돔은 인도와 아라비아, 지중해, 이집트를 연결하는 낙타로Caravan Routes도 장악하고 있었다.

'왕의 큰길'이 개통되자 이스라엘을 통과하는 국제 무역로는 '해변의 길'과 '왕의 큰길'로 크게 구별된다. 이 두 도로는 많은 군인, 사신, 상인, 여행자들이 지나다니는 길로 역사적·정치적·경제적·문화적으로 이스라엘에 커다란 영향을 미쳐왔다. 이제 이스라엘을 지나가는 중요한 고대 도로는 양대 문명을 연결해주는 주요한 역할을 하게 된다. 특히 '왕의 큰길'은 지중해와 홍해를 연결시켜 주는 도로였다. 가만히 앉아서 육로와 해로의 무역 상인들의 통행세만 받아도 국고를 충당할 정도였다. 당시 통행세는 일종의 관세였다.

다양한 교역품목들

팔레스타인은 2개의 대륙이 묘하게도 집중되어 몰려드는 교통과 교역의 요지로 수많은 나라 사람들이 지나다니는 세계의 골목길이었다. 팔레스타인 도로들은 그 기능과 중요성의 척도에 따라 3가지 유형으로 구별된다. 첫째, 국제 고속도로격인 '해안의 길'과 '왕의 큰길'이다. 둘째, 지역 내 도로이다. 산지길인 족장도로와 계곡길이 그것이다. 셋째, 시골길이다.

당시 지방 상인들이 도로와 시골길을 누비며 일반적으로 취급했던 품목들은 농산물로 밀, 보리, 감람열매, 감람유, 포도주, 온갖 실과와 채소, 그리고 가축들이었는데 그들은 도시와 마을들을 다니면서 이것들을 팔았으며 수공품이나 외국 물건들을 구입해 갔다.

더욱 큰 규모의 국외 무역은 다양한 물품들이었다. 이스라엘은 주

로 소금과 철 그리고 농산물, 곧 감람유와 밀, 포도주와 건과류를 수출했다. 또 수공예품이나 모직 그리고 여러 종류의 직물들도 주요 수출품목에 속했다. 수입품들은 아라비아의 남쪽으로부터 주석·납·은·구리·철·금이며 페니키아로부터 백향목, 그리고 이집트로부터는 하얀 베와 파피루스, 그리고 구스와 그 남쪽으로부터는 매우 값진 향료 용품·상아·향료·보석이었다. 이들 수입과 수출품목은 '왕의 큰길'을 따라 팔레스타인을 통과했다.

다메섹

하솔

므깃도

벧산

세겜

실로

텔아비브—욥바

벧엘   여리고

예루살렘   암만

가자   샤 해

베들레헴

헤브론

브엘세바

페트라

→ 해변의 길 ①
→ 족장도로 ②
→ 계곡길 ③
→ 왕의 큰길 ④

엘랏

∴ 4개 주요 도로

티레 왕국, 다윗 덕을 보다

인근 페니키아 티레 왕국의 번영 역시 다윗의 군사적 활동에 힘입은 바 컸다. 다윗은 아람을 굴복시킴으로써 티레에 대한 아람의 군사적 위협을 제거해주었으며 또 해상교역의 경쟁자인 블레셋(팔레스타인)을 격파함으로써 티레로 하여금 지중해 교역의 주도권을 잡도록 도와주었다. 이런 연고로 훗날 티레는 솔로몬과 손잡고 해상교역에 나선다.

다윗에 대한 성서의 특별한 입장

다윗 왕이 통치기간 중 사관을 임명하여 구약성서가 명확하게 기록되기 시작했다. 성서에 의하면 다윗 왕은 많은 재능을 가진 인물로 유대 문학사를 장식할 정도로 많은 시를 지었는데, 수금을 타면서 시를 읊었다니 대단한 재능이었다. 다윗은 자기 생애에 너무나도 파란곡절이 많았기 때문에 아들 솔로몬의 치세에는 평안할 것을 기원했다. 그래서 아들의 이름을 '평화'라는 뜻의 솔로몬이라 했다.

다윗 왕에 대한 성서의 입장은 특별하다. 하느님은 그의 가문과 무조건적인 계약을 세우고 대대로 그의 집을 견고하게 세워주기로 약속하셨다. 또 이스라엘의 역사는 그의 가문에서 메시아가 나올 것이라고 예언하였다. 그리스도교는 바로 이러한 기반 위에서 일어났다. 다윗의 업적은 크게 3가지다. 첫째로 예루살렘을 정치적 수도로 만들었고, 둘째로 성전을 준비했고, 셋째로 하느님의 법궤를 예루살렘에 안치함으로써 예루살렘을 상징적이고 이상적인 성지로 만들었다.

예루살렘에 살았던 여부스족은 그곳에서 내쫓기긴 했지만 사라지지 않았고 팔레스타인이란 이름을 만든 필리스틴족도 굴복은 했지만 흩어지지 않았다. 다윗 왕이 땅에 묻히기도 전에 여부스족과 필리스틴족은 유대인에게 패한 국가들과 연합하여 그들의 잃어버린 땅을 찾기 위해 반기를 들었다. 그들은 예루살렘과 팔레스타인 땅을 돌려받지는 못했지만 다른 잃어버린 땅을 회복했다.

다윗의 별

다윗의 별Star of David이란 '다윗 왕의 방패Magen David'라는 뜻을 가진 히브리어에서 비롯되었다. 유대인 그리고 유대교를 상징하는 표식이

다. 다윗 왕의 아들 솔로몬 왕은 이스라엘과 유대를 통합한 후 다윗의 별을 유대 왕의 문장으로 삼았다. 다윗의 별은 헥사그램이라고 하는 삼각형 2개를 엇갈리게 그려놓은 별 모양이다. 헥사그램은 한 종교에서만 독점적으로 쓰는 상징은 아니지만 오늘날 이스라엘 국기에 쓰일 정도로 유대인과 밀접한 관련을 맺고 있다.

탈무드에서 전하는 바로는 다윗과 솔로몬 왕은 이 헥사그램을 가지고 귀신을 내쫓고 천사를 불렀다고 한다. 그 뒤 헥사그램에는 악마를 쫓아내는 특별한 힘이 부여되었다. 하지만 이후에는 유대인들보다 오히려 기독교인들과 아랍인들이 이 상징을 더 많이 사용했다. 특히 중세에는 헥사그램이 귀신들린 사람을 치유해준다는 믿음이 성행했다.

다윗 왕의 반지

어느 날 다윗 왕이 궁중의 세공인에게 명령했다. "나를 위한 아름다운 반지를 하나 만들라. 반지에는 내가 큰 승리를 거둬 기쁨을 억제치 못할 때 그것을 조절할 수 있는 글귀를 새기도록 하라. 하지만 또한 내가 큰 절망에 빠졌을 때 용기를 함께 줄 수 있는 글귀여야 하느니라." 세공인은 명령대로 아름다운 반지를 만들었지만, 고민에 빠지고 말았다. 고민하던 그는 지혜롭다는 솔로몬 왕자에게 찾아가서 도움을 청했다. 솔로몬 왕자가 말했다. "이 글귀를 넣으세요, 승리에

도취한 순간에 왕이 그 글을 보면 자만심은 곧 가라앉을 것이고, 동시에 왕이 절망 중에 그 글을 보게 되면 이내 큰 용기를 얻을 것입니다." 그 글은 다음과 같았다.

"이 또한 지나가리라."

다윗, 호구조사로 벌 받다

다윗은 호구조사를 통해 징집과 세금 징수의 기본 틀을 마련했다. 이로써 확실히 부국강병의 국가 면모를 갖추었다. 하지만 다윗 왕이 실시한 이스라엘과 유대의 병적兵籍조사는 매우 사악한 것으로 간주되었다.

다윗 왕은 장군 요압에게 이스라엘 백성의 수를 조사하여 그 결과를 보고하도록 명령했다. 요압은 이 명령이 옳지 못하다고 느꼈지만 어쩔 수 없이 휘하 장수들을 인구 조사관으로 동원하여 9개월 20일 만에 백성 수를 모두 헤아려 왕에게 보고했다. 그 결과 무장 가능한 장정의 수가 이스라엘에는 80만 명, 유대에는 50만 명 정도인 것으로 나타났다.

그러나 곧 다윗은 그의 인구조사가 너무나 사악한 짓이었다는 것을 깨닫고 신에게 용서를 빌었다. 신은 다윗에게 속죄를 위한 벌로 3년간의 기아, 3개월간의 패전과 학살, 3일간의 역병 가운데 하나를 택하도록 했고, 다윗은 세 번째 벌을 선택했다. 그 결과로 7만 명의 백성이 역병으로 죽었다.

그렇다면 인구를 헤아린 행위가 어떻게 7만 명의 죄 없는 백성이 죽임을 당할 만큼 큰 죄가 되는가? 그것은 인구를 헤아린 행위 그 자체가 통치 행위였기 때문이다. 이는 신이 가진 이스라엘에 대한 배타적 통치권을 침해함으로써 신의 권능에 도전하는 행위로 받아들여졌다. 이 사건으로 우리는 유대인의 중요한 기본사상 중 하나를 볼 수 있다. 유대인은 이렇게 주권자는 하느님 한 분뿐이 없다는 인식이 뚜렷하다. 인간이 주권자, 곧 통치자가 될 수 없다는 것이다. 백성의 대표는 단지 대표일 뿐이다. 그들의 통치자는 하느님 한 분이다. 그래서 자치제와 민주주의 제도가 역사상 가장 먼저 유대인에 의해 실현된 것이다. 지금도 그들의 통치자는 하느님 한 분뿐이다.

솔로몬 시대

솔로몬 왕, 이집트와 결혼동맹을 맺다

그 뒤 솔로몬이 치열한 쟁탈전 끝에 왕위를 계승했다. 솔로몬은 부왕 다윗이 부하의 아내인 밧세바를 취해 얻은 아들이었다. 그는 이스라엘 3대 왕으로 취임했는데 그때 나이 21세였다. 이스라엘은 아시아, 아프리카, 유럽의 교차점에 자리하고 있다. 고대 이스라엘 역사는 이러한 지리적 위치로 인해 불가피하게 고대 근동의 여러 나라와 정치적·외교적·경제적 관계를 맺어왔다.

∴ 렘브란트, 〈다윗 왕의 편지를 든 밧세바〉, 루브르박물관, 1654년

왕국의 틀이 잡히자 솔로몬이 제일 먼저 한 것은 이집트 왕 파라오의 딸과의 결혼동맹이다. 당시 이스라엘으로서는 북쪽의 헷(히타이트)족은 이미 세력이 줄어들어 무서울 것이 없었으나 이집트의 신왕조는 당대 최대 세력이었다. 이를 결혼동맹으로 친선관계를 유지할 필요가 있었다. 이렇게 솔로몬은 원근 각처 왕들의 누이나 딸과 혼인함으로써 거대한 상업제국을 세우는 데 필요한 군사·무역 동맹들을 맺었다. 이러한 혼인으로 파라오는 가나안족의 도시 게젤을 점령하여 약탈한 뒤 사위 솔로몬에게 주었다.

솔로몬 왕, 지혜를 청하다

솔로몬은 아버지에게 물려받은 큰 나라를 어떻게 이끌어가야 할지 몰라 걱정이 태산 같았다. 솔로몬은 기브온에서 꿈을 꾼다. 하느님이 그에게 나타나서 "내가 너에게 무엇을 해주기를 바라느냐?"고 물으신다. 이때에 솔로몬은 "저는 어린아이에 지나지 않으므로 어떻게 처신해야 할지를 알지 못합니다. 그러하오니 소인에게 명석한 머리를 주시어 당신의 백성을 다스리고 흑백을 잘 가려낼 수 있게 해주십시오. 감히 누가 당신의 이 큰 백성을 다스릴 수 있겠습니까?"라고 말하면서 하느님께 나라를 잘 다스리기 위해 '옳은 것을 가려내는 분별력'을 청했다.

하느님은 사심 없는 그의 청원을 칭찬하시며 지혜를 선물로 주신다. 거기에 더해 부귀와 명예도 덤으로 허락하셨다. 그 뒤 솔로몬은 이스라엘 전국에 12지방장관을 두어 다스렸다. 그리고 유프라테스로부터 블레셋 땅을 지나 이집트 국경에 이르기까지 지역 안의 모든 왕국을 지배하였다. 더구나 하느님이 솔로몬에게 지혜를 한없이 주

∴ 니콜라 푸생, 〈솔로몬의 재판〉, 루브르박물관, 1649년

셨으므로 그의 박식하기가 바다의 모래벌판 같았다. 솔로몬의 지혜는 그 누구도 따를 수 없어 그의 명성이 모든 나라에 떨쳤다. 그는 3000가지 잠언을 지었고 그의 노래는 1005편에 달했다. 그리하여 모든 다른 민족의 사람들이 솔로몬의 지혜를 들으러 왔다. 그는 신앙심과 더불어 문학적 소양도 풍부하여 3권의 성서도 썼다. 아가는 솔로몬의 청년기에, 잠언은 중년기에, 전도서는 노년기에 집필되었다.

비탈진 언덕을 활용해 올리브와 포도나무를 심다

솔로몬은 고원의 비옥한 곡창지대에는 국제교역에서 현금 노릇을 하는 밀을, 비탈진 언덕에는 과수원과 포도원을 만들어 올리브와 포도를 집중적으로 심게 했다. 올리브와 포도는 강우량이 적은 척박한 땅에서도 뿌리를 깊게 내려 살아가는 생명력이 강한 식물이다. 그 시대 지중해 연안에서 가장 중요한 2가지 무역품은 올리브유와 포도주였다. 이를 통해 이스라엘은 곡물을 필요로 하는 페니키아 해양민족들에게 밀과 올리브유를 공급할 수 있을 뿐 아니라 이스라엘 영토를 가로질러 통행하는 수많은 아라비아 카라반들의 필요를 채울 수 있었다.

특히 올리브나무는 성서에서 가장 빈번하게 언급되는 감람나무로 영광과 아름다움의 상징이다. 또 기쁨과 평화를 나타낸다. 그래서 올리브 열매를 첫 번째 짠 기름은 성전에 바쳐진 가장 거룩한 기름이었

다. 이 기름으로 성전의 촛대(메노라)를 밝혔고, 또한 왕과 대제사장을 기름 부을 때도 이 기름이 사용됐다. 처음 짜고 남은 찌꺼기를 더 무거운 무게 추를 사용해 다시 짜서 얻은 기름을 비로소 가정에서 식용으로 사용했다. 올리브는 이집트와 메소포타

∴ 척박한 땅에서 자라는 올리브나무

미아에서는 생산되지 않기 때문에 그 나라들은 올리브유를 이스라엘에서 수입해 썼다.

이스라엘은 중요 군사도로이자 교역로인 '왕의 큰길'과 '해변의 길'에 대한 통제권을 갖고 이를 지나는 카라반들에게 통행세를 받았다. 또 홍해 아카바 만의 엘리앗과 에시욘게벨에서 이집트와 블레셋의 가자로 가는 사막과 네게브 지역에 세운 요새를 통해 카라반들에게 군사적 보호를 제공하고 식량과 물과 사료를 공급하여 그 대가로 이들로부터 진귀한 금속과 향료품과 가공상품들을 받았다.

솔로몬의 성전 건립과 상업적 재능

솔로몬은 왕이 되자 부왕의 뜻을 받들어 성전 건립에 착수했다. 그러나 예루살렘 성전의 신축 공사를 기획하던 솔로몬의 가장 큰 걱정거리는 당대 최고급 목재인 페니키아의 백향목을 수입하는 문제였다. 기본적인 건축자재인 석회암은 예루살렘에서 얼마든지 구할 수

있고 노동력이야 부역을 통해 모집할 수 있지만 성전의 내부를 황금
빛으로 치장하기 위해서는 독특한 향과 함께 잘 썩지 않는 백향목을
반드시 사용해야만 했다. 백향목의 명성은 이집트에서는 이미 왕조
가 시작된 기원전 3000년경부터 유명했다.

페니키아 티레 왕과의 동맹, 해상교역의 발판을 마련하다

티레의 왕 히람은 솔로몬이 왕이 되었다는 소식을 듣고 평소에도
다윗을 좋아했던 터라 신하들을 보내어 축하했다. 그러자 솔로몬은
히람에게 사람을 보내어 답례했다. "당신께서도 아시다시피 내 부친
다윗은 하느님 야훼께 성전을 지어 바치지 못하셨습니다. … 나는 나
를 지키시는 하느님 야훼께 성전을 지어 바치고자 합니다. 그러니 레
바논의 송백나무와 전나무를 베어주십시오. 내 신하들이 당신의 신
하와 힘을 합할 것입니다. 당신의 신하들에게는 당신이 정하는 급료
를 지불해드리겠습니다. 당신께서도 아시다시피 우리 가운데는 시
돈 사람처럼 나무를 자를 줄 아는 사람이 없습니다."

히람은 솔로몬의 전갈을 듣고 매우 흡족했다. 그리고 히람은 솔로
몬에게 회신을 보냈다. "청하신 송백이며 전나무 건은 쾌히 허락합니
다. 나의 신하들이 목재를 레바논에서 뗏목으로 만들어 바다로 해서
당신이 지시하는 장소에 옮길 것입니다. 그리고 그 값으로 내가 청하
는 것은 나의 왕실이 쓸 양식이니 그것을 대주면 됩니다." 이렇게 해
서 히람은 솔로몬이 요구한 대로 송백나무와 전나무를 제공했다. 그
리고 솔로몬은 히람 왕실의 양식으로 밀 2만 섬과 찐 기름 20섬을
공급했다. 솔로몬은 해마다 이만큼씩 히람에게 주었다. 그 뒤 히람과
솔로몬은 동맹조약을 맺었다.

예루살렘 성전 건립

솔로몬 왕은 하느님께 대한 보답으로 아버지 다윗 왕이 준비했던 예루살렘 성전 건립을 즉위 4년 2월에 성전을 시공하여 11년 8월에 준공했다. 7년에 걸쳐 건축한 예루살렘 성전은 어떤 나라의 이방 신전보다 장엄하고 품위가 있었다. 누가 보든지 그 위엄에 압도되었다. 신전 벽은 석재였고 지붕은 페니키아산 백향목이었다. 금과 은, 구리 장식이 많이 들어갔다. 유대인들에게 정신적 지주이자 마음의 고향인 예루살렘 성전이 이때 완성되었다.

∴ 미국 고고학자 스태이저 교수의 예루살렘 성전 모형도

언약궤

그리고 그곳에 십계명 석판 2개를 안치한 '언약궤'가 마련되어 예루살렘은 신성하고 거룩한 성지로 변했다. 언약궤는 십계명 돌판을 나르기 위해 만들어진 것으로 유대인들은 거룩한 힘이 깃들어 있다고 믿었다. 그래서 언약궤에는 하느님이 함께 계신다고 생각했다. 훗날 기원전 586년에 유다 왕국이 바빌론에 망할 당시 언약궤가 없어졌다. 궤의 실종은 유대 역사상 가장 큰 수수께끼로 남아 있다. 바빌론군이 성전에 난입했을 때 이미 그 자리에 궤는 없었다는 것이다.

솔로몬 성전은 이스라엘 3대 축제에 모이는 중심이 되었다. 곧 이집트 종살이에서 해방된 유월절(파스카)과 씨를 뿌려 얻는 만물을 바치는 수확절(오순절), 그리고 노동의 결실을 거두어 연말에 드리는 추수절(초막절)에 모였다. 그 뒤 이스라엘 백성은 예루살렘을 향하여 하루에 3번씩 기도하는 풍습이 생겨났고, 유대교 회당의 주요 부분도 예루살렘 성전을 향하여 지어졌다.

호화찬란한 솔로몬 궁전

13년 동안 건축한 솔로몬의 궁전도 주변 모든 국가의 군왕들을 제압하기에 충분했다. 열왕기상은 3300명의 관리가 통솔하고 감독하는 채석장의 노무자가 8만 명, 돌을 운반하는 자가 7만 명, 그리고 1만 명씩 조를 짜서 건물의 기둥이 될 재목을 잘라내기 위해 교대로 티레 왕국, 곧 지금의 레바논으로 파견되는 자가 모두 3만 명 있었다고 기록하고 있다. 예루살렘을 국가적·종교적인 왕국의 중심으로 삼으려는 다윗의 계획이 있었는데, 아직 구상이 마무리되지 않았던 이 계획을 솔로몬이 확대해서 진행했다.

강력한 기병부대 창설로 육상교역로를 장악하다

모든 제국 건설자들과 마찬가지로 솔로몬은 군사력으로 영토를 유지했다. 그는 보병 외에도 막강한 전차부대와 기병대를 직접 조직했다. 동시에 나라 안 각지에는 왕의 성채도시 셋이 건설되었다. 이들 3개 도시는 전략적으로 중요한 위치에 있었는데 솔로몬이 창건한 새로운 전차부대의 기지로 썼다. 당시 강국의 상징이었던 전차부대를 부왕 다윗은 가진 일이 없었으나 솔로몬 왕은 약 1500대의 전차와 4000마리의 말을 각지의 마구간에 갖추어놓고 있었다.

역대기하 8장에는 솔로몬이 시리아에서 군사작전을 감행하여 성공한 이야기가 나오는데, 그 공격 목표 가운데는 시리아-메소포타미아를 잇는 요충지로서 대상들의 오아시스 도시 타드모르팔미라도 포함되어 있었다. 그의 목표는 주요 육상교역로를 장악하는 데 있었다. 그는 이 지역에서 거두는 이익을 지키기 위해 식민정책을 펼치고 이스라엘인들로 하여금 군사, 행정, 상업 등을 도맡게 했다. 대규모 건설비용 등 국고 수입을 위해 상인 및 군사 요원을 파견하여 왕의 무역 이권을 챙기도록 한 것이다.

강제 노역제도를 도입하다

20년에 걸친 솔로몬의 건축 공사는 막대한 노동력이 요구되었다. 솔로몬은 병역제도를 아주 폐지하는 대신 강제 노역제도를 도입하고 페니키아인, 곧 가나안 사람들이 사는 지역과 왕국의 북부에 이를 적용했다. 그는 옛 가나안 토착민의 자손들을 강제 노역에 동원함으로써 모든 일을 완수할 수 있었다. 솔로몬에 의해 동원된 가나안인 역군들의 수는 15만 명이 넘었다.

그러나 솔로몬은 율법을 따라 이스라엘 자손은 노예로 삼지 않았다. 이스라엘인은 원래 하느님의 백성이었기 때문에 그들은 하느님의 소유로서 다른 사람의 노예가 될 수 없었다. 그래서 남쪽 유대에는 강제 노역이 면제되었다. 나라에 봉사하는 형태로 강제 노역은 병역에 비해 명예롭다고 생각하기가 어려웠다. 게다가 훨씬 힘들었으므로 원망도 많이 들었다. 솔로몬은 이 제도를 자신의 건설 계획을 실천하기 위해 대규모로 활용했다.

솔로몬 왕, 해상교역에 본격적으로 뛰어들다

솔로몬 왕이 예루살렘 성전을 건립할 수 있었던 배경에는 그의 상업적 재능이 크게 한몫했다. 팔레스타인은 육상과 해상무역의 요충지였기 때문에 이스라엘이 교역의 중심지가 될 수밖에 없었다. 육상으로는 북쪽 페니키아에서부터 이스라엘로 뻗어 내려온 '해변의 길'과 산악지대의 '왕의 큰길'를 통해 아시아와 아프리카를 연결했다. 해상으로는 이스라엘이 지중해 쪽의 항구와 홍해-인도양 쪽 양쪽 해양에 항구를 가진 유일한 나라였다. 솔로몬은 이러한 지정학적인 이점을 최대한으로 살려 이스라엘을 전성기에 올려놓았다.

히브리 왕국의 번영은 페니키아의 도시국가 티레와 동맹관계를 맺으면서 시작되었다. 당시 페니키아 티레의 왕 히람은 이스라엘을 통해 홍해와 연결되는 교역로를 찾고 있었다. 히람은 홍해를 지나 인도양으로 통하는 이스라엘의 항구도시 에시온게벨이 절실히 필요했다. 히람 왕은 솔로몬 왕과 동맹을 맺고 예루살렘 성전 등의 건립을 후원하는 대신 예루살렘을 통과하여 홍해로 진출할 수 있었다.

페니키아에 에시온게벨의 의미는 각별했다. 그간 지중해 연안 교역만 하던 페니키아가 홍해 연안은 물론 아라비아 반도와 동부 아프리카, 멀리는 인도양과 태평양까지 진출할 수 있음을 의미하는 것이었다. 그 때문에 예루살렘 역시 교역의 중심지로 번영하게 되었다. 또

한 홍해 근처의 풍부한 구리광산을 히람 왕과 공동으로 개발하면서
왕실의 재정도 나날이 풍족해졌다.

구약성서 열왕기에 솔로몬 왕이 홍해 쪽 항구 에시온게벨에서 배
로 홍해를 남하하여 오피르(오빌)에 가서 금을 가져왔다는 기록이 있
다. 예루살렘 신전을 짓기 위해 필요한 금을 조달하기 위해 먼 거리
항해를 감행한 것이다. 고대 이집트인들도 이곳에서 많은 광물을 운
반하여 사용했다고 한다. 솔로몬의 오피르 원정 때 배와 항해술을 지
원한 것도 페니키아인이었다. 이후 히브리인들이 해상교역에 본격적
으로 뛰어들게 된다. 이러던 관계가 기원전 9세기 아합 왕에 이르러
서는 사돈 관계로 발전한다. 아합 왕의 아내 이세벨이 바로 페니키아
인이었다.

세바 왕국과 무역 공조

솔로몬은 이스라엘 남부 아카바 만의 에시온게벨 부근 엘랏에도
해상무역 기지를 건설했다. 그리고 인근 지방은 물론 먼 거리와의 무
역을 크게 번성시켜 상업적 번영기를 가져왔다. 세바 여왕이 통치하
는 나라와는 몰약, 유약과 향신료 등을 거래했고 동부 아프리카와는
해상 선단을 운용하면서 희귀동물과 새, 백단향, 상아, 금 등을 취급
했다.

세바 왕국은 유향 등 향신료를 많이 생산하며 왕성한 국제무역으
로 번성과 부를 누리고 있었고 에티오피아도 세바 왕국의 통치 아래
에 있었다. 유향의 길(스파이스 로드)이라고 불리는 교역로를 통해 거대
한 부를 축적했던 나라가 세바 왕국이다. 중국의 비단, 아라비아 반
도 남부에서 채취된 유향 등의 물건들을 이집트나 이스라엘 등에 공

∴ 유향나무. 줄기에 상처를 내면 수액이 흘러나와 굳어져
유향이 된다.

급하는 통상로를 지배하고 있었
기 때문이다. 고대 비단 무역의
증거로는 기원전 1070년 비단을
이용한 고대 이집트 제21왕조의
미라가 있다. 특히 유향은 지중
해 세계와 이집트에서 상당히 중
시되었다. 왜냐하면 이 향은 신
에게 제사를 지낼 때 필요한 것
이기 때문이었다.

그리고 이 왕국의 지리적 위치는 아라비아 반도 남부의 하드라마
우트와 소말리아(누비아어로 검은 사람들)에 걸쳤다. 하드라마우트는 아
랍어로 녹색의 죽음이라는 뜻인데 고대에는 유대인의 거주지였다.
세바족은 아덴과 모카를 중심으로 국제적인 교역을 행했는데 아덴
앞바다에 자리한 소코트라 섬은 인도와 아프리카, 아라비아의 교역
중심지였다. 이 지방에서 산출되는 유향과 몰약이라는 고가의 향신
료를 비롯해 인도의 면직물, 페르시아의 진주, 중국의 비단, 아프리카
의 상아 등이 광범위하게 거래되었다.

세바족은 고가의 산물을 아라비아 반도 서해안을 따라 시리아와
이집트로 운반하기 위해 낙타로 운반하는 대상을 조직해 막대한 부
를 축적했다. 구약성서에는 세바 왕국의 여왕이 히브리 왕국의 솔로
몬 왕에게 공물을 바쳤다고 전하고 있는데, 이는 세바 왕국의 활발
한 교역 등을 말해주는 대목이기도 하다.

세바 여왕이 솔로몬 왕을 방문한 것은 솔로몬의 훌륭한 지혜를 직
접 듣는 것도 있었지만 통상관계를 증진할 목적이었다. 당시 다마

스쿠스에서 홍해 연안까지, 곧 메소포타미아와 이집트를 연결하는 중요한 무역 통로를 지배하고 있던 솔로몬 왕국과 긴밀한 외교관계를 통해 세바 왕국의 주 무역로를 확보해야 했다. 세바 여왕은 황금만 120키카르, 곧 5톤에 달하는 엄청난 양을 가져왔다. 요즘 시세로 2000억 원이 넘는다. 세바 왕국은 근처의 동부 아프리카 지역과 해상무역을 통해 금을 많이 확보하고 있었다. 그러나 역시 세바의 최고 상품은 신전 분향에 필요한 유향과 방부제, 그리고 각종 향신료 등이었다. 이들은 대부분 아라비아 반도의 남부와 인도양 연안에서 자란다. 이미 솔로몬 시대부터 이스라엘과 인도양 사이에 거래가 많았음을 알 수 있다.

솔로몬, 티레와 합동으로 해상무역을 주도하다

그 무렵 솔로몬은 인도양으로 나갈 수 있는 홍해의 에시온게벨에 구리 제련소와 조선소를 만들어 선박을 건조했다. 솔로몬은 이곳에 항구를 건설하여 오피르와의 해상무역 기지로 삼았다. 그리고 에티오피아, 예멘, 인도 등에 교역 문호를 개방했으며 아랍의 구리를 나르기도 했다.

선박 제조에서 솔로몬은 당시 항해와 선박 건조 기술이 크게 발달한 페니키아인들의 도움을 받았다. 히람은 자기 백성 중에서 바다에 익숙한 사공들을 솔로몬의 종들과 함께 이곳으로 보냈으며, 그들은 그곳에서 배를 타고 오피르에 가서 금 420달란트를 가져다가 솔로몬에게 주었다는 기록이 있다. 금 420달란트를 현재의 단위로 환산하면 16톤, 요즘 시세로는 6000억 원이 넘는다. 히람이 솔로몬에게 보낸 것은 사공뿐만 아니라 배도 포함되어 있었다. 이 배들은 비록 솔

지중해

쿠애(길리기아)가 말을 공급하다

헷 사람과 아랍 사람에게
말과 병기를 수출하다

유프라테스강

⑤

티레 왕 히람이 백향목을 제공하다
(열왕기상 5:1~18)

티레

①

예루살렘

④

애굽이 말과 병거를
공급하다

에시온게벨

에시온게벨 근처에서
동광산을 운영

나일강

③

홍해

②

스바 여왕이 향료, 금, 보석을
가져오다

홍해선단이 히람과 합작)
동을 수출하고 오빌의 성금과
은, 상아 등을 수입하다

로몬의 소유였지만, 그것을 제작한 것은 히람의 페니키아인이었다.
솔로몬의 무역 선단은 일찍부터 해상무역에 익숙한 페니키아인들의
절대적인 도움을 받았다.

솔로몬, 다르싯 상선대를 창설하다

협력관계였던 솔로몬과 히람은 오피르 이외에도 스페인 남서부의
무역도시 다르싯과도 거래를 했다. 페니키아인들은 더욱 멀리까지
나아갔는데 그들은 영국의 콘월까지 당도하여 청동을 만들 수 있는

주석을 대규모로 가져왔다. 이후 유럽 대륙에서 청동기가 본격적으로 제작되었다.

솔로몬이 주변국들과 육상무역을 했지만 최고의 부와 명성을 쌓을 수 있었던 계기는 바로 에시욘게벨 항구에 설립한 다르싯 상선대 덕택이었다. 솔로몬은 다르싯 상선대가 히람의 상선대와 함께 해상무역에 종사토록 했다. 다르싯은 스페인 남부 지명으로 추정되며 상선대 소속의 배와 선원들이 대부분 그곳 출신이어서 붙여진 이름이다. 다르싯은 지중해변에 자리 잡은 해양무역 도시로만 추정될 뿐 아직 정확한 지리적 위치는 확인되지 않았지만 대부분의 페니키아 학자들은 스페인의 타르테소스로 보고 있다.

전승에 따르면 솔로몬 때에도 스페인에는 유대인들이 살았다고 하는데 이때 이주한 것으로 보인다. 에제키엘(27:12)에 기록된 대로 다르싯의 특산품은 철, 은, 흑연, 납 등 진귀한 금속이었다. 다르싯의 배들은 홍해를 거쳐 아라비아 반도와 인도, 그리고 동부 아프리카 등 매우 먼 거리를 항해하기 때문에 3년에 한 차례씩 이스라엘 항구인 에시욘게벨로 돌아왔다.

이후 솔로몬 왕국의 성격은 주로 무역에 있었다. 솔로몬 왕은 그에게 우호적인 페니키아 티레의 히람 왕과 손잡고 육로와 해로를 통한 무역을 적극 확대했다. 티레의 히람과 솔로몬의 해상무역 탐험대는 지중해와 인도양은 물론 당시에 알려진 세계 끝인 중국까지 항해했다.

오피르와의 교역도 활발했다. 오피르가 어디인지에 대해서는 학자들 간에 이견이 있지만 '인도 해안 지역'이었을 가능성이 많다. 그 이유는 무역품목들이 금, 은, 상아, 원숭이, 공작 등으로 고대 인도 지역의 주요한 무역품들이었으며 장거리 항해였기 때문이다. 어쨌든 이 지역은 고대 금 산지로 유명했다. 따라서 이스라엘은 오피르에서 많은 금을 수입했는데, 정금이라고 하면 곧 오피르를 연상할 정도였다. 솔로몬은 오피르에서 금 이외에도 백단목과 각종 보석 등을 운반해 왔다. 고대 무역은 사무역도 있었지만 일반적으로 조공무역의 형태를 취했다. '무역'이란 상호 이익을 위해 양 당사자가 전보다 더 부자가 되리라는 점을 예상하고 행하는 거래로 솔로몬 왕은 부의 축적을 위해 이를 적극 추진했다. 이로써 솔로몬 왕은 해상권도 장악하게 되었다.

중국 측 자료에 의하면 솔로몬 왕 시대에 이미 많은 유대인이 중국의 유명 항구에 드나들고 있었다. 당시 중국 기록에도 그들이 중국과 이스라엘의 왕복에 3년 가까이 걸리는 거리로서 상당히 먼 거리를 항해해 왔다고 적혀 있다. 솔로몬 왕 당시 이스라엘은 이미 전 세계를 대상으로 해상무역을 했던 것으로 보인다.[*]

솔로몬, 군수품 중계무역에 눈뜨다

말이 본격적으로 전쟁에 사용된 것은 이집트 신왕국 시대가 시작할 무렵인 기원전 1550년경부터였다. 당시 말들의 원산지는 대부분 터키 남부의 타우루스 산지와 메소포타미아의 지붕으로 불리는 자

---

[*] 김성 교수(협성대·성서고고학), 《국민일보》 2001년 2월 6일

그로스 산지에 자리한 지역들이었다.

이집트는 비교적 일찍부터 말과 병거를 이용한 전술을 발전시켰다. 그래서 엄청난 숫자의 군마가 필요했고 솔로몬은 바로 이 점에 착안했다. 그는 왕실 소속 무역상들을 통해 이집트와 터키 동남부 길리기아로부터 말을 수입하여 군마로 훈련시킨 뒤 이집트와 헷, 아람 왕들에게 판매했다. 이러한 목적으로 그는 국제 무역로변에 자리한 므기또 도시를 재건하여 병거성으로 개발하였다. 므기또는 전략적으로 골짜기에 자리하고 있어 해로와 무역로를 관할하는 중요한 지역이기도 했다. 특별히 약대상이 지나는 가나안의 왕도王都로서 무역의 교차로였다. 솔로몬 왕은 이렇게 전략적·경제적으로 중요한 도시들을 하솔 등 2개나 더 요새화하여 새로운 군사도시를 건설했다.

그리고 넓은 이즈르엘 평야에서 군마를 훈련시켰다. 솔로몬이 운용한 병거대와 기병대는 대략 1400기의 전차, 4만 마리의 말, 1만 2000명의 기병들로 구성된 대규모 전차부대였다. 전차부대는 그의 선대인 다윗 왕 시절만 해도 없었던 당시로는 최첨단이자 최강의 부대였다.

이러한 점은 중요한 2가지 사실을 의미한다. 하나는 당시 주변국 중에서 최강의 군사력을 보유했다는 사실이다. 이로써 주변국들이 이스라엘 정책에 협력할 수밖에 없었고 이익 여부에 관계없이 조공무역을 하지 않을 수 없었다. 또 다른 하나는 이러한 군수품을 장사에 활용하여 큰돈을 벌었다는 사실이다. 당시 병거는 한 대에 은 600세겔(6kg)이었고 말은 한 마리에 은 150세겔(1.5kg) 정도였기 때문에 솔로몬은 병거와 말 장사를 통해 커다란 수익을 올렸다.

당시 고대 근동은 철기시대로 진입하고 있었다. 철제 농기구와 철

∴ 이집트 왕의 병거

제 무기가 사용되기 시작하였다. 한마디로 각국이 철제 무기 현대화를 서두르는 시점이었다. 철제 무기 중 가장 강력한 것이 군마가 끄는 철제 전차였다. 선두에 서서 적의 대오를 분쇄해버리는 지금의 탱크인 격이다.

솔로몬은 길리기아 말을 사들여 군마로 훈련시킨 뒤 이집트에 팔고 그 대금으로 이집트의 전차를 사들였다. 다시 그 전차에 훈련된 군마를 묶어 북쪽에 있는 헷 사람과 아람 사람의 왕들에게 팔고 그 대금으로 다시 말을 사들였다. 한마디로 벌써 그 시기에 중계무역을 한 것이다. 그것도 이윤이 가장 많이 남는 군수품 중계무역이었다. 중계무역이란 변변히 가진 것 없는 민족이 남의 물건을 받아다 부가가치를 올린 후 주변에 되파는 장사로 한마디로 유통의 핵심을 장악하는 비교적 고난도 무역이다. 이후 중계무역은 유대인 특유의 장기가 된다.

활발한 상공업, 과도한 조세와 부역

또한 엘켈레이페 섬의 제련소에서 당시로는 첨단제품인 철제 무기까지 제작했다. 이렇게 솔로몬은 상업과 산업을 장려하면서 자신의 휘하에 있던 '왕의 상인들'을 통해 광범위한 무역활동을 전개했다. 또 국내외 무역상들이 그의 무역로를 이용하게끔 함으로써 통행세를 거둘 수 있었다. 일종의 관세였다. 또한 솔로몬은 치세에도 탁월하여 인구조사를 통해 전국을 12개의 조세구역으로 나누는 등 세금 징수제도를 완비했다.

솔로몬이 매년 거두는 세금은 금 666달란트였다. 당시 금 1달란트의 무게는 34.3kg 정도였다. 이는 은 4만 5000세겔에 해당하는 금액이었다. 당시 은 30세겔은 장정 노예 한 사람의 값이었으므로 금 1달란트는 약 1500명의 노예를 살 수 있는 큰 금액이었다. 또한 솔로몬은 이 세금 이외에도 소규모 상인들과 대규모로 무역을 하는 객상들, 그리고 국내의 지방장관들과 동맹을 맺은 주변의 아라비아 왕들에게서도 세금을 받았다.

솔로몬 왕은 금을 두드려서 큰 방패 200개를 만들었다. 방패 하나에 들어간 금은 600세겔이나 되었다. 또한 그는 금을 두드려서 작은 방패 300개를 만들었다. 그 방패 하나에 들어간 금은 3마네였다. 그는 그 방패들을 '레바논 수풀의 궁'에 두었다. 그리고 솔로몬 왕은 상아로 커다란 왕좌를 만들고 거기에 금을 입혔다. 왕좌로 올라가는 계단은 6개였다. 왕좌의 꼭대기는 뒤가 둥그렇게 되어 있었다. 왕좌의 양쪽에는 팔걸이가 있었고, 팔걸이 양옆에는 사자상이 있었다. 여섯 계단 양옆에는 12사자상이 있었다. 다른 어떤 나라에서도 이런 것은 만들지 못했다. 솔로몬 왕이 마시는 데 쓰는 모든 그릇은 금으로 만들었다. 그리고 '레바논 수풀의 궁'에서 쓰는 모든 그릇도 다 순금으로 만들었다. 은으로 만든 것은 하나도 없었는데, 솔로몬의 시대에는 사람들이 은을 귀하게 여기지 않았기 때문이다.

솔로몬, 율법을 어기다

이렇게 무역과 세금으로 벌어들인 돈을 솔로몬은 왕국의 수도 건설에 쏟아부었다. 그는 20년 동안 성전과 궁전을 완성했다. 당시 솔로몬 왕의 공사 때문에 이스라엘 국고가 바닥나서 공사 대금을 현물로다 갚지 못했다. 그래서 히람이 솔로몬의 요구대로 백향목과 잣나무와 금을 제공해준 대가로 히람에게 빚 대신 페니키아와 인접한 갈릴리 산악지대 20여 개의 촌락을 통째로 넘겨주었다. 이는 이스라엘 역사에 오점으로 기억되어 성서에까지 기록되어 있다.

히람은 솔로몬이 준 성읍들을 돌아보고 마음에 들지 않았다. 히람은 솔로몬에게 "형제여! 내게 준 성읍이 어찌 이러하냐?"고 불평을했다. 히람은 솔로몬이 준 성읍들이 자신이 제공한 건축자재의 대가로 충분하지 못하다고 생각했다. 아마도 식량이 부족한 티레의 히람은 옥수수 등을 재배할 수 있는 평지의 땅을 원했을 것이다. 그러나솔로몬이 히람에게 준 땅은 산악지대였다. 그래서 히람이 실망을 한것으로 보인다. 이 교역은 한마디로 불성실 교역이었다.

솔로몬은 갈릴리의 20개 성읍을 히람에게 줌으로써 하느님이 기업으로 주신 땅을 파는 실수를 저지르고 말았다. 율법에는 약속의땅이 하느님의 것이므로 사람들이 그것을 매매하지 못하도록 규정되어 있다. 이러한 교역 이야기에서 솔로몬은 율법을 범하고, 이방인의 원망을 사는 일을 저질렀음을 보여주고 있다.

한편 활발한 통상교역은 이스라엘 사회에 많은 변화를 가져왔다. 곧 이제까지 지파 중심으로 농경과 목축에 주력하던 이스라엘에 상공업의 물결이 밀려들어 옴으로써 도시가 발달했다. 그리고 이러한변화는 전통적인 지파 중심의 생활에서 탈피하여 더욱 체계적이고

대외적인 국가 조직의 재편을 가져왔다. 당시 솔로몬 왕국은 소위 종교권력, 군사권력, 상업(금전)권력을 동시에 다 가지고 있었다. 솔로몬은 이렇게 3가지 지배권력을 갖고 주변을 피폐화시켰다.

솔로몬, 페니키아인과 북쪽 이스라엘인을 부역에 동원하다

솔로몬은 하솔, 므기또, 게젤 등 각 지역에 요새를 건축했고 군사들과 전차들을 배치시켰다. 따라서 요새 건설비뿐만 아니라 요새에 상주해 있는 군대의 장비 구입과 유지 비용도 엄청나게 늘어났다. 또한 예루살렘에도 성전 건축, 왕궁 증축 등 계속된 건설사업을 일으켜 부역을 일삼았다. 이러한 솔로몬의 통치 아래에서 페니키아인들과 북쪽 이스라엘 사람들은 노예로 전락해갔다.

전에 판관 사무엘은 왕정이 이루어졌을 때 이러한 일이 일어날 것에 대해 미리 예고한 적이 있었다. 솔로몬은 처음에는 성전 건축을 위해 역군을 일으켰지만, 후에는 병거와 기병을 위한 성, 바로의 딸을 위한 궁전, 그리고 배와 선단을 만드는 일에 부역을 동원했다. 국고성은 군사적 목적으로, 바로의 딸을 위한 별궁은 명예를 위해, 그리고 선단은 부를 추구하기 위해 건설되었다. 이로 인해 '권력과 명예와 부'가 솔로몬 왕정의 특징이 되었다. 솔로몬은 시간이 흐르면서 하느님으로부터 멀어져 갔다. 독재자가 되어 백성을 착취하고 그들에게 무거운 짐을 지웠다.

그는 모자라는 국고를 중과세와 강제 노동으로 충당했다. 이는 토지를 갖지 못한 극빈 계층을 늘려갔다. 결과적으로 그들은 도시로 이주하여 상업과 산업 발전을 위한 노동력을 제공했다. 솔로몬 왕이 산업화를 급하게 추진한 나머지 여러 폐해가 생겨났다. 소작민, 실업,

부재지주, 노동력 착취 등 현대사회가 겪고 있는 문제점들이 나타났으며 부의 급격한 증대는 부패를 만연시켰다.

솔로몬의 타락

사회구조의 심각한 계층 분리와 함께 솔로몬 왕은 미래에 닥칠 종교적 불협화음의 씨를 뿌렸다. 그는 '신부가 무역을 성사시킨다'는 기치를 내걸고 주변 왕국의 딸들과 결혼하였다. 이로 인해 무역을 확장시킬 수는 있었다. 아브라함 시대에도 그랬지만 당시 유대인 사회에서는 일부다처제가 시행되고 있었다. 우선 율법으로 금지되어 있지 않았던 것이다.

솔로몬은 초심을 잃고 타락했다. 야훼께서 금한 이방 여인들을 맞아들여 아내를 700명이나 두었고 첩도 300명이나 되었다. 그는 방탕한 생활에 빠졌다. 예루살렘 동편 산 위에 이방 아내들이 믿는 여러 우상이 버젓이 자리 잡았다. 말하자면 신앙의 자유를 허용한 셈인데 당시 제사장들이 이를 너그럽게 보았을 리 없다. 솔로몬은 늙어 여인들의 꾐에 넘어가 다른 신들을 섬기게 되었다. 그는 야훼 앞에서 해서는 안 될 일을 한 것이다. 구약의 열왕기상 11장 11절과 12절을 보면 야훼께서 노하여 "너의 마음이 이러하고, 내가 너와 계약을 맺으면서 일러둔 법들을 지키지 않았으니 내가 반드시 이 나라를 너에게서 쪼개어 너의 신하에게 주리라. 그러나 너의 아비 다윗을 보아서 네 생전에는 그렇게 하지 않겠고 너의 아들 대에 가서 이 나라를 쪼개리라"고 질타하신 말씀이 기록되어 있다.

북쪽 이스라엘 왕국, 우상숭배로 멸망하다

야훼께서 모세에게 말씀하셨다. "너는 이스라엘 백성에게 이렇게 일러주어라. '나 야훼가 너희 하느님이다. 너희는 너희가 살던 이집트 땅의 풍속을 따라 살지도 말고, 내가 너희를 이끌고 들어갈 가나안 땅의 풍속을 따라 살지도 마라. 그들의 규정을 따르지 마라. 너희는 내가 세워주는 법을 실천하여라. 내가 정해주는 규정을 지키며 그대로 살아라.'"(레위기 18:2-4)

왕국이 둘로 갈라지다

이스라엘은 기원전 926년 40년간을 통치했던 솔로몬이 죽고 난 뒤 그의 아들 르호보암 때 북쪽의 부족들이 강제 노동과 세금을 줄여달라고 요구했다. 특히 '지도자란 국민의 심복이어야 한다'는 원칙을 요청했다. 그러나 르호보암은 이를 단호히 거절하였다. 르호보암 왕이 이스라엘의 요구사항을 들어주지 않자, 그들은 그들만의 모임을 갖고 여로보암을 모셔다가 그들의 왕으로 추대했다. 이제 다윗 왕조를 섬기는 사람들은 유다 지파뿐이었다.

결국 이듬해 야훼의 말씀대로

두 왕국으로 갈라진다. 이로써 남쪽은 요셉과 베냐민 지파로 구성되어 르호보암이 이끄는 '유다 왕국'이 되었다. 왕국의 대부분을 이루고 있는 유다 지파의 이름을 따 유다 왕국이라 불렸다. 유다란 '하느님은 찬송받을지어다'라는 뜻이다. 북쪽은 솔로몬의 아들에게 등을 돌린 나머지 10지파가 독립하여 솔로몬의 신하였던 여로보암이 세운 '이스라엘 왕국'이 되었다.

유대인을 가리키는 명칭인 그리스어 Iudaios, 라틴어 Judaeus, 프랑스어 Juif, 독일어 Jude, 영어 Jew, 스페인어 Judio, 러시아어 Zhid 등은 모두 고대 히브리인의 12지파 중 하나인 유다(예후다) 지파에서 왔다.

가나안의 다신교

그 무렵 가나안의 다른 주민들은 농경생활을 하여 자연종교를 가지고 있었다. 그들의 농경신들을 총칭해 바알(토지의 소유자)이라고 불렀다. 이 바알신들은 농사의 주기와 밀접한 관계를 가지고 있었는데, 농사의 각 단계는 바알의 출생, 성장, 죽음으로 비유되어 이때마다 제사를 드렸다. 주요한 제사는 희생제의로, 주요한 축제는 봄, 초여름, 가을에 있었는데, 풍요의 여신 아스타르테Astarte 숭배의식과 관련된 성창 관습이 있었다.

소수 이스라엘인들이 이런 신앙과 관습에 빠져들었다. 비옥한 땅이 많아 농사짓는 사람이 많았던 이스라엘에서는 야훼 신앙이 상대적으로 약했고, 바위가 많고 목축하는 사람이 많았던 유대에서는 야훼 신앙이 강했던 것은 이 때문이다.

여로보암, 황금 송아지상 바알신을 세우다

이스라엘 왕국의 여로보암의 마음에 문득 이런 생각이 떠올랐다. '이 백성이 예루살렘에 있는 성전에 제사를 드리러 다닌다면 그들의 마음이 다시 유대 왕 르호보암에게로 기울어지게 될 것이다. 그러면 그들은 나를 죽이고 르호보암을 다시 왕으로 삼게 될 것이다.' 여로보암은 신하들과 의논한 끝에 황금 송아지 두 마리를 만들어놓고 이스라엘 백성에게 말했다. "여러분이 예루살렘으로 제사를 드리러 다닌다는 것은 너무 번거로운 일입니다. 여기에 계시는 여러분의 신들이 여러분을 이집트에서 이끌어내셨습니다. 이제 이 신들을 향해 예배하십시오." 그는 금송아지 하나는 베델에 세워놓고, 또 하나는 단에 세워놓았다.

북쪽 이스라엘 왕국은 백성들의 남쪽 유다 왕국 예루살렘 성전 방문을 막기 위해 아예 2개의 황금 송아지상 바알신을 만들어 예루살렘 북쪽 베델과 단에 하나씩 세우고 제단을 만들었다. 우상숭배였다. 하느님과의 계약을 위반한 것이다. 십계명 가운데 첫째 계명인 '야훼 이외의 다른 신을 섬기지 말라'와 둘째 계명인 '우상을 섬기지 말라'를 동시에 어긴 것이었다.

200년간 치고받은 두 형제국 간의 전쟁

그 뒤 두 형제 국가는 크게 싸운다. 르호보암의 뒤를 이은 유다 왕국의 아비얌은 약 40만의 군대로 북쪽 이스라엘 왕국의 80만 대군을 물리쳤다. 이스라엘 왕국은 이 전쟁으로 50만의 희생자를 냈고, 종교 중심지였던 베델과 몇몇 성읍들을 빼앗기게 되었다. 그 뒤 아비얌의 뒤를 이은 유다 왕국의 아사 왕은 이집트와도 전쟁을 치른

다. 이집트의 100만 대군과 병거 300대를 맞아 싸운다. 이는 아사 왕의 군대 58만과 비교해볼 때 2배에 가까운 숫자였다. 그러나 아사 왕은 골짜기에 진을 치고 하느님께 간절히 기도하였다. 결국 유다 왕국의 아사 왕은 이 전쟁에서 대승리를 거두며 블레셋까지 점령했다.

아사 왕 제36년에는 이스라엘 왕 바아사가 유대를 공격해 왔다. 바아사는 이스라엘과 유대를 연결해주는 요충지인 유다 왕국의 베냐민 땅 '라마'를 점령하고, 거기에 성을 건축하여 백성들이 유대와 연락하지 못하게 하려 했다. 이때 아사 왕은 시리아 왕에게 성전에 있던 금은을 모아 보내며 원병을 요청하여 이스라엘을 공격하도록 했다. 결국 바아사는 철군했다. 그러나 이는 아람이 그 뒤에도 이스라엘을 수시로 괴롭히는 계기가 되었다. 그뿐 아니라 3000년이 지난 지금까지도 아람 후손들이 살고 있는 시리아는 이스라엘과 전쟁도 불사하는 원수가 되어 있다.

그 뒤의 유다 왕국은 여호사밧 왕 때 가장 강성했다. 그의 군대는 5개의 군단으로 조직되어 있었는데, 유다 지파에서 3개의 군단, 베냐민 지파에서 2개의 군단이 조직되어 그 군대의 수는 100만이 넘었다. 당시는 북쪽 이스라엘이나 남쪽 유다 왕국이나 다 군사강국이었다. 이후 2세기 동안 두 나라는 이러한 분열된 형태로 유지되었다.

이스라엘 왕국, 아시리아 제국을 격파하다

그 무렵 북쪽의 이스라엘 왕국은 다윗 왕 때부터 형제국으로 지내던 페니키아의 시돈과 티레 등 도시국가들을 격파하고 다마스쿠스까지 진출했다. 그러나 동쪽의 아시리아가 커지자 위협을 느껴 서쪽 나라들과는 화평정책을 취했다. 당시 해상무역이 활발하게 전개된 것으로 보인다. 그때 아시리아는 서쪽으로

∴ 이스라엘 왕국의 지중해 선박

계속 팽창했다. 그들의 최종 목표는 이집트였다. 이집트를 침공하기 위해서는 길목에 자리한 이스라엘 왕국을 먼저 공격해야 했다. 아시리아는 이스라엘 왕국에 조공을 바칠 것을 요구했다. 이스라엘 왕국은 조공을 바치고 굴복하느니 차라리 싸울 것을 택했다. 이스라엘은 대비하고 있었다.

기원전 854년 아시리아와 이스라엘은 드디어 일전을 치렀다. 이 역사적인 전투에서 이스라엘군은 2만 명이 죽었지만 의외로 승리했다. 이스라엘 왕국이 당시 세계 최대의 제국을 격파한 것이다. 그만큼 당시에는 이스라엘이 강했다. 이로써 아시리아의 정복 계획을 몇백 년 뒤로 후퇴시켜 놓았다.

선지자 이사야의 총체적 통찰력

성서에 나오는 예언자들은 앞일을 점지해주는 의미의 예언자라기보다는 합리와 정의에 입각한 바른 소리를 신앙의 힘으로 담대히 할

수 있는 시대의 통찰력을 가진 사람을 의미한다. 기원전 8세기의 선지자 이사야는 예언자 가운데 가장 주목할 만한 인물이다. 이사야는 '야훼는 구원이다'를 뜻하는 히브리식 이름이다. 그는 남쪽 유다 왕국의 왕족 출신으로 기원전 759년경부터 아시리아가 예루살렘을 향해 진격해 올 때까지 60년간 4대 왕에 걸쳐 예언했다.

그는 국제정치의 역학구조를 꿰뚫어 보고 역사의 발전 방향을 정확히 내다보았다. 이사야의 예언은 단편적인 것이 아니라 총체적이었다. 그는 하느님의 위엄을 보았으며, 인간 마음의 본질을 꿰뚫어 보았다. 그는 이스라엘 종교가 파멸될 것을 내다보았고, 궁극에 이르러 메시아의 새 시대가 도래할 것을 예언하였다. 이사야는 하느님과 인간과 세계와 역사와 종말을 두루 통찰하여 신약의 초석을 놓은 구약의 완성자이다.

이사야의 경고, 회개, 평화

이사야는 유대인들에게 새로운 도덕을 자각시키기 위해 힘썼다. 그가 다룬 주제들은 경고, 회개, 평화로 서로 연결된 주제였다. 그는 먼저 닥쳐올 파국을 경고하며 되풀이해서 물었다. "파수꾼아, 얼마나 있으면 밤이 새겠느냐? 파수꾼아, 얼마나 있으면 밤이 새겠느냐?" (이사야 21:11) "너의 왕실에 마지막 유시를 내려 기강을 바로잡아라." (이사야 38:1) 이것은 마음을 고쳐먹고 내면적인 변혁을 이루지 않으면 안 된다는 뜻이었다. 인간이 목적으로 삼아야 할 것은 바로 사회정의다. 부의 추구를 인생의 주된 목적으로 삼는 일을 그만두지 않으면 안 된다. "아, 너희가 비참하게 되리라. 집을 연달아 차지하고 땅을 차례로 사들이는 자들아! 빈터 하나 남기지 않고 온 세상을 혼자 살듯이 차지하는 자들아!"(이사야 5:8) 하느님은 약자에 대한 압제를 허락하시는 분이 아니다. 하느님이 용서하지 않는다. "어찌하여 너희는 내 백성을 짓밟느냐? 어찌하여 가난한 자의 얼굴을 짓찧느냐? 주, 만군의 야훼가 묻는다."(이사야 3:15)

이사야의 둘째 주제는 회개다. 뉘우치는 인간을 주님은 항상 용서하신다. "오라, 와서 나와 시비를 가리자. 너희 죄가 진홍같이 붉어도 눈과 같이 희어지며 너희 죄가 다홍같이 붉어도 양털같이 되리라."(이사야 7:18) 하느님이 인간에게 원하는 것은 하느님의 거룩함을 인식하고 이 거룩함에 응답하는 일이다. "거룩하시다, 거룩하시다, 거룩하시다. 만군의 주님, 그의 영광은 온 땅에 가득하시다."(이사야 6:2) 히브리어에는 영어처럼 비교급, 최상급이 없다. 그래서 '거룩하다'를 3번 되풀이하면 최상급을 나타내는 것이다.

죄 많은 자들이 참회해서 부와 권력이 아닌 거룩함을 추구할 때, 이사야는 셋째 주제를 제시한다. 그것은 '평화의 시대'라는 이상을 소개하는 것이다. 인간이 하느님에게 복종하지 않는 바람에 하느님의 약속이 한때 중단되는 일은 있을 수 있지만, 이스라엘 백성을 선택한다는 하느님의 약속은 절대 깨어지지 않는다. 이스라엘의 땅이 일시적으로 상실되는 일이 있더라도 언젠가는 되찾을 수 있다는 것이다. 약속의 땅이라는 관념은 유대 종교에 특유한 것이다. 그것은 유대교 교의 중에서 가장 중요한 요소이다.

이사야, 구세주를 예언하다

이사야는 다가올 세상의 미래에 관한 비전을 제시했는데 명확한 인물상이 포함되어 있다. 여기서 이사야는 네 번째 주제를 이끌어낸다. 단순한 집단적인 죄의 회개가 아니라, 특정한 구세주 사상으로 메시아의 새 시대가 도래할 것을 예언하였다. "그런즉, 주께서 몸소 징조를 보여주시리니, 처녀가 잉태하여 아들을 낳고 그 이름을 임마누엘이라 하리라."(이사야 7:14)

그리고 외국인도 야훼께 개종하여 그의 계약을 지키면 그들을 거룩한 산으로 부르겠다고 말씀하셨다. "외국인들도 야훼에게로 개종하여 나를 섬기고, 야훼라는 이름을 사랑하여 나의 종이 되어 안식일을 속되지 않게 지키고 나의 계약을 지키기만 하면, 나는 그들을 나의 거룩한 산에 불러다가 나의 기도처에서 기쁜 나날을 보내게 하리라."(이사야 56: 6-7)

아시리아, 세계 최초의 기마부대를 선보이다

성서에서 아수르로 불리는 아시리아는 노아의 손자이자 셈의 아들 가운데 한 명인 아수르를 조상으로 하고 있다. 역사를 보면 국력은 항상 기술의 진보와 함께했으며 전쟁 전술의 발달과 비례했다. 인류가 말을 사용한 최초 병기는 전차였다. 그 무렵 말은 사람이 타기에는 체구가 작고 지구력이 없었기 때문에 두 마리의 말이 끄는 전차를 타고 전투에 임했다. 그러나 이러한 말들을 교배를 통해 강력한

군마로 만들어 제국을 건설한
이들이 있었으니, 바로 아시리아
인들이다. 그들은 안장을 발명
하여 기원전 1000년경에 군사
들이 직접 말을 타고 전투하는
막강한 기병대를 선보였다.

말을 타고 활을 쏘는 궁기병
이 탄생하면서 전장에서 훨씬
기동성이 좋아지고 타격력이 높
아졌다. 그들에게는 기병대를 창을 주로 쓰는 창기병과 활을 쏘는 궁
기병의 두 부류가 있었다. 또한 마부와 더불어 궁기병과 창기병이 함
께 마차를 타고, 마부가 말고삐를 잡고 달리는 사이 나머지 사람들이
활과 창으로 적을 공격했다. 이로써 전투력뿐만 아니라 기동력을 높였
다. 당시로선 최강, 최신의 전차 전투부대가 탄생한 것이다. 이런 아시
리아의 기병대를 당해낼 세력이 없었다.

궁기병은 장단거리 전투에 모두 투입되었으며 전속력으로 질주하
는 말 위에서 정확히 활시위를 당기도록 훈련되어 있었다. 아시리아
인은 두 사람이 말 한 마리에 타고, 앞사람이 말고삐를 잡고 뒷사람
이 활을 쏘아 적을 공격하기도 했다. 전투에서 이러한 기병은 주로 배
후나 측면에서 공격했다. 두 사람이 한 조를 이루어 한 기병은 활을
쏘고 다른 기병은 고삐와 커다란 방패를 쥐고 자신과 활을 쏘는 병
사를 보호하였다. 전차는 군대의 주력이었다. 아수르나시르팔 왕의
시대에는 한 전차에 타는 병사의 수가 두 명에서 네 명으로 늘어났
다. 마부, 궁수 외에 방패를 든 두 병사가 동승했다. 전차는 공격은 물

론 수비하기가 수월해졌으며 네 마리의 말이 끌도록 되어 있었다.

기원전 722년 이스라엘 왕국의 멸망

기원전 9세기에 아시리아는 기마부대와 철제 무기를 앞세운 강력한 군사력을 배경으로 동서 교역로를 장악하기 위해 주변 국가들을 차례로 정복해나갔다. 기원전 743년 북부 메소포타미아 지역과 북시리아 왕국들을 정복하고 동부 지중해 상권을 장악하였다. 그 후 이집트를 정복할 계획을 세우고 대군을 동원해 시리아와 팔레스타인을 침공했다. 이스라엘 왕국이 무조건 항복할 수밖에 없을 것이라고 생각했지만 이 전쟁은 무려 10년을 끌었다. 그만큼 이스라엘도 셌었다. 그 기간에 아시리아에서는 3명의 왕이 교체되었다.

결국 기원전 722년 이스라엘 왕국은 아시리아 사르곤 2세에게 멸망한다. 이스라엘 왕국의 존속기간은 불과 209년이었다. 아시리아는 그들이 믿는 태양신 아수르의 이름에서 유래된 나라이다. 이스라엘 왕국을 정복한 아시리아는 반란을 막기 위해 귀족들을 아시리아로 포로로 끌고 갔고 나머지 상류층 유대인 약 2만 7000명은 북동쪽 변방으로 추방했다. 이로써 이스라엘 왕국의 10지파는 역사 속에서 사라졌다.

그 가운데 일부는 아시리아로 들어가 자리 잡은 사람들도 있었다. 기록에 의하면 기원전 626년부터 485년까지 140년에 걸쳐 유대인 에기비 부자父子 상회의 장부가 1845년에 발견되었는데 이 상회는 당시 아시리아에서 19세기 유럽의 로스차일드와 같은 대부호의 지위를 가지고 있었던 것으로 추정된다. 그 옛날부터 유대인의 이재가 어느 곳, 어느 상황에서나 주변 세계를 석권했다.

천대받는 혼혈, 사마리아인

아시리아는 멸망한 이스라엘 왕국 지역에 아시리아 사람들을 이주시켜 살게 했다. 그대로 잔류한 유대인 하층민들에게는 이방인들과 피가 섞이도록 하는 혼혈정책을 썼다. 통혼정책에 따라 이스라엘 민족의 혈통과 종교적 전통은 말살되어 갔다. 이로써 이스라엘과 아시리아 혼혈인 사마리아인이 등장하게 된다. 바리새파 유대인들은 이들을 강아지(개새끼)라 부르며 잡종이라고 멸시했다. 이로써 북동쪽 변방으로 추방당한 10지파는 역사 속으로 종적을 감추고 만다. 우상숭배라는 계약 위반은 이렇게 가혹한 형벌로 마무리되었다.

세계 최초의 제국, 아시리아의 멸망

아시리아는 사르곤 2세 때부터 아수르바니팔 시대에 걸쳐 최전성기를 맞이해 한때는 이집트까지도 합병함으로써 최초의 세계 제국을 건설했다. 아시리아 문화는 이제까지의 바빌로니아 문화를 집대성하고, 정복한 여러 민족 문화를 융합시켜 오리엔트의 일체화를 한 걸음 진전시켰다.

이사야는 이스라엘의 죄악을 심판하기 위해 하느님이 사용하신 아시리아도 왕국 자체의 교만과 패역으로 멸망한다는 예언을 했다. 실제로 기원전 612년 역사상 유례를 찾아볼 수 없을 정도로 잔인하고 교만했던 강대국 아시리아는 바빌로니아가 주도하는 연합군에 의해 역사에서 자취를 감추었다.

잃어버린 10지파의 흔적

훗날 유대인들은 잃어버린 10지파의 흔적을 찾아내기 위해 부단히 노력한다. 유대인들은 북동쪽으로 간 그들의 형제가 멀리 어디엔가 살고 있을 것이라고 지금도 믿고 있다.

러시아 국경지대, 특히 흑해 연안에서 헬레니즘 시대부터 활약해 왔던 유대인들이 그들의 후손일 개연성이 크다. 실제로 우즈베키스탄과 타지키스탄 부하라 지역에는 토착 집단 유대인들이 살고 있다. 아르메니아와 조지아에 사는 유대인이 이스라엘 왕국에서 사라진 10부족이라는 전승도 있다. 8세기 전반에는 캅카스Kavkaz 지역의 카자르 왕국 전체가 유대교로 개종한 바 있는데 이들이 잃어버린 10부족과 관련이 있지 않을까 하는 시각도 있다. 실제 당시 카자르의 왕은 자신이 이스라엘 12개 지파의 하나인 시므온 지파의 후손이라고 주장하였다.

∴ 1918년 중국을 방문한 스코틀랜드 출신 선교사 토마스 토렌스가 당시 중국 남서부 쓰촨 성에서 만난 유대계 중국인과 함께 찍은 사진

유대인 동족의 흔적

세계 곳곳에는 유대인 종교 전통과 동족 흔적을 갖고 스스로 유대인 후손이라는 사람들이 있다. 중국의 쓰촨 성, 인도, 아프가니스탄, 에티오피아에 많이 있다. 에티오피아 유대인들은 그들이 솔로몬 왕과 세바 여왕의 후손이라고 주장했다. 그러나 이스라엘 랍비청은 이들을 단 지파의 후손으로 판정했다. 실제로 이스라엘의 한 랍비가 인도에서 므나쎄 지파의 후손을 자칭하는 수백 명을 이스라엘로 귀환시킨 일이 있다.

또 이스라엘은 1980~1990년대에 에티오피아 등지에서 흑인 유대인 후손들을 몰래 이스라엘로 공수하여 고국에 정착시키는 '모세 작전'을 실시하기도 했다. 현재 건국 60년이 넘은 이스라엘은 자국 내 유대인 인구의 비중이 계속 줄어들고 있는 것을 우려해 구소련 지역 유대인들의 이스라엘 정착 이민을 추진하는 '알리야 작전'에 돌입한 것으로 알려졌다.

16세기에 중국을 방문한 선교사 마태오 리치는 28년간 중국에 머물면서 중국 문화에 대한 많은 기록을 남겼다. 그는 중국인의 거부감을 줄이고자 유교 복장을 했다. 그는 유대교 회당인 시너고그의 유적을 발견하였다. 오래전부터 중국에 상당한 규모의 유대인 집단촌들이 광저우 등 대도시에 밀집되어 실재했다는 내용이 그의 기록에 남겨져 있다. 이들 대부분은 현지인과 피가 섞여 신체적으로 거의 중국인들과 다름없었지만 할례 의식이나 돼지고기 금식 등 그들의 생활습관이나 사고방식만은 여느 유대인 못지않게 전통적이었던 것으로 전한다.

마크레오드, 한민족과 유대인 동일조상설 주장

메이지 시대 무역상인으로 방일해 일본에 와서 산 적이 있었던 영국계 유대인 노먼 마크레오드. 그는 일본과 고대 유대가 유사하다고 생각하고 조사를 진행해 1875년 발간한 그의 저서《일본 고대사의 축도》에서 일본인과 유대인의 동일조상설을 제기했다.

그로부터 4년 뒤에 발간한《조선과 잃어버린 10부족》에서는 한민족과 유대인의 동일조상설을 주장했다. 그는 10지파의 주요 부족이 한반도를 경유하여 일본으로 건너갔으나, 단 지파 등 일부 지파는 한반도에 남아 한민족의 조상이 되었다고 한다. 일부는 이 단 지파를 단군이라고 하기도 한다.

그리스

도시국가들의 연합체로 성장하다

그리스는 페니키아와 유대인에 비하면 늦게 해양 개척에 참여했다. 페니키아와 유대인들이 이웃사촌의 협조적 관계였다면 뒤늦게 해상무역에 뛰어든 그리스와 기득권을 자처하는 유대인 사이는 경쟁 관계였다. 이는 두고두고 유대인과 그리스인 사이에 걸림돌로 작용한다.

그리스의 암흑기

기원전 1200년경 이집트에서 탈출한 히브리인들이 가나안에 진입했던 시기에 그리스는 북부로부터 침입해 온 도리아인들에 의해 전지역이 파괴되었다. 그리스 피난민들은 키프로스로 옮겨 갔다. 이때 그리스 인구의 75%가 감소된다. 이로써 미케네 문명은 역사 속으로 사라지고 그리스는 소작 중심의 작은 마을들로 탈바꿈하게 된다. 문

∴ 인도유럽어족의 대이동

명은 붕괴되고 침입자들은 문자가 없었다. 그래서 이 시기 기록이 없어 암흑기라 불린다.

미케네 문명이 파괴될 무렵에 에게 해와 근동 지역의 청동기시대도 갑작스럽게 붕괴되었다. 이웃 문명인 이집트, 히타이트 역시 파괴된다. 이는 당시 철기로 무장한 '바다의 사람들'이 맹위를 떨쳤기 때문이다. 바다의 사람들이란 기원전 1400년경에 이동을 시작한 인도유럽어족으로 이들의 전면적인 이주는 막을 길이 없었다. 인류의 대이동이었다. 에게 해에서 지중해 동남부로 휩쓸며 내려와 기습이 점점 빈번하고 심각해지자 사람들은 해변 지역을 떠나 산비탈이나 좀더 쉽게 방어할 수 있는 지역을 찾아 떠났다. 그리스 도시국가들이 구릉지나 절벽 위를 택한 이유이기도 하다. 기원전 1200년경 '바다의 사람들'은 히타이트인의 영토를 유린하고 시리아로 진격해 이집트까지 위협하게 되었다. 그리스 지역에 지적 발전이 멈추자 기원전 1200년부터 300년간 '암흑시대'가 에게 해 전역에 퍼지게 된다.

그리스, 상업과 교역을 유대인과 페니키아인에게 맡기다

그 무렵 인도유럽어족의 일파인 도리아인들이 스파르타를 세우고 이오니아인들이 아테네를 건설했다. 당시 외지인들이 세운 초기 그리스 도시국가들은 문자가 없었을 뿐 아니라 상업적 능력도 없었다. 따라서 오래도록 국내 상업은 유대인 등 외국인들에게, 대외교역은 페니키아인에게 맡겼다. 페니키아는 당시 최고의 부와 조선, 항해 지식을 지니고 있었다. 그리스 학문의 아버지로 불리는 탈레스와 피타고라스가 모두 페니키아인의 후예였다는 사실은 페니키아 문화가 당시 그리스 문화보다 월등했음을 알려준다.

그리스 사회가 교환경제를 유지할 수 있도록 도와준 상인들은 페니키아인과 유대인이었다. 특히 페니키아인은 지중해의 중개상인으로서 그리스와 지중해 나라들을 무역으로 연결해주었다. 그리스 땅이 척박해서 그들의 밀농사만으로는 모든 사람을 먹여 살릴 수 없어 이집트와 흑해 연안지방에서 곡물을 수입해 와야 했다. 이에 대응한 수출품으로는 흑요석, 도자기, 포도주와 함께 값비싼 올리브유가 중요한 몫을 차지했다. 척박한 땅에서 자라는 올리브가 그리스에는 효자 상품이었다.

그리스 효자 수출상품, 흑요석과 올리브

흑요석黑曜石은 신의 선물이다. 이 돌은 아무 데서나 쉽게 구할 수 없다. 화산 용암이 격렬하게 분출한 지역에서만 생성된다. 그것도 중

요한 결정체가 생기기 전에 급격하게 냉각된 화산 용암이라야한다. 그래서 고대의 흑요석 산지는 극히 드물다. 유라시아 대륙에서는 유럽 문명의 발상지 그리스와 이탈리아 화산, 노아의 홍수 근거지 터키의 아라라트 산과 아르메니아, 그리고 동이족 문명의 발상지 백두산과 일본 화산 등 과거 화산 분출활동이 격렬했던 문명의 발상지 몇 군데서만 발견되었다.

흑요석은 철이 섞인 자연산 유리다. 흑요석은 날카롭게 깰 수 있어 구석기시대부터 부싯돌과 화살촉 그리고 자르개 같은 도구를 만드는 데 사용되었다. 자르개는 고기의 비늘을 벗기거나 살을 저미는 생활용구로 사용된 석기다. 구석기시대 유물에서 화살촉, 돌칼, 돌도끼, 자르개, 긁개, 밀개 등 다수의 흑요석 석기가 발굴된다. 유리질 돌이다 보니 충격을 주면 세로결로 얇게 쪼개지는 특성이 있다. 바로이 얇게 쪼개지는 특성으로 인해 흑요석은 석기시대의 치명적인 무기로 사용되었다. 흑요석은 그냥 쪼게도 날카로운 모서리를 얻을 수 있으며 약간의 연마로 치명적인 살상무기로 바뀔 수 있다. 이런 특성으로 청동기 이후에도 흑요석 화살촉 등 흑요석 무기와 도구는 인기 있는 그리스의 수출품이었다.

흑요석은 고고학자에게 귀중한 정보를 제공한다. 화산에서 분출한 탓에 일정 정도 방사성 동위원소를 포함하고 있다. 그래서 흑요석

유물이 발견되면 그 원산지가 어디인지 추적할 수 있어 고대의 무역 루트도 알아낼 수 있다. 예를 들어 그리스 본토의 펠로폰네소스 반도에 자리한 프랭크티 동굴의 사례를 보자. 이 동굴은 약 2만 년 전 구석기시대부터 약 3000년 전인 신석기시대 중기까지 사람이 산 곳이다. 선사시대에 이처럼 오랫동안 사람들이 계속 거주한 유적지는 흔치 않다. 바로 이곳에서 흑요석 유물이 발견됐다. 그 출처를 조사해보니 그리스 본토에서 약 12km 떨어진 밀로스 섬으로 확인됐다. 선사시대부터 원거리 해상무역이 행해졌음을 알 수 있다. 〈밀로의 비너스〉가 발견된 곳으로 유명한 멜로스 섬은 풍부한 자연자원이 수출되는 중요한 산지였다.

그리고 올리브유는 유럽 음식의 가장 기본적인 소스이다. 또 밤을 밝히는 램프용 기름으로 쓰였다. 지금의 석유 격이다. 사람들은 목욕할 때 올리브유와 목회木灰로 만든 비누 유제乳劑를 사용했다. 올리브는 그야말로 지중해 문명의 필수품이었다. 기원전 2000년대 유적인 크레타 섬의 미노아 궁전터 말리아에서는 식료품 저장고에 1만 헥토리터의 올리브유를 보관했던 것으로 밝혀졌다. 이곳의 1년 수요는 기껏해야 2000헥토리터를 넘지 못해 남는 양은 주변 지역에 수출했을 것으로 추정된다. 청동기시대부터 이미 올리브유는 중요한 교역품이었던 것이다. 지금도 올리브유 최대 수출국은 그리스이다.

그리스, 뒤늦게 해양 문화에 합류하다

그 뒤 페니키아의 자극을 받아 그리스에서도 기원전 7세기 이래 해안선을 따라 도시국가가 등장했다. 상업의 발전을 계기로 도시국가에는 수공업이 발달했으며 이 무렵에 그리스 반도에 작은 규모의 도시국가들이 본격적으로 생겨났다. 그리스의 본격적인 역사는 이스라엘이 아시리아에 패망할 때인 기원전 7세기 무렵 아테네, 스파르타, 코린트 같은 몇몇 주요 도시국가에서 시작된다. 그리스는 인구가 늘어나면서 바다로 나섰다. 곡물을 많이 들여와야 했기 때문이다. 고대 지중해권 세 나라 페니키아, 히브리, 그리스 가운데서 해양 진출은 그리스가 가장 늦게 출발한 셈이다.

최초의 서양 문화는 이들을 통해 탄생했다. 그리스 문화는 초기에 에게 문명 등 오리엔트 문화의 영향을 받으며 성장했다. 그 뒤 인접한 해양국가 페니키아인들로부터도 상당한 영향을 받았다. 그들로부터 바깥세상의 소식을 듣고 배 만드는 법과 해양 기술을 배웠다. 이후 그리스의 해양 개척이 페니키아의 행로를 답습하였다. 특히 금을 찾는 것과 연관되어 있었다.

나중에 그리스인들은 오리엔트와 페니키아 문화로부터 독립하여 성격이 다른 독창적인 문화를 발전시킴으로써 오늘날 유럽 문화의 원천이 되었다. 그리스 문명은 도시국가 문명이라는 것이 큰 특징이다. 이는 그리스 문명이 발달한 지역이 지정학적으로 세계 4대 문명의 발상지와는 달리 대규모 하천이 없고 내륙의 땅들이 척박하여 주로 해안가를 따라 도시국가가 형성되었기 때문이다. 이 점이 바로 커다란 강변을 중심으로 농사를 지었던 4대 문명의 발상지와 그리스 문명이 성격을 달리하는 점이다.

대규모 농경 지역이 아닌 시민 공동체 도시국가라는 독특한 자유로운 환경이 그리스인들로 하여금 군주 중심의 오리엔트와는 본질상 성격이 다른 독창적인 문화를 발전시킬 수 있게 했다. 인간 중심의 문명을 꽃피울 수 있었다. 자유가 있는 곳이라 창의성을 꽃피울 수 있었다. 고대 세계에서 그리스인만큼 자유를 위해 헌신적이고 인간과 인간 업적의 고귀함에 대한 믿음을 굳건히 지켰던 민족은 없었다. 그들은 우주 만물 중에서 가장 중요한 존재로서 인간을 찬양했다. 이로써 인간 중심의 휴머니즘 사상이 탄생했다.

그리스 해적과 가나안 사람들의 충돌

하지만 그리스인들이 바다에 배를 띄운 목적은 상업보다는 해적질, 정복, 해외 이주에 있었다. 해적에 관한 가장 오랜 기록은 호메로스의 〈오디세이〉에서 발견할 수 있다. 이집트 및 페니키아를 중심으로 한 해상무역으로 성시를 이루었던 동지중해와 에게 해 방면에는 연안지방의 해적이 판을 치고 있었다. 그중에서 소아시아의 킬리키아Cilicia와 그리스 본토는 해적의 거점이었다. 노획물 가운데 노예는 델로스 섬의 노예시장에서 매각되었다.

그리스인은 예로부터 해적 행위를 전쟁의 유리한 형식으로 보고, 해적은 공인된 일로 생각했다. 역사가 헤로도토스 등도 이를 비난하지 않았다. 이로써 해상무역에 국운을 걸고 있는 페니키아와 유대인들은 해상에서 그리스 해적들과 자주 부딪쳤다. 양쪽이 좋을 수 없는 관계였다.

약탈전쟁에서 상업으로

그리스는 산과 돌투성이인 구릉으로 이루어져 척박한 환경에 강한 올리브와 포도를 제외하고는 식량 재배에 부적합했다. 따라서 그리스 도시국가들은 일찍부터 침략전쟁을 통한 약탈과 해적질로 이를 충당했다. 그러나 뒤에는 약탈 대신 교역을 해야 한다는 것을 점차 깨닫기 시작했다. 그 뒤로 소아시아로부터 무역을 통해 농산물을 수입했다. 주로 올리브유, 포도주, 도기가 소아시아의 농산물과 교환되었다. 그리고 목재가 이집트, 키프로스, 에게 해의 여러 섬에 수출되었다.

강력한 갤리선의 등장: 교역을 급속도로 확대시키다

갤리선을 발명한 나라는 페니키아이지만 지중해 전역에 갤리선을 보급시킨 것은 바로 그리스이다. 그리스의 배는 노oar를 쓰는 갤리선으로 상징된다. 그리스의 갤리선은 선수부에 예리한 충각을 두고 눈을 그려 넣으며, 선미를 물고기 꼬리 모양으로 꾸미고 있다. 선수부의 의장으로 눈 모양과 선미부의 물고기 꼬리는 그리스 배만의 독특함이며 그 모양이 잘 조화를 이루어 배 전체가 사나운 물고기 형상을 나타내고 있다. 그리스의 전형적인 군선은 가벼우면서도 충격력이 뛰어났다.

그리스인들은 유라시아 지역에 산재해 있는 거의 모든 나라와 무역로를 개척했다. 그리스의 해상교역량이 커지자 해적들과 경쟁국 상선에게 당하는 빈도도 늘어갔다. 해상 보호의 필요성이 증대하자 처음부터 전투용으로 건조된 대형 갤리선이 등장했다. 1단 노선으로 불린 이 갤리선은 노를 젓는 곳이 1단으로 되어 있었으며, 속도가 빨랐다. 배 전체가 사나운 물고기 형상을 나타내고 있으나 이물과 고물이 높이 휘어져 보기에 우아했다. 뒤이어 노 젓는 곳이 상하 2단으로 된 갤리선이 등장해

∴ 갤리선

기원전 8세기의 주도적인 병선
이 되었다.

.ː. 3단 노선

갤리선은 상선과 전투선의 용
도를 합쳐놓은 배다. 배에 무기
를 장착하고 유사시 노잡이들이
군사가 되어 적선과 싸울 수 있
는 배이다. 이리하여 전쟁 중이
라도 무역로를 항해하면서 멀리는 중국과 이베리아 반도의 물품에
이르기까지 교역로와 교역량을 확대했다. 이렇듯 지중해 전역에 갤리
선을 보급시킨 것은 바로 그리스이다. 경제사에서 대형 갤리선의 출
현은 해상무역의 급속한 발전을 가지고 온 큰 획이었다. 더불어 교역
과 함께 그들의 헬레니즘 문화와 사상을 전파했다.

그 뒤 80~90년이 지나기 전에 최초의 3단 노선이 점차 병선의 선
두를 차지하게 되었으며, 3단 갤리선의 발전은 아테네에서 절정에 달
했다. 기원전 480년의 살라미스 해전에서 그리스 해군이 승리한 이
후 특히 두드러졌다. 그리스와 페르시아 간에 벌어진 살라미스 해전
은 세계 4대 해전 중 하나로 고대 세계의 가장 중요한 해전으로 세계
사를 유럽 중심으로 돌려놓은 문명사적 대전환점이 되었다. 이로써
그리스가 지중해 상권을 완전히 장악하였다. 기원전 4세기 중엽 아
테네인들은 4단 노 갤리선을 진수시켰고 바로 뒤이어 5단 노 갤리선
이 등장했다. 기원전 4세기 말에서 3세기 초에 걸쳐 동지중해에서 군
비확대 경쟁이 계속된 결과 5단 이상의 배들도 만들어졌다.

그리스, 에게 해에서 페니키아를 몰아내다

그들이 페니키아 상인을 거치지 않고 직교역을 하자 이윤이 놀라 우리만큼 늘어났다. 특히 올리브유와 목재 같은 경우 그 정도가 심했다. 그 뒤 그리스와 페니키아 그리고 유대인들은 치열한 경쟁 관계에 돌입한다. 나중에 그리스와 페니키아는 경쟁 관계를 넘어 적대 관계로 발전해갔다. 기원전 600년경에 그리스인들은 에게 해와 이오니아 해에서 페니키아인을 몰아냈다. 그들은 경쟁 관계에 있는 유대인들도 고운 눈으로 보지 않았다.

그리스, 200여 도시국가들의 연합체로 성장하다

고대 그리스 경제는 기본적으로 노예제를 근간으로 한다. 군인계층이었던 시민들은 농업을 비롯한 일반 산업과 유리되어 심신 단련 및 철학과 과학에 매진한 반면, 노예들이 생산 부문 전반에 걸친 노동에 투입되었다. 그러나 스파르타인들은 주로 농사를 짓는 사람들로 노예들의 반란을 두려워한 나머지 군사체제를 강화시켰다. 반면 시민 대부분이 상인, 문인, 뱃사람이었던 아테네는 이러한 이웃에 대항하기 위해 강력한 함선단을 키웠다. 이 무렵 이탈리아 남부와 시칠리아에 그리스계 도시가 건설되었다. 나중에 그리스는 200여 도시국가들의 연합체로 성장했다.

그리스, 해외 식민지로 눈을 돌리다

이렇듯 도시국가들이 늘어나자 그리스인들은 농업에 종사할 수 있는 경작지가 적어 국내 수확물로는 빠르게 늘어나는 인구를 제대로 부양할 수 없었다. 그들은 해외로 눈을 돌렸다. 일찍부터 살기 좋은 곳을 찾아 지중해 연안과 흑해 곳곳에 식민지와 상업 거점들을 건설했다. 고대 그리스 세계는 오늘날의 그리스 본토 이외에 지금의 터키 해안에서 에게 해의 무수한 섬, 이탈리아 반도의 남부 해안 지역과 시칠리아 섬, 그 외에 흑해 연안에 흩어져 살았다.

그리스의 식민도시들은 페니키아처럼 무역 거점이라기보다는 본토에 식량을 대어주는 곳이었다. 그런데 시간이 흘러 아테네가 식량의 대부분을 수입할 지경에 이르렀을 때 그들은 교역을 새로운 각도로 보기 시작했다. 기원전 5세기 무렵 그들은 상업에 중요성을 두기 시작했다. 무역도시도 늘고, 직업상인도 생겼으며, 외국과 협정도 맺었다. 전 지중해에 통용되는 상업의 관례를 받아들인 것이다. 식민지와 본국 사이에는 무역이 활발해졌다. 본국으로부터 식민지에 수출된 상품은 주로 수공업 생산품이다. 즉 올리브유, 주류와 더불어 집기, 직물, 피혁, 금속, 무기 등이었으며 식민지로부터 수입된 상품은 곡물, 광석, 노예 등이었다.

화폐, 조개와 비단이 돈의 기능을 하다

그리스 시대에 들어와서 화폐가 본격적으로 사용되었다. 화폐가 발명되기 이전 인간은 올리브, 씨앗, 소금 등 식량이나 조개껍데기 혹은 비단 등을 교환수단으로 사용했다. 이를 물품화폐라 한다. 기원전 25세기 바빌로니아 우루 제3왕조에서는 금, 은 합금의 천연물을 물품화폐로 사용했다는 설이 있다. 동양에서는 기원전 16~기원전 15세기 중국에서 조개를 물품화폐로 사용해오다 춘추시대인 기원전 8~기원전 7세기경 교역의 발달로 농기구, 칼 등을 본뜬 포전과 도전을 주조했다.

이 가운데 고대에서 어느 곳에서든지 가장 많이 통용되었던 화폐는 조개껍데기였다. 이것은 낚싯바늘, 바늘, 칼날 제작에 적당했다. 조개껍데기로 꿴 줄 또한 장신구로 수요가 대단했다. 조개껍데기는 유럽, 아프리카, 아시아의 전역에서 발견된다. 조개껍데기는 오늘날 달러에 해당했다. 가장 널리 유통되고, 쉽게 교환되고, 가장 안정한 가치를 지녔다. 실제 18세기 북아메리카 식민지 초기까지 여러 주화와 어울려 조개 화폐가 사용되었다. 화폐貨幣라는 용어 자체도 조개貝와 비단幣이 돈의 기능을 했던 데서 유래했다. 인간이 자급자족 시대를 넘어 물물교환에 나서고 한발 더 나아가 화폐를 사용한 것은 일대 혁명이었다.

서구 최초의 주화, 일렉트럼

아시리아(아수르)가 망하면서 그 영토는 크게 4분되었다. 신바빌로니아(바빌론), 이집트(에굽), 메디아(메데), 리디아로 쪼개졌다. 최초의 동전은 지금부터 약 3000년 전인 기원전 10세기에 소아시아 리디아 왕국에서 만들어졌다. 리디아 왕국은 중계무역을 하며 강바닥의 모래 밑에서 발견되는 금과 은의 천연적 혼합물인 '호박금'이 풍부했다. 상업이 발달하자 교환가치로 화폐의 제조 필요성에 눈뜨게 되었다. 이로써 세계 최초의 주화는 천연 호박금으로 만들어졌다.

∴ 최초의 동전인 리디아 왕국의 금화 일렉트럼. 전면에 사자의 모습이 새겨져 있고 금속의 무게를 왕이 보증하는 각인이 들어 있다.

리디아인이 만든 일렉트럼electrum(청금석)은 금 75%, 은 25%의 혼합물로 된

4.76g짜리로 최초의 표준화된 주화였다. 이것은 주화로서 일정한 형상, 품위, 무게를 정해 만들어진 최초의 화폐로, 리디아 왕 기게스는 엘렉트론화에 그 가치를 보증하는 각인을 새겨 사용했다. 이 동전은 소 다섯 마리 가치였다. 그 후계자 크로이소스는 기원전 550년경에 최초의 금화와 은화를 만들었다. 이것은 근동 각지에서 유통되었다.

기원전 6세기 페르시아가 리디아 왕국을 정복했으나 화폐 사용은 그대로 답습했다. 다리우스 1세 왕이 자신의 모습을 담은 경화를 만들었다. 그것은 무릎 꿇고 있는 궁수의 모습이었다. 그 모습은 왕으로서가 아니라 대지신으로서의 다리우스였다. 이것이 의미하는 바는 왕뿐 아니라 신이 경화의 가치를 보증한다는 것이다. 금화는 다리우스의 이름을 따라 다라카야darayaka로 불렸다.

이 지방을 페르시아가 점령해 통치하면서 동전의 사용은 전체 근동 지방으로 번져나가기 시작했다. 다리우스는 대략 5.40g 정도의 금화와 8g 정도의 무게를 단위로 하는 은화를 기반으로 한 새로운 통화 시스템을 소개했다. 금화는 세겔shekel, 은화는 드라크마drachma를 화폐단위로 정하고, 금은 복본위제도를 채택했다. 당시 금화와 은화의 교환비율은 1:13.5였다. 이 비율은 그 뒤 약 2000년간에 걸쳐 세계 각지에서 쓰였다.

그리스의 지중해 상업 거점 800여 개에 달하다

그 뒤 그리스인들은 일렉트럼을 보고 규격이 일정한 금속화폐의 유용성에 탄복하여 주화를 만들기 시작했다. 고대 그리스인들은 기원전 7세기경 처음에는 표준화된 철물鐵物을 교환 목적에 사용했는데 철물의 대표 주자는 바로 쇠꼬챙이였다. 그 뒤 구리를 이용하여 동전을 만들었다. 이것이 구리를 소재로 한 주화인 '동전'의 기원이다.

그리스인에 의해 상업과 교역이 발달하자 기원전 7세기에 이미 동전이 활발하게 주조되었다. 동전 형태의 주화가 처음 등장한 것은 고대 소아시아의 리디아 왕국이지만 그리스에 이르러 본격적으로 상거래에 사용되기 시작한 것이다. 기원전 5세기 그리스의 역사가 헤로도토스는 이 문제에 대해 "리디아인의 풍습과 습관은… 젊은 여자들에게 일상화되어 있던 매춘이란 점 외에는 그리스인과 별반 다르지 않다. 기록에 의하면 그들은 금, 은을 경화를 사용한 최초의 민족이다"라고 적고 있다.

기원전 7세기부터 화폐가 본격적으로 확산되었다. 이를 보면 그리스가 농업경제에서 상업경제로 빨리 옮겨 갔음을 알 수 있다. 이전에는 농업, 목축업 그리고 전쟁이 가장 중요한 국부 증대사업이었지만 차츰 상업과 교역의 비중이 커졌다. 그리스 식민지들은 지중해 교역 중심지들로 성장했다. 식민지라도 정치적 독립성을 갖고 있었다. 그

⁂ 기원전 550년경의 그리스, 로마, 페니키아−카르타고의 영역

수가 훗날 약 800여 개에 달했다. 당시 그리스 반도의 폴리스와 자치체였던 식민도시들을 다 합치면 그 수가 1000개 이상이었다는 이야기다.

이후 그리스가 번영하며 이들은 지중해에서 무역도 하고 수많은 전쟁을 치렀다. 페니키아는 그리스와 로마의 출현에 의해 점차 쇠퇴하기 시작했다. 그리스의 여러 도시국가 가운데 상업이 가장 발달한 곳은 아테네로 뛰어난 항해술이 뒷받침했다.

아테네 은화, 기축통화 되다

기원전 6세기 아테네에서 제조된 은화의 부엉이는 전쟁과 지혜의 여신인 아테나를 상징한다. 부엉이는 어두운 곳에서 남이 보지 못할 때 홀로 잘 볼 수 있는 능력을 가진 짐승이다. 이것은 남이 못 보는 것을 볼 수 있

∴ 아테네 여신과 그리스 4드라크마 은화

는 초능력과 통하고, 현명하다는 의미도 되기 때문에 지혜를 대표하는 상징으로 사용되고 있다. 로마 신화에서는 지혜의 여신을 '미네르바'라 부른다. 이것들은 질 좋은 은화로 지중해 연안의 국제화폐가 되었다.

솔론, 기축통화를 실현시키다

기원전 6세기 그리스의 대정치가 솔론은 그리스의 일곱 현인 가운데 한 사람이다. 그는 아테네 경제 진흥책의 일환으로 아테네와 페르시아 사이의 무역을 증가시킬 방안을 모색했다. 그러기 위해서는 먼저 양국 간의 화폐 통일이 필요했다. 그는 곧 아테네 드라크마와 페르시아 화폐를 등가로 만들어 서로 자유롭게 교환할 수 있게 했다. 드라크마의 은 함유량을 줄여 역사상 최초로 화폐가치를 하락시킨 것이다. 그의 의도는 성공했다. 이로써 페르시아는 물론 이오니아, 흑해, 시실리, 아프리카로부터 경화가 아테네로 몰려들었다. 아테네 은화가 가장 널리 유통되는 화폐가 되었다.

아테네인들은 드라크마 이상의 단위를 갖고 있었다. 100드라크마는 1미나이고, 60미나는 1달란트가 되었다. 그리스인들은 이처럼 10진법의 길로 이미 들어섰는데 이것은 바빌로니아인들의 제도보다 더 실제적이었다. 이후 아테네인들은 그들의 긴 역사를 통해 화폐단위와 무게를 변경시키지 않았다.

아테네는 그리스 화폐 주조의 중심지였다. 더구나 기원전 483년에 발견된 라우리움Laurium의 대규모 은광은 국부를 획기적으로 높여주었을 뿐만 아니라 아테네의 해군력을 향상시켜 페르시아군을 무찌르는 계기가 되었으며 민주주의 정착을 앞당겼다. 기원전 449년에 아테네는 그리스 전역에 아테네식 주화와 도량형 사용을 강제하는 통화법령을 반포했다. 이는 경제적 교환의 거래비용을 최소화하는 데 큰 도움이 되었다. 이로써 기원전 5세기 아테네의 항구 피레우스Piraeus가 지중해 세계의 중심지가 될 수 있었다. 이것은 주로 통일된 화폐제도의 혜택을 입었기 때문이다. 아테네 은화가 그 시대의 기축통화가 된 것이다.

아테네, 세계 무역의 중심지 되다

기축통화의 위력은 대단했다.
이를 계기로 에게 해뿐 아니라
지중해 상권이 페니키아로부터
아테네로 넘어왔다. 해상무역 권
력의 추가 이동한 것이다. 해상
무역뿐만이 아니었다. 지중해 경
제권 중심축이 완전히 아테네로

∴ 피레우스 항구

이동하였다. 아테네의 항구인 피레우스는 무역상과 환전상의 본고
장이 되었다. 피레우스에서 일하는 큰 상인들은 대부분 외국인이었
는데 특히 유대인들의 활약이 돋보였다. 유대 무역상들은 어디에서
어떤 상품을 구할 수 있는지 파악하는 정보 수단을 갖고 있었으며
환전상들은 각국 화폐에 정통하였다.

아테네의 시장경제는 오늘날 뉴욕과 별반 다를 바 없다. 개인 창고
업, 항해인, 은행가 같은 서비스 제공자들의 복합체가 피레우스 항
구를 중심으로 발전했다. 결국 이곳은 지중해 전역의 항구 간 상품교
역의 국제 청산소로 성장했다. 흑해, 시칠리아, 이집트 등지에서 도착
하는 곡물의 수급에 따라 가격이 결정됐다. 그리고 이는 지중해 지역
전체의 표준이 됐다. 화물에 물리는 2%의 세금 덕분에 국고는 크게
불어났다. 아테네는 큰 배들이 더 많이 들어오도록 방파제, 도크, 준
설 서비스 등 인프라를 개선했고 화물선을 보호하기 위해 호송대를
파견하기도 했다.

화폐 전성시대의 도래

기원전 5세기 말에는 아테네의 주화를 본떠 그리스 도시국가 모두가 거의 독자적 화폐를 만들어 사용하였다. 크니도스 경화에는 미의 여신 아프로디테의 두상이 새겨져 있다. 시라큐스에서는 승리의 여신인 니케를, 아르고스에서는 포세이돈의 거북이를, 에피세스에서는 아르테미스의 성스러운 별을, 메타폰트에서는 디메터의 성스러운 보리 이삭을 새겼다. 그것이 차츰 남부 이탈리아·소아시아·시칠리아의 여러 도시로 파급되었으며, 헬레니즘 시대에는 오리엔트에도 퍼졌다. 기원전 3세기 무렵에는 고대 인도도 그리스의 영향을 받아 왕이나 아폴론 상을 새긴 화폐를 주조했다.

기원전 4세기 아리스토텔레스는 당시 교역에 쓰였던 화폐의 기원을 다음과 같이 명료하게 기술하고 있다. "각종 생활필수품은 쉽게 가지고 다닐 수 없으므로 사람들은 철이나 은같이 본질적으로 유용하고 생활을 위해 쉽게 사용할 수 있는 물건을 서로의 거래에 이용할 것에 합의했다. 이러한 물건의 가치는 처음에는 크기나 중량으로 측정됐으나 시간이 경과함에 따라 일일이 계량해 가치를 기재하는 수고를 줄이기 위해 사람들은 그 위에 각인하게 됐다."

그 뒤 동전은 금속 조각에 국가권력을 상징하는 도안을 집어넣어 찍어냈다. 고대사회에서 돈은 상업 및 교역뿐만 아니라 군인에게 지불되는 급료로서 군대를 지탱해주었다. 사회 전반의 필수적인 교환수단으로 이용되었다. 화폐를 발명한 덕분에 똑같은 기준에 의거하여 모든 물건의 가치를 측정하는 일이 가능하게 되었다. 페르시아 제국은 세금을 금으로 받았다. 알렉산더 대왕에 의해 정복당한 후에는 이 금들이 알렉산더 제국 금화의 기초가 되었다.

고대 이스라엘, 민간이 주도한 최초의 화폐 발행

고대 이스라엘에서도 페르시아의 영향으로 동전이 비교적 일찍부터 통용되었다. 예루살렘에서 주조된 고대 히브리어로 '예후드YHD'라고 새겨진 은전은 기원전 400년경부터 쓰였다. 지름 6~8mm의 예후드 은전은 최초의 유대 동전으로 예루살렘에서 주조된 것으로 보인다. 이때부터 서기 135년 코르 코크바

∴ 예후드 은전

혁명 시대까지 약 530년간 비교적 독자적인 고대 히브리어나 아람어로 새겨진 독특한 유대 동전들이 유통되었다.

∴ 코르 코크바 은전

특히 유대인들은 로마 점령 시대 이후에도 그들의 성전에 바치는 헌금에 다신교를 믿는 이방 동전을 사용치 못했기 때문에 일찍부터 성전 주변에 그들이 자체적으로 주조한 은화와 로마 주화를 교환해주는 환전상이 발달했다. 원래 주화의 제작은 국가의 독점적 권한이다. 유대인들은 국가가 아닌 민간이 주도한 최초의 화폐를 발행했다. 이러한 민간 주도의 화폐 발행은 훗날 세계 화폐 발행의 역사를 주도하게 된다.

이것이 성전세 납부용으로 사용된, 예루살렘에서 주조된 화폐 세겔 은화이다. 이 은화는 반half 세겔짜리다. 당시 성전세는 성인 남자 1인당 반 세겔로 정해져 있어 싫든 좋든 일반 화폐 데나리온을 반드시 반 세겔 또는 1세겔로 환전해야 했다. 그 과정에서 상당한 차익이 대제사장의 손으로 흘러들어 갔다.

솔론의 개혁

아테네, 민주주의와 토지사유제의 인정

아테네가 경제사에 크게 공헌한 것이 있다. 다름 아닌 민주주의와 토지사유제의 인정이 그것이다. 이는 훗날 자유시장경제의 중요한 밑거름이 된 정치체제다.

기원전 594년 그리스 일곱 현인의 한 사람이자 당시 집정관이었던 솔론은 이른바 '솔론의 개혁'을 단행했다. 아테네 시민들에게 역사상 최초로 민주주의의 기초가 되는 법령을 공포한 것이다. 개혁 내용은 당시로는 가히 혁명적이었다. 먼저 빚진 자들에게 빼앗겼던 땅들을 모두 돌려주고, 노예들을 해방시켰다. 당시 귀족들이 독점했던 정치를 시민들도 부의 정도에 따라 참여할 수 있게 하였다. 이로써 도시국가 아테네에서는 직접민주정치가 시행되었다.

유대인의 희년제를 본받은 솔론의 개혁

솔론의 개혁이 나온 배경을 보자. 기원전 6세기 초는 아테네인들에게는 어려운 시기였다. 세습 귀족계급이 사회를 지배하면서 가장 좋은 땅을 소유하고, 정치를 독점하며, 파벌 싸움에 골몰해 있었다. 가난한 농민들은 쉽게 그들의 채무자로 전락해 빚을 갚지 못할 때는 자기 소유의 땅에서 농노 신세가 되거나 심한 경우에는 노예로 팔려 갔다. 중간 계급인 중농·수공업자·상인은 정치에서 배제되어 불만이었다. 이렇듯 아테네는 유력자들과 데모스demos(시민) 사이에 오랫동안 알력이 있었다.

가난한 자들은 예속민pelatai, dependants이라 불렸는데 이는 그들이 유력자의 농지에서 일하고 소출의 6분의 1을 바쳤기 때문이다. 만일 임대료를 내지 못하면 감옥에 갇히고 심하면 노예가 될 수 있었다. 모든 부채는 솔론의 시대까지 인신人身을 담보로 설정되었다. 이 체제에서 대중이 가장 공포를 갖는 것이 바로 노예가 되는 것이었다. 다수가 소수의 노예화가 되자 시민들이 유력자들에 대해 반기를 들었다. 분쟁은 격심했고 오랫동안 대립했다. 결국 양측은 기원전 594년에 솔론을 조정자이자 집정관으로 임명하는 데 동의하여 국가를 그에게 위임했다.

솔론은 집정관이 되자 개혁을 단행했다. 솔론은 귀족 계급의 권력 독점을 막고 대신 부유한 시민이 같이 통치하는 제도를 도입했다. 그는 곡물, 기름, 포도주 등 주요 농산물을 기준으로 연간 소득을 조사해 시민을 4등급 소득 계층으로 나누었다. 이때부터 참정권과 군사 의무는 출신 성분에 관계없이 이 소득 등급을 토대로 배분되었다. 모든 시민에게 민회에 참석할 권리가 주어졌다. 최하층에게도 참석할 권리를 주어 평민의 불만을 해소시키려 한 것이다. 이리하여 장차 민주 정치의 토대가 마련되었다. 또한 각 부족으로부터 100명씩 400인 회를 만들어 민회에 제출할 안건을 마련케 했다.

솔론은 유대인의 희년제를 본받아 부채 탕감을 시도했다. 희년제란 50년마다 돌아오는 희년에 모든 부채를 탕감하고 토지를 원 소유주에게 돌려주며 모든 노예를 해방시키는 유대인의 아름다운 제도이다. 희년에 대해서는 구약성서 레위기(25:8-55)에서 희년 계산법, 대속죄일의 선포, 휴경에 관한 규정, 노예 해방 등에 대해 상세히 설명하고 있다. 희년은 이스라엘 백성들의 이상이었던 평등공동체의 회복을 뜻한다. 희년법을 통해 다시 한 번 평등한 하느님 나라의 건설을 희망했던 것이다. 그래서 희년이 되면 채무를 탕감해주고, 노예에게 자유를 주고, 수감되어 있던 죄수들에게도 사면을 베풀었다. 더 나아가 가축과 땅에까지 휴식의 시간을 주었다.

솔론은 기원전 594년에 아테네의 모든 채무자의 빚을 말소했다. 그리고 채무자를 노예로 삼는 제도 자체를 폐지하는 법률을 통과시켰다. 그 뒤 솔론은 빚을 탕감하고 땅을 재분배했지만 그때까지 소작 농노들이 경작했던 땅은 귀족들이 계속 소유할 수 있게 해주었다. 그러면서도 일부 토지에 대해서는 귀족들의 양해 아래 농민들에게 돌려주는 상환제도를 시행했다. 그리고 개인이 소유할 수 있는 토지의 상한선을 정하여 부의 집중을 막았다.

원래 솔론의 개혁은 고리채 문제를 해결하기 위한 것이었다. 채무자들이 처음에는 자녀를, 나중에는 자기 자신을 노예로 팔지 않을 수 없는 상황에 처하는 경우가 많았다. 이에 따라 노예 수가 증가하면서 시민사회가 붕괴 위기에 처했다. 그러자 솔론은 채무 무효를 선언하고 채무 때문에 외국으로 팔려 간 자들과 도망간 자들을 돌아오게 했다.

구약에 나오는 유대교의 희년도 고리채와 관련이 깊다. 구약성서에는 "너희는 또 일곱 해를 일곱 번 해서, 안식년을 일곱 번 세어라. 이렇게 안식년을 일곱 번 맞아 사십구 년이 지나서 일곱째 달이 되거든 그달 십 일에 나팔 소리를 크게 울려라"(레위기 25:8-9)라는 대목이 나온다. 또 "너희 동족 가운데 누가 옹색하게 되어, 너희에게 의탁해야 할 신세가 되거든… 너희는 그에게 이잣돈도 놓지 못하고, 그에게 양식을 장리로 꾸어주지도 못한다"(레위기 25:35-37)라는 구절도 나온다. 희년이 되면 몸이 팔려나간 자들에게 자유를 선물함으로써 고리채에 의해 유대인 공동체가 붕괴되는 것을 막았다.

솔론은 또한 인신을 담보로 이루어지는 대부 행위를 금지했으나 토지의 재분배를 요구하는 빈민들의 주장을 전면적으로 받아들이지는 않았다. 대신 농업으로 살아갈 수 없는 사람들에게는 대체할 직업을 제공해주었다. 예컨대 상업과 전문직이 장려되었으며 올리브 유를 제외한 농업 생산물의 수출을 금지시켜 인플레이션을 억제시켰다. 한편 여태까지 사용하던 것보다 더 적합한 기준에 의거해 아테네 고유의 주화를 제조함으로써 주화 사용이 촉진되었고 새로운 도량형이 도입되었다. 빈곤은 완전히 퇴치되지는 않았어도 솔론의 개혁 이전과 같은 절박한 문제는 더 이상 일어나지 않았다.

솔론이 자신의 과업을 완수했을 때 각계각층에서는 불만이 쏟아져 나왔다. 땅이 없고 기술만 있는 장인 그룹은 자신들이 정치에서 배제되었음을 깨닫고 폭동을 일으켰다. 그리하여 대지주 5인, 농민 3인, 장인 2인으로 하는 최고평의회가 구성되었다. 또 귀족들은 그가 부분적인 개혁에 머물기를 바랐다. 반면 빈민들은 거꾸로 모든 토지의 평등한 분배를 원하면서 그 같은 재분배를 실시하기 위해 필요하다면 그가 참주가 되어도 좋다고 생각했다. 그러나 솔론은 비록 자유, 정의, 인도주의에 관심이 있기는 했지만 결코 평등주의자는 아니었다. 또 독재권력을 장악하려는 야심도 없었다. 아테네인들은 불만을 갖기는 했어도 솔론의 처분대로 따르겠다고 한 약속을 지켰다. 그의 조치는 100년간 효력을 갖는 것으로 선포되었고 회전 나무판에 새겨져 모든 사람이 볼 수 있게 게시되었다. 이후 그는 더 이상의 논란과 해명을 피해 여행을 떠났다.

그 무렵 대부분의 그리스 도시국가들은 참주가 다스렸다. 참주란

힘센 귀족을 지칭하는 말로 영어로는 'tyrant'로서 독재자란 뜻이다. 스파르타 같은 도시국가는 소수가 지배하는 과두정치체제였다. 솔론이 아니었더라면 아테네도 다른 도시에서 그랬듯이 혁명과 뒤이은 참주(독재)정치로 귀결되었을지도 모른다. 솔론은 그리스인의 기본 미덕인 중용의 덕을 구현했다. 그는 최악의 빈곤 상태를 종식시키고 동료 시민들에게 조화로운 정치체제와 인도적인 법전을 제시해주었다. 솔론의 개혁은 미완으로 끝나 그 뒤 아테네에서 참주정치가 시행되기도 했지만 역사적으로 보면 솔론의 개혁으로 아테네의 민주주의는 크게 성장할 수 있었다.

민주주의 패러독스, 부와 노예제도 위에 탄생한 민주주의

아테네가 이렇게 직접민주주의 정치체제를 갖출 수 있었던 것은 풍요로운 국부와 노예제도가 있었기 때문이다. 고대 다른 나라들은 부의 원천이 토지였다. 토지를 토대로 봉건주의 정치체제를 이루었다. 반면 아테네는 기원전 483년 매장량이 풍부한 라우리온 은광이 발견되어 매년 25톤에 달하는 많은 은을 생산하였다. 이로써 아테네에서는 기원전 3세기 말까지 은화만 주조되었다. 이 은광 덕에 시민들은 엄청난 소득을 올렸다.

당시 아테네에서는 국유재산 가운데 국가에서 필요한 분량 이외의 잉여분은 시민에게 분배하는 관습이 있었다. 시민들은 노동을 안 해도 풍족하게 먹고살 수 있었다. 게다가 당시 한 집에 2~3명 이상의 노예들이 있어 그들이 모든 육체노동을 대신했다. 시민들이 노예제도로 인해 가사일에서조차 자유로웠다.

사람들이 농사에 매달리지 않고도 풍요롭게 살 수 있게 되자 생업에서 해방되어 철학사상과 정치에 관심을 갖기 시작했다. 그들은 틈만 나면 마을 광장에 모여 철학과 정치를 논하였다. 사람들이 모여들자 자연히 시장도 형성되었다. 원래 어원이 '모이다'란 뜻의 아고라agora는 그리스 도시국가의 중심에 있는 광장을 의미한다. 정치적인 광장과 시장을 겸한 독특한 것으로 그 주변에는 관청과 신전 등 공공건물이 세워져 있었다. 기원전 5세기의 역사가 헤로도토스는 아고라의 유무가 그리스인과 비그리스인을 구별한다고 하였다. 폴리스의 시민은 하루의 대부분을 아고라에 모여 정치와 사상 등을 토론하는 등 아고라는 일상생활의 중심이 되었다.

그러나 아테네의 민주정치는 오늘날의 민주정치와는 시민 개념이 다르다. 당시 시민은 양친이 모두 아테네 시민인 18세 이상의 성년 남자만을 뜻한다. 따라서 여자, 외국인, 노예는 시민에 속하지 않았다. 기원전 5세기경 아테네의 13만~15만 인구 가운데 10만이 노예였다. 이때의 노예들은 주로 채무를 갚지 못한 평민들과 전쟁포로 노예들로 구성되어 있었다. 해적들의 인신 약탈을 통해 공급된 수도 적지 않았으며 몰락한 평민들이 자기 가족을 판 숫자도 상당했다. 시민들이 정치하는 동안 이들은 노동을 해야 했다. 시민의 수는 전체 인구의 14%에 불과했다. 특별 소수에게만 제한된 민주정치였다.

부의 분배도 시장과 민주주의가 주도

고대 다른 나라에서는 토지가 신전이나 절대군주 또는 소수 귀족들의 소유였다. 아테네에서는 토지의 개인 소유가 점차 인정되기 시작했다. 민주정치에서 탄생한 시민사상이 기폭제였다. 시민도 공동체의 일원임을 인정한 것이다. 훗날 로마 시대에 가서 사유재산제도가 법적으로 성문화된다.

경제사적 관점에서 보면 화폐와 민주주의의 출현은 왕정, 성직자와 기사, 군인에게 편중되어 있던 권력이 상인에게 넘어가는 결과를 낳았다. 그리스 도시국가들이야말로 그간 사제, 군주, 봉건영주들에 의해 주도되었던 부의 분배 방식을 '시장과 민주주의'라는 가히 혁명적인 모델을 고안해내어 상인과 시민들이 직접 주도할 수 있도록 바꾸어놓은 나라다.

고대 그리스인들은 자신들을 헬레네스로 불렀다. 자신의 종족을 헬렌의 후손으로 여겼기 때문이다. 그러니까 헬레니즘이란 이 그리스인들을 하나로 묶는 의식을 의미한다. 그리스인과 그 문화의 독특성을 인식하고 그것을 다른 종족이나 그 문화와 구분하려는 우월적 태도이다. 그리스인은 500년 동안 번영을 누리며 그들의 독창적이면서도 월등한 문화인 헬레니즘을 퍼뜨렸다. 헬레니즘 시대에는 그리스와 접촉한 모든 나라는 마치 마술에 걸린 것처럼 모두 그리스화되었다.

가나모리 히사오 지음, 정재철 옮김, 《흥망 세계경제》, 매일경제신문사, 1995

강영수 지음, 《유태인 오천년사》, 청년정신, 2003

갤브레이스 지음, 장상환 옮김, 《경제학의 역사》, 책벌레, 2009

공병호 지음, 《인생은 경제학이다》, 해냄, 2006

권홍우 지음, 《부의 역사》, 인물과사상사, 2008

기 소르망 지음, 김정은 옮김, 《자본주의 종말과 새 세기》, 한국경제신문사, 1995

김경묵·우종익 지음, 《이야기 세계사》, 청아출판사, 2006

김욱 지음, 《세계를 움직이는 유대인의 모든 것》, 지훈, 2005

김욱 지음, 《유대인 기적의 성공비밀》, 지훈, 2006

김종빈 지음, 《갈등의 핵, 유태인》, 효형출판, 2001

김진영·김진경 지음, 《수수께끼의 고대문명》, 넥서스, 1996

대한성서공회 지음, 《공동번역 성서》, 대한성서공회, 2005

데릭 윌슨 지음, 신상성 옮김, 《가난한 아빠 부자 아들 3》, 동서문화사, 2002

마빈 토케이어 지음, 이찬일 옮김, 《성경 탈무드》, 선영사, 1990

막스 디몬트 지음, 이희영 옮김, 《세계 최강성공집단 유대인》, 동서문화사, 2002

머니투데이 국제부 지음, 《월가 제대로 알기》, 아카넷, 2005

문미화·민병훈 지음, 《유태인 경제교육의 비밀》, 달과소, 2005

미야자키 마사카츠 지음, 오근영 옮김, 《하룻밤에 읽는 세계사 1》, 알에이치코리아, 2012

박윤명 지음, 《상식 밖의 동양사》, 새길, 1995

박은봉 지음,《세계사 100장면》, 실천문학사, 1998

박재선 지음,《세계사의 주역, 유태인》, 모아드림, 1999

박재선 지음,《유태인의 미국》, 해누리, 2002

브라이언 랭커스터 지음, 문정희 옮김,《유대교 입문》, 김영사, 1999

비토리오 주디치 지음, 최영순 옮김,《경제의 역사》, 사계절, 2005

사카키바라 에이스케 지음, 삼정 KPMG경제연구소 옮김,《경제의 세계세력도》, 현
　암사, 2005

사토 다다유키 지음, 여용준 옮김,《미국 경제의 유태인 파워》, 가야넷, 2002

새뮤얼 애드셰드 지음, 박영준 옮김,《소금과 문명》, 지호, 2001

시오노 나나미 지음, 김석희 옮김,《로마인 이야기》, 한길사, 2007

쑹훙빈 지음, 차혜정·홍순도 옮김,《화폐전쟁 1·2》, 알에이치코리아, 2014

안효상 지음,《상식 밖의 세계사》, 새길, 1997

애디슨 위긴 지음, 이수정 옮김,《달러의 경제학》, 비즈니스북스, 2006

에른스트 곰브리치 지음, 이내금 옮김,《곰브리치 세계사 1, 2》, 자작나무, 1997

오오타류 지음, 양병준 옮김,《유태7대 재벌의 세계전략》, 크라운출판사, 2006

우태희 지음,《월스트리트 사람들》, 새로운제안, 2005

육동인 지음,《0.25의 힘》, 아카넷, 2009

윤승준 지음,《하룻밤에 읽는 유럽사》, 알에이치코리아, 2004

이강혁 지음,《스페인 역사 100장면》, 가람기획, 2006

이라유카바 최 지음,《그림자 정부(경제편)》, 해냄, 2005

자크 아탈리 지음, 양영란 옮김,《미래의 물결》, 위즈덤하우스, 2007

정성호 지음,《유대인》, 살림, 2003

존 고든 지음, 김남규 옮김,《월스트리트 제국》, 참솔, 2002

찰스 가이스트 지음, 권치오 옮김,《월스트리트 100년》, 좋은책만들기, 2001

찰스 킨들버거 지음, 주경철 옮김,《경제강대국 흥망사》, 까치, 1005

최영순 지음,《경제사 오디세이》, 부키, 2002

최영순 지음,《성서 이후의 유대인》, 매일경제신문사, 2005

최용식 지음,《돈버는 경제학》, 랜덤하우스, 2008

최용식 지음, 《환율전쟁》, 퍼플, 1012

최재호 지음, 《유대인을 알면 경제가 보인다》, 한마음사, 2001

최창모 지음, 《이스라엘사》, 대한교과서, 2005

최한구 지음, 《유대인은 EQ로 시작하여 IQ로 승리한다》, 한글, 1998

코스톨라니 지음, 김재경 옮김, 《돈, 뜨겁게 사랑하고 차갑게 다루어라》, 미래의창,
　2005

쿠사카리 류우헤이 지음, 지탄현 옮김, 《소로스의 모의는 끝났는가》, 지원미디어,
　2000

폴 존슨 지음, 김한성 옮김, 《유대인의 역사》, 살림, 2014

피터 번스타인 지음, 안진환·김성우 옮김, 《신을 거역한 사람들》, 한국경제신문사,
　2008

홍성국 지음, 《세계 경제의 그림자 미국》, 해냄, 2005)

후지다 덴 옮김, 진웅기 옮김, 《유태인의 상술》 범우사, 2008

홍익희 지음, 《21세기 초 글로벌금융위기의 진실》, 지식산업사, 2010

홍익희 지음, 《유대인, 그들은 우리에게 누구인가》, 지식산업사, 2010

홍익희 지음, 《유대인 이야기》, 행성B잎새, 2013

홍익희 지음, 《유대인 창의성의 비밀》, 행성B잎새, 2013

홍익희 지음, 《세 종교 이야기》, 행성B잎새, 2014

우광호 기자, 〈유대인 이야기〉, 《가톨릭신문》

샤프슈터 박문환, 〈고수투자 데일리〉, 《한경와우넷》

홍익희의
유대인 경제사 1
세계 경제의 기원
고대 경제사 上

1판 1쇄 인쇄 | 2015년 9월 10일
1판 6쇄 발행 | 2024년 4월 22일

지은이 홍익희
펴낸이 김기옥

경제경영팀장 모민원
기획 편집 변호이, 박지선
마케팅 박진모
경영지원 고광현
제작 김형식

디자인 푸른나무디자인

인쇄 · 제본 프린탑

펴낸곳 한스미디어(한즈미디어(주))
주소 121-839 서울시 마포구 양화로 11길 13(서교동, 강원빌딩 5층)
전화 02-707-0337 | 팩스 02-707-0198 | 홈페이지 www.hansmedia.com
출판신고번호 제 313-2003-227호 | 신고일자 2003년 6월 25일

ISBN 978-89-5975-859-3   14320
ISBN 978-89-5975-861-6(세트)

홍익희의
유대인
경제사

가이드북

한스미디어

최고의 유대인 전문가가 정리한
살아 있는 유대인 경제사

"오늘날 전 세계의 부와 권력을 거머쥔 유대인의 힘은
과연 어디에서 나오는가?"

고대부터 현대까지, 동시대 동서양의 경제사를 씨줄로
과학과 기술의 발달을 날줄로 엮어 세계 경제사를 입체적으로 보여준다!
그들의 5000년 역사를 통해 우리 미래의 성장동력을 어디에서 찾을 수
있는지 그 해답을 살펴보자!

《홍익희의 유대인 경제사》
완간 기념 세트 출시!

장장 1년 6개월에 걸친 《유대인 경제사》 시리즈 마침내 완간!

유대인의 역사는 곧 세계의 경제사!

《유대인 경제사》를 읽지 않고서는 세계 경제사를 논하지 말라!

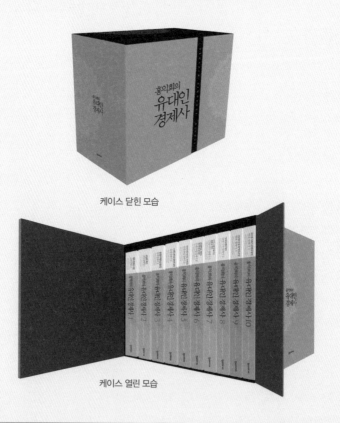

케이스 닫힌 모습

케이스 열린 모습

출시일 _2017년 2월

분야 _경제경영 > 경제사

값 _126,000원

세트 구성

한정판으로 제작된 고급 케이스

총 10권의 《유대인 경제사》

유대인과 유대교를 상징하는 '다윗의 별' 디자인의 북마크. 도금으로 제작되어 고급스럽고 원형이라 사용하기에도 편리하다.

《유대인 경제사》 시리즈를 소개하고 1~10권까지의 내용을 간략하게 정리한 가이드북. 전체 흐름을 먼저 살펴볼 수 있게 해 이해도를 높여준다.

《홍익희의 유대인 경제사》 가이드북
목차

1

세계 경제의 기원
고대 경제사 上
THE ORIGIN OF THE WORLD ECONOMY

아브라함 시대부터 그리스까지
세계 경제의 기원을 밝힌다

《유대인 경제사》 시리즈는 '세계 경제의 기원'을 밝히는 것으로 첫 권을 시작한다. 인류 최초의 도시 예리코에서 발생한 문명에서 시작해 수메르 문명 말기에 살았던 유대인의 조상 아브라함이 어떻게 하느님과 영원한 계약을 맺게 되었는지를 소개한다. 본격적인 핍박의 역사가 시작되는 '엑소더스' 이야기에서는 유대 민족 전체가 겪게 되는 고난이 어떤 것이었는지 알 수 있다. 유대인은 이러한 역경을 통해 그들만의 생존술을 익히게 된다.

시간이 흘러 철기문명이 탄생한 뒤 일어난 인류의 대이동과 페니키아와 히브리, 그리스 시대의 무역까지 1권에서 다룬다.

✡ 아브라함 시대의 다신교 사회

유대인의 역사를 기록한 책이 있다. 바로 구약성서이다. 구약성서 창세기는 인류의 3대 조상에 대해 쓰고 있다. 첫째 조상은 아담이요, 둘째 조상은 노아요, 셋째 조상은 아브라함이다. 이 중 가장 자세히 쓴 게 아브라함이다.

유대 민족의 출발점을 이해하기 위해선 유대인의 조상 아브라함이 살았던 우르의 수메르 문명을 알 필요가 있다. 유목민 출신인 줄 알았던 아브라함은 수메르 문명이 가장 발달했던 우르의 한 부유한 가문에서 태어나 자랐다. 그 무렵 아브라함이 살았던 갈대아 우르는 교역이 활발한 국제 항구도시였다. 당시 우르의 수메르 문명은 놀랍도록 발달한 고등 문명이었는데, 너무 물질이 발달하자 부작용도 일어났다. 사람들이 지나치게 타락하고 우상숭배와 음란이 만연했다.

수메르 문명이 고도로 발달한 문명이라는 사실은 수메르 점토판의 문자가 판독된 20세기 전후 해서야 밝혀졌다. 그때까지 고대 오리엔트에 대한 지식은 성서와 기원전 5세기 그리스 역사가 헤로도토스가 쓴 《역사》 기록이 거의 전부였다. 예전 사람들은 땅속을 파헤쳐 유물을 찾는다는 생각을 미처 하지 못했다. 19세기 중엽에 이르러서야 고고학자들이 옛 문헌에 비추어 심증이 가는 곳의 땅속을 파보기 시작했다. 수메르 문명은 성서에서 실마리를 찾으려는 고고학자들 덕분에 발견됐다.

글이 적힌 점토판들이 대량으로 발견되었다. 그 옛날에 글이 있었던 것이다. 이를 해독함으로써 우리는 수메르 문명의 실체를 정확히 알게 되었다. 한마디로 대단한 문명이었다. 이러한 수메르 문명과 문화, 그리고 신화와 종교는 주변과 후대에 큰 영향을 미쳤다. 가나안을 거쳐 히브리 문화와 유대교에도 반영된 것으로 보인다.

아브라함이 살았던 수메르 문명 말기의 가나안 사람들은 바알신과 아세라 여신을 믿었다. 바알신은 풍요를 가져다주는 비와 폭풍우를, 아세라 여신은 창조와 번식을 주관했다. 그 무렵 가나안 사람들은 풍년을 위한 기우제를 많이 올렸는데, 하늘에 사는 여신이 성행위를 할 때 성적으로 흥분해 땀을 흘리면 그것이 비가 된다고 생각했다. 그래서 신전 제례에 참가하는 사람은 여사제와 '사통하는' 의식을 치러야 했다. 곧 바알과 아세라신이 볼 수 있도록 신전에서 인간이 성행위를 하는 것이었다. 성행위가 곧 종교의식이었다.

따라서 여신을 섬기는 의례는 격렬한 엑스타시를 동반하는 축제로 공공연한 난교의 장이었다. 당시 사회상은 성적으로 문란할 수밖에 없었다. 풍년제 기간에는 모든 아내들이 좋아하는 다른 남자와도 잘 수 있는 권리를 남편에게 인정받아 자유롭게 사랑의 상대를 선택할 수 있었다. 모든 처녀들도 최소한 일생에 한 번은 모르는 남자와 성교를 해서 받은 돈으로 신전의 후원금을 내는 게 종교적 의무였다. 매춘으로 번 돈이 불쌍한 사람들의 구호자금으로 쓰였다. 이런 헌신, 곧 '신성한 매춘'은 오히려 사회적 갈채를 받았다. 수메르 문명 말기에 나타난 고도의 물질문명은 그에 비례해 부패와 타락과 음란과 우상숭배를 동반했다. 이러한 사회상에서 탄생한 게 바로 아브라함의 유대교이다.

✡ 영원한 계약, 아브라함

유대인의 역사와 경제행위를 알려면 세계 경제사가 어떻게 발전해 왔는지를 함께 살펴야 한다. 왜냐하면 그 중심에 항상 유대인이 있었기 때문이다. 유대인의 조상인 아브라함은 세계 4대 문명 중 가장 빨리 시작되었다는 수메르 문명기의 인물이다. 이참에 인류의 경제활동이 어떻게 시작되었는지 경제사의 시발점부터 살펴보자.

인류 고고학에 의하면, 현생 인류의 조상은 아프리카에서 살다가 약 6만 년 전 티그리스·유프라테스 강 유역의 비옥한 초승달 지대에 정착했다. 그리고 약 1만 년 전쯤에 빙하기가 끝나면서 신석기시대가 시작됐으며, 기원전 8000~7000년경 수렵채취 경제에서 농경사회로 옮겨 갔다. 가장 최초의 농경사회는 메소포타미아 남부 평원에서 수메르 민족에 의해 시작되었다. 이것을 경제사에서는 '신석기혁명'이라 부른다. 신석기혁명은 식량채집에서 '식량생산'으로의 변화를 뜻한다. 경제사를 제도 발전 차원에서 다룬 공로로 1993년 노벨경제학상을 받은 버클리 대학의 더글러스 노스 교수는 신석기혁명을 산업혁명에 버금가는 큰 변화로 보았다. 그래서 이를 1차 경제혁명이라고 명명하고, 산업혁명을 2차 경제혁명으로 보았다.

그 뒤 농경사회는 사적 재산권을 인정해줌으로써 효율과 생산성을 높였다. 사적 소유제라는 유인으로 인류가 놀랍게 진보했다. 이후 메소포타미아 강 하류에 수메르 문명이 꽃피면서 기원전 5200년경 에리두를 필두로 도시국가들이 탄생했다. 문명의 기본요소로 도시는 상당히 중요하다. '문명'이라는 영어 단어 'civilization'도 'civis(도시민)', 'civitas(도시-국가)'라는 라틴어에서 유래했다. 도시가 탄생했음은 이미 농업 이외에 상업과 교역이 크게 발전했음을 뜻했다.

수메르 지역은 이집트와 달리 주변에 금속은 물론 석재와 목재 등 문명생활에 필요한 기초재료가 귀했다. 워낙 환경이 척박해 가진 게 없었다. 그래서 수메르 사람들은 외부로부터 필요한 물건들을 가져오거나 재주껏 만들어 써야 했다. 일찍부터 교역을 하지 않을 수 없어 무역이 발전했고 무언가 만들어 써야 했기 때문에 불을 다루는 기술이 발달했다. 문명사를 들여다보면 문명은 풍요로운 곳이 아닌 이런 척박한 환경에서 발전했다. 토인비의 '도전과 응전' 이론이 딱 맞아떨어지는 곳이 바로 수메르였다.

수메르 지역은 해마다 강물이 범람했다. 수메르 사람들은 범람이 신의 벌이라고 생각했다. 하지만 그들은 최초로 관개수로를 건설해 지혜롭게 대처했다. 관개시설과 농기구의 발달은 농업 생산량을 늘렸다. 그리고 이는 주변과의 무역에 필요한 자본이 되었다.

소금물 지하수로 만든 소금도 귀중한 교역물이 되었다. 고대에는 소금이 금만큼 귀해 소금이 나는 곳은 교역의 중심지가 되었다. 산간에 사는 수렵민이나 내륙의 농경민들은 그들이 잡은 짐승이나, 거둔 농산물을 소금과 교환하기 위해 소금 산지로 모였다. 게다가 그곳에는 풍부한 곡식과 옷감이 있었다. 교역이 발달하자 근처에 도시와 교역로가 생겨났다.

수메르 문명은 그야말로 물질만능 시대를 구가하고 있었다. 부작용으로 사람들이 지나치게 타락하고 우상숭배가 만연하여 영적으로 회복되기 어려운 지경에 이르렀다. 이 시기에 아브라함은 자신의 조상 노아가 타락된 세상에서 선택받았듯이 하느님께 선택받았다. 하느님은 아브라함에게 말씀하셨다. "네 고향과 친척과 아비의 집을 떠나 내가 장차 보여줄 땅으로 가거라. 나는 너를 큰 민족이 되게 하리라. 너에게 복을 주어 네 이름을 떨치게 하리라. 네 이름은 남에게 복을 끼쳐주는 이름이 될 것이다. 너에게 복을 비는 사람에게는 내가 복을 내릴 것이며 너를 저주하는 사람에게는 저주를 내리리라. 세상 사람들이 네 덕을 입을 것이다."(창세기 12:1-3) 인간적인 측면에서 보면 척박한 가나안 땅에서 문명도시로 이주하는 것이 오히려 합당하게 생각된다. 그러나 인간적 계산을 초월하는 방법으로 아브라함을 통한 구원의 역사는 시작된다.

✡ 예정되어 있었던 고난의 역사, 엑소더스

아브라함이 이삭을 낳고 이삭이 야곱을 낳고 야곱이 요셉을 포함한 12명의 아들을 낳는 동안 어느새 유대인의 400년 역사가 흘렀다. 그러던 어느 해 가나안에 기근이 들었다. 요셉은 아버지와 형제들을 기근이 든 고향에서 풍요로운 애굽으로 부른다.

이리하여 야곱은 아들들과 식솔 70명의 장정과 그에 딸린 식구들을 거느리고 애굽으로 이주하여 풍요로운 나일 강 유역 '곳센'에 정착했다. 야곱은 아들 덕분에 이집트에서 가장 비옥한 땅에 정착할 수 있었다. "요셉의 형제들이 왔다는 소식이 파라오의 집안에 전해지자 파라오와 그의 신하들은 기뻐하였다."(창세기 45:16) 힉소스 왕가는 같은 셈족 계통이었다. 그 때문에 요셉이 친족들을 불러들여 쉽게 정착시킬 수 있었다.

이때는 힉소스 왕가의 이집트 통치 말기였다. 힉소스인은 요셉의 일족에 대해 환대를 베풀었다. 외부 침략자 힉소스인이 이집트를 250년 간 통치하는 동안 이집트 원주민들은 다수가 남쪽으로 쫓겨 간 반면 이방인인 이스라엘 족속이 힉소스 왕가의 호의로 북쪽의 기름진 땅에 살면서 번성했다. 이에 반감을 품은 이집트인들은 힉소스 왕가를 전복시킨 후 이스라엘인들을 핍박하고 노예화했다.

유대 민족은 이집트에서 종살이하며 괴로움에 지치자 그제야 자신의 조상을 보살폈던 하느님을 기억하고 도움을 간구한다. 유대인들이 노예의 멍에에서 해방된 이집트 탈출 사건은 유대교가 본격적으로 시작하게 된 중요한 사건이다.

하느님이 선택하신 모세의 인도로 이집트를 탈출한 유대인들은 광야에서 수많은 곤경과 배고픔과 목마름으로 불평과 후회를 거듭한다. 하지만 하느님은 끝까지 당신의 백성을 버리지 않으시고 구원의 길로 이끄신다. 이 광야의 여정을 통해 유대 민족은 시나이 산에서 하느님과 계약을 맺는다. 그들은 이 계약을 통해 하느님이 진정 그들의 주인이시고 하느님이 그들을 아끼어 거룩한 민족으로 이끌어주시리라는 것을 깨닫게 된다. 그런 의미에서 이집트 탈출 사건은 유대교 신앙의 중심이자 출발점이었다.✛

✡페니키아, 히브리, 그리스의 상권 각축

유대인들이 돌아온 가나안 지방은 지정학적으로 메소포타미아 문명과 이집트 문명을 연결하는 교통의 요충지로서 교역로이자 세력 간의 각축지였다. 당시 기원전 13세기는 바로 소아시아에서 철기문명이 시작된 시기로 아리아인의 후손인 인도게르만족(인도유럽어족)의 대이동이 시작되었다. 이들이 그리스 지역에 들어와 원주민과 합쳐져 지금의 그리스인들이 되었다. 세계 인구는 퍼져나갔고 곳곳에 새로운 철기문명이 생겨났다.

✿ 생활성서사 지음, 《여정》, 생활성서사, 1987

유대인에게 처음 붙은 명칭은 아브라함과 그 자녀들에게 붙여진 이브리Ivree였다. 여기에서 히브리Hebrew가 나왔다. 이 단어는 '강 건너에서 옮겨 온 사람들'이란 뜻이다. 당시 사람들이 보기에 유대인들은 외지에서 옮겨 온 이방인들이었다. 이집트에서 돌아온 유대 민족은 기존 팔레스타인 지역에 살던 민족들과 한바탕 전쟁을 벌였다. 그 뒤 그들은 약 800여 년간 가나안 땅에서 살았다.

세 대륙 사이에 있는 가나안 땅은 문명의 교차로이자 여러 민족의 이동 통로라 유대인을 중심으로 여러 민족이 함께 뒤섞여 살게 되었다. 그 과정에서 불가피하게 인종이 섞이기도 했으나 하느님께서 주신 약속을 믿으며 신앙을 지키려 노력했다. 누구나 유대교를 믿으면 신앙 공동체의 일원으로 받아들여졌다.

기원전 1300년경 당시로선 믿기 어려울 정도로 창조적이며 진취적인 민족들이 지중해 지역 가나안에 함께 살고 있었다. 바로 페니키아인과 히브리인들이다. 이들은 태생적으로 도시국가나 지파 공동체의 자치제도 하에서 살았기 때문에 사고방식이 군주전제 하의 절대봉건주의에 얽매이지 않고 자유로웠다. 진보적이고 개방적이었다. 이들은 무엇보다 인간의 자유로운 삶이 중요하다고 생각했다. 게다가 진취적인 기상으로 해외 개척에 대한 도전의식을 갖고 있었다.

기독교 이전의 고대 서양에서 정복이란 명예로운 일이었다. 그들 입장에선 누군가를 지배하고 권력을 얻는 것은 좋은 것이었다. 오히려 장사를 떳떳하지 못한 상인들의 간교한 속임수로 보았다. 그러나 페니키아인과 히브리인들의 생각은 달랐다. 그들은 정복전쟁을 통한 부의 탈취보다는 교역을 통한 부의 증대를 꾀했다. 게다가 해양을 개척해야 할 대상으로 본 최초의 민족들이었다.

역사의 흐름 속에서 민족, 국가 같은 경제 단위의 흥망성쇠 요인을 파악하기란 간단치 않다. 그래도 경제사를 들여다보면 분명한 것이 하나 있다. 인간의 자유와 창의성이 보장되는 곳에서 경제 발전이 이루어졌다는 사실이다. 인간의 자유의지가 경제적 영역에서 무한하게 발현되는 시기가 고대에도 있었다. 페니키아인, 히브리인 그리고 뒤에 합류한 그리스인들이 활동하던 때이다. 그들은 서로 경쟁하고, 협동하고 또 한편으로는 적대하며 이웃사촌으로 지냈다. 이들을 관통하는 키워드는 '자유'와 '개방'이었다.

오늘날까지도 역사가들은 국가와 군주 중심의 역사 기술에 익숙하다. 그러나 이들은 개인의 삶을 중요하게 생각했다. 이들은 노예와 이방인을 제외한 모든 인간은 동등하다고 보았다. 게다가 가난은 일종의 위협이며 물질적인 부를 개척하고 축적하는 일이 자유로운 삶을 보장해 이로써 신에게 더욱 가까이 다가갈 수 있다고 믿었다. 한마디로 이들은 인간의 미래가 인간의 자유의지에 의해 현재보다 나아져야 하며 나아질 수 있다고 믿는 사람들이었다. 역사는 그들 덕분에 진보할 수 있었다.

고난의 역사
고대 경제사 下
THE HISTORY OF SUFFERING

로마의 건국과 함께 시작된 고난의 역사,

이어지는 2000년의 방황

2권은 로마의 건국과 함께 시작된다. 페니키아, 히브리, 그리스가 지중해에서 한창 각축을 벌일 때 이탈리아 반도 한편에 조그만 나라가 탄생했다. 기원전 750년경 로마가 건국된 것이다. 이후 로마와 유대인 간의 질긴 인연이 시작된다. 페르시아와 그리스의 전쟁을 지나 알렉산더 대왕과 헬레니즘이 등장하고 그리스와 유럽을 정복한 로마는 세계 역사상 가장 화려한 전성기를 맞이한다.

기원전 6세기 바빌로니아에 의한 유다 왕국의 멸망으로 바빌론에 포로로 잡혀간, 이른바 바빌론 유수기에 유대인 상업활동은 활기를 띠며 중국까지 이어진다. 그 뒤 기원후 유대–로마 전쟁이 일어나 이스라엘이 멸망하면서 유대인은 장장 2000년에 이르는 방랑을 시작한다.

마지막으로 2권은 경제사적 관점에서 로마 제국의 몰락을 정리하며 끝맺음을 한다.

✡ 고난의 역사: 제1차 이산(바빌론 유수기)

페니키아, 히브리, 그리스가 지중해에서 한창 각축을 벌일 때 로마가 건국되었다. 그 무렵 이스라엘은 남북으로 갈라져 서로 싸우고 있었다. 북쪽의 이스라엘 왕국이 기원전 722년 아시리아에 망한 뒤 유다 왕국 역시 아시리아의 위협에 직면했다. 이후 두 차례에 걸친 반란 전쟁으로 유다 왕국은 철저하게 파괴되었다. 북쪽의 이스라엘 왕국이 망한 지 125년 후에 유다 왕국도 바빌로니아에 의해 정복당하고 만다. 이때 수많은 유대인이 바빌론으로 끌려갔다. 이것이 유명한 바빌론 유수기다.

유대인들에게 가장 충격적인 사건은 바로 예루살렘 성전의 파괴였다. 이 사건으로 유대인들은 영적 딜레마에 빠졌다. '예루살렘 성전은 하느님의 집인데 어떻게 이방인들에 의해 파괴될 수 있을까? 그렇다면 우리가 믿는 하느님은 전지전능한 분이 아니란 말인가?'라는 의문이 일어났다. 결국 의문에 대한 대답으로 선지자들의 메시지가 등장한다. 곧 하느님께서 능력이 모자라서 예루살렘 성전이 파괴된 게 아니라, 우리 죄 때문에 하느님이 심판하셨다는 것이다.

바빌론에서 유대인 포로들에게 종교의 자유가 허용되었지만 예루살렘 성전에서와 같은 제례의식은 할 수 없었다. 유대인의 종교의식은 신성한 '성전에서만' 제물을 바치며 예배드리도록 규정되어 있었기 때문이다. 따라서 유대인에게 예루살렘 성전의 파괴는 종교를 잃어버린 것이나 마찬가지였다. 유대인에게 종교의 상실은 곧 민족의 상실을 뜻했다.

이때 유대인 선지자 에레미야와 에스겔은 "성전에 재물을 바치는 것보다 믿음을 갖고 율법을 지키는 일이 여호와를 더 즐겁게 하는 길"이라고 역설했다. 신에 대한 제물과 이를 바치는 제례의식이 종교 그 자체로 여겨졌던 당시로선 실로 파격이었다. 선지자들이 성전에 고착되어 있었던 종교를 어디에서나 만날 수 있는 움직이는 종교로 바꾼 것이다. 이로써 유대인들은 성전보다는 생활 속에서 '율법을 지키는 것'을 더 중요하게 여기게 되었다.

이렇게 해서 '시나고그(회당)'가 탄생했다. 사제 없이 학자인 랍비를 중심으로 평신도들끼리 회당에 모여 율법 낭독과 기도, 그리고 토라를 공부하는 새로운 형식의 예배의식이 시작되었다. 선지자들은 율법의 기본정신인 '정의와 평등'을 마음 깊이 배워 이를 실천하는 것이 사제들이 드리는 제사의식보다 우월한 것이라고 가르쳤다.

유대인은 바빌론 포로 시대를 겪고 나서야 비로소 그들의 종교를 바르게 실천할 수 있었다. 학자들이 유대교의 실질적 성립을 아브라함이나 모세 시대가 아닌 바빌론 유수기로 보아야 한다고 주장하는 것도 이 때문이다.

율법을 지키기 위해선 먼저 율법을 공부해야 했다. 그래서 유대교에서는 경전을 배우고 연구하는 것이 하느님을 믿는 신앙과 동일시된다. 곧 배움이 신앙생활인 것이다. 탈무드도 '하느님은 1000가지 재물보다도 1시간의 배움을 더 기뻐하신다'고 가르치고 있다. '하나라도 더 배워야 하느님의 섭리를 하나라도 더 이해해 하느님께 한 발자국이라도 더 가까이 갈 수 있다'고 믿기 때문이다. 유대교의 중요한 특징이다.

이 바빌론 유수기에 거짓말 같은 일이 벌어졌다. 기원전 539년 바빌로니아를 정복한 페르시아의 고레스(키루스 2세) 대왕이 칙령으로 유대인의 귀환을 허용한 것이다. 이후 4차에 걸쳐 바빌론에 살았던 유대인들 절반 가까이가 팔레스타인으로 돌아왔고 나머지 절반 이상은 바빌론에 눌러앉아 장사를 계속했다. 이때부터 유대인들은 나라 안보다 나라 밖 세계 경제수도에 더 많이 살게 되었다.

혹독한 포로생활을 경험한 유대 사회는 이후 단결력을 강화하면서 가난한 동족을 위한 복지제도 또한 강화했다. 성전시대 이래로 유대인 공동체에는 무료 숙박소뿐 아니라 유대 회당에 '쿠파Kuppah'라 불리는 헌금함이 있었다. 유대인에게 헌금은 공동체 안의 약자들을 돌보는 정의의 행위다. 따라서 유대인에게 가난한 사람을 돕는 일은 지난날 성전에 희생제물을 바치던 것을 대신하는 일로서 하느님에게 감사를 표하는 한 수단이다. 따라서 유대인에게 헌금은 의무였다. 이 돈에서 구호가 요구되는 사람들은 하루에 두 끼씩 일주일, 곧 14끼니를 먹고 지낼 수 있을 만큼의 돈을 받았다. 이러한 구호기금을 쿠파, 곧 '광주리 기금'이라고 불렀다. 이렇게 가난한 유대인은 누구나 구호를 받을 수 있는 '권리'가 주어졌다. 그 뒤부터 유대인 공동체에는 최소한 굶어 죽거나, 얼어 죽거나, 의료에서 소외되는 문제가 없어졌다. 생존권이 보장된 것이다.

쿠파를 통해 모금된 돈은 음식뿐 아니라 의복, 학교, 장례 등 가난한 사람들을 위한 복지에도 쓰였다. 또한 공동체는 배움을 희망하는 가난한 유대인 학생에게 그가 원하는 과정까지 공부를 시켜주어야 할 책임이 있었다. 인류 최초로 온전한 공동체 복지제도가 나타난 것이다. 지금도 이러한 복지제도를 자발적으로 유지하는 민족은 유대 민족뿐이다.

쿠파에 의한 모금은 자발적 기부이지만, 유대인 계율에 따라 강제적이기도 했다. 능력 있는 유대인이라면 쿠파에 한 달에 한 차례 의무적으로 기부해야 한다. 마찬가지로 3개월 뒤에는 음식기금에, 6개월 뒤에는 의복기금에, 9개월 뒤에는 장례기금에 기부해야 한다. 또 유대인의 기부는 동족에게만 국한되지 않는다. 이방인을 위한 구호 모집도 있다. 이것은 탐후이Tamhui, 즉 '쟁반기금'이라고 불렸다.

고대로부터 유대인은 '각자 능력껏 벌어서 필요에 따라 나누어 쓴다'는 정신으로 디아스포라 공동체를 운영했다. 생산 측면에서는 자본주의의 장점, 그리고 분배 측면에서는 공산주의의 장점을 결합한 것이다. 이러한 공동체 자본주의를 고대로부터 실행한 덕분에 공동체 자체가 어려움에 처해 있는 경우라도 복지는 언제나 실행됐다. 오늘날 이스라엘의 키부츠(집단농장)는 이러한 정신을 이어받은 것이다.

히브리어에는 '자선'이라는 말이 없다. 가장 비슷한 말로 '해야 할 당연한 행위'란 뜻의 '체다카'라는 낱말이 있다. 이는 '정의'라는 뜻이다. 곧 '자선'과 '정의'는 같은 말인 셈이다. 율법의 정신이 바로 정의와 평등이다. 정의는 공동체 안의 약자를 보살피는 것이다. 인간이면 마땅히 해야 할 도리가 정의다. 곧 유대인에게 자선은 선택이 아닌 신의 계율에 따른 '의무'인 것이다.

유대인들은 이와 같은 '체다카' 행위를 '티쿤 올람'의 행위로 이해한다. '티쿤 올람'이란 하느님이 세상을 창조하셨으나 아직 완전하지 않아 하느님 사업의 협력자인 인간이 하느님과 함께 이를 개선시켜 나가야 한다는 사상이다. 곧 세상을 고친다는 뜻으로 세상의 잘못된 질서를 올바르게 회복시키는 것을 의미한다. 내가 다른 사람보다 많이 소유하고 있다면 나에게 타인의 소유가 모인 것으로 볼 수도 있다. 그러므로 체다카를 통해 원래의 소유주에게 돌려준다는 의미에서 체다카는 잘못된 세상의 질서를 고쳐서 회복시키는 '티쿤 올람' 행위의 하나이다.

또 자비와 비슷한 말로는 히브리어로 '케세드Chesed'라는 낱말이 있다. 이건 굉장히 심오한 단어다. '케세드'는 동정이나 연민 등 공감 능력을 뜻한다. 상대방의 아픔을 나의 아픔으로 느끼는 힘이다. 동양에서 이야기하는 측은지심, 곧 자비심이다.

기독교에서는 하느님과 관계를 개선하는 방법이 '회개와 기도'이다. 하지만 유대교에서는 여기에 하나를 더 실천해야 한다. '회개, 기도, 자선'이 그것이다. 자선이 중요한 종교 행위의 하나인 것이다. 유대인은 가장 먼저 자선을 제도화한 민족이다.

그런데 어떻게 도와주어야 하는가? 어떻게 도와주어야 품격 높은 도움인가? 유대인들은 자선을 베풀 때도 그 마음가짐에 따라 '자선의 품격'을 8단계로 나눈다. 가장 하치의 품격이 속으로는 아까워하면서 마지못해 도와주는 것이다. 하느님 보기에 썩 예쁘지 않은 것이다. 흥미로운 것은 체다카 품격 가운데 최상의 품격이 상대방이 자립할 수 있도록 도와주는 것이다. 물론 이것은 물질적 도움만 말하는 것이 아니다. 지식과 정보는 물론 인맥 형성 지원 등 상대방의 자립에 필요한 모든 도움을 총망라한다. 한마디로 화끈하게 도와주는 것이다.

"남을 도와줄 때는 화끈하게 도와줘라. 처음에 도와주다 나중에 흐지부지하거나 조건을 달지 마라. 괜히 품만 팔고 욕먹는다." 이는 유대인의 경전 탈무드에 근거한 말이다.

체카다 품격의 8단계를 보자.

1단계. 아깝지만 마지못해 도와주는 것

2단계. 줘야 하는 것보다 적게 주지만 기쁘게 도와주는 것

3단계. 요청을 받은 다음에 도와주는 것

4단계. 요청을 받기 전에 도와주는 것

5단계. 수혜자의 정체를 알지 못하면서 도와주는 것, 수혜자는 당신
      을 앎

6단계. 당신은 수혜자를 알지만 수혜자는 당신을 모르게 도와주는 것

7단계. 수혜자와 기부자가 서로를 전혀 모르는 상태에서 도와주는 것

8단계. 수혜자가 스스로 자립할 수 있게 만들어주는 것

✡고난의 역사: 제2차 이산(2000년의 방황)

로마 제국은 총독을 두어 팔레스타인 땅을 다스렸다. 로마에 의해
예루살렘의 총독으로 임명된 이가 바로 아기 예수를 죽이려고 영아 대
박해를 저지른 헤롯이다. 헤롯은 잔인한 폭군이었다. 즉위하자마자 최
고 대법원격인 산헤드린의 사제들 45명을 도륙하며 자신에게 굴하지
않는 유대인 율법학자들을 모두 죽였다.

헤롯이 죽은 뒤 팔레스타인 지역은 그간의 유대 민족에 의한 자치 통
치에서 로마 제국의 직접 통치로 바뀌었다. 외세에 의한 직접 통치는 유
대 민족에게 견디기 어려운 시련이었다. 당시 이집트 최대의 상업도시
이자 항구도시였던 알렉산드리아에 유대인과 그리스인이 많이 살았는
데 상업적 경쟁 관계인 두 민족 간의 사이가 좋지 않았다. 그 무렵 알렉
산드리아는 인구 100만의 대도시였는데 《로마인 이야기》를 쓴 시오노
나나미에 의하면 40만 명이 유대인이었다 한다. 유대인들이 다수 세력
으로 특히 해상무역과 상권을 장악하여 기존 세력인 그리스인들의 자
존심을 건드린 것이다.

서기 38년 어느 날, 그리스인들이 해상무역 경쟁자인 유대인에 대한
적대감을 드러내며 폭동을 일으켰다. 항구에 정박해 있던 유대인의 배
가 모조리 불탔다. 유대인 거주지역의 집들도 방화와 약탈로 쑥밭이 되
었다. 이 폭동은 포톨레미 3세가 세운 도서관에 화재를 유발하여 귀중

한 자료 중 약 49만 질이 불타버렸다.

이는 이스라엘의 대규모 유대인 반란을 야기했다. 로마 장군 티투스는 유대인들을 무력으로 가혹하게 진압하면서도 부하들에게 예루살렘 성전은 파괴하지 말라고 했다. 그러나 전쟁 중 방화되어 성전이 완전히 파괴되었다. 함락된 예루살렘 성안에서는 무차별한 살육과 약탈이 자행되었다. 성전 수장고에 숨어 있던 여자와 어린이 6000명은 산 채로 불태워졌다. 현장을 목격한 역사가 요세푸스는 "태초부터 그런 잔인함을 용납한 도시는 어디에도 없으며, 한 세대를 그처럼 사악하게 살육한 시대도 없었다"고 했다.

이로써 이스라엘은 멸망했다. 유대인은 자신의 국가를 잃어버리고 흩어져 로마 제국의 전역으로 퍼져나갔다. 이때부터 디아스포라가 본격적으로 시작되었다.

✡ 경제사적 관점에서 바라본 로마 제국의 몰락

잘나가던 로마 제국이 힘없이 무너진 근본 원인은 경제사적 관점에서 찾을 수 있다. 바로 통화제도 붕괴로 인한 시장의 소멸과 도시의 황폐화이다. 로마 제국의 돈값이 본격적으로 추락하기 시작한 것은 폭군 네로 시절부터다. 국가재정이 피지 않고 계속 어려워지자 서기 64년 악명 높은 네로는 로마 대화재 후의 재건과 도심 개조를 위한 재원 확보를 겸하여 87년 만에 화폐개혁을 실시했다. 이 과정에서 은화에 몰래 구리를 섞은 주화를 대량 유통시켰다.

로마 재정이 완전히 고갈되자 네로는 금화와 은화의 순도를 10%씩

낮춰버린다. 예를 들면 금 1파운드로 금화 50개 정도를 만들던 것을 55개씩 만든 것이다. 일종의 평가절하인 셈인데 화폐 공급량은 늘었지만 화폐 가치가 떨어지니 당연히 물가가 오를 수밖에 없었다. 당시 이러한 은 부족은 중국과의 무역수지 적자에 큰 원인이 있었다. 기원전부터 로마 제국은 유대인에 의해 중동과 중국을 잇는 무역이 매우 발달해 있었다. 로마인들은 중국의 비단이나 인도의 향신료 등 사치품을 구입하면서 주로 은을 사용했다. 중국이 은본위제였기 때문이다. 이런 일이 계속되면서 서유럽에서 은이 고갈된 것이다.

로마의 곤경은 다음 100년 동안 점점 악화되었다. 은화의 구리 함량은 계속 늘어만 갔다. 이런 악순환은 로마 몰락 때까지 지속되어 고티쿠스 황제 시절인 244년 이후엔 은화 데나리우스에 실제로 함유된 은의 양이 처음의 20분의 1이었다.

서기 260년 갈리에누스 재위 시 환전상들은 가치가 절하된 로마의 은화를 받는 것을 거절했다. 사실상 은행이 문을 닫은 것이다. 이로써 경제에 가장 중요한 피가 돌지 않아 화폐의 순환이 정지되고 나라 경제가 마비되었다. 데나리우스는 가치가 너무 떨어져 심지어 정부마저 세금을 순금과 순은으로 요구할 지경이었다. 나중엔 은의 함유량이 5000분의 1까지 떨어지면서 화폐가 아닌 고철 덩어리에 불과한 수준까지 추락했다.

네로를 로마 제국 몰락의 원흉으로 꼽는 이유는 여러 가지가 있지만, 바로 이런 화폐 가치 하락에 불을 당겨 로마 경제를 돌이킬 수 없는 늪으로 몰아넣었다는 점이다. 이윽고 화폐거래 대신 물물거래를 선호하자 화폐가 기능을 잃게 되었다. 겉으로는 로마 제국의 최고 태평성대라 불리던 아우구스투스 황제로부터 시작해 200여 년간 지속된 로마 팍

스나 시기에 일어났던 일이다.

화폐경제 대신 물물교환경제가 점차 확산되자 해적들이 다시 등장했고 상업이 쇠퇴했다. 상업이 쇠퇴하자 거래가 중단되면서 시장이 사라졌다. 농민의 파탄은 더 악화되었다. 봉급생활자는 식량을 재배할 땅도 없고 거래에 필요한 상품을 만들 원료도 없어 굶게 되었다.

군대에 봉급을 지불할 수 없게 되자 비로소 제국은 멸망했다. 마지막에는 바바리안들이 로마 시 자체를 침략하여 약탈했다. 과거의 다른 제국처럼 로마의 멸망도 전적으로 돈 때문이었다. 화폐는 인간 사회의 협력자인 동시에 적이었던 것이다.

정치적으로도 매우 혼란스러웠을 뿐만 아니라 해적의 출현으로 그나마 존재했던 무역활동도 침체되었다. 무역도 쇠퇴하고 도시인구가 감소하면서 대규모 영지는 자급자족 체제를 강화했다. 결국 경제는 후퇴하여 자급자족 시대의 본래 모습으로 되돌아갔다. 그 결과 도시 중심의 시장경제가 축소되어 로마 문명의 상징이었던 도시는 황폐화되었다.

로마의 경제적 몰락이 이렇게 자세히 알려진 것은 17세기에 서기 439년 제정된 《테오도시우스 법전》이 발견되었기 때문이다. 1665년에 세밀한 주석과 논평을 달아 출판됨으로써 당시 사회상을 깊이 있게 알게 되었다. 이 책을 통해 로마 제국 말기의 경제적 취약성, 과중한 과세 부담, 중간 계층의 몰락, 산업의 파탄, 경작지의 황폐 등의 요인들이 자세히 밝혀졌다. 훗날 막스 베버는 로마 제국의 멸망은 상거래 감소와 물물교환경제의 확대 결과였다고 진단했다. 물물교환경제를 이루고 있는 경제적 하부구조에 화폐경제로 이루어진 정치적 상부구조가 더 이상 적응하지 못하고 붕괴됐다고 본 것이다. 곧 시장경제의 파탄이 정치적 붕괴로 연결된 것이다.

3

동방무역과 금융업
중세 경제사 上

LEVANTHANDEL & FINANCIAL BUSINESS

이베리아 반도에서 유대인의 영화와
유대인의 동방무역과 금융업

3권은 중세 유대인의 활약상과 그들의 고난의 역사를 함께 다룬다. 특히 이베리아 반도에서 유대인의 영화(榮華)와 그 뒤 그들이 어떻게 동방무역과 금융업을 주도하게 되었는지를 추적했다.

세계사에서 중세는 5세기 서로마 제국 멸망부터 15세기 말 신대륙 발견까지의 잃어버린 1000년을 의미한다. '잃어버린 1000년'이라 함은 기실 서구 중심의 기독교 세계관에서 유래했다. 그 무렵 유럽의 주도 세력은 이슬람이었다. 그들은 기독교 세력이 가지지 못한 화약과 나침반으로 서양 세력을 압도했다. 지상전에서는 화약과 대포로 기독교 세력을 패퇴시키고 해상에서는 나침반으로 해상권을 장악했다. 게다가 이슬람은 종이와 인쇄술도 갖고 있어 문화적으로도 기독교보다 훨씬 우위를 자랑했다. 그런데 이 모든 것은 사실 동양에서 유래된 것이다. 이슬람은 당시 월등했던 동양의 문물을 받아들여 서양 세력을 압도할 수 있었다.

✡ 이베리아 반도에서 이슬람의 영화와 유대인

청동기시대에 이미 메소포타미아의 수메르인들은 먼 거리 해상교역을 시작했다. 그들은 인근 지역의 주석이 모자라자 기원전 2000년대에 영국 남단 콘월까지 찾아가 주석을 실어 왔다. 콘월에서 대규모 주석광이 발견되었기 때문이다. 이로써 청동기시대가 만개할 수 있었다. 당시 주석은 청동 무기와 도구를 만드는 데 꼭 필요한 재료였다.

그 뒤 기원전 1500년경에는 가나안의 페니키아인에 의해 지중해와 북해를 오가는 해상교역이 활발하게 진행되었다. 해상교역이 활발해지자 중간 지점에 거점 항구가 필요했다. 그 결과 기원전 11세기경 이베리아 반도에 서유럽 최초의 도시가 탄생하였다. 바로 '카디스'라는 도시다. 카디스는 지브롤터 해협의 대서양 쪽 관문에 자리한 항구도시다.

페니키아인의 뒤를 이어 이베리아 반도에 본격적으로 진출한 사람들이 유대인이다. 기원전 10세기 솔로몬 왕 시대에 유대인들은 '다시스 상선대'를 운용하여 이베리아 반도와 대규모 교역을 시작하였다. 다시스는 카디스 인근 타르테소스로 추정된다. 이때부터 이베리아 반도에 유대인들이 정착하여 공동체를 이루며 살았다.

기원전 8세기에 유대인과 그리스인들이 이베리아 반도와 교역을 했고 그 뒤 기원전 7세기에는 터키 지방의 그리스계 페르시아인들도 반도에 도착하였다. 그들은 이베리아 반도 남부에 정착하여 금속 교역로를 확보하기 위해 말라가 근처에 마이나케라는 도시를 건설했다. 마르세유에 거주하던 그리스인들은 해상교역시장이라는 뜻의 암푸리아시를 건설하여 이베리아 반도 동부 연안의 교역권을 장악했다. 또한 그리스인들은 자기 나라에서 키우던 포도와 올리브 나무를 이베리아 반도에 가져와 재배했다.

카디스에는 로마 제국 초기 때부터 이미 유대인 공동체가 형성되어 있었다. 중세로 접어들면서 해상교역과 상업이 발달하자 카디스 등 스페인의 주요 도시들에 유대인들이 더욱 몰려들었다. 유대인들은 기본적으로 사람들이 많이 모여 있는 곳을 찾아 들어간다. 그래야 현지인들이 손 안 대는 대부업 또는 수공업이나 상업을 직업으로 삼을 수 있기 때문이다.

아라비아 반도 메카에서 570년에 태어난 모하메드는 당시 상거래를 위해 외지를 돌아다니면서 유대교와 기독교에 대해 많이 알게 되었다. 그는 자기 민족에게 맞는 새로운 종교가 필요함을 느꼈다. 마침내 630년 아라비아의 메카에서 모하메드에 의해 이슬람교가 탄생했다. 그는 메카와 메디나를 중심으로 이슬람교를 선교하였다. 그 뒤 이슬람은 페르시아와 비잔틴 제국을 차례로 정복하고 바빌론에서부터 북아프리카에 이르는 광대한 지역에서 제국의 통치를 이어나갔다.

이러한 가운데 북아프리카 이슬람들의 세력이 강성해지자 타리크 빈자르드가 이끄는 이슬람군은 711년에 지브롤터 해협을 건넜다. 이 지브롤터란 지명 자체가 '타리크의 산'을 의미하는 '쟈바룩 타리크'에서 나온 말이다. 그들은 당시 풍요의 땅이었던 이베리아 반도를 침입해 서고트족을 물리쳤다. 그 뒤 이슬람교도들은 7년이라는 짧은 기간에 북서쪽 고산지대를 제외하고는 반도의 대부분을 차지하고 서고트 왕국을 멸망시켰다.

이슬람 제국은 그때까지 있었던 가장 큰 나라를 만들게 되는데, 지금의 스페인 땅인 이베리아 반도에서 인도의 인더스 강에 이르는 광활한 영토를 차지하게 된다. 이후 이슬람은 무려 800년 동안이나 이베리아 반도를 통치했다. 이슬람들이 이베리아 반도로 들어오자 이들을 가장 환영한 사람들이 유대인들이었다. 왜냐하면 종교적인 측면에서 이슬람들은 유대인들을 같은 아브라함의 자손으로 인정하며 비교적 우호적으로 대해주었기 때문이다. 이슬람교는 예수를 마호메트 이전의 선지자로 간주한다. 그 때문에 예수를 죽였다고 유대인을 박해하는 가톨릭과 달리 유대인에 대한 악감정이 없었다. 유목민족인 아랍인들은 예전부터 유대인들을 늘 '책 읽는 민족'으로 알았고 우수한 지식인으로 여겨왔다. 더구나 정복자로서 여러 생소한 지역의 행정을 하다 보니 해박한 지식, 외국어 구사 능력과 외국 문물에 대한 이해력 등 유대인들의 도움이 필요했다.

한편 10세기를 전후하여 바벨론의 어려웠던 정치·경제 상황도 바벨론 유대인들의 이주를 부채질하였다. 그들 중 많은 유대인이 찾아 나선 새로운 삶의 터전이 바로 스페인과 이탈리아 같은 곳이었다. 이제 이베리아 반도는 앞으로 대략 500년 동안 전 세계 유대인 역사의 중심 시장이 될 기반을 갖추기 시작한 것이다.

무어인이 점령한 스페인에 기독교인들과 서고트족의 인구 비율이 큰 점을 파악한 우마야드 왕조는 관용정책을 취하였다. 더 이상 바그다드에 의존하지 않고 완전히 독립하게 된 우마야드 왕조의 통치기에 스페인은 바야흐로 문화적 번영기를 맞이하게 되었다. 특별히 유대인들은 압드 알라만 3세(912~961년)의 통치 때 유대인 문화의 부흥기를 맞이하였다.

이슬람이 지배하는 동안 산업 발전은 물론 농업에서는 관개시설이 건설되고 공동체수리법共同體水利法이 제정되어 말 그대로 물을 공동으로 사용하였다. 그리고 목화, 복숭아, 사탕수수 등의 새로운 작물이 재배되었다. 수공업은 톨레도, 그라나다, 알메리아, 코르도바에서 발달했고 코르도바, 세비야는 상업의 번성과 더불어 수출항으로도 번창하였다.

이집트의 알렉산드리아에 살던 많은 유대인이 같은 사라센 제국인 스페인으로 이주한 것은 자연스러운 현상이었다. 다른 유럽에 흩어져 있던 유대인들도 비교적 종교적으로 관대한 우마야드 왕조로 몰려들었다. 그 뒤로는 한동안 이베리아 반도가 유대 공동체의 중심이 되었다. 이렇듯 이베리아 반도, 곧 지금의 스페인, 포르투갈에 거주했던 유대인들이 중세에는 세계 유대인의 절반을 점했다.

그 무렵 유럽에는 인구 3만 명 이상의 도시가 흔치 않았는데, 코르도바는 이미 10세기에 인구 50만 명의 초대형 도시로 성장하였다. 동쪽의 콘스탄티노플과 더불어 유럽 최대 도시가 되었다. 규모가 커졌을 뿐만 아니라 유럽에서 가장 문명화된 도시로 발전했다.

이슬람의 문화·기술 수준 또한 당시의 서유럽을 능가했다. 이미 10세기에 코르도바 도서관이 60만 권의 서적을 소장했고 그리스 철학을 연구하고 있었으며 11세기에 제지製紙가 시작되었다.

10~11세기에 투르크인의 유대인 억압에 따라 바빌로니아 유대인 학자들이 이베리아 반도로 대거 이주하여 과학, 종교철학, 유대교 신비주의의 황금시대를 맞이한다. 그 무렵 코르도바는 사라센 제국의 바그다드를 뛰어넘어 이슬람 세계의 중심지가 되었다.

그 무렵 이베리아 반도는 유럽 내에서 이슬람과 기독교, 유대교 신자들이 평화롭게 함께 살면서 공통의 관습과 문화를 오랫동안 형성했던 유일한 지역이었다. 이슬람들은 기독교와 유대인을 핍박하지 않아 3대 종교와 문명이 이곳에서 용광로처럼 융합하면서 암흑시대의 중세 유럽에 한줄기의 빛을 비추었다. 아랍 학자와 유대인 학자들이 코르도바에서 연구한 그리스 철학, 천문학, 의술, 수학이 기독교 세계로 퍼져나갔다.

당시 이베리아 반도는 경제적 발전 또한 눈부셨다. 이슬람 사회는 처음부터 상업의 존재를 인정했고 상인에게 높은 도덕적 가치를 부여했다. 그것은 그 창시자인 마호메트가 상인 출신인 것에서도 알 수 있다. 유대인들에게는 고기가 물 만난 격이었다. 그들의 상업적 재능을 맘껏 펼칠 수 있었다.

그러다 북부 아프리카의 모슬렘 근본주의자 알모하드파 사람들이 1146년 스페인으로 쳐들어왔다. 이들 정복자는 자기들의 신앙에 동의하지 않는 모든 사람을 무참하게 쓸어버렸다. 코르도바, 세비야, 루세나의 유대인 학교들은 폐교되었고, 회당들은 파괴되었다. 유대인들은 개종하지 않으면 추방되는 신세였다. 다행히 이 무렵 북부 스페인의 기독교 국가들의 군주들이 관용적 태도를 취하였다. 카스티야 왕은 알모하드 왕조의 박해에서 벗어나 도망한 유대인들을 환영했다.

대부분의 유대인들이 이베리아 반도 북부에 있는 가톨릭 국가 스페인 왕국으로 피신했다. 유대인들이 떠나자 이슬람 왕국의 상업적 기반이 무너졌다. 해외 무역은 물론 국내 상업도 타격이 컸다. 우선 돈이 돌지 않았다. 교환경제의 쇠퇴와 함께 문화적·사회적 기반도 같이 쇠퇴해갔다. 반면 스페인 왕국으로서는 유능한 유대인들이 대거 몰려오면서 경제가 부흥했다. 이베리아 반도를 이슬람들에게서 재탈환하려는 스페인 왕국은 밀려오는 유대인들을 차별하지 않았다. 상업과 수공업은 물론 모든 직업이 유대인에게 개방되었다. 가옥과 토지 소유도 허용되었다.

이후 유대인들은 그리스도교 사회에 선진 아랍 문명을 전하는 등 긍정적 역할을 했다. 경제는 물론 정치, 사회, 행정, 문화 등 모든 영역에서 중요한 역할을 맡았다. 다시 유대 문화의 황금기를 연 것이다. 이러한 경제력 및 사회동력의 이동은 훗날 스페인 왕국이 이슬람을 이베리아 반도에서 몰아내는 역사의 원동력으로 작용했다.

✡ 중세 유대인의 동방무역과 금융업

476년 서로마 제국의 몰락으로 고대가 끝나고 이른바 암흑의 중세가 시작되었다. 암흑의 중세라 부르는 이유는 시장 기능이 실종되어 도시는 황폐화되고 사람들은 시골로 옮겨 가 영주 중심의 장원경제를 이루며 화폐경제가 마비되어 물물교환경제로 돌아갔기 때문이다. 게다가 7세기 이후 이슬람권에 의해 지중해가 장악되어 폐쇄되었다. 그리고 바이킹족에 의해 북해가 지배되면서 이들이 끊임없이 남하하며 괴롭혀 유럽 대륙의 프랑크 왕조는 아래로도 위로도 나아갈 길을 잃어 폐쇄된 사회에서 살아갈 수밖에 없었다. 이들은 자구책의 하나로 장원경제 체제에 매달렸다.

유대인과 같은 이방인들은 이들과 같은 영토에서 살 수는 있을지언정 공동체 구성원의 자격은 부여받지 못했다. 아웃사이더였던 것이다. 농사조차 지을 수 없어 당시 천시받았던 장사나, 물건을 만드는 공인밖에 할 일이 없었다. 중세 초기에는 농민만이 유일한 생산계급으로 인식되었다. 상업이나 수공업은 농민을 거들며 생산계급에 빌붙어 사는 계층 정도로 여겨졌다. 하지만 유대인에게는 다행히도 그것이 나름대로 틈새산업이었다.

농노들이 봉건제에 묶여 어디로도 갈 수 없던 시기에 유대인은 그나마 자유롭게 돌아다닐 수 있었다. 자신들을 박해하고 추방하는 곳에서 떠나 새롭게 그들을 받아들여 주는 곳으로 이동하였다. 먹고살 길을 찾아 공동체 구성원이 하지 않는 장사를 하거나, 도구를 만들어 팔며 생계를 유지하였다. 이렇게 유대인들은 봉건제에 부재한 상인계급을 맡음으로써 자유롭게 살아나갔다.

사실 이들에게 돈은 생명줄이나 마찬가지였다. 공동체의 구성원이 아닌 유대인이기 때문에 거절된 사회적 권리를 돈으로 사야 했기 때문이다. 농노는 영주나 교구장이 보호해주었으나 유대인은 돈의 힘으로 보호받아야 했다. 이후 돈이 모이면 돈놀이를 하여 돈을 늘렸다. 한편 중세의 봉건체제 밖에서 제4계급에 속했던 유대인은 영주나 교구장의 보호를 받는 대가로 보호비 명목의 특별세를 내야 했다. 이는 당시 농노들이 수확물의 일정 부분을 지대로 영주에게 바치는 것과 같은 개념이었다.

고대로부터 이자는 금기시되어 왔다. 고대 철학자 아리스토텔레스는 '이자 불임설'을 주장했다. 돈은 그 자체로 이윤을 낳을 수 없다는 뜻이다. 아리스토텔레스는 "고리대금업은 가장 미움을 받는다. 그것이 미움을 받는 데에는 마땅한 이유가 있다. 왜냐하면 화폐란 교환하기 위한 것으로서 사용되는 것이지 이자로 늘리기 위해서가 아니기 때문이다"라며 이자 받는 행위를 맹렬히 비난했다.

기독교 또한 이자를 금했다. 이자는 돈을 빌려준 시간에 대해 받는 반대급부인데 시간은 신께 속한 영역이기 때문에 이를 이용하여 인간이 이자를 받으면 안 된다는 것이다. 따라서 기독교는 돈을 빌려주는 것을 '금융'이라 부르지 않고 '고리대금'이라고 불렀다. 중세는 아무리 값싼 이자라도 어쨌든 이자를 받고 돈을 꿔주면 고리대금이라고 칭했다. 이렇게 중세 교회는 이자를 목적으로 돈을 빌려주는 행위를 죄악시했다.

반면 유대교에서는 "이방인에게 돈을 빌려주고 이자를 받을 수 있되 너의 형제에게는 이자를 받고 돈을 빌려주어서는 안 된다"라는 구약성서의 구절을 근거로 이방인에게 이자를 받는다. 물론 탈무드도 이자를 많이 받는 고리대금은 엄격히 금했을 뿐 아니라 고리대금업자를 살인자와 동일시했다. 이로써 대부업은 유대인의 몫이 되었다. 중세 기독교 국가의 왕실과 귀족들은 국고관리와 재무관리를 주로 유대인에게 맡겼다. 자신의 손에는 더러움을 묻히지 않으면서 실리는 챙기자는 것이었다. 유대인의 대부업은 이자를 원천적으로 부정한 당시 시대상을 반영하고 있었다.

다른 종교는 청빈을 덕목으로 삼고 있다. 하지만 유대교는 부(富)도 엄연한 하느님의 축복이라고 가르친다. 유대교 경전 탈무드가 가르치는 돈의 중요성에 관한 유대인 속담들이 있다. "사람을 해치는 것이 세 가지 있다. 근심, 말다툼, 그리고 빈 지갑이다." "몸의 모든 부분은 마음에 의존하고 마음은 돈 지갑에 의존한다. 돈은 사람을 축복해주는 것이다. 부는 요새이고 가난은 폐허이다."

12세기 후반 무렵부터 금전거래와 관련된 오명은 수 세기 동안 유대인이라는 이름 앞에 마치 꼬리표처럼 붙어 다녔다. 세속영주와 기사들은 군자금과 관직 취득 등을 위해 현금을 필요로 했다. 특히 경제 규모가 점차 커져감에 따라 신용대부가 필요했다. 그러나 수도원의 부의 축적을 비판한 클뤼니 교단의 개혁운동 이후 수도원의 금전거래는 금지되었다.

게다가 기독교인 상인층이 형성되면서부터 유대인들은 상업활동에서도 제한받기 시작했다. 그렇다고 농사를 짓자니 노예를 소유할 수 없어서 그것마저 불가능했다. 중세 유럽의 길드 제도는 유대인들에게 기술자가 되는 길도 막아버렸다. 이런 상황에서 유대인에게 생계수단이라곤 오로지 금전거래와 담보 대부업만이 남았다. 더욱이 가톨릭교회는 돈을 빌려주는 행위가 이익을 추구해서는 안 된다고 못 박았고, 교회는 공식 입장을 통해 죄악으로 규정했다. 하지만 현실적으로 신용대부는 점점 더 필요했다. 말 그대로 '필요악'을 유대인이 떠맡은 셈이었다.

유대인들은 고대 이래로 돈을 가장 먼저 '상품'으로 인식한 최초의 민족이다. 그들은 단지 돈을 이곳에서 다른 곳, 이 사람에서 저 사람에게로 옮겨줌으로써 경제적 가치를 더 늘릴 수 있다는 사실을 알았다. 유대인들은 금융업이란 것이 돈을 낮은 수익률에서 더 높은 수익률의 투자처로 옮겨 주어 사회 전체적으로 부를 더 늘리도록 해주는 정보사업이란 걸 일찍부터 알았다. 이처럼 유대인들은 유럽의 공식적인 대금업자로서 없어서는 안 될 존재가 되었지만 동시에 경멸의 대상이 되기도 했다.

그 무렵 소수의 유대인이 무역을 독점할 수 있었던 배경은 교황이 기독교들의 이슬람 접촉을 금지한 데에 있다. 게다가 십자군 전쟁으로 기독교권과 아랍권이 전쟁으로 서로 적대시하는 가운데 유대인들만이 양 지역을 자유롭게 드나들 수 있어 어부지리를 얻은 일면도 있다. 하지만 그보다는 유대인들의 탁월한 능력에 따른 것이라고 보는 게 정확하다. 한마디로 경쟁력이 있었다. 유대인들은 모두 어려서부터 성서와 탈무드를 공부해야 했기 때문에 글을 읽고 쓰는 데 능했다. 계산에도 능해 법적이나 물리적인 방해만 없다면 어느 곳에라도 쉽게 정착해 두각을 나타내었다. 외환의 시세를 산정하고 사업상의 문서를 작성하는 능력 또한 탁월했고, 이외에도 세계 곳곳에 폭넓게 흩어진 유대인 공동체와의 종교상 연락망을 활용해 빠르고 안전하게 문서 및 물품을 배달할 수 있는 능력을 갖추고 있었다. 자신들의 종교가 경제활동에도 큰 힘이 되었던 것이다. 1638년 중세 유럽의 변증론자였던 시몬 루자토는 〈베니스의 유대인에 대한 소고〉에서 "유대인이 사는 곳에는 어디서나 무역과 상업이 넘쳐흐른다"라고 쓰고 있다.

사실 주도면밀하고 유능했던 무역업자들 가운데에는 학식이 높은 랍비들이 많았다. 그들이 자신들의 학문상 결정과 답장을 주고받기 위해 사용했던 루트 또한 무역의 루트로도 사용되었다. 당시 유대인은 한자Hansa동맹과 경쟁하기 위해 내륙의 교역로를 개발했고 결과적으로 바르샤바, 프라하, 빈 등의 동유럽 여러 도시는 중요한 무역 중심지가 되었다.

W.E.H 레키는 자신의 저서 《합리주의의 역사》에서 몇 세기에 걸쳐서 유대인이 국제무역을 추진하는 중요한 역할을 했다고 지적했다. 그들에게는 잘 조직된 통화제도가 있었고 각국이 어떤 물자를 필요로 하는지를 파악해 공급했을 뿐 아니라 장기적 투자 의사를 갖고 있었기 때문이다.

랍비들이 주도했던 유대교는 '배움의 종교'이자 '노동의 복음' 그 자체였다. 하느님께서 주신 능력을 최대한도로 이용할 것을 강조했기 때문이다. 랍비들은 항상 적절한 판단과 함께 근면, 내실을 기할 수 있는 능력과 실천을 강조했다. 그들의 학문과 경제활동은 합리주의적 관점에서 이루어졌다. 유대교 또한 기본적으로는 합리주의적이었으며 유대인들은 역사상 최초의 합리주의자들이었다.

4
스페인 제국의 영광과 몰락
중세 경제사 下
GLORY AND RUIN OF THE SPANISH EMPIRE

스페인의 몰락과 신대륙 발견이 만들어낸

새로운 세계 질서

4권은 1492년 스페인이 이베리아 반도에서 이슬람을 쫓아내고 통일 왕국을 세워 전 세계적 패권을 이루게 된 역사를 다룬다. 통일과 동시에 스페인 제국은 반유대인 정책을 펼쳐 고급 인력이었던 유대인들을 추방한 탓에 금융업과 유통업이 쇠퇴하는 결과를 맞는다. 게다가 과도한 팽창 정책으로 여러 차례 국가 부도를 겪다가 결국 몰락하고 만다.

역사에서 1492년은 또 하나의 중요한 의미를 가진다. 미국을 중심으로 하는 오늘날 세계 질서의 씨앗이 된, 콜럼버스의 신대륙 발견이 있었던 해인 것이다. 이 사건의 핵심에 향신료, 특히 후춧가루가 있다는 사실은 매우 흥미롭다. 4권은 그 무렵 동양의 역사도 포함한다. 칭기즈칸이 이끄는 몽골군의 출현부터 몽골 제국의 흥망성쇠는 물론이고 포르투갈의 대항해시대가 동양에 미친 영향을 다룬다. 이러한 동양과의 무역 중심에도 여전히 유대인들이 있었다.

✡스페인 제국의 영광과 몰락

1492년은 스페인으로서 뜻깊은 해다. 이베리아 반도의 통일인 '레콩키스타'와 '신대륙 발견'의 위업을 동시에 이룬 해이기 때문이다. '레콩키스타'는 재정복이란 뜻으로 국토회복운동이었다. 이슬람 세력은 결국 최후 거점인 그라나다까지 내주고 1492년 완전히 무릎을 꿇은 후 이베리아 반도에서 퇴각했다. 레콩키스타의 완성은 스페인 지역 내 기독교 왕국들의 승리에서 나아가 서구가 세계사의 주역으로 등장하는 신호탄이었다. 콜럼버스의 신대륙 발견도 같은 맥락이다.

이 무렵 한 가지 사건이 더 있었다. 바로 '유대인 추방령'이다. 이 추방령으로 유대인뿐 아니라 이슬람 무어족 수십만 명이 스페인에서 강제로 쫓겨났다. 중요한 점은 아람브라 칙령이 유대인 방랑사의 일부에 그치는 게 아니라 두고두고 경제사에 영향을 미쳤다는 사실이다. 유대인을 추방시킴으로써 세계 경제사의 흐름을 바꿔놓았다.

단 4개월 이내의 추방을 선포한 칙령에 의하면, 유대인들은 재산을 처분하여 가지고 나가는 것은 허용하되 화폐와 금, 은 등 몇 가지 귀중한 물건은 가지고 나갈 수 없다고 발표했다. 발각되면 처형이었다. 재산은 놔두고 몸만 빠져나가라는 소리였다. 불행 중 다행으로, 신변의 위험을 안고 사는 유대인에게는 모든 재산을 평상시에도 나누어놓는 습관이 있었다. 1/3은 현찰로, 1/3은 보석이나 골동품 같은 값나가는 재화로, 1/3은 채권 등으로 부를 분산시켜 관리했다. 안정적인 재산관리 방식인 포트폴리오Portfolio는 여기서 유래했다. 당시 유대인은 토지나 부동산 소유가 법으로 금지되었기 때문에 대부분의 저당물이 보석류였다. 후에 유대인들이 주로 이주해 간 안트워프와 암스테르담이 보석시장으로 자리 잡게 된 주요 이유이기도 하다. 이리하여 개종하지 않은 유대인 17만 명이 한꺼번에 추방당했다. 1480년 이래 종교재판을 피해 빠져나간 사람까지 합치면 26만 명 이상의 유대인이 스페인 땅을 벗어 났다. 당시 인구 3만 명이 넘는 도시가 흔치 않은 유럽에서 이는 대단한 숫자였다.

1492년 8월 2일 세비야 근처 항구에는 마지막으로 추방되는 유대인 무리가 배 위로 탑승하는 동안, 또 다른 세 척의 선박이 그 옆에서 출항 을 준비하고 있었다. 바로 그 유명한 콜럼버스의 선단이었다. 콜럼버스의 계획은 몇몇 유력한 개종 유대인, 곧 마라노들의 도움으로 실행될 수 있 었다. 그의 배들은 유대인에게서 압류한 돈으로 건조되었고, 그의 선원 중에는 종교재판의 마수에서 자유를 얻고자 하는 마라노들이 있었다.

스페인 영토에서 추방당한 17만 명의 유대인들 가운데 10만 명은 값 을 지불하고 인근 포르투갈로 입국할 수 있었다. 하지만 그것도 5년간 뿐이었다. 1495년 포르투갈의 권좌에 오른 마누엘 1세 왕은 페르디난 도와 이사벨라 부부의 왕국을 상속받고 싶은 욕망에서 그들의 딸과 결 혼하고자 하였다. 이들 부부는 마누엘의 왕국 내에 비기독교인들이 존 재하는 한 딸을 줄 수 없다고 하면서 결혼을 수락하지 않았다. 결국 마 누엘 1세는 1496년 12월 포르투갈 내 유대인들과 무어인들에 대한 추 방령을 선포하였다.

그들에게는 1년의 여유 기간이 주어졌다. 그전에 25세 이하의 젊은 이들은 모두 강제로 세례를 받고 기독교로 개종되었다. 마누엘은 경제 적 타격을 우려하여 유대인들이 떠나는 길을 방해했다. 마감 날이 지나 자 마누엘은 미처 떠나지 못한 유대인들을 노예라고 선언하고는, 가능 한 방법을 동원해 그들을 개종시켰다. 이들 중 다수 역시 비밀리에 유대교 의식을 준수하는 마라노가 되었다.

1497년에 포르투갈에서 추방된 유대인들은 주로 비교적 안전한 플랑드르의 앤트워프와 브뤼헤로 향했다. 그곳은 영국과 프랑스에서 쫓겨난 유대인들이 터를 잡고 있는 곳이었다. 나머지 사람들은 그들을 반겨 맞아주었던 오스만 제국으로 향했고, 또 나머지는 이탈리아, 북아프리카 등으로 이주했다. 일부는 프랑스로 이주하여 화려하고 세련된 몽테뉴를 존재케 했다. 그의 어머니가 스페인계 유대인의 직계 후손이다.

추방된 유대인들은 당시 스페인 사회에서 중요한 역할을 하던 고급 인력들이었다. 당시 유대인들은 카스티야에서 재정과 금융을 장악하고 각 지방의 행정기관과 왕실의 요직에 진출해 있었으며, 세금을 징수하는 세리稅吏이자 왕국의 주된 납세자였다. 스페인에서 유대인 추방 결과 그들이 많이 살았던 주요 상업도시의 집세와 가게세는 반으로 폭락했다. 바르셀로나의 은행들이 대거 파산했다. 이로써 인구의 6.5%가 유대인이었던 아라곤 왕국은 금융업과 상업이 몰락하다시피 그 타격이 컸다. 전성기에 300개의 작업장을 자랑했던 바르셀로나의 면직물 산업은 15세기 중엽에 10개 정도의 작업장만을 운영하는 초라한 수준으로 전락했다. 결국 유대인 추방은 수많은 고급 인력을 잃어버리는 것이었다. 한마디로 고급 두뇌와 핵심 인재의 유출이었다. 당시 의사는 대부분 유대인이었으며 세금을 징수하는 사람도, 세금을 가장 많이 내는 납세자들도 유대인이었다. 그나마 남아 있었던 마라노들도 유대인 티를 안 내기 위해 전통적인 유대인 직업들을 버리고 농업에 종사하며 그들의 재능도 함께 땅에 묻어버렸다.

그 뒤 스페인과 포르투갈은 동인도제도에서 후추와 향신료를 싣고 와도 유통망이 붕괴되어 소비자가 있는 북유럽으로 유통할 방도가 없었다. 동인도제도로 싣고 갈 교역품도 구할 수 없었다. 이베리아 반도의 생산과 유통 기반이 무너져 내린 것이다. 유대인 추방은 스페인 경제에 치명적이었다. 유대인들이 떠난 뒤 내수 부진과 더불어 국제교역 감소는 스페인 경제를 피폐케 하였다. 이는 국고수입의 감소로 직결되었다.

또 같은 해 10월에 이사벨 여왕의 후원을 받은 크리스토퍼 콜럼버스가 신대륙을 발견하였다. 신대륙의 발견도 온전히 이사벨 여왕의 결단에 힘입은 바가 컸다. 당시 유럽은 13세기 말경 마르코 폴로의 여행기를 통해 인도를 비롯한 동양에 대한 신비감이 고조되어 있었고 이슬람에 의해 정상적인 동방 무역로가 차단되어 새로운 항로의 개척이 필요하였다. 마침 르네상스로 지리와 천문학 지식이 늘고, 조선술의 발달과 나침반의 사용으로 원양항해가 가능해지자 유럽은 대항해시대를 열게된다.

✡ 유대인, 동양을 요리하다

후추 등 향신료는 경제사에서 매우 중요하다. 근대의 막을 연 항해시대와 식민지 획득 경쟁은 바로 향신료를 찾기 위한 것이었다. 이 시대 자체가 향신료의 역사라고 할 수 있다. 당시 후추는 금값이었다. 이런 후추보다 더 비싼 게 육두구nutmeg였다. 영어 이름인 '너트메그'란 사향 향기가 나는 호두라는 뜻이다. 향신료를 실은 네덜란드의 첫 상선은 무려 2500%의 순익을 남겼다. 하지만 이것은 시작에 불과했다. 그 뒤 네덜란드 동인도회사의 유대인들은 경쟁이 심한 인도의 후추를 피해 인도네시아 향신료 섬들과 수마트라·자바를 비롯한 동남아 각지의 지배권을 확립하고 육두구와 정향 등을 독점 거래했다.

유대인들은 향신료의 산출뿐만 아니라 판매까지 일괄하는 독점 체제를 완성하여 동인도에서의 구입 가격과 유럽에서의 판매 가격을 자의로 조정할 수 있었다. 그들은 생산지 가격은 최저로 억제하고 유럽에서의 판매 가격은 최고 수준으로 유지하며 독점이윤을 실현했다. 이 같은 방법으로 헐값에 산 값비싼 향신료들을 가득 싣고 배가 무사히 돌아오면 보통 100배 이상의 시세 차익을 볼 수 있었다. 선장과 선원들은 고향에서 영웅이 됐고, 항해에 자금을 댄 상인들은 떼돈을 벌었다.

이렇게 향료무역은 성공하면 대박이었지만 그에 못지않게 많은 비용과 희생이 따랐다. 향료 구입에 필요한 자금 외에도 훌륭한 대포가 장착된 배와 능력 있고 경험이 풍부한 선장과 선원들을 확보해야 했다. 게다가 위험도 많았다. 17세기를 전후해 세 번에 걸쳐 동인도로 파견된 약 1200명의 영국 선원들 가운데 무려 800명이 항해 도중 괴혈병과 장티푸스로 죽었고 풍랑과 암초를 만나 배가 침몰하기도 했다. 또 현지에서의 저항도 만만치 않았다. 향료를 싣고 오던 배가 적대관계에 있는 국가의 무장 범선을 만나 약탈당하기도 했다. 힘든 항해를 마치고 본국에 돌아오는 선원들과 상인들의 수는 극소수에 불과했다.

이런 연유로 해상무역을 하는 회사는 무엇보다 군사적으로 강해야 했다. 그리고 식민지를 개척하고 운용해야 했다. 1602년에 설립된 네덜란드 동인도회사는 본국과 멀리 떨어진 곳에서 사업을 성공적으로 수행하기 위해 아예 '주식회사와 국가가 결합된 형태'가 되었다. 동인도회사에 주어진 권한은 정부 권한에 버금갔다. 아니, 정부 권한 그 자체였다.

중상주의를 기치로 내건 네덜란드 정부는 1602년 유대인들이 대주주로 있는 동인도회사에 인도 항로를 포함한 아시아에 대한 독점무역권을 보장했다. 그리고 일상적인 해상교역권 이외에도 식민지 개척 및 관리권도 주었다. 그리고 이에 필요한 협상의 권리와 교역 상대국 안에서 독립적인 주권도 보장해주었다. 아울러 식민지 개척을 위해 회사가 군대를 가질 수 있게 했다. 이와 함께 동인도회사는 관리 임명권은 물론 식민지 개척과 운영에 필요한 치외법권과 전쟁선포권도 갖게 되었다. 더불어 조약체결권과 화폐발행권도 주어졌다. 그 밖에 식민지건설권, 요새축조권, 자금조달권 등을 주었다. 그뿐만 아니라 외국 경쟁자와 싸울 때는 정부의 전폭적인 지원을 받았다. 동인도회사는 한 나라에 비견되는 막강한 권리를 갖게 된 것이다.

이 모든 것이 동인도회사의 대주주들에게 자유 재량권이라는 이름으로 모두 위임되었다. 한마디로 유대인 대주주들이 동인도회사의 상업정책과 식민지 정책을 주도한 것이다. 그런데 불행하게도 자본주의의 상징인 최초의 주식회사는 한 손에는 무역을, 다른 한 손에는 총을 갖고 시작했다. 동인도회사는 '무역독점권'을 얻는 것을 지상목표로 했기 때문에 무력 사용도 서슴지 않았다. 상업과 약탈이 혼재된 야만적인 침탈이 벌어지기 일쑤였다.

그 무렵 네덜란드 동인도회사 수입의 56%는 후추가, 18%는 나머지 향신료가 차지하고 있었다. 한마디로 향신료가 주 수입원이었다. 이들은 반다 제도의 육두구를 잊을 수 없었다. 더구나 당시 육두구는 후추의 10배 이상 가격으로 거래되고 있었다. 따라서 네덜란드 동인도회사는 반다 제도를 장악하는 데 사활을 걸고 있었다. 1621년에 네덜란드인들은 1000여 명에 이르는 군인들과 10여 척의 전함을 이끌고 반다 제도로 쳐들어갔다. 여기에 일본인 용병인 사무라이들까지 있었다. 그들은 영국군을 물리치고 원주민 대부분을 죽이고 부락을 불태웠다. 살아

남은 사람들은 노예로 만들었다. 그리고 반다 제도 네이라 섬에는 네덜란드 식민지배의 상징인 나소 요새가 건설되었다. 네덜란드는 이러한 야만적 침탈로 육두구를 독점 매매할 수 있었다. 이렇게 향신료에는 피의 역사가 함께했다. '자본의 원시적 축적', 곧 자본주의 종잣돈은 이렇게 대항해시대의 무수한 살육과 약탈 행위를 통해 마련되었다.

17세기에 이르러 네덜란드 동인도회사는 일본에까지 해상교역을 넓혀나갔다. 네덜란드 상인들은 일본 히라토에 1609년부터 무역관을 개설했다. 그 뒤 일본에서 포르투갈과 스페인이 기독교 선교 문제로 쫓겨난 이후 1855년까지 두 나라 간의 독점적인 무역이 지속되었다. 네덜란드가 이 기간 218년 동안 일본의 유럽을 향한 유일한 창구였다.

원래 일본은 1543년 포르투갈 선박이 표류해 온 것을 계기로 처음으로 서구와 교역을 시작했다. 이때 포르투갈의 조총이 일본에 전래되었다. 일본은 이 총으로 1592년 임진왜란을 일으켰고 그때 조선으로부터 당대 최고 수준의 인쇄술과 신유학에서 의학까지 조선의 지식을 사람째로 노획해 갔다. 임진왜란은 장기간의 난세로 부진했던 일본의 학문과 산업 부흥에 결정적 전기가 되었다.

이후 일본에 포르투갈과 스페인 선교사들이 들어와 기독교를 전파해 기독교인이 늘어났다. 막부는 신자가 70만 명에 이르자 위협을 느껴 1612년에 전교금지령을 내리고 교회를 파괴했다. 이어 선교사나 신자들을 해외로 추방하거나 학살했다. 또한 무역항을 축소하는 등 무역활동을 통제하고 1639년에 쇄국령을 내려 포르투갈 사람들을 추방하고 스페인과는 단교까지 했다. 그렇지만 네덜란드 동인도회사는 유대인들이 주축이었기 때문에 선교와는 아무 상관이 없어 네덜란드 무역관은 남겨두었다.

당시 동인도회사 유대인들은 삼각무역에 주력했다. 인도네시아의 향신료와 인도의 후추, 무명과 다이아몬드를 본국에 실어다 팔아 은을 마련했다. 그 무렵 은은 국제화폐였다. 그 은으로 인도네시아로 가는 길에 인도에 들러 후추와 무명을 샀다. 당시 인도 께랄라에는 6세기 이후 설립된 유대인 상인 조직이 있어 그들에 의해 보석류 등 각종 진기한 물건들의 교역이 이루어졌다. 유대인들은 인도에서 산 후추와 무명을 갖고 인도네시아에 가서 향신료, 일본에 가서 은과 구리와 바꾸었다. 그리고 일본 은을 중국에 가서 금과 비단으로 바꿨다. 한 행차에 몇 번의 거래를 해 수익을 크게 늘릴 수 있었다. 이 삼각무역 구조는 장기간에 걸쳐 진행되었다.

그 무렵 중국은 해금정책으로 외국인을 받아들이지 않았다. 이러한 중국을 네덜란드인들이 뚫었다. 1656년에 네덜란드 상인들이 중국 베이징에서 순치황제에게 삼배구고三拜九叩의 수치를 마다치 않고 무역의 길을 튼 것이다. 삼배구고란 무릎을 꿇고 양손을 땅에 댄 다음 머리가 땅에 닿을 때까지 숙이기를 3번, 또 이것을 3번 되풀이하는 것이다. 청나라는 이것을 외국 사절에게도 강요했다. 어렵게 튼 중국과의 거래는 동인도회사에 큰 전환점이 되었다. 이후 중국 거래는 일본의 은과 연계되어 대박을 치게 된다.

당시 전성기의 네덜란드는 1만 6000척에 달하는 상선을 보유했는데 이는 프랑스, 영국, 스페인, 포르투갈 4개국 상선의 4분의 3 수준이었다. 1664년 2차 영란전쟁 이후 네덜란드는 영국에 뉴암스테르담을 양보하는 대신 육두구 산지인 반다 제도와 사탕수수 재배지인 수리남를 얻었다. 네덜란드로서는 지금의 뉴욕보다도 육두구와 설탕이 더 중요했던 것이다.

    17세기 유대인들이 주도했던 네덜란드 동인도회사의 주된 수익원은 우리의 예상과 달리 향료와 비단이 아니라 금과 은 등 귀금속 화폐의 거래였다. 예를 들어 네덜란드의 동인도회사가 1660~1720년 사이에 아시아에 판 상품의 87%가 은이었고 나머지만이 유럽산 상품이었다. 당시 금과 은의 국제 간 시세 차익을 이용해 차액거래를 통해 돈을 번 것이다. 벌써 무위험 차익거래에 눈뜬 것이다. 그도 그럴 만한 것이 당시 동서양의 '금은 교환비율'은 너무 차이가 컸다.

    서양은 수메르 문명 이래 금과 은의 교환비율이 대략 1:12.5 내외였다. 원래 이것은 수메르 천문학에 기초한 양력과 음력의 비율이었다. 금은 태양이요, 은은 달이었다. 태양이 한 번 변할 때 달이 '12번 반' 변한다는 이유에서 1:12.5였다. 곧 태양력 1년이 음력으로 12개월 반이라는 것에서부터 유래된 것이다. 이러한 전통이 이어져 내려오면서 로마 제국에서도 금과 은의 교환비율은 1:12.5이거나 1:13이었다. 17세기 초 유럽 금의 교환비율도 크게 변하지 않아 1:12 내외였다. 이에 비해 중국은 1:6 정도였다. 유럽에서 상대적으로 싼 은을 구입해 중국에 가져가면 그것만으로 100%의 환차익을 보았다.

    그 무렵 일본에서 은이 대량으로 생산되어 풍부해지자 금에 비해 저평가되었다. 동인도회사 유대인들이 이런 기회를 놓칠 리 없었다. 그들은 일본에서 은과 구리를 구입해 은의 가치가 높은 중국에 팔았다. 중국이 그토록 은을 높게 평가하는 이유는 우선 중국 화폐제도의 변화 때문이었다. 중국은 다른 어느 문명권에서보다 일찍 지폐를 발행했다. 그런데 명대에 들어와서 지폐를 초과 발행하자 초인플레이션이 일어나 결국 지폐 사용이 중단되었다. 이를 대신하는 지불수단으로서 은이 유통된 것이다.

특히 은의 대규모 유통을 초래한 중요한 요인은 1560년대에 시행된 일조편법—條鞭法이었다. 중국 정부가 모든 조세수입을 은으로 통일한 것이다. 이 법이 시행됨으로써 이제 은은 공식 화폐를 대신하게 되었다. 이 때문에 당시 중국은 모든 조세를 은으로 통일하여 받았다. 따라서 세금을 내야 하는 국민들이 대량의 은을 필요로 했다.

중국은 고대로부터 은수저로 식사하는 등 은을 좋아해 실크로드를 통한 교역 이래 유럽의 은이 계속 중국으로 흘러들어 갔다. 고대로부터 중국과 유럽의 교역은 일방적인 유럽의 무역적자로 진행되어 왔다. 게다가 16세기 중국의 일조편법 시행과 동서양의 금은 교환비율 차이로 세계의 은이 계속 중국으로 흘러들었다. 1500~1800년 사이에만 중국이 무역을 통해 얻은 은은 약 6만 8000톤에 달했다. 유럽이 아메리카에서 얻은 은의 절반 이상에 해당한다. 이렇게 중국에서 오랫동안 은이 중심화폐 구실을 해왔기 때문에 '은행銀行'이라는 말이 쓰이게 된 것이다. 만일 중국이 금을 중심화폐로 썼다면 '은행' 대신 '금행'이라는 말이 쓰였을 것이다.

당시 유럽은 멕시코와 페루에서 생산된 은으로 주조된 은화가 사용되었다. 하지만 동양무역을 확대하려면 그 은화만으로는 충분하지 않았다. 게다가 은은 유럽에서 잘 생산되지 않는 귀중품이어서 중상주의 나라들은 원칙적으로 은의 반출을 금지했다. 이렇게 중상주의 시대에 다른 나라들은 모두 귀금속의 유출을 막았지만, 독특하게도 네덜란드 의회가 귀금속의 자유로운 수출입을 허가했다. 유대인들이 영향력을 미친 것이다. 이 시기에 영국의 동인도회사는 아시아에서의 대금 지불에 필요한 경화를 암스테르담에서 구입함으로써 영국 의회의 경화 수출금지령을 피해나갔다.

중상주의를 꽃피운 유대인들
근대 유럽 경제사 上

JEWS WHO FLOURISH MERCANTILISM

유대인들, 네덜란드와 영국에서 중상주의와 산업혁명을 꽃피우며 세계 경제를 이끌다

5권은 네덜란드와 영국을 중심으로 한 유대인들의 '진짜 경제사'를 보여준다. 스페인에서도 쫓겨난 유대인 중 상당수가 네덜란드로 몰려갔다. 네덜란드는 당시 여러 면에서 열악했으나 위기를 기회로 바꾸는 유대인들 덕분에 중상주의의 꽃을 피울 수 있었다. 그리고 현대 자본주의의 맹아인 주식회사, 주식거래소, 중앙은행 등을 발아하기에 이르렀다. 이외에도 유대인들이 주도하는 보석산업, 특히 다이아몬드 산업에 대해서도 자세히 다룬다. 유대인들의 능력과 힘이 어느 정도인지 다시 한 번 느낄 수 있는 부분이다.

유대인은 영국의 발전에도 크게 이바지했다. 1585년 앤트워프에서 런던으로 이주한 1만여 명의 유대인들이 이후 영국의 해상무역을 이끌고, 동인도회사와 레반트회사를 설립하여 동방무역을 주도한다. 1656년 유대인의 영국 이주가 공식 허용되고 그들이 자리를 잡자 영국 경제는 더 무섭게 발전하기 시작했다.

✡ 동전의 양면, 중상주의와 유대인: 네덜란드

근대가 시작된 16~18세기 유럽은 중상주의重商主義 시대였다. 중상주의란 말 그대로 상업을 중시하는 정책이다. 당시의 돈인 금, 은을 벌어 축적해야 한다고 믿어 수출을 장려하고 수입을 억제했다. 한편 값싼 원료의 확보와 수출 확대를 위해 해외 식민지를 개척했다. 한마디로 중상주의는 국부를 증대하기 위한 정부의 전방위적인 강력한 계획과 간섭이었다. 이렇게 네덜란드는 중상주의를 추구하면서도 개인의 자유로운 무역을 존중했다. 중상주의보다 자본주의 원칙에 더 충실했던 것이다. 한마디로 유대인의 세상이 열린 것이다.

15세기 말 유대인이 가장 많이 살았던 스페인과 포르투갈에서 유대인 약 30만 명이 일시에 추방당했다. 이들이 가장 많이 모여든 곳은 13세기 영국에서 추방된 유대인들이 살고 있는 브뤼헤와 앤트워프였다. 이베리아 반도의 유대인들이 대거 합세한 이후 브뤼헤는 명실공히 전 유럽 최고의 무역과 금융 중심지로 떠올랐다. 유대인들이 떠나간 스페인과 포르투갈의 항구가 기능을 상실했기 때문이다. 브뤼헤는 유대인들 덕분에 '중계무역'이 발달했다. 중계무역은 통과무역과 달리 무역의 주체가 유대인이었다.

이곳에 온 이베리아 유대인들은 처음에는 그들이 살았던 이베리아 반도의 특산품들을 많이 취급했다. 스페인산 양모와 피혁, 그리고 천일염이 주류를 이루었다. 여기에 스페인 북부 바스크 지방의 철과 남부산 과일, 올리브, 쌀, 포도주들을 더했다. 진귀한 품목으로는 스페인령 카나리아 제도와 남부 안달루시아에서 재배되는 설탕이 있었다. 당시 스페인과 포르투갈 남부 지역에는 이슬람이 재배했던 유럽 유일의 사탕수수 농장이 있었기 때문이다. 이런 식으로 취급 품목과 무역량이 급격히 늘어났다. 이외에 발트 해 연안국으로 수출하는 상품으로는 플랑드르산 아마, 모직물과 프랑스산 포도주, 독일 맥주가 있었다. 특히 15세기 말에 이르러 수요를 감당치 못하는 브뤼헤의 직물은 황금 직물이 된다.

그러다 브뤼헤는 바닷물이 들어오던 츠빈 강의 수로가 침전물로 막히면서 항구의 기능을 잃게 되었다. 퇴적작용으로 더 이상 배를 댈 수 없게 되자 결국 도시는 역사의 전면에서 물러났다. 하지만 유대인들은 항상 그렇듯이 이러한 불운 앞에 무릎 꿇지 않았다. 그들은 인근의 또 다른 항구도시인 앤트워프로 발길을 옮겨 다시 시작했다.

1492년 스페인에서 추방당한 유대인들이 브뤼헤와 앤트워프 두 곳으로 나누어 정착할 때, 앤트워프에 도착한 유대인들이 가장 먼저 시작한 것이 보석장사였다. 당시 스페인은 유대인들이 돈과 금, 은 등을 갖고 나가면 사형에 처했다. 그러나 보석류는 상관하지 않았다. 그 무렵 보석이 많지도 않았거니와 또 그 가치가 그리 알려지지도 않았기 때문이다. 유대인들은 돈과 귀금속을 보석류와 바꾸어 모두 다 한 움큼씩 가져와 유통량이 상당했다. 이를 바탕으로 바르셀로나에서 보석장사를 했던 유대인들을 중심으로 보석시장이 쉽게 형성되어 활성화되었다. 얼마 지나지 않아 앤트워프는 국제 보석거래의 중심지가 되었다.

보석거래 가운데서도 다이아몬드가 가장 이윤이 많이 남자 유대인들은 인도에 있는 유대인 커뮤니티와 협력해 다이아몬드 원석을 들여와 이를 가공해 팔았다. 기원전 3세기부터 2000년간 인도는 세계에서 유일한 다이아몬드 생산국이었다. 그 뒤 17세기 말 베네치아의 유대인 페르지가 다이아몬드 특유의 '브릴리언트 커팅' 연마 방법을 개발한 뒤로 다이아몬드가 명실상부하게 최고의 보석이 되었다. 그러다 18세기에 브라질에서 다이아몬드 광산이 발견됨으로써 다이아몬드의 주산지는 브라질로 넘어갔다. 그러나 정작 본격적인 다이아몬드의 시대는 1866년 남아프리카공화국에서 유레카라는 21캐럿짜리 다이아몬드 원석이 발견되면서부터이다. 이어 남아공에서 대규모 광산이 발견되어 다이아몬드가 급속히 대중화되었다.

바다와 단절되면서 몰락해버린 브뤼헤의 패권은 그 뒤 온전히 앤트워프로 넘어간다. 1500년께에 이르러 앤트워프가 완벽히 브뤼헤를 대체한 후 국제 무역시장으로 급속히 발전했다. 이렇게 앤트워프를 짧은 시간에 발전시킨 것은 포르투갈이 인도에서 가져온 향신료 등 동방물품이었다. 1497년 유대인들을 추방한 포르투갈은 동방에서 향신료를 실어와도 이제 이를 유통할 능력이 없었다. 결국 1501년에 리스본에서 동방의 후추 등 향신료를 실은 포르투갈의 배가 유대인을 찾아 앤트워프로 들어온다. 그 뒤 포르투갈에 앤트워프는 동방의 향신료를 유럽 대륙에 유통할 수 있는 유일한 거점이 된다.

그 뒤 앤트워프 유대인들이 다루었던 교역품은 이베리아 반도와 브뤼헤 시절 다루었던 교역품목에 인도산 향신료와 금은보석과 다이아몬드가 추가되었다. 당시로선 최고의 고부가가치 품목들이었다. 16세기 전반에 앤트워프는 발틱 무역의 중심지로서, 그리고 포르투갈과 스페인의 중계무역항으로서 번영을 누렸다. 이로써 유대인들은 유럽과 인도는 물론 신대륙의 상품을 거의 다 다루었다. 역사상 최초로 세계 상품 대부분이 한곳에서 거래되었다는 의미에서 '세계 시장'이 출현했다.

당시 포르투갈이 신대륙에서 가져온 설탕은 유대인이 떠난 리스본에서 유통할 수가 없었다. 이후 리스본을 경유해 들어온 브라질산 설탕이 유대인에 의해 1508년부터 앤트워프에서 거래되었다. 그 뒤 신대륙의 설탕은 모두 이곳으로 모여들었다. 당시 설탕은 금값이었다. 예나 제나 이러한 고이윤을 오래도록 보장할 수 있는 길은 독과점 체제를 유지하는 것이었다. 설탕의 독과점 유통 체제를 위해 유대인들은 설탕의 유통경로 일체를 장악했다. 브라질과 서인도제도의 사탕수수 농장을 직접 경영해 사탕수수 재배에서부터 운반-정제-판매의 핵심 프로세스를 일괄 장악하는 독과점 체제를 완성했다.

스칸디나비아 근처 발트 해에서 잡히던 청어가 14세기부터는 해류의 변화로 네덜란드 연안 북해로까지 밀려드는 이변이 일어났다. 그러다 어장 중심이 아예 플랑드르 앞 북해로 이동했다. 네덜란드인들은 너도나도 청어잡이에 나섰다. 그 결과 매년 여름이면 약 1만 톤의 청어가 잡혔다. 그 무렵 네덜란드는 총인구가 약 100만 명 정도였는데 고기잡이와 관련된 인구만 30만 명이었다. 한마디로 청어잡이는 네덜란드 전 국민의 목숨줄이 되었다.

14세기 중엽 네덜란드 어민 빌렘 벤켈소어는 선상에서 작은 칼로 한 칼에 청어의 배를 갈라 이리를 제외한 내장을 꺼내고 머리를 없앤 다음 소금에 절여 통에 보관하는 염장법을 고안해냈다. 바다에서 잡은 청어를 잡는 즉시 소금에 한 번 절이고 육지에 돌아와서 한 번 더 절이면 1년 넘게 보관할 수 있었다. 이 방법 덕분에 갓 잡은 생선을 신선하게 보존할 수 있게 되어 조업 기간이 길어지면서 생선 포획량도 엄청나게 늘어났다. 소금절임 청어는 전 유럽에 불티나게 팔려나갔다. 이때 유럽 각지에서 몰려온 상인 수백 명이 매일 아침에 절임 청어를 가져가며 돈을 벌었다.

브뤼헤와 앤트워프에 온 유대인들이 가장 먼저 주목한 것은 청어를 절이는 데 필요한 대량의 '소금'이었다. 그 무렵 소금은 비쌌다. 그들은 한자동맹으로부터 공급받는 소금 대신 그들이 살았던 이베리아 반도 북부 바스크 지방의 천일염을 수입했다. 천일염이 암염보다 값이 쌀 뿐 아니라 질은 말할 나위 없이 훨씬 더 좋았다. 이로써 유대인들은 청어절임 소금을 암염에서 천일염으로 대체했다.

이들은 여기서 한 발자국 더 나갔다. 천일염을 다시 한 번 '정제'한 것이다. 그렇게 하지 않아도 천일염은 암염보다 순도도 높고 깨끗했는데 이를 한 번 더 정제하여 더욱 고운 소금으로 재탄생시킨 것이다. 당시 소비자는 소금의 순도, 모양, 때깔 등 소금의 질에 민감했는데 특히 양질의 음식에 쓰일 소금에는 더 그랬다. 이러한 고객의 요구에 부응해 거친 소금을 소비자가 원하는 질대로 만드는 소금 정제산업이 유대인에 의해 최초로 개발되었다.

16세기 중엽에는 총 400개의 대서양 연안 소금정제소에서 4만 톤의 소금을 생산했다. 이는 당시 베네룩스 3국 소금 필요량의 절반에 해당하는 양이었다. 이 정제소금이 멀리 오스트리아나 독일에서 육로로 가져오는 암염보다 쌌다. 이로써 발트 해 지역이 북해를 제치고 소금 중개무역의 중심지로 떠올랐다. 경쟁에서 밀린 한자동맹 도시들의 북해 주도권은 여기서 끝나 역사 속으로 사라졌다. 그만큼 소금이 교역에서 차지하는 비중이 높았다. 채굴하기도 어렵고 운반도 힘든 독일어권 지역의 암염 대신 유대인들은 양질의 바다 소금을 정제하여 대량으로 들여와 한자동맹과의 무역전쟁에서 이긴 것이다. 소금이 경제권역 간의 주도권을 바꾸었다.

당시 한자동맹이 망한 이유는 또 있었다. 그들은 유대 상인들이 발행하는 환어음을 거부하고 화폐로만 상품을 매매했다. 그러니 당시 북부 이탈리아와 플랑드르 상권을 쥐고 있었던 유대 상인과는 거래를 할 수 없었다. 그러던 차에 소금의 독점적 공급이 깨지고 판매가 줄면서 금융 유동성이 줄어들자 급격히 쇠퇴한 것이다.

유대인들은 청어를 절이고 남는 천일염과 정제소금을 인근국들에 싼값에 되팔아 소금 유통을 완전히 장악했다. 이로써 품질은 높이고 가격은 낮추어 생산지–유통–소비지 일체를 지배하는 독과점 체제를 이루었다.

유대인들은 염장 대구가 영국과 프랑스 해군과 상선의 필수품이 되었듯이 네덜란드 해군과 상선 모두에 절임 청어를 공급해 안정적인 공급처를 확보했다. 그리고 규모의 경제를 살려 절임 청어를 경쟁력 있는 상품으로 만들어 전 유럽에 판매했다. 그들은 청어 처리에도 일대 혁신을 가져왔다. 바로 '분업화'를 도입한 것이다. 고기 잡는 사람, 내장 발라내는 사람, 소금에 절여 통에 넣는 사람 등으로 나누어 작업을 진행해 숙련공들은 1시간에 약 2000마리의 청어 내장을 발라냈다. 이로써 절임 청어 생산량이 획기적으로 증가했다. 그러자 청어의 포획부터 시작해 처리와 가공, 그리고 수출이 기업화되어 청어 절임이 본격적인 산업으로 자리 잡았다.

이후 유대인들은 네덜란드에서 오늘날의 수협격인 '어업위원회'를 만들었다. 이 위원회는 의회로부터 법적인 권리를 부여받아 체계적인 청어산업을 관리 감독했다. 이 위원회가 품질관리를 위해 가장 먼저 착수한 게 표준화 작업이었다. 저장용 통의 재질과 소금의 종류, 그물코의 크기를 정했고 가공상품의 중량, 포장 규격 등 엄격한 품질 기준을 만들었다. 이어 뛰어난 품질을 유지할 수 있도록 관리 감독을 철저히 했다. 이를 바탕으로 유럽 시장에서 다른 나라에 견주어 우수한 경쟁력을 확보할 수 있었다. 그러고는 독과점 체제를 완성해 고가격 정책을 썼다. 곧 어획 시기를 한정해 청어산업의 장기적인 포석과 더불어 공급을 조절해 청어산업의 고부가가치화를 이끌었다.

1596년 네덜란드 항해가 빌렘바렌츠가 북극해의 스발바르 제도를 발견했다. 당시 포를 이용한 고래잡이 기술을 발명한 네덜란드인들은 그곳을 장악했다. 이로써 네덜란드는 고래잡이 분야에서도 독점적 지위를 차지해 대량의 고래 기름과 고래 수염을 얻었다. 이후 고래 기름은 오랫동안 밤거리 가로등에 사용되어 수요가 엄청났다. 게다가 고래 고기는 찬 음식으로 분류되어 육식이 금지된 금식일에도 먹을 수 있는 몇 안 되는 음식이었다. 그 뒤 유대인들이 주도하는 네덜란드와 영국의 포경선단은 1610~1840년 북극해 일대의 고래 무리를 거의 멸종 단계로 몰아넣었다.

1620년에 이르러 네덜란드의 선박은 2000척이 넘었다. 대부분 70톤에서 100톤에 이르는 청어잡이 어선들이었다. 한 척당 약 15명 정도의 선원들이 승선했다. 단순 계산으로도 약 3만 명 이상의 어부가 조업했다. 1630~1640년대에는 연간 약 3만 2500톤의 청어를 처리해 당시 유럽 전체 청어 포획량 6만 톤의 절반을 넘겼다. 이렇게 네덜란드의 부는 청어로부터 시작되었다. 그리고 1669년에는 청어잡이와 청어의 가공처리, 통 제작, 망·어선 건조 등 관련 사업에 종사하는 사람을 합하면 그 수가 약 45만 명에 달했다. 당시 네덜란드 노동인구의 태반이 청어 관련 산업에 종사하는 셈이었다. 수산업에서 촉발된 활황은 조선업의 발전으로 이어졌다. 이는 해운업과 물류산업의 발전으로 이어졌고, 목재업·무역업·금융업의 발전을 낳았다. 이리하여 네덜란드는 청어산업의 호황과 더불어 한자 상인을 물리치고 북유럽의 무역 주도권을 획득했다. 그뿐만 아니라 유대인들 덕분에 베네치아로부터 포르투갈로 이어졌던 동방상품의 유럽 유통권을 인계받아 본격적인 네덜란드 시대가 전개된다.

그 무렵 동양에서 포르투갈인들과 함께 일한 적이 있는 린쇼텐이라는 사람이 《인도항로 항해지남서》라는 책을 출판했다. 이것을 근거로 1600년에 영국의 동인도회사가 설립되었다. 네덜란드는 이 방면에서 영국보다 한발 앞서나가고 있었다. 1594년 암스테르담에 원양항해를 위해 '원국회사遠國會社'가 설립되어 이듬해 첫 번째 상선대가 파견되었다. 1598년 3월에는 암스테르담과 로테르담 상인들이 출자하여 조직한 선단도 동인도로 진출해 향료의 주산지인 몰루카 제도까지 무역을 확장했다. 이듬해 7월에는 선박 4척이 물건을 가득 싣고 돌아왔다. 대박이었다. 단 한 번의 항해로 선박 건조비용을 모두 뽑고도 수익이 남았다. 그 뒤 비슷한 회사가 6개나 생겼다. 이런 회사들이 몇 년 사이에 14개로 늘어났다. 하지만 이들의 지나친 경쟁이 문제였다. 많은 선단의 파견으로 이익의 감소가 두드러졌다. 게다가 스페인과 영국 등 열강과 경쟁하기 위해서는 규모가 크고 강한 회사가 필요했다. 이 문제를 해결하기 위해 네덜란드 정부와 의회가 나서서 이들을 하나의 회사로 합병을 유도했다. 그 결과로 탄생한 것이 동인도회사voc였다. VOC는 네덜란드어로 '하나로 통합된 동인도회사'라는 뜻의 이니셜이다. 네덜란드의 동인도회사가 설립된 것은 영국보다 2년 늦은 1602년이었지만 내실에서는 훨씬 앞서 있었다.

그 무렵의 동양 탐험에는 엄청난 자본이 필요했다. 어느 한두 사람의 힘으로 해결될 문제가 아니었다. 당시 유대인들은 그들이 앤트워프 시절에 시도했던 '주식회사'라는 기발한 개념을 다시 생각해낸다. 동인도회사 설립에 필요한 자본을 당시 해상무역을 주도하던 선주 각자의 소액투자로 충당했다. 약 645만 길더, 곧 금 64톤이 모아졌다. 엄청난 양이었다. 동인도회사는 이렇게 모은 자본으로 설립한 근대 최초의 '주식회사'였다. 이렇게 주식회사라는 형태를 통해 각종 사업에 필요한 자금을 여러 사람으로부터 모을 수 있으리라는 생각을 제일 먼저 한 이들이 바로 유대인들이었다. 이러한 상상이 모태가 되어 탄생한 동인도회사는 영국의 동인도회사보다 8배가 넘는 대규모의 경영을 할 수 있었다. 자본주의의 꽃이라 일컫는 근대적 의미의 주식회사는 이렇게 탄생했다.

당시 81명이 투자자본의 절반 이상을 조달했다. 이 가운데 반 이상이 스페인에서 추방당해 온 유대인들이었다. 한마디로 유대인의 지분이 가장 많았다. 동인도회사는 투자 지분이 많은 81명 가운데 60인으로 처음 '주주위원회'를 구성했다. 모두 최소한 1만 길더, 곧 금 100킬로그램 이상씩 투자한 사람들이었다. 그러다 그 수를 점점 줄여 나중에는 '17인 주주위원회'로 귀결되었다. 여기서 크고 작은 모든 결정을 내렸다. 지역별로는 암스테르담에서 모인 자본이 57.4%를 차지하여 17인 가운데 8자리를 배정받았으며 그 외에 로테르담의 유대인들도 있었다. 당연히 지분이 많은 유대인의 발언권이 가장 셀 수밖에 없었다.

회사 설립 뒤에도 동인도회사는 선박들을 인도로 출항시킬 막대한 자금을 모으기 위해 주식을 발행했다. 누구나 투자할 수 있어 일반 평민과 외국인도 투자했다. 정부도 주주로 참여해 회사의 신뢰도를 높였다. 상인들과 정부가 주도적으로 투자에 나서 일반 시민까지 너도나도 주식에 투자했다. 덕분에 현재 가치로 4억 6000만 유로에 해당하는 거대 자금이 모였다. 이렇게 애초 주식투자란 유대인들이 멀리 아시아로 교역을 떠나면서 자금을 모으기 위해 등장한 제도이다. 이때 필요한 경비를 조달하기 위해 오늘날과 같은 주식 형태의 증서를 발행하여 자본을 모았다. 이것이 주식투자의 시초였다.

이때 돈을 투자한 사람들은 몇 년을 기다려 상선이 돌아와야 비로소 투자한 돈을 회수할 수 있었다. 그러나 배가 돌아오기 전에 개별적인 사정으로 이 투자 지분을 환불받으려는 사람들이 나타났다. 그러나 동인도회사는 1605년 필요한 경우 주식을 다른 사람에게 팔라고 발표했다. 주식을 다른 사람에게 팔기 원하는 사람들에게 양도 기회를 주기 위해 부둣가에서 카페를 운영하던 몇몇 브로커가 중개 역할을 맡았다. 이것이 오늘날 주식시장의 효시다. 그러자 동인도회사의 주식이 최초의 증권투자 대상이 되어 손 바뀜이 활발했다. 실제로 1607년 무렵 동인도회사 주식 1/3의 주인이 바뀌었다. 이때 내부 정보에 밝은 기존 유대인 대주주들이 주식을 대거 사들여 지분을 늘렸다.

이렇듯 주식투자는 동양의 진귀한 후추와 보물을 위험한 항해를 무릅쓰고 들여와서 물자가 귀한 서양에 팔아 막대한 부를 얻는 데서부터 출발했다. 항해 중 태풍과 각종 질병, 해적선의 약탈 등을 극복하고 귀항에 성공하면 엄청난 부가 따랐다. 주주에게는 고율의 현금과 채권이 배당되었고, 어떤 경우에는 후추와 계피가 배분되기도 했다. 약탈당하거나 파선된 경우에는 투자한 돈을 한 푼도 건질 수 없었다.

네덜란드 정부는 동인도회사에 전권을 주다시피 해 국가 수준의 재량권을 주었다. 중상주의의 진수였다. 설립 후 10년 동안 동인도회사는 이익금을 선박 건조와 아시아 거점 확보 등에 투자하느라 전혀 배당하지 않았다. 그럼에도 동인도 항로는 워낙 장거리 항로인 데다 위험요소도 많아 막대한 선투자가 필요했다. 그러나 사세를 확장할 투자금은 터무니없이 모자랐다. 이때 네덜란드 유대인들은 또다시 획기적인 발상을 한다.

동인도회사 주식이 거래가 잘되자 새로운 주식을 발행해 대규모 자본을 끌어들일 구상을 모색했다. 그러려면 주식거래를 길거리 카페에 맡겨둘 게 아니라 '상설' 증권거래소를 설립해야 했다. 원래 증권거래소의 모태는 중세 유럽의 견본시에서 유대인들 간에 지불명령서·환어음 등의 신용이 거래되면서 등장했다. 이로써 주식을 거래할 근대적 의미의 증권거래소인 암스테르담 보르스Amsterdam Bourse가 1608년에 설립되었다. 본격적인 자본주의의 자금조달시장이 선을 보인 것이다.

동인도회사는 이득을 내지 못했음에도 증권거래소를 통해 막대한 자금을 모을 수 있었다. 신대륙으로부터 얻을 수 있는 막대한 부의 미래를 보고 투자자가 줄을 이었다. 주가는 올랐다. 영국과 프랑스 등의 외국인들도 네덜란드 동인도회사에 투자했다. 유럽의 자금이 네덜란드로 모여들었다. 증권시장을 통해 동인도회사로 투자자금이 몰려들어 오자 동인도 해상을 운행하는 배는 50척이나 되었다. 영국보다 뒤늦은 출발이었지만 네덜란드 동인도회사의 배는 10년 뒤부터 후추와 진귀한 향료, 섬유, 도자기 등을 가득 싣고 암스테르담 항으로 돌아오곤 했다. 이를 팔아 엄청난 이익을 거두었다. 1620년 동인도회사는 엄청난 돈을 벌어 주주들을 부자로 만들어주었다. 유대인의 재능과 상술, 그리고 현지 유대인 커뮤니티를 통한 정보력이 다른 경쟁국들을 압도한 결과였다. 그 뒤 동인도회사의 배는 1690년에 156척으로 불어났으며 그 뒤 배가 대형화되자 선박의 톤수가 두 배로 늘었다. 이외에도 전함 40척과 사병 1만 명이 있었다. 이후 동인도회사 전성기에는 대형 선박이 1500척까지 불어났다.

경제가 발달하고 교역이 급증하여 거래되는 돈의 유통량이 많아졌다. 그런데 그 무렵 네덜란드의 각 주에서 유통되던 다양한 통화가 상인들에게는 골칫거리였다. 당시 네덜란드에는 오늘날 조폐국격인 서로 다른 주조업체만 14개였다. 그리고 외국 주화도 많이 유통되었다. 당시 암스테르담에 흘러들어 온 각종 유럽의 주화들은 800~1000종 이상이었다. 그나마 각 왕실별로 무게도 함량도 제각각이었다. 한마디로 백가쟁명식 주화가 난무했다. 특히 위조화폐와 저질 주화의 범람이 큰 문제였다.

이렇다 보니 네덜란드 정부는 상인들을 보호할 필요를 느꼈다. 네덜란드를 대표하는 표준 통화를 만들어 교환가치를 통일하는 것이 급선무였다. 금융시장은 효율적인 통화제도가 있어야 수월하게 굴러가기 마련이다. 이로써 '공적' 은행이라는 기관이 설립된다. 국책은행이라는 개념이 없었던 당시로선 민간기업으로 설립되었지만 암스테르담 시가 은행거래에 대한 보증을 하고 여러 가지 규정으로 은행의 영업을 도왔다는 측면에서 당시로선 획기적인 시도였다.

증권거래소가 설립된 이듬해인 1609년에 암스테르담 은행이 탄생했다. 암스테르담 은행은 계좌를 가진 상인으로부터 금은을 예치받고 이를 근거로 계좌 주인이 금은을 주고받지 않고도 거래할 수 있도록 하는 '은행 화폐'라는 개념을 도입했다. 특히 600길더 이상의 거래는 반드시 은행 화폐를 통해 거래를 하도록 하는 규정이 도입되면서 대규모 상인들은 암스테르담 은행에 계좌를 개설하지 않을 수 없게 되었다. 이는 암스테르담 은행의 발전을 가속화시켰다.

암스테르담 은행은 상인들이 표준화된 암스테르담 은행 화폐로만 예금 구좌를 개설토록 했다. 이로써 화폐가 신뢰를 얻고, 난해한 환전으로 인한 비효율이 제거되었다. 그리고 통화가 표준화되자 환어음이 활성화되었다. 상인들끼리 거래할 때는 실물 주화의 교환 없이도 서로 구좌 간의 결제를 통해 거래를 쉽게 처리할 수 있었다. 이는 수표와 자동이체 시스템 등 오늘날 당연시되는 제도의 선구자인 셈이었다. 기실 이 배경에는 앤트워프의 유대인들이 암스테르담으로 넘어오면서 그들의 금융기법도 같이 따라온 결과였다.

17세기 내내 네덜란드가 상업과 무역 패권을 거머쥘 수 있었던 가장 큰 핵심적인 이유가 바로 세계 최초로 지폐를 대량 유통시켰다는 데 있다. 유가증권과 주식거래라는 근대적인 개념과 세계 최초의 은행 시스템이라는 걸 만들어낸 것 또한 네덜란드의 유대 상인들이었다. 사실 은행이 처음 생긴 곳은 11세기 이탈리아였으나 금융업에서 중요한 개척자 역할을 한 것이 암스테르담 은행이라는 점에서는 모든 역사가의 의견이 일치한다. 암스테르담 은행은 1609년 베네치아 은행을 본떠 만들어졌다. 영국보다 100년이나 빨랐다. 암스테르담 은행은 그 뒤 영란은행의 모델이 되고 이는 나중에 미국 연방은행제도에 영향을 미쳤다.

✡ 도버 해협을 건너: 영국

그 무렵 영국이 스페인의 무적함대를 무찌르는 이변이 일어났다. 이는 세계 권력의 이동이자 영국의 해상권 장악을 뜻했다. 그간 스페인 제국의 기세에 눌려 살았던 영국이 이를 계기로 중상주의의 날개를 활짝 펼 수 있게 되었다. 해상권의 장악은 해상무역의 제패를 의미했다. 영국인들은 그들 영해에서만 스페인 배를 몰아낸 게 아니라 미국과 인도의 항구에서도 스페인 상선을 쫓아내 버렸다. 이로써 북미에 식민지를 건설할 수 있었다. 스페인 제국이 지고 영국의 해가 떠오르기 시작한 것이다. 그러자 종교적 박해를 받은 많은 영국인과 유대인들이 자유를 찾아 신대륙 식민지로 떠났다.

엘리자베스 1세가 죽은 후 국왕과 의회의 대립은 내란으로 치달았고, 1645년 크롬웰이 이끄는 의회군이 승리했다. 그 뒤 세계 무역에서 네덜란드의 독주는 크롬웰에 의해 제동이 걸린다. 1651년 그 유명한 〈항해조례〉를 크롬웰이 발표한 것이다. 유럽 다른 나라들이 영국 및 영국 식민지와 무역을 하려면 반드시 영국이나 영국 식민지 배만을 사용해야 한다는 내용이었다. 한마디로 해운과 무역업계에서 네덜란드를 배제하겠다는 의도였다. 그리고 선장과 승무원의 4분의 3이 반드시 영국인이어야 한다고 규정했다.

크롬웰은 청교도혁명을 통해 왕정을 타파하고 공화제를 설립했다. 그리고 그가 1651년에 발표한 〈항해조례〉로 영국과 네덜란드 사이에 전쟁이 벌어졌다. 3년여 전쟁 끝에 영국이 이겨 네덜란드 해안을 봉쇄했다. 해상무역에 종사하는 네덜란드의 유대인들로서는 다른 방법이 없었다. 유대인들은 랍비 마나세 벤 이스라엘을 영국에 파견했다. 1290년 이후로 유대인의 입국이 금지된 영국으로의 재입국 가능성을 타진하기 위해서였다.

암스테르담과 런던을 오가며 크롬웰과 접촉한 랍비 마나세는 드디어 크롬웰의 지지를 얻어내는 데 성공했다. 크롬웰은 일부 국무위원들의 반대에도 1656년 유대인의 영국 이주를 허용했다. 단, 영국 상인들과 성직자의 반발이 예상되어 공식적으로 공고하거나 법으로 정하지 않은 채 이주를 묵인했다. 크롬웰은 칼뱅주의 신앙 덕분에 종교적 관용에 대해서도 신념을 갖고 있었다. 비공식적이긴 하지만 유대인은 경제적 동등권과 거주 이전 및 종교의 자유를 누릴 수 있었다. 이렇듯 영국과 유대인 양측의 이해관계가 맞아떨어져 유대인들의 영국 이주가 시작되었고, 세계의 경제력과 경쟁력이 유대인과 같이 도버 해협을 건넜다.

네덜란드 유대인들은 런던에 입성하자 경제 중심지인 구도심 '런던시티The City'에 몰려 살았다. 당시 런던의 해외상품 유통 중심지는 도매시장과 행상에 의존하기보다는 구도심 다운타운과 웨스트엔드 등 좁은 도심에 빽빽하게 들어선 상점들이었다. 이 런던시티야말로 상업적 자질을 발휘하는 데 걸맞은 지역이었다. 이들은 시티에서 은행가나 무역상인, 또는 의사 등 전문 직업가로 활동했다.

기실 영국 청교도혁명 당시 시민전쟁 기간 중에 많은 상인, 특히 유대 금융인들이 크롬웰을 적극 도왔다. 특히 랍비 마나세가 주도하여 네덜란드 유대인들이 크롬웰에게 대규모의 전쟁비용을 대주었다. 실제 프랑스 문호 빅토르 위고의 희곡 〈크롬웰〉에는 청교도혁명을 이끈 올리버 크롬웰에게 전비를 대준 실존 인물인 유대교 랍비 마나세 벤 이스라엘이 등장한다. 크롬웰은 그들에 대한 고마움을 잊지 않았고, 전쟁 때 자기를 도와준 상인들을 위해 중상주의 정책을 시작했다. 귀족과 교회로부터 몰수한 토지도 재분배하면서 유대 상인들에게 파격적인 특혜를 베풀었다. 과거 최초의 로마인들의 거주지였으며 추방당하기 이전 유대 상인 자치구역이었던 구도심 지역을 아예 유대인들에게 경제특구로 넘겨준 것이다. 세금이 면제된 일종의 경제자유구역이었다. 유대인의 금융업이 다시는 군주나 귀족들에 의해 침해받지 않게끔 제도적으로 보호해주기 위한 배려였다. 크기는 1제곱마일 남짓으로 서울의 중구보다도 작지만 당시에 그곳은 런던 경제의 중심지이자 유대인이 몰려 살고 있었던 곳이었다. 이것이 발전하여 오늘날 세계 금융의 중심지 '런던시티'가 되었다.

17세기 영국의 지배자들은 유대인들에게 기독교도들의 부당한 고리의 대금업을 견제해달라고 부탁했다. 또한 그들이 독점적으로 터무니없이 비싼 값에 파는 국채에 대한 제재에도 협력해줄 것을 요청했다. 당시 은행을 경영하던 유대인들은 개인적으로 높은 이자율로 큰 이득을 볼 수도 있었지만, 고금리 금지 법률 제정에 앞장서서 영국 정부에 적극 협력했다. 결국 유대인 은행가들의 경쟁력이 네덜란드에서처럼 시장금리를 떨어뜨렸다. 그 뒤 영국의 산업혁명 확산과 과학기술의 발달에도 유대인의 자본력과 저금리의 금융 지원이 큰 역할을 하여 영국은 세계 경제의 패권을 쥐게 된다. 1669년부터 1750년 사이에 영국의 지배자들은 줄기차게 네덜란드의 유대인 장인들에게 영국으로의 이주를 권유했다. 1750년경 독일과 러시아의 게토에서도 아슈케나지 유대인들이 대거 이주해 왔다.

유대인들의 이주 뒤 영국에서도 네덜란드와 같은 '우연의 일치'가 일어났다. 유대인들이 자리를 잡자 영국 경제가 무섭게 발전하기 시작한 것이다. 얼마 뒤 영국은 네덜란드에 도전하게 되었고, 마침내 유럽 제일의 무역국이 되었다. 17세기 초 인구 15만 명을 헤아리던 런던이 17세기 말 인구 40만 명의 대도시로 급부상한 것에서도 알 수 있듯이, 경제의 중심이 암스테르담에서 런던으로 이동하고 있었다. 1700년 당시 영국 해외 무역량의 75~80%가량이 런던 항을 통해 이루어졌다. 사실 18세기 초의 영국은 이미 네덜란드를 추월하여 세계에서 가장 넓은 해외시장을 가진 경제권을 이룩했고 가장 규모가 큰 상선대를 보유하고 있었다.

영국 정부도 두 팔 걷고 도와주었다. 수출 장려를 위해 산업계에 보조금을 지급하고, 수출 보상금도 지원했다. 그리고 국내 산업 육성을 위해 수입에는 각종 금지조치를 내리고, 보호관세를 부과했다. 또한 다양한 지원정책을 법령으로 제정했다. 특히 1662년에는 기술력 향상을 목적으로 왕립 런던 학술원을 설립했다. 산업혁명은 이런 제도적 뒷받침 속에서 싹을 틔웠다. 1640년 런던의 수출액 중 80~90%가 모직물 제품이었고, 같은 해 중계무역은 수출 총액의 3~4%를 넘지 못했으나 유대인이 몰려온 17세기 후반 들어 영국의 수출에서 모직물의 비중은 줄어들고 중계무역이 현저하게 늘어나기 시작했다.

경제학자들은 산업혁명이 영국에서 일어난 이유가 많지만, 그 가운데 크게 두 가지를 꼽고 있다. 하나는 유대인들이 수공업자조합을 붕괴시켜 억압적인 제도의 틀을 부순 것이다. 곧 창조적인 발명 및 기술 개량이 부의 획득으로 이어질 수 있는 토양이 마련되었다. 다른 하나는 네덜란드 유대 자본이 영국에 건너와 투자되어 저렴한 자본을 쉽게 구할 수 있어 산업혁명 기술이 널리 확산될 수 있었다는 점이다.

이렇게 유대인을 통해 상업적인 재능뿐만 아니라 암스테르담의 부와 금융기술을 받아들인 런던은 세계 최대의 금융도시로 부상했다. 100여 년 사이에 런던 인구는 네 배나 급증했다. 17세기 초 인구 15만 명에 불과하던 런던이 17세기 중엽 유대인들이 건너와 경제가 활성화되자 17세기 말에 이르러 인구 40만 명으로 급성장했다. 그 뒤 얼마 지나지 않아 인구 60만 명의 유럽 최대의 도시가 되었다.

산업혁명을 세계로 전파한 유대 자본
근대 유럽 경제사 下

글로벌한 유대 금융자본이
산업혁명의 세계 전파를 주도하다

6권은 산업혁명 속에서 활발하게 움직이는 유대 자본의 흐름을 밀도 있게 다룬다. 산업혁명은 철도, 기계, 광산 등 다양한 분야에서 자본을 필요로 했지만 이를 지원할 수 있는 대자본은 유대 자본밖에 없었다. 그중에서도 유럽 전역에 금융망을 갖고 있는 로스차일드 가문이 막강한 영향력을 행사했다. 그들은 자신들만의 네트워크와 정보력으로 산업혁명을 규모의 경제로 발전시키고 세계로 전파했다. 로스차일드가를 모르고서는 오늘날 세계 금융시장의 뿌리를 이해할 수 없는 만큼 가문의 탄생부터 산업혁명을 주도하고 유럽 각국 정부의 신임을 얻으며 부를 축적하는 과정을 자세히 소개한다.

유대인의 금융 장악은 유럽인들에게 반유대인 감정을 고양시켰다. 정치적 위기와 경제적 궁핍이 맞물리면서 유대인 혐오는 극에 달했고, 이는 히틀러의 유대인 대학살로 치닫게 된다.

✡산업혁명을 세계로 전파한 유대 자본

산업혁명은 18세기 후반에 시작된 기계의 발명과 기술혁신에 의한 산업상의 큰 변화이자 이에 따른 사회·경제적 변화를 뜻한다. 19세기 접어들어 산업혁명은 본격적 궤도에 진입했다. 산업혁명을 지원하고 세계로 전파시키는 데 가장 큰 공헌을 한 것이 해상무역의 발전과 저리의 금융산업 발달이었다. 그 중심에 유대인들이 있었다.

당시 가장 획기적인 발명품이 철도였다. 철도는 다비 가문의 철과 석탄의 결합으로 생겨났다. 1830년 철도가 부설되면서 철에 대한 수요가 급증했고, 그 뒤 영국은 철강산업을 수출 주력산업으로 키웠다.

경제사에서 철도가 갖는 의미는 크다. 철도가 시간과 공간을 좁혀준 덕분에 인간의 먼 거리 이동이 가능했고 무엇보다 물류비용이 크게 줄었다. 전문가들은 19세기 철도의 물류비용이 역마차의 약 5%밖에 되지 않았다고 분석했다. 싼 물류비는 거대한 시장의 탄생을 가능하게 했다. 수요가 전국적으로 늘어나자 대장간 수준이었던 산업체가 대량생산 규모 체제로 바뀌었다. 철도 자체도 거대한 산업으로 바뀌었다. 레일·화차 제작과 석탄 채굴 등 철도 연관산업이 발전하면서 중공업이 태동했다.

이처럼 철도 건설은 시공의 단축은 물론 경제적 파급효과가 큰 산업이다. 이 철도가 '자본주의 시스템'을 세계로 확산시키는 역할을 했다.

철도 도입 전에는 감히 먼 거리 나들이를 할 엄두를 못 냈던 수백만 명의 사람들이 여행을 떠났다. 철도가 없었다면 신문 등 저렴한 인쇄물의 대량 유통이 불가능했을 것이다. 도시민의 식생활도 변했다. 철도로 인해 먹거리 가격이 떨어졌다. 고기와 채소의 가격이 처음으로 도시인들이 구입할 수 있는 수준으로 싸졌다. 더구나 철도는 수많은 일자리를 제공했다. 또한 수출품을 항만까지 값싸게 수송함으로써 19세기 영국이 무역을 선도할 수 있게 했다. 피터 드러커는 철도의 발명이야말로 "진실로 전례 없는 제품이었다. 이것은 영원히 경제와 사회·정치를 변화시켰다"고 했다.

이때 영국에서 유대 자본들이 철도 건설에 많이 참여했지만 정작 가장 영향력이 큰 유대 금융가 네이선 로스차일드는 투자하지 않았다. 철도의 미래에 자신이 없었기 때문이다. 그는 당시 유대 금융가 베어링 가문을 누르고 런던의 금융 황제에 등극한 지 이미 오래였다. 1815년 워털루 전쟁 패배로 막을 내린 나폴레옹 전쟁이 끝난 직후 로스차일드 일가의 전 자산은 약 1억 3600만 파운드에 이르렀다. 그 가운데 영국에 있던 네이선은 9000만 파운드를 소유하고 있었다. 당시 영국 최고의 부자로 알려진 왕가의 재산이 500만 파운드 정도였다. 그 뒤 수년간 영국이 영란은행을 통해 유럽 동맹국들에 제공한 자금 4200만 파운드의 절반을 그가 조달할 정도로 금융계의 강력한 권력자였다. 이때부터 영란은행의 화폐 발행과 금 가격 결정권은 로스차일드 가문이 결정했다.

그러한 네이선도 고정관념에 붙잡혀 수송은 말이 끄는 마차면 충분하다고 생각했다. 그러나 영국에서 철도가 성공하는 것을 보자 생각이 바뀌었다. 그 자신은 정작 철도사업에 참여하지 못했지만 유럽의 다른 나라에 있는 형제들에게는 철도사업을 남보다 먼저 시작하라고 강력히 권했다. 그 결과 1832년 오스트리아와 프랑스의 로스차일드 가문들이 철도 건설에 앞장섰다. 두 나라의 초기 철도망들은 모두 로스차일드 가문이 건설했다.

18세기 중엽부터 시작된 산업혁명은 방직, 기계, 광산, 철도, 조선, 군수산업, 에너지 등 새로운 분야에서 거대한 자본을 필요로 했다. 그런데 이러한 거대 자본 수요가 기존의 은행가들로서는 감당할 수 없는 규모였다. 이러한 수요를 감당할 수 있는 대자본은 유럽 전역에 금융망을 갖고 있는 로스차일드 가문을 비롯한 유대 자본이 중심이 될 수밖에 없었다.

특히 철도 건설은 유리한 투자 대상으로 여겨져 주식시장을 통한 민간자본의 거액 투자가 이루어졌다. 그러나 인기를 끌지 못하는 그 밖의 산업들에 대한 투자는 런던 금융계를 장악한 로스차일드가가 그 선봉에 있었다. 특히 1815년 워털루 전쟁 이후 영국 증시와 채권시장은 물론 전 유럽을 상대로 한 대출시장에서 그들의 영향력은 독보적이었다. 그들의 자본형성 과정에 문제가 없는 것은 아니지만 그들의 자본력이 산업혁명을 지원하고 더 나아가 이를 세계에 전파한 공로는 자본주의 역사상 정당하게 평가받아야 할 대목이다. 이들이 근현대 금융산업의 흐름을 주도했다.

이어 통신 부문에서도 큰 변화가 일어났다. 1840년에 싸고 빠른 우편제도인 페니 포스트Penny Post가 실시되었다. '1페니 우편제'란 뜻이다. 그리고 1850년 전신을 위한 해저 케이블이 영국 해협과 대서양에 각각 개설되었다. 당시로선 혁명적인 일이었다. 대서양을 배를 타고 건너지 않아도 서로 정보를 교환할 수 있게 된 것이다. 이듬해 1851년에 유대인 로이터는 런던증권거래소 부근에 로이터 통신사를 열었다.

유대인들은 고대로부터 정보 교환의 중요성을 누구보다 잘 알고 있는 민족이다. 이것이 근대 들어 통신과 결합하면서 새로운 수익 모델을 창출했는데 그것이 바로 통신사였다. "정보에 대한 감성이 비즈니스를 좌우한다." 이것이 유대인의 생활신조라고 해도 과언이 아니다. 정보를 파는 것이야말로 돈이 된다는 것을 일찍부터 알고 뉴스 통신 서비스를 사업으로 시작한 기업이 바로 통신사의 원조 AFP와 로이터이다. 두 통신사의 창업자 모두 유대인이다. 아바스는 1832년 파리에서 세계 최초로 아바스 통신사를 만들었는데, 이것이 현재 전 세계에 약 500명의 특파원을 배치하고 있는 AFP의 시작이다.

아바스 밑에서 일하던 로이터가 독립해 런던에서 시작한 것이 로이터통신이다. 해저 전신망이 널리 보급되면서 로이터는 다른 대륙에까지 그의 사업을 확장할 수 있어 20세기 초 세계 최대의 통신사로 성장했다. 그 뒤 로이터는 뉴욕으로도 진출했다. 한때 "영국의 해군이나 육군보다도 강대하고 위험하다"는 평가가 나왔을 정도로 세계를 지배했던 로이터통신. 그 출발점은 한 명의 유대인 은행원이었다. 그 뒤 1876년 미국의 벨이 전화를 만들어 편지나 전신보다 빠르게 소식을 전할 수 있게 되었다. 이처럼 통신 분야의 발달로 인류의 생활은 빠르고 편리해졌다.

그 무렵 금융계와 산업계에 머물던 유대인들이 정치에 참여하기 시작했다. 그 배경에는 영국 사회가 유대인의 사회 공헌을 공식적으로 인정하기 시작한 것이 있다. 1855년에는 유대인 출신의 첫 런던 시장이 선출됐다. 그리고 유대인들의 의회 진출이 이뤄지기 시작했다. 마침내 벤저민 디스레일리는 1874년 유대인 가운데 처음으로 수상이 되었다. 디스레일리는 농민과 노동자에게 선거권을 주는 데 크게 도움을 주었으며 로스차일드의 도움으로 수에즈 운하 주식을 사들여 동방 항로를 크게 단축함으로써 영국의 해상무역 증대에 크게 공헌했다. 특히 이때부터 유대 자본은 정치적 우군이 생기자 대규모 기업대출도 서슴지 않았다. 이 때문에 대규모 장치산업이 클 수 있었으며 산업혁명이 성숙기로 접어들었다. 산업혁명은 생산의 패러다임을 바꾸었을 뿐만 아니라 유대인에게 새로운 활동 분야를 제공했다. 대량생산은 애덤 스미스의 이론대로 거대자본을 필요로 했다. 이에 따라 신용의 제공과 금융자본의 확보가 산업계의 흥망을 결정하는 중요한 요소가 되었다. 산업혁명의 진전은 곧 금융산업의 대형화를 부추겼다.

이 시기에 유대인들이 전기·기계·화학 산업 등 제조업에도 참여했지만, 영국에서 이룬 가장 큰 업적은 산업혁명을 규모의 경제로 성공시킨 금융산업을 발전시킨 것이었다. 1804년 런던 금융계에 입성한 세계 최초의 다국적 은행인 유대계 로스차일드가는 6년이 채 안 되어 당시의 금융왕 베어링가를 제치고 단숨에 런던 금융가를 장악했다. 이러한 고속 성장은 런던 로스차일드 은행을 경영했던 삼남 네이선의 재능에 힘입은 바가 컸다.

당시 다섯 형제를 유럽 주요 5개국에 주재시켜 유럽 금융계 전체를 장악했던 로스차일드 가문은 유럽인들의 예금과 투자금을 모아 영국의 철강업, 철도업, 조선업 등에 집중적으로 자금을 조달했다. 로스차일드에 이어서 한블로, 클라인워트, 슈로더라는 유대계 은행들이 연이어 런던 금융시장을 파고들었다. 이들 유대 자본 덕에 산업이 대규모 장치산업으로서의 경제 규모를 가져 세계적 경쟁력을 확보하게 되었다. 이를 통해 영국이 세계 산업의 선도국이자 세계 금융의 중심지가 되었다.

산업혁명은 인류 역사에 중요한 전환점이었다. 1760년대에 시작한 방적기와 직조기의 '기술혁명'이 와트에 의한 증기기관의 개량으로 '동력혁명'을 불러왔다. 이는 1800년대 초에 철도와 증기선의 발명으로 이어져 '교통혁명'을 가져왔다. 이러한 기술을 산업에 접목해 규모의 경제로 산업화하여 대규모로 상품을 보급할 수 있게 만든 것은 '자본력'이었다. 1875년 이후부터 은행들이 거액의 기업대출을 본격화하여 규모의 경제를 실현시켰다. 또 자본력이 밑받침되어 발달한 금융산업이 원자재 수입시장과 생산시장, 그리고 판매시장을 신속하고 원활하게 엮어내 물류와 유통을 혁신적으로 단축시켰다. 여기에 주변국들에 대한 자본 수출은 이러한 산업혁명의 성과물을 전 세계로 급속히 파급시켰다. 이 자본을 유대인들이 댄 것이다.

산업혁명으로 믿을 수 없을 정도로 많은 발명과 진보가 생산활동과 사람들의 일상적 삶을 변화시켰다. 진보는 엄청난 투자를 필요로 했다. 철도와 전기 시설에 대한 수요는 국가에서 국가로 퍼져나갔다. 엄청난 재정이 투입되었다. 그러나 이것만으로는 모자랐다. 각국 정부는 대규모 민간투자를 유도했다. 다행히 로스차일드 가문의 글로벌 은행 등 축적된 유대 자본이 유럽 각국에 포진하고 있던 시기였다.

1780년대에 영국에서 시작된 산업혁명은 1830년대에는 인접한 벨기에와 프랑스로 퍼져나갔다. 프랑스는 석탄이 풍부하지 않아 제철공업보다는 섬유공업에 주력했다. 1850년대에는 독일로 전파되었는데 독일은 풍부한 석탄과 정부의 강력한 지원으로 제철·기계·화학 공업이 크게 성장하여 20세기 초 유럽 최대의 공업국으로 성장하며 영국과 경쟁하였다.

공업화는 유럽을 완전히 바꾸어놓았다. 1860년대에는 남북전쟁을 끝낸 미국으로도 확산되었다. 특히 미국은 자원이 풍부하여 면직·금속·기계 공업이 빨리 발달하였고, 남북전쟁 이후에 급속도로 자본주의를 확립해가고 있었다. 공업화의 진전과 함께 철도와 항구, 전차, 수도나 전기 시설과 같은 공공 인프라와 서비스산업에 투자하려는 자본이 전 세계적으로 활발히 움직였다. 19세기 후반에 유럽의 주요 국가들이 모두 산업혁명의 길로 들어섰으며, 일본과 러시아가 뒤늦게 1890년대에 합세하며 전 세계는 산업혁명의 물결에 휩싸였다.

이러한 산업혁명의 급속한 전파를 도운 것도 유대계 금융자본이었다. 19세기와 20세기 초에 걸쳐 전 세계에서 자기자본이 100만 파운드가 넘는 투자은행 가문은 모두 31개였는데 이 가운데 유대계가 24개로 전체의 80% 가까이를 차지했다. 그리고 성공회를 믿는 가문은 4개로 13% 정도 되었다. 유대인들은 사회 발전과 번영을 위한 자본의 위력을 여실히 보여주었다.

✡ 영원한 금융 황제, 로스차일드

유대인 이야기의 클라이맥스는 로스차일드가에서부터 시작한다. 이전까지 스페인계 세파르디 유대인들이 주도했다면, 로스차일드가 이후로는 독일계 아슈케나지가 유대인 사회를 주도한다. 유럽에서 처음으로 국제적인 대규모 금융산업을 일으킨 로스차일드 가문을 알지 못하고는 오늘날 세계 금융시장의 뿌리를 이해할 수 없다.

독일 프랑크푸르트 게토의 마이어 암셸 로스차일드(1744~1812)가 본격적으로 국제 금융업에 뛰어든 것은 19세기 초였다. 유럽이 나폴레옹 전쟁에 휩쓸려 있던 시기였다. 전시에 유대인의 창의성은 부를 쓸어 모으는 데 탁월한 재능을 발휘했다. 창의성이란 원래 평화로운 시기보다 비상시에 더 빛을 발하는 법이다. 그는 갓 10대를 벗어난 다섯 아들을 유럽 각국의 5대 도시 프랑크푸르트, 빈, 런던, 나폴리, 파리에 보내어 어음결제은행을 세웠다. 은행 이름은 '로스차일드 상사'였다. 메디치가 이후 최대의 민간 '다국적 은행'이었다.

마이어 암셸 로스차일드는 프랑크푸르트의 유대인 집단 거주지인 게토에서 아버지로부터 물려받은 고물상을 운영했다. 당시 게토에는 다른 독일인 지역 같으면 150여 명 정도 살았을 면적에 자그마치 3000명이 넘는 유대인들이 몰려 복닥거리며 살았다. 강제적인 외부 공권력의 탓이기도 했지만 그들 스스로도 장사가 잘되는 대도시로 몰려들고, 죽은 후 게토 인근의 유대인 무덤에 묻혀야 조상이 있는 천국에 갈 수 있다고 믿었기 때문이다.

마이어 로스차일드의 아버지도 골동품상을 운영하면서 한편으로는 금세공과 대부업을 겸했다. 그 가게에는 붉은 방패 모양의 간판이 달려 있었다. 가게 이름도 '붉은 방패'를 뜻하는 'Rot Schild'였다. 당시 유대인은 성姓이 없었다. 마이어 암셸 일가가 처음 사용했던 성은 '바우어'였다. 마이어 암셸 바우어. '로스차일드Rothschild'라는 성은 나중에 집 대문에 그려진 '붉은rot 방패schild'에서 따온 것이다.

마이어 로스차일드는 아버지가 사망하자 랍비 공부를 포기하고 13세의 어린 나이에 오펜하이머 가문 은행에 견습생으로 들어갔다. 얼마지 않아 정식 직원이 된 그는 당시의 새로운 금융 시스템에 눈을 뜨게 되었다. 20세가 되어 프랑크푸르트로 돌아온 그는 아버지에게 물려받은 옛날 화폐를 취급하는 골동품점과 대부업을 운영했다.

옛날 화폐를 인연으로 만난 빌헬름 9세의 재산을 관리하게 되자 다섯 아들을 활용해 전 유럽을 상대로 하는 다국적 금융업을 하기로 마음먹었다. 그간 그의 아들들이 빌헬름의 대부업을 관리하느라 유럽 대륙 곳곳을 휘젓고 다녔던 터라 그리 어려운 일도 아니었다. 그는 아들들에게 유럽 각국에 상주하면서 대부하고, 수금하는 일과 어음 결제하는 일을 맡겼다. 국제금융은 이렇게 시작되었다.

그는 다섯 아들을 유럽의 심장이나 다름없는 중요한 다섯 도시에 단계적으로 파견했다. 첫째 아들 암셸은 자기 사업을 이어받게 하기 위해 프랑크푸르트에 남겨두고, 둘째 아들 솔로몬을 윌리엄 왕의 재정자문관으로 조정에 집어넣었다. 그리고 그 자신 역시 빌헬름 왕의 채권 담보물 관리에 전념하였다. 셋째 아들 네이선은 이미 섬유 비즈니스를 위해 영국의 맨체스터에 가 있었다. 그 뒤 국가 간 어음 교환 업무를 주력으로 삼게 되자 윌리엄 왕의 재정자문관이었던 차남을 비엔나로 보내고, 삼남을 맨체스터에서 런던으로 이동케 했다. 그리고 넷째 칼만을 나폴리로, 다섯째 야곱(제임스)을 파리로 보내 각각의 거점지역에 어음인수 은행을 열도록 했다. 한마디로 유럽 전역에 다국적 금융 네트워크를 만든 것이다. 마이어와 그 다섯 아들로 근대 최초의 국제 결제소가 만들어졌다. 이것이 우리가 알고 있는 유럽 금융의 큰손인 로스차일드 가문의 시작이다. 덕분에 그의 아들들은 유럽의 지리와 정보를 훤히 꿰뚫게 됐다. 이렇게 하여 로스차일드 가문이 국제금융업으로 거대한 재산을 불려갈 수 있었다.

한편 큰아들 암셸은 나중에 통일 독일연방의 초대 재무장관이 되었다. 그는 1822년 오스트리아 황제에 의해 남작에 봉해졌으며 프랑크푸르트 로스차일드 은행은 독일 금융의 중심이 되었다. 차남 솔로몬은 빈에서 최고의 직위에 올랐다. 삼남 네이선은 영국에서 가장 영향력이 큰 금융인이 되었다. 넷째 칼만은 이탈리아 반도를 장악했고 막내 제임스는 프랑스에서 공화정과 왕정에 걸쳐 군림했다.

형제들은 유럽 전체를 커버하는 '통신과 마차 수송 네트워크'를 만들었다. 통신은 주로 비둘기를 사용했다. 날씨가 나빠 도버 해협에 비둘기를 날리기 어려울 때는 배를 띄웠다. 당시 로스차일드 집안은 영국과 프랑스를 가로막는 도버 해협에 자가용 쾌속선을 여러 척 대기시켰다. 네이선은 악천후 속에 바다로 나갈 용감한 선장이 급히 필요할 때면 늘 수고비를 듬뿍 주었다. 그들은 남보다 일찍 정보를 갖다 주는 사람에게는 그에 걸맞은 인센티브를 주는 제도를 확립해두었다. 이들은 몇 세대에 걸쳐 로스차일드가에 봉사하며 대대로 충성을 이어갔다. 그들은 네이선을 위해서라면 태풍과의 싸움도 불사했다.

또한 유럽 대륙을 종횡무진으로 내달릴 수 있는 마차 수송 네트워크도 갖고 있었다. 이 로스차일드 집안 전용 파발마는 어느 파발마보다 빨리 달리면서 전 유럽을 누비고 다니는 독자적인 정보망을 구축했다. 그들은 남이 잘 때 마부를 바꾸어 밤새워 달렸다. 남들이 닷새 걸릴 길도 그들에게는 나흘이면 충분했다. 이 하루 차이의 정보가 금융 세계에서는 잔혹하게 승패를 갈라놓았다. 예를 들어 혁명 소식을 하루 먼저 접한 로스차일드는 그 나라 채권을 먼저 팔아치우고 다음 날 소식을 접하고 폭락한 채권을 저녁에 헐값에 다시 사들일 수 있었다. 하루 만에 채권이 서너 배로 부푸는 것이다. 또한 그들은 보안을 유지하기 위해 정보를 전달하는 편지에도 이디시어와 암호를 조합한 것을 사용했다. 300년 전부터 이미 로스차일드 집안은 정보가 돈을 낳는다는 사실을 알고 있었던 것이다.

이렇게 맨체스터와 런던, 파리, 프랑크푸르트 등 대륙의 수많은 상업 중심지를 잇는 강한 끈(정보망)이 만들어졌다. 로스차일드의 형제들은 이른바 '네트워크 경영'을 비즈니스에 도입해 실천했던 것이다. 형제들은 도끼로도 끊을 수 없는 끈끈한 결속력으로 서로를 도왔다.

실제 이 네트워크를 이용한 빠른 정보는 엄청난 이득으로 연결되었다. 가문의 정보원들은 로스차일드의 다섯 은행을 오가며 정부와 금융계의 동향을 다른 은행에 비해 30시간 정도 먼저 알렸다. 예를 들면 1805년 12월 나폴레옹이 아우스터리츠 전투에서 오스트리아군에 대승했다는 소식을 먼저 안 형제들은 각국에서 채권과 주식을 내다 팔았다. 그리고 패전 소식이 전해져 가격이 폭락하면 다시 사들였다. 이러한 정보전에 맛들인 형제들은 공매도도 서슴지 않았다. 주식 가격이 떨어질 것을 미리 알고 주식을 빌려다 판 다음 가격이 떨어진 이후 싼 주식을 사서 되갚는 방식이다. 이런 식으로 다섯 형제는 한 몸처럼 움직였고 그 결과 유럽의 돈줄을 움켜쥘 수 있었다. 당시의 '정보 및 수송 네트워크'는 오늘날 인터넷에 의한 네트워크만큼이나 획기적인 시스템이었다. 그 뒤 남보다 한발 빠른 정보를 이용하여 런던의 네이선은 금과 통화 투기로 대박을 터뜨렸다. 이것은 형제들끼리만 가능한 제휴 플레이였다.

그들의 최대 무기는 무엇보다 뛰어난 정보 분석력이었다. 특히 전쟁이 끊이지 않았던 격동의 유럽에서는 정치정세의 분석이 생존의 관건이었다. 다른 은행들은 격변의 물결 속에서 제대로 대처를 못 해 사라져갔지만, 로스차일드 집안은 다섯 아들이 서로 정보망을 이중으로 검증하고 분석하는 로스차일드 시스템을 탄생시켜 가문의 재산을 엄청나게 늘려갔다. 당시 군소 유대 금융가문들은 이러한 로스차일드 가문의 정보 네트워크의 일원이 되는 게 꿈이었다. 로스차일드 가문과 정보만 공유할 수 있으면 금융시장의 강자가 되는 것은 시간문제였기 때문이다.

당시 유럽에서는 세계 역사의 운명을 결정할 워털루 전쟁이 벌어지고 있었다. 세계 3대 전쟁의 하나로 일컬어지는 대규모 전투였다. 만일 나폴레옹이 승리를 거머쥐면 프랑스가 유럽의 주인이 되며, 웰링턴 장군이 나폴레옹을 물리치면 영국이 패권을 장악하게 되는 것이었다. 이 전쟁의 승패를 남보다 먼저 알기 위해 로스차일드가는 모든 정보망을 가동했다.

1815년 6월 18일 브뤼셀 근교의 워털루에서 나폴레옹이 영국의 웰링턴 장군에게 패배했다. 이 정보를 로스차일드 런던이 영국 왕실보다 먼저 입수했다. 이 정보를 이용해 그들은 영국 증권시장에서 트릭을 써서 상상을 초월하는 막대한 이익을 챙길 수 있었다. 영국 채권의 62%를 거머쥔 것이다. 그 뒤 실제로 네이션 로스차일드는 영국 최고의 채권가로서 영란은행의 공채 발행을 주도하는 실권자로 등극해 영란은행 실권을 장악했다. 네이션은 전쟁이 끝나자 영란은행 주식 대부분을 사들였다. 이로써 세계 금융업의 정점에 올랐을 뿐 아니라 영국에 처음 가지고 온 돈을 17년 만에 2500배로 불렸다. 이때가 본격적인 국제 유대 자본의 태동기다. 일부에서는 이 이야기가 사실이 아니라고 주장하기도 한다. 워털루 전쟁 직후의 로스차일드 이야기는 나치가 로스차일드를 음해하기 위해 윤색한 일화라는 것이다. 로스차일드는 전쟁 직후 떼돈을 번 것이 아니라 전쟁 내내 군수사업과 금괴 밀수 등으로 지속적으로 돈을 벌었다는 것이다.

히틀러의 부상과 제2차 세계대전은 로스차일드 일가에게 치명적이었다. 히틀러는 유대인인 로스차일드의 목에 칼을 들이대고 모든 재산을 내놓으라고 협박했다. 히틀러의 직접 영향권 아래 있었던 빈의 로스차일드는 모든 재산을 압수당한 채 추방되었다. 프랑스가 나치에 정복되자 프랑스 라인도 같은 운명을 맞게 되었다. 제2차 세계대전 당시 이렇게 나치에게 혼이 났던 로스차일드 일가는 전후에 베일 뒤로 숨었다. 앞에는 대리인을 세우고 뒤로 물러앉아 운영하는 방식을 택한 것이다.

일부만 그들 이름으로 남겨두었다. 그 뒤 그들은 자산 집중을 피해 막대한 부를 전 세계에 여러 가지 형태로 분산시켜 놓았다. 그 총액은 천문학적 숫자에 이른다 한다.

훗날 대서양을 건너 미국에 이민 간 초창기 독일계 유대 금융인들은 직간접적으로 대부분 로스차일드가의 영향 아래 있던 사람들이었다. 그들 중 일부는 로스차일드의 대리인이었다. 이들을 통해 오늘날 미국뿐만 아니라 전 세계의 금융을 휘어잡는 토대를 마련했다고 한다.

미국 근대 산업사는 재벌의 역사
근대 미국 경제사 上

THE HISTORY OF THE AMERICAN CONGLOMERATE

JP 모건과 록펠러가 이끈
미국의 근대 산업사

7권은 대서양을 건너온 유대인들이 미국 경제를 건설해나가는 과정을 보여준다. 뉴욕을 중심으로 동부에 정착한 유대인들은 세계 각국의 유대인 커뮤니티를 파트너로 해 대규모 무역업을 하며 큰 자본을 저축했다. 이 자본 덕분에 제조업과 무역업을 지원하는 금융산업이 월스트리트를 중심으로 빠르게 자리 잡았다. 흔히 "JP 모건의 지난 170년사를 알면 미국 금융과 경제의 모든 것을 알 수 있다"고 한다. JP 모건은 금융은 물론 철도·철강·통신·영화 산업 등 실물경제에서도 패권적 지위를 행사했다. 이어 등장한 록펠러는 석유시장을 장악해 강력한 트러스트를 선보였다.

양 가문의 경쟁으로 미국의 산업구조는 경공업과 섬유산업 위주에서 중화학공업 중심으로 바뀌어갔다. 적자생존의 법칙에 따라 자연스레 구조조정이 일어난 것이다. 이처럼 대공황을 전후한 JP 모건과 록펠러의 활약이 미국 근대 산업사를 이끌었다.

✡ 모건과 록펠러, 미국을 거머쥐다

1861년 남북전쟁이 발발했을 때 모건은 24세였다. 존 피어폰트 모건은 남북전쟁 동안 북군이 폐기한 낡은 카빈 소총 5000정을 뉴욕에서 한 정에 3.5달러에 사 약간의 손을 본 후 세인트루이스의 남군에 22달러에 팔았다. 1만 7500달러의 헐값으로 사서 그다음 달 고스란히 11만 달러에 되판 것이다. 그는 영장을 받았지만 당시 여느 부자들처럼 300달러를 주고 사람을 사서 대신 보냈다. 그리고 금을 매집해 가격을 끌어올리는 수법으로 16만 달러를 순식간에 벌기도 했다. 지금 우리 돈으로 2000억 원이 넘는 액수다. 전쟁 기간 동안 이런 종류의 사업은 계속되었다.

주니어스 스펜스 모건은 자신의 은행인 주니어스스펜스모건 상사를 남북전쟁 기간 중인 1864년에 27세인 아들 존 피어폰트 모건에게 물려주었다. 존 피어폰트 모건은 전쟁 과정에서 엄청난 부를 축적할 수 있었으며, 이를 밑천으로 아버지한테 물려받은 은행까지 JP 모건 상사에 합병시켜 오늘날과 같은 대형 투자은행의 토대를 구축했다.

1866년 대서양 해저 케이블 완성으로 월스트리트와 영국 런던의 거리는 더욱 좁아졌다. 특히 로이터통신 등 통신사의 발달은 월스트리트의 성장에 크게 이바지했다. 당시 미국은 만성적인 자본 부족에 시달리고 있었다. 월스트리트 금융인들은 자신들의 신용으로 정부 채권을 인수해 런던에서 유통시키는 등 해외 진출이 활발할 때였다. JP 모건도 32세 때인 1869년 필라델피아의 금융업자 드렉셀과 같이 런던에 건너가 로스차일드 가문과 협력 방안을 논의해 로스차일드 상사의 미국 지부회사인 노던증권을 설립했다.

이로써 모건은 세계 최대 금융재벌인 로스차일드 가문의 자금을 대규모로 활용할 수 있는 기반을 구축했다. 모건으로서는 대단한 기회를 잡은 것이다. 실제 모건은 이를 계기로 공격적인 인수합병에 돌입한다. 또한 로스차일드 입장에서는 공식적으로 미국 산업과 금융에 투자하는 길이 열린 셈이다. 1869년은 미국의 대륙횡단철도가 완성되는 해이기도 했다. 피어폰트는 철도 분쟁에 본격적으로 뛰어들었고, 노던증권은 로스차일드의 자금력으로 이들 철도회사의 지주회사가 된다.

　로스차일드가는 프랑크푸르트 시절 자기 집에 살았던 랍비의 손자 제이콥 쉬프를 뉴욕으로 보내어 미국 총책을 맡겼다. 그 뒤 제이콥 쉬프의 지휘 아래 JP 모건이 철강업의 앤드류 카네기, 철도산업의 해리먼, 석유산업의 록펠러에게 자금을 대어주었다. 이후 로스차일드 가문과 모건 가문은 서로 상대방의 은행에 파견 근무하면서 상대국의 금융시장에 관해 배우는 것을 관례화하였다.

　이 시기 세계 금융의 중심지였던 런던과의 커넥션이 월스트리트와 모건에게 중요한 의미를 가지고 있었다. 그리고 드렉셀 가문과의 파트너십 합작으로 필라델피아, 파리, 스위스 등지로 비즈니스를 확장할 수 있었다. 이로써 금융제국 모건의 기본 네트워크인 뉴욕(JP 모건)-런던(JS 모건)-필라델피아(드렉셀은행)-파리(모건하예스) 구도가 확립되어 한 세기 이상 유지된다. 모건에게는 세계적 금융가로서의 명성을 가져다주었다.

　그 무렵 모건은 당시 철도회사의 부실을 철저히 연구하고 분석한 후 독일 유학 당시 습득한 수학적 지식을 활용하여 일명 모건화Morganization 기법을 창안했다. 그는 이를 금융업에 적용하여 큰돈을 벌었다. 월스트리트 최초의 금융공학인 셈이다. 그리고 이를 통해 철도산업에 대한 영향력도 확대했다. 버블이 꺼지면서 철도 주가가 폭락하자 1875년에는 앨라배마와 조지아 주에 있던 여러 철도 노선을 사들였다. 당시 철도왕 은 뉴욕 주변 철도 대부분을 소유하고 있던 밴더빌트였다. 이때 모건은 투자은행가로서 세계적 명성을 얻는다. 직접적인 계기는 1877년의 철 도왕 밴더빌트의 사망이다. 당시로선 최고 액수인 유산 1억 500만 달러 (요즘 가치로 1432억 달러)를 아들인 윌리엄 밴더빌트에게 남기고 세상을 떠난 것이다. 1880년 통계에서 미국 전체 국립은행의 총 예금액이 8억 3400만 달러였으므로 그 10% 이상을 밴더빌트가 보유한 셈이다.

뉴욕 센트럴철도 주식의 87%를 소유하게 된 아들은 자산구조의 다 양화를 시도한다. 하지만 엄청난 주식을 한꺼번에 처분한다는 것은, 주 가 하락은 물론 시장 붕괴가 분명했기 때문에 월스트리트 금융인에게 는 버거운 과업이었다. 하지만 모건은 그 일을 맡아 아주 좋은 가격인 주당 120달러에 당시로선 천문학적인 물량인 15만 주를 월스트리트가 아닌 런던 시장에서 성공적으로 매각했다.

에디슨은 1878년 여름에 가스등을 대체할 전기등에 대한 연구에 몰 두하고 있었다. 강렬한 아크 불빛을 등으로 사용할 수 있는지의 가능성 을 실험하고 있었다. 기본적인 문제는 등이 지나치게 가열되어 깨지지 않도록 하는 것이었다. 에디슨은 이 문제를 해결할 수 있다고 생각해 안 전하고 값싼 전등을 발명하겠다고 공식적으로 발표했다. 모건이 이런 기 회를 놓칠 리 만무하였다. 그는 본능적으로 사업 가능성을 직감하고 합 작회사 설립을 제의했다. 백열등의 문제는 50년 이상 많은 발명가들을 절망시켰다. 그러나 에디슨의 과거 경력을 본 모건과 밴더빌트 등의 재 산가들이 그에게 회사를 차려주고 당시로선 큰 금액인 3만 달러를 연구 개발비로 지불했다. 오늘날 세계 최대 기업 제너럴일렉트릭은 1878년에 설립된 '에디슨전기회사'가 그 모태이다.

에디슨이 전구를 발명하자 전기의 가치가 날로 높아져 갔다. 그래서 에디슨은 1882년 뉴욕에 세계 최초의 '중앙화력발전소'를 세웠다. 동시에 그의 첫 발전기도 아울러 건조했다. 바로 이 중앙화력발전소가 세계 최초의 상업발전소이다. 인류사에 또 하나의 획기적인 전환점이었다. 전기의 대량생산이 시작된 것이다. 19세기 말부터 미국의 주요 도시들은 조명의 혜택을 누렸다.

인류는 전기에 관한 한 유대인의 덕을 톡톡히 보고 있는 셈이다. 낮을 밝히는 빛은 하느님이 창조하였지만, 밤을 밝히는 빛은 유대인이 만든 것이다. 전등과 발전소가 에디슨에 의해 발명되었다면 이를 실용화하여 전기를 대량 공급하기 시작한 것은 모건의 자본력이었다.

모건이 추가로 회사 자금 30만 달러를 투자해 이 가운데 25만 달러 상당의 주식으로 에디슨의 백열전구 특허권을 샀다. 1880년 말에는 1500시간을 견디는 16와트 전등을 만들어 시장에 내놓기 시작했다. 세기적 발명품인 전등 덕분에 미리 대주주의 자리를 차지하고 있던 모건은 돈방석 위에 앉게 되었다. 연구에 연구를 거듭한 에디슨은 전구뿐 아니라 소형 발전기까지 만들어 1882년 9월 4일 오후 3시 모건은행 사무실에 세계 최초의 전등을 설치했다.

에디슨전기회사는 1889년에 다양한 품목을 묶어 종합 전기회사인 '에디슨제너럴일렉트릭회사', 곧 에디슨GE로 이름을 바꾸었다. 에디슨GE는 국내 기업들의 잇단 주문으로 사업을 확장했지만 과다한 투자로 1890년 350만 달러의 빚을 지게 됐다. 모건은 경쟁 전구회사인 톰슨-휴스턴 사와 협상을 벌여 두 회사 자산가치(3300만 달러)보다 훨씬 많은 5000달러를 투자하여 두 회사를 합병했다. 세계 최대 전기회사인

GE_{General Electric}는 이렇게 탄생했다.

그 무렵 금융산업, 철도산업, 전기산업 등 주요 산업들을 차례로 장악한 모건은 급속히 커가는 산업계를 계속 주도하기 위해서는 철강산업에 뛰어들어야 한다고 판단했다. 환갑이 넘은 나이에 1898년 '페더럴제철'을 설립했고 곧바로 미국 최대의 '카네기철강'에 눈독을 들였다. 카네기 사무실에 불쑥 나타난 모건은 말없이 수표 한 장을 내밀었다. 당시 철도화차 20대 분량의 금괴 값에 해당하는 5억 달러를 제시한 것이다. 결국 카네기철강의 주인이 바뀌었다. 1901년 이를 인수하고 그가 소유하고 있던 3개의 철강회사인 페더럴제강, 내셔널제강, 아메리카제강 등과 합병시켜 'US스틸'이라는 미국 최대의 철강 공룡을 만들어 순식간에 철강업계를 장악했다.

그 뒤 기업을 공개해 주식을 공모했다. 카네기로부터 1주당 38달러로 계산하여 산 주가가 무려 55달러에 불티나게 팔려나갔다. 결국 모건은 매입 가격의 2배에 이르는 시세차익을 거둘 수 있었다. 그는 기업 인수 합병의 귀재였다. 이는 당시 제조업과 금융업을 같이 영위하면서 터득한 비즈니스와 금융을 연계할 줄 아는 감각의 결과였다. 그는 자본주의의 금융기법, 곧 돈의 논리를 꿰뚫고 있었다.

당시 US스틸은 자본금 14억 달러로, 그 무렵 미국의 1년 예산 5억 2500만 달러보다 2.7배나 더 컸다. 이러한 공룡기업의 대규모 기업공개를 계기로 단박에 뉴욕 증시가 규모 면에서 런던 증시를 앞서나가기 시작했다. 1920년대에는 US스틸이 뉴욕증권거래소 시가총액의 60%를 차지했다. 당시 다우지수가 20개 기업으로 구성되어 있었는데, US스틸이 나머지 모두를 합한 것보다 더 컸다는 이야기다. 이는 미국의 주력 산업이 철도산업에서 철강산업으로 완전히 이동했음을 의미한다.

1859년, 조지 비셀이 펜실베이니아에서 석유 시추에 성공한다. 원래 석유石油라는 이름은 바위틈에서 흘러나온 기름이라고 해서 붙여진 것이다. 이렇듯 예전에는 석유가 바위틈에서 흘러나오거나 지표면에 간혹 자연 분출된 것들이 소량 시중에 나왔다. 그러나 처음에는 용도가 없었다. 약국에서 상처를 치료하는 데 바르는 연고로 쓰이거나 두통, 치통 및 류머티즘 등 만병통치약으로 팔렸다.

그러나 석유의 잠재 가능성을 확인한 록펠러는 '진짜 돈'은 석유 채굴업이 아니라 운송과 정유를 담당하는 중간상인임을 간파하였다. 그는 1859년에 친구와 함께 차린 곡물중개회사를 계속하면서 한편으로 1863년 부업으로 오하이오 주 클리블랜드에 정유소精油所를 설립하였다. 당시 정제시설이란 건 뒷마당에 설치된 과학 실험실 정도 규모에 불과했다. 그러나 이게 돈이 되었다. 이후 이것이 번창하여 주업이 되었다.

정유사업이 돈이 되자 록펠러는 무질서한 정유산업에 질서와 능률을 부과하려고 하였다. 그는 남동생들(윌리엄과 프랭클린)과 새뮤얼 엔드루스와 헨리 플래거 같은 경험 많은 기업가들을 자기 모험에 끌어들였다. 1867년에 이루어진 이들의 동업은 1870년에 마침내 자본금 100만 달러의 '스탠더드오일' 주식회사를 클리블랜드에 설립하였다. 당시는 등유의 품질이 들쑥날쑥해 균일한 품질을 보증한다는 의미에서 이름을 '스탠더드오일'로 지었다. 품질 보증은 곧바로 매출액의 증가로 나타나 미국 석유시장의 4%를 차지하는 최대의 정유사가 되었다. 록펠러는 석유가 산업용으로 다양하게 쓰일 가능성을 보이자 유전 개발에 뛰어들기보다 재빨리 부가가치가 훨씬 더 높으면서도 독과점산업인 정제공장을 차린 것이다. 그가 석유정제업에 손을 댄 후 검은 액체들이 그의 정유공장을 거쳐 전국으로 팔려나갔다.

등유는 미국뿐 아니라 세계로 퍼져나가 석유가 중요한 수출품이 되었다. 1861년 12월 세계 최초로 석유를 유럽으로 수출했다. 등유가 등화용으로 우수하다는 것이 알려지면서 등유램프 사용이 19세기 말에 전 세계에 크게 보급되었다. 그러자 서부 펜실베이니아 전역에 석유 시추공들이 설치되어 갑자기 공급과잉이 되었다. 생산과잉으로 원유값이 떨어져 20달러였던 원유 가격이 1달러 20센트까지 폭락해 많은 석유회사가 파산했다. 생산과잉을 해결할 수 있는 길은 수출밖에 없었다. 1861년 석유 수출이 시작된 이후 1880년대에는 세계적인 수요 증가에 힘입어 미국의 석유 수출량이 국내 생산량의 60%를 웃돌았다. 내수용보다 수출량이 앞선 것이다. 1882년에는 수출량이 816만 배럴로 세계 시장을 거의 독점했다.

한편 석유가 돈이 되자 유럽과 러시아도 석유사업에 뛰어들었다. 1879년 러시아가 카스피 해 부근 바쿠 유전을 개발했다. 1880년대에는 로스차일드, 루드비히, 선박왕 마커스 사무엘 등 유럽의 유대인들이 러시아 바쿠 지역 유전을 개발하기 위한 회사들을 앞다투어 설립했다. 러시아 석유 생산이 1888년에는 미국의 생산량을 앞질렀다.

1890년대에는 인도네시아의 석유를 개발하기 위해 네덜란드의 반 덴 베르흐 등이 '로얄더치'란 회사를 설립했다. 그들 모두는 세계 석유 시장을 놓고 스탠더드오일과 경쟁했고 이 과정에서 사무엘의 '쉘'과 '로얄더치' 등은 세계적 규모의 거대 석유회사로 성장했다. 또 1897년에는 영국의 사무엘이 쉘트레딩앤드트랜스포트 사를 설립하여 보르네오에서 석유 개발을 시작했다. 이들 두 회사는 1907년에 제휴하여 영국과 네덜란드 자본으로 국제적인 거대 석유회사 그룹인 '로열더치쉘' 그룹을 이루었다. 주로 등화용으로 이용되던 석유는 20세기에 들어서면서 난방용으로까지 확대되었다.

록펠러 형제는 차례로 동료 정유업자들을 설득하여 담합해 신디케이트를 조직했다. 그 뒤 경쟁력을 바탕으로 아예 경쟁을 회피하는 독점전략을 사용했다. 높아진 자체 경쟁력으로 당시 물류를 담당하는 핵심수단인 철도를 장악했다. 그러고는 경쟁자들을 압박해 들어갔다. 이렇듯 설립한 지 얼마 안 되어 미국 최대의 석유 생산회사가 되면서 록펠러는 자본력으로 전쟁하듯이 경쟁 기업들을 쓰러뜨려 나갔다. 그는 유전과 정제시설을 아주 싼값에 매입해 재산을 모으는 이른바 '금융 비즈니스'로 석유산업을 거의 송두리째 장악했다.

창업한 지 9년 만에 미국 전체 석유의 95%를 스탠더드오일 회사의 정유탱크 속에 틀어쥘 수 있었다. 이것이 그 유명한 독과점 신디케이트의 효시다. 모건이 철도왕 밴더빌트로부터 거대 철도회사를 넘겨받은 시점이었다. 당시 미국 산업계의 왕으로 불린 JP 모건에게 필적할 만한 거대한 경쟁자가 나타난 셈이다. 그 뒤에도 록펠러는 세계 시장 진출을 계속해 80개국 이상에서 사업활동을 하면서 70개 이상의 정유시설을 운영했다. 그러다가 20세기 말 같은 스탠더드오일 후예 기업의 하나인 '모빌'을 흡수해 지금의 이름으로 재탄생했다. 이로써 로열더치쉘그룹을 누르고 세계 최대의 석유기업이 되었다.

커질 대로 커진 모건과 록펠러는 미국 산업을 양분하다시피 하며 치열한 영역전쟁을 치러나갔다. 이 과정에서 상대방 기업의 주식도 무차별적으로 사들였다. 그들은 금융·전기·철강을 비롯하여 석유와 철도에 이르기까지 광기 어린 경쟁을 펼쳤다.

1870년대 이후 양 기업군의 치열한 경쟁 덕분에 미국의 산업구조는 종래의 경공업과 섬유산업 위주에서 철강, 기계, 석유 등 중화학공업 중심으로 바뀌어갔다. 이것은 오로지 양 그룹의 공로로 치열한 경쟁이 가져다준 결과였다. 적자생존의 법칙에 따라 성장성이 있는 산업은 살아남아 더 커지고 성장성이 없는 한계산업은 퇴출당해 없어졌기 때문이다. 시장 기능에 의한 산업의 구조조정이었던 것이다. 자본주의는 냉혹한 면도 있지만 이러한 순기능도 있다.

1930년대 중반 모건의 지배 아래로 들어온 기업으로는 자산 규모가 1억 달러 이상 기업만 해도 은행 14개, 생명보험회사 4개, 전기·전화·가스 등 공기업 8개, 철도회사 4개, US스틸 등 자동차·철강 제조업체 12개사에 이르렀다. 여기에 중견기업까지 합하면 기업체 수는 440개사였으며, 자산총액은 776억 달러에 달했다. 이는 미국 상장기업 200개사의 자산총액 가운데 40%에 가까운 엄청난 액수였다. 이것은 실제로 대공황 직후 미국 상원에 제출된 모건가의 기업명세서에 의거한 내용이다.

록펠러가는 스탠더드오일, 체이스내셔널은행, 아나콘다제강 등 287개에 달했다. 그들의 자본금은 776억 달러 대 449억 달러로 7 대 4 비중이었다. 이렇게 미국의 전 산업이 두 가문 손에 양분되어 있었다. 거대 유대계 자본이 뒤에 있었기에 가능한 일이었다. 더불어 정부 차원의 강력한 지원이 음으로, 양으로 도왔다는 추정이다. 미국 신대륙에서는 자본주의 태동과 거의 동시에 재벌이 탄생한 것이다.

8

미국의 패권시대
근대 미국 경제사 下
THE PERIOD OF AMERICAN HEGEMONY

미국, 달러를 기축통화로 만들고
세계 경제의 패권을 장악하다

8권은 달러의 역사와 미국이 세계 경제의 패권을 장악하는 과정을 중점적으로 보여준다. 미국은 독립 후 1785년 대륙회의에서 공식 화폐의 하나로 달러를 채택했다. 당시에는 달러가 큰 힘을 발휘하지는 못했지만, 금본위제 하에서 대공황 이후 다른 나라의 금 보유고는 준 반면 미국이 많은 금을 확보하면서 달러화의 가치가 높아졌다. 급기야 세계 기축통화의 위상을 갖기에 이르렀다. 역사적으로 국제 통화체제의 패권을 거머쥔 국가는 부에 대한 영향력을 극대화하고 세계 경제에 대한 지배력을 강화할 수 있었다. 여기에 다양한 사건들로 세계 정치경제의 구질서가 붕괴되고 미국의 국제 정치력과 경제력이 발흥하기 시작하면서 미국은 본격적인 패권시대를 주도한다. 미국 금융산업 중심에도 여전히 유대인들이 있었다. 8권 말미에는 세계 경제를 지배하는 유대인의 경쟁력은 무엇인지, 그 12가지 원천을 깊이 있게 살펴본다.

✡ 미국 화폐의 역사

모든 금융의 역사가 그렇듯 미국 화폐의 역사도 그 배경을 함께 살펴야 한다. 당시 시대적 상황을 이해하고 객관적인 시각과 상식으로 역사를 들여다봐야 맹신이나 음모론적 시각 어느 한쪽에 치우치지 않고 좀 더 자유로운 조망을 즐길 수 있기 때문이다.

오늘날 자본을 뜻하는 'capital'이 소의 머리를 뜻하는 라틴어 'caput'에서 유래된 것도 원시화폐 흔적의 하나다. 옛날 농경시대에는 소가 부의 상징으로 중요한 가치 저장수단이자 교환수단이었다. 마찬가지로 비버 가죽, 물고기, 쌀, 옥수수, 구슬 등이 모두 한때 미국에서 화폐로 사용되었다. 이러한 원시화폐가 현대인에게는 다소 생소해 보이겠지만 원시화폐도 엄연한 경제재이자 중요한 교환수단이었다. 신대륙의 화폐는 이러한 원시화폐로부터 시작되어 오늘날의 달러로 자리 잡았다.

1626년 네덜란드 서인도회사의 총독 피터 미누이트는 인디언에게 조가비 구슬, 장식용 유리구슬, 옷감, 주전자, 단검 등 불과 60길더, 곧 24달러 상당의 물품을 주고 맨해튼을 손에 넣었다. 맨해튼 남단의 배터리 파크는 이 역사적인 거래가 이루어진 장소이다. 네덜란드인은 이곳에 '뉴암스테르담'을 건설했다.

그 무렵 조가비 구슬(염주)은 인디언들이 가장 좋아하는 원시화폐였다. 이렇듯 미국은 식민지 시절에 원시화폐를 많이 사용했다. 사우스캐롤라이나 주는 쌀을, 버지니아 주는 담배를 화폐로 사용했다. 특히 식민지 담배는 질이 좋아 이곳 사람들은 담배 수출을 통해 풍요롭게 살았다. 독립전쟁을 승리로 이끈 조지 워싱턴과 토머스 제퍼슨 역시 담배

농장 주인이었다. 이 밖에도 고둥 껍데기, 소, 밀, 소금, 냄비와 쇠꼬챙이, 코코아 열매나 고래 이빨에 이르기까지 그 시절에 화폐로 사용된 물품은 다양하다 못해 상상의 한계를 뛰어넘는다.

독립전쟁을 치르기 위한 식민지 정부의 발명품인 대륙지폐는 미국의 독립에 크게 이바지했다. 하지만 그 결과로 발생한 초인플레이션은 국민들에게 큰 고통을 안겨주었다. 초인플레이션은 국민들이 가지고 있던 현금을 정부가 세금으로 강탈해 가는 것과 똑같았다. 그래서 이를 '인플레이션 세금'이라 부른다. 현금을 믿고 저축했던 서민들은 초인플레이션으로 순식간에 거지가 되었다.

초인플레이션에 혼이 난 미국인들은 두 번 다시 같은 실수를 범하지 않겠다는 결의를 다지게 된다. 그 결과 독립 후 연방헌법은 주정부에 의한 지폐 발행을 일절 금지했을 뿐 아니라 연방정부에 의한 지폐 발행조차 원칙상 금지했다. 그리고 화폐 가치의 관리는 의회에 위임했다. 그래서 그 뒤로 화폐는 정부가 발행한 '정부권'이 아닌 은행에서 발행한 '은행권'만 허용된 것이다. 이제 미국 정부는 연방헌법에 의해 화폐를 발행할 수 없게 되었다. 이로써 독립전쟁이 끝나자 식민지 시대에 통화조례로 금지당했던 은행들의 발권이 다시 합법화되었다. 여기저기서 은행권이 발행되기 시작했다. 결국 미국 최초의 투기와 초인플레이션을 일으킨 대륙지폐에 대한 반성이 미국 금융시장의 근원적인 출발점이 되었다.

제퍼슨과 해밀턴은 중앙은행을 세울 때 심하게 마찰을 빚었다. 제퍼슨은 은행 설립이 헌법에 명시되어 있지 않다고 역설했으나 해밀턴은 수정헌법 제10조에 '국민들이 필요로 하는 것을 연방정부가 행사할 수 있다'라는 조목을 들어 은행 설립의 타당성을 주장했다.

한편 중앙은행 설립을 지지한다 해도 정작 중요한 것은 '중앙은행의 화폐 발행량에 대한 결정권을 누가 갖느냐' 하는 것이었다. 은행권을 발행하여 대출을 하게 되면 화폐 공급이 늘어나 경제가 원활하게 잘 돌아갈 수 있으나 과도한 발행은 인플레이션을 초래해 오히려 경제를 망칠 수도 있다. 이 중용의 묘를 누가 결정하느냐의 문제였다.

은행권을 발행할 때 금이나 은 등 실물자산을 담보로 발행하도록 하면 무절제한 화폐 공급은 통제될 수 있다. 그러나 그것이 과연 적정 통화량이냐의 문제가 남는다. 정치인은 인기를 의식해 재정 지출과 화폐 발행량을 늘려 경기를 활성화시키려는 속성이 있어 과도한 화폐 발행을 추진할 소지가 컸다. 반면 은행가들은 은행권의 과도한 발행을 스스로 억제할 것으로 보았다. 왜냐하면 그들은 주로 채권자의 입장이라 화폐 가치가 높게 유지되기를 바라지, 채권 가치를 떨어뜨리는 인플레이션을 원하지 않을 것으로 판단했다. 그러므로 화폐 발행을 책임질 사람은 정치인이 아니라 은행가여야 한다는 것이 평소 해밀턴의 소신이었다.

건국 초대 내각의 해밀턴은 재무장관이 되자 평소 소신대로 영란은행을 본떠 중앙은행 제도를 추진했다. 그는 중앙은행을 세워 화폐 발행 업무를 수행토록 할 것을 의회에 제안했다. "중앙은행 본부는 필라델피아에 두고, 각 지역에 지점을 설립한다. 정부의 화폐와 세금 징수는 이 은행 시스템으로 관리해야 하는데, 이 은행은 국가 화폐를 발행하며 미국 정부에 대출을 해주고 이자를 받는다. 개인이 80%의 주식을 보유하고 나머지 20%는 정부가 보유한다. 이사회 20명은 주주 중에서 추천하며, 5명은 정부가 임명한다"는 것이 주요 내용이었다.

개인이 대부분의 주식을 보유하는 민관 합작은행으로서 정부에 대출해주고 이자를 받는다는 면에서 영란은행과 유사한 시스템이었다.

주당 400달러씩 총 2만 5000주를 발행하는, 당시로선 미국 최대 규모인 자본금 1000만 달러짜리 은행이었다. 우여곡절 끝에 해밀턴은 1791년 2월 설립안을 관철시켰다. 상·하원 모두 연방주의자가 우세했던 덕이다.

의회는 연방준비위원회제도 법안을 5년여의 치열한 논쟁과 우여곡절을 거친 끝에 1913년 12월 크리스마스 이틀 전에 통과시켰다. 월스트리트 금융 세력들에게 적대적인 민주당과 공화당 의원들이 크리스마스 휴가를 떠난 틈을 이용해 상·하 양원에 기습 상정하여 처리한 것이다. 이로써 지금의 중앙집권적 형태의 연방준비국(지금의 연방준비제도이사회)이 탄생했다.

상·하원을 통과하는 순간 월스트리트와 런던 은행가는 환호성을 질렀다. 크리스마스 최대 선물을 의회가 국민들에게 안겨주었다고 신문은 대서특필했다. 그러나《화폐전쟁》의 저자 쑹훙빙은 연방준비은행법이 통과되던 날 찰스 린드버그의 연설을 다음과 같이 소개하고 있다. "연방준비은행은 지구상에서 가장 큰 신용을 부여받았습니다. 대통령이 법안에 서명한 순간부터 금권이라는 보이지 않는 정부는 합법화될 것입니다. (…) 의회가 저지른 최대 범죄는 바로 연방준비은행법입니다. 이 은행법의 통과는 우리 시대 가장 악랄한 입법 범죄입니다. 양당의 지도자들이 밀실에서 담합해 국민이 정부로부터 이익을 얻을 기회를 앗아간 것입니다."

우드로 윌슨 대통령도 유대인의 압박에 못 이겨 FRB 법에 서명한 후 이렇게 토로했다고 한다. "위대하고 근면한 미국은 금융 시스템에 의해 지배되고 있다. 금융 시스템은 사적 목적에 집중돼 있다. 결국 이 나라의 성장과 국민의 경제활동은 우리의 경제적 자유를 억압하고 감시하고 파괴하는 소수에 의해 지배된다. 우리는 문명 세계에서 가장 조종당하고 지배당하는 잘못된 정부를 갖게 되었다. 자유의사도 없고, 다수결의 원칙도 없다. 소수 지배자의 의견과 강요에 의한 정부만이 있을 뿐이다."

이 법안이 통과되면서 미국은 비로소 연방준비제도이사회FRB: Federal Reserve Board를 비롯해 12개 연방은행을 주축으로 하는 중앙은행 체제를 확립할 수 있었다. 일종의 은행 카르텔이 탄생했다.

연준 초대 이사회 의장은 찰스 햄린이 임명되었다. 그리고 뉴욕 연방은행 총재에는 JP 모건의 오른팔인 벤자민 스트롱이 임명되었다. 그러나 연준의 실질적인 실력자는 독일계 유대인 폴 워버그 이사였다. 그가 처음부터 연준의 청사진을 그려 설립을 앞장서서 주도했다. 그는 로스차일드의 후원으로 야곱 시프가 운영하는 유대계 금융기관인 쿤-로웹의 중역이자 야곱 시프의 의동생이었다. 한마디로 로스차일드 가문의 심복이었다. 그는 12개 지역 연방은행 총재들로 구성된 '연방자문위원회'가 실질적으로 연준 이사회를 컨트롤하도록 시스템을 설계해놓았다.

무자본 특수법인인 우리나라의 한국은행과는 달리 연준은 자본금이 있는 주식회사로 그 지분은 민간은행들이 나누어 갖고 있다. 세계 각국의 주요 유대계 은행들이 대주주라는 것이 통설이다. 로스차일드 가문의 투자은행으로 알려진 골드만삭스나 런던과 베를린의 로스차일드 은행, 그리고 석유재벌 록펠러 가문의 JP 모건체이스 은행도 FRB의 주요 주주다. 그 외에 파리의 라자르브러더스 은행, 이탈리아의 이스라엘 모세시프 은행, 그리고 FRB 창립위원장을 역임한 폴 워벅 가문의 바르부르크 은행, 신용위기의 시작을 유발한 리먼브러더스, 제정 러시아를 대체할 새로운 임시정부가 결성되는 데 2000만 달러를 지원했던 것으로 알려진 쿤뢰브 은행도 FRB의 주주로 알려져 있다. 다행스럽게도 세계 기축통화인 달러를 주무하는 기관의 대주주는 세계 각국에 고르게 분산되어 있었다. 한 나라에 예속되지 않았던 달러화는 지금까지 비교적 공정하게 기축통화로서 위치를 공고히 할 수 있었다.

FRB 조직은 미 전역을 보스턴, 필라델피아, 뉴욕, 클리블랜드, 리치먼드, 애틀랜타, 시카고, 세인트루이스, 미니애폴리스, 캔자스시티, 댈러스, 샌프란시스코 등 12개 지역으로 나누었다. 1914년 11월 16일 12개 지역 준비은행이 업무를 시작했다. 12개의 지역 준비은행은 산하에 다시 25개의 지점을 두고 연방 은행법에 따른 약 1000개의 주법은행과 연계된 방대한 조직을 구성하게 된다.

미국의 수도 워싱턴에 자리한 FRB 본점은 이를 대표할 7명의 이사진을 선출해 여기서 추대된 대표 1명에게 관리 책임을 맡겼다. FRB 본점에 있는 7명의 이사는 대통령이 지명하고 상원에서 인준하도록 되어 있다. 임기는 14년 단임이고, 일단 임명된 이사와 대표는 어느 누구도 해고할 수 없다. 창립 초기 이사진에는 미국 재무장관과 감사원장이 7명의 이사에 속했다. 그러다 민간이사로 교체되면서 연준은 미국 정부와는 완전 별개의 독립적인 기구가 되었다.

이렇게 탄생한 연준은 출범 당시부터 월스트리트의 대형 은행가와 중개인들의 그늘에서 벗어나지 못했다.《화폐전쟁》을 쓴 쑹훙빙은 폴 워버그가 FRB 초대 이사이지만 그를 배후에서 조종한 것은 런던에 있는 알프레드 로스차일드라고 주장했다. 그의 주장에 따르면 연방은행의 주인은 12개 지역 연방은행이다.

연방준비은행이 생기기 전에는 뉴욕의 은행가들이 뉴욕 지역의 자금만 장악할 수 있었다. 그러나 이제는 국가 전체의 은행 준비금을 주관할 수 있게 되었다. 12개 지역 연방은행 가운데 가장 큰 뉴욕 연방은행의 초기 지분 형태가 반세기에 걸친 추적 끝에 밝혀졌다.

주식 총수 20만여 주 가운데 록펠러와 쿤롭 사의 뉴욕내셔널시티 은행이 3만 주, JP 모건의 퍼스트내셔널 은행이 1만 5000주, 폴 워버그의 뉴욕내셔널 상업은행이 2만 1000주, 로스차일드 가문이 이사로 있는 하노버 은행이 1만 2000주, 체이스 은행이 6000주, 케미컬 은행이 6000주 등이었다. 1955년에 뉴욕내셔널 시티은행과 퍼스터내셔널 시티은행의 합병으로 시티은행이 탄생했으므로 오늘날 시티은행이 뉴욕 연방은행의 최대주주이면서 사실상 주인이다. 이들은 모두 로스차일드 가문 등 유대계 금융 세력이다.❖

연준을 설립한 후 정부는 재무부의 정부 화폐를 회수하고 연준이 은행권을 발행하도록 하였다. 연방준비국은 국가가 보유한 금의 통제권을 넘겨받았으며, 금본위제 하에 연방준비은행권을 발행하기 시작했다. 연준의 창설로 대규모 은행인수 어음시장이 설립되었다. 미국 연방은행이 은행인수어음BA: Banker's Acceptance을 할인할 수 있게 된 것이다. 이것을 통해 미국은 유럽에 상품을 수출할 수 있었고, 미국이 독일에 전쟁을 선언한 1917년 이전까지 전쟁자금을 간접적으로 지원했다. 이는 뉴욕 금융시장이 국제 금융시장으로 성장하는 계기가 되었다. 이때 미국에서는 은행이 우후죽순격으로 늘어나 1914년에 7500개였던 은행이 이듬해인 1915년에는 1만 4600개를 넘어섰다.

1819년 영국에서 시작된 금본위제도는 제1차 세계대전 전까지 안정적으로 유지되었다. 그러나 제1차 세계대전이 발발하면서 각국은 전비

❖ 쑹훙빙 지음, 차혜정 옮김, 《화폐전쟁 1》, 알에이치코리아, 2008

조달을 위해 통화를 증발했으며, 금태환을 중지하고 금본위제에서 이 탈하면서 전반기에는 변동환율제도를 운영한다.

제1차 세계대전 때 미국은 영국과 프랑스에 많은 전쟁 물자를 팔고 대량의 금을 받았다. 이때 FRB는 민간은행에 유동성을 넉넉히 공급했 는데, 유동성이 증가하자 제1차 세계대전 동안 미국에서는 농산물과 부동산에 대한 대규모 투기가 일어났다. 전쟁 물자의 생산으로 활기를 띠던 경기는 전쟁이 끝나자 주저앉았다. 생산이 감소할 무렵 새 달러가 쏟아져 나와 증가한 화폐량이 줄어든 상품의 양을 쫓기 시작하였다. 결 국 1919년부터 이듬해에 걸쳐 대규모 인플레이션이 발생했고, 1920년 부터 2년 동안 불경기를 가져왔다. 1912년과 1927년 사이에 미국의 물 가는 두 배로 뛰었다. 이로써 FRB는 과도한 유동성 공급이 인플레이션 을 부른다는 교훈을 얻게 된다.

통화 증발에 따라 극심한 인플레이션을 겪게 되면서 1919년 미국, 1935년 영국이 다시 금본위제로 복귀하게 된다. 그러나 1929년 세계 대 공황으로 인해 각국은 경쟁적으로 자국 무역을 보호하기 위해 평가절 하를 하기 시작했고, 또다시 금본위제에서 이탈하게 된다.

✡ 미국의 패권주의 대두

18세기 대영제국에 도전하는 새로운 힘이 신대륙 아메리카에서 꿈 틀거리며 자라나기 시작했다. 그 뒤 영국 본국의 압제로부터 벗어나기 위한 식민지 정부의 독립전쟁은 내전을 국제전쟁으로 전환시키는 데 성공하며 마침내 승리했다. 이로써 1783년 파리조약에 의해 미국의 독립이 승인되면서 '미합중국'이 탄생했다.

미국은 태어날 때부터 제국이었다. 인디언을 학살하면서 영토 확장을 한 것 자체가 제국의 행동이었다. 서부 개척이 한창이던 1800년대 초, 미국 원주민 가운데서도 체로키족은 문명 부족이었다. 독자적인 대의제를 갖춘 정부도 있었다. 체로키족의 지도자는 수도 워싱턴으로 가서 대대로 살아온 땅에서 지닐 수 있도록 대법원에 청원을 넣어 소유권 판결을 받기도 했다. 하지만 이들의 땅에 욕심 낸 미국은 이들을 강제로 이동시켰고 체로키족 2만여 명을 죽음으로 몰아넣었다.

1898년에 일어난 미서전쟁은 미국이 제국주의로 진입하는 결정적 계기가 된다. 이미 1853년에 미국은 마드리드 주재 미국 공사를 통해 1억 5000만 달러에 쿠바 매입 의사를 타진했으나 스페인의 강한 반발만 불러일으켰다.

이러한 배경을 갖고 있는 미서전쟁은 1895년 쿠바의 스페인에 대한 독립전쟁이 장기화되면서 1898년 미국이 개입해 일어났다. 쿠바인의 반란은 1868년과 1878년에도 있었으나, 당시는 미국이 후원하지 않아 실패로 끝났다. 그러나 1890년대에 접어들자 정세는 크게 변했다. 첫째, 미국인의 쿠바에 대한 경제적 관심이 높아져서 쿠바의 설탕 생산에 타격을 주는 일은 많은 미국 투자가에게 손실이었다. 둘째, 미국에서 1840년대에 일어났던 '명백한 천명天命'이라는 생각이 다시 일어났다. 미개발 지역에 미국 문화를 나누어 주는 것은 하느님으로부터 미국인에게 주어진 사명이라고 생각했다. 스페인의 압정에 시달리는 쿠바인을 도와야 한다는 분위기가 강하게 미국인 사이에 퍼졌다.

1895년에 일어난 쿠바의 반란에 미국은 거주 미국인 보호를 명분으로 최신 군함을 쿠바에 파견했다. 많은 의용병이 쿠바로 향했다. 또한 뉴욕에 본거지를 둔 쿠바인 혁명단체가 발매한 공채도 잘 팔렸다. 해외 진출에 반대한 미국인들조차 쿠바의 해방 자체에는 찬성했으며 쿠바에 재산을 둔 미국인은 그 보호를 요구했다. 클리블랜드 대통령은 불간섭 방침을 견지했으나, 맥킨리는 1896년에 실시되는 대통령선거의 공약으로 쿠바의 독립을 내세웠다.

쿠바에 파견된 군함 메인호가 1898년 2월 아바나 항에서 갑자기 폭발해 침몰한 사건이 발생하자 여론은 급격히 전쟁으로 기울어졌다. 4월 11일 대통령은 대 스페인 개전 요청 교서를 의회에 보내고, 20일 의회가 선전포고를 했다. 의회가 전쟁을 결의하자 정식 선전포고도 하기 전에 홍콩에 있던 미 극동함대는 먼저 필리핀으로 진격하여 양국은 전쟁 상태에 들어갔다. 미국은 마닐라 만, 산티아고 등 여러 곳에서 승리를 거두어 전쟁은 불과 100일 만에 끝났다.

12월 10일 파리조약이 체결되어 쿠바는 독립하고, 푸에르토리코·괌은 미국에 할양되고 필리핀은 2000만 달러에 미국에 팔렸다. 스페인과 전쟁 중이던 1898년에 하와이는 미국에 합병되었다. 당시 하와이 인구 중 3분의 2는 일본인 이민자였다. 이로써 미국의 태평양 시대가 개막되었다.[*]

쿠바는 카리브 해의 미국 거점이 되었다. 미서전쟁 이후 1901년에 미국은 쿠바의 독립을 인정했지만 쿠바 헌법에 미국의 개입권, 해군기지 건설을 인정하는 수정조항을 추가해 거대한 관타나모 기지를 건설했다. 쿠바를 사실상의 보호국으로 삼은 것이다. 이후 관타나모 기지는 100여 년이 지난 오늘날까지도 미국이 점령하고 있다.

---

[*] 미야자키 마사카츠 지음, 오근영 옮김, 《하룻밤에 읽는 세계사 2》, 알에이치코리아, 2011

관타나모가 서양인들에게 최초로 주목받기 시작한 것은 1494년 4월 30일 콜럼버스가 관타나모 만에 상륙하면서부터였다. 관타나모는 카리브 해의 악명 높은 허리케인을 피할 수 있는 천혜의 항구로서 신대륙을 찾는 이들에게 널리 알려졌다.

1901년 25대 맥킨리 대통령이 암살된 후 부통령 시어도어 루스벨트가 42세의 최연소 나이로 대통령이 되었다. 젊은 대통령답게 패기가 있었던 그는 우선 정부가 국민을 위해 무엇인가를 하고 있다는 신뢰감을 국민들에게 심어주었다. 안으로는 독점규제, 밖으로는 제국으로의 기틀을 마련해 고립주의 정책을 폐기하고 팽창주의를 택했다.

파나마 운하 건설은 이미 1896년에 공화당 정강정책이었다. 1898년 미서전쟁으로 카리브 일대의 패권과 필리핀 점령을 통해 태평양 전진기지를 확보한 미국은 태평양과 대서양을 관통할 수 있는 최단거리 해로가 시급했다. 대서양에서 태평양으로 항해하기 위해서는 장장 1만 5000킬로미터 이상을 돌아가야 했기 때문이다.

처음 파나마 운하 건설을 시작한 것은 프랑스의 페르디낭드 드 레세프였다. 하지만 공사는 여러 악재로 인해 10년의 작업과 14억 프랑(2억 8700만 달러)이라는 거액을 투자하고 2만 명의 희생자를 낸 뒤 중단되었다. 중미 운하 건설이 미국의 국가적 사업으로 등장한 것은 맥킨리 대통령 시절이었으나 그가 암살되자 시어도어 루스벨트 대통령에게 인계되었다. 미국 정부는 파나마 운하의 건설권을 얻어내기 위한 콜롬비아와의 교섭이 난항을 거듭하자 몰래 파나마 지역의 독립운동을 선동해 이를 지원했다. 그리고 미국 군함의 위협 하에 파나마 지역을 콜롬비아로부터 독립시켜 1902년 파나마 공화국을 탄생시켰다.

✡ 세계 경제를 장악한 유대인 경쟁력의 12대 원천

경제사를 보면 유대인들이 모여드는 곳이 곧 세계 경제의 중심이 되었다. 유대인들은 과연 무슨 힘을 갖고 있는 것일까? 그 수수께끼의 원천을 살펴보자.

① 독실한 신앙심

② 배움의 종교

③ 유대인의 자녀교육

④ 성인식이 자녀를 성숙하게 한다.

⑤ 유대인의 단결력

⑥ 공동체 자본주의와 완벽한 복지제도

⑦ 삶의 지혜서, 탈무드

⑧ 유대인의 힘의 원천, 가정

⑨ 방랑의 고통이 선사한 은혜, 탁월한 적응력

⑩ 학문을 숭상하는 민족

⑪ 글로벌 네트워크 정보화

⑫ 부와 영리 추구를 인정하는 유대교

9

글로벌 금융위기의 진실
현대 경제사 上

THE TRUTH OF THE GLOBAL FINANCIAL CRISIS

21세기 초 글로벌 금융위기와
유대인의 관계를 살펴보다

9권은 2008년 글로벌 금융위기의 전 과정을 다룬다. 위기의 잉태와 전
개 과정을 파헤치고 그 결과에 이르기까지 큰 흐름을 추적했다. 21세
기를 전후해 글로벌 금융자산의 증가 속도는 세계 경제성장률을 크게
앞섰다. 문제는 그로 인한 소득 불평등의 심화와 부의 편중에 있었다.
2007년 상위 10%의 소득이 전체 소득의 50%에 육박하면서 결국 금융
위기가 터졌고 남발된 파생상품이 위기 상황에 불을 붙였다.

21세기 초 금융산업 기법의 발전 과정 또한 상세히 설명한다. 돈이 돈을
버는 금융자본 시스템이 어떤 면에서 해악을 끼치고, 또 어떤 면에서 인
류의 진보에 이바지하는지를 알아야 앞으로의 위기에 효과적인 대책을
세울 수 있기 때문이다. 이러한 금융위기 전후 모든 과정에 유대인들이
깊이 관여했다. 월스트리트의 핵심 인물뿐 아니라 경제 대통령으로 불리
는 연준 의장, 미국 정부의 살림을 책임지며 금융계를 관리 감독하는 재
무부 장관 자리를 대부분 유대인이 맡고 있다.

금융자본주의, 어떻게 성장했나

신자유주의의 출현으로 인한 금융시장의 급팽창이 새로운 형태의 자본주의 경제를 만들어갔다. 이른바 금융자본주의다. 이를 영국 〈파이낸셜타임스〉의 수석 논설위원 마틴 울프는 2007년 6월 그의 기획칼럼에서 이른바 '신자본주의neo-capitalism'라 불렀다. 이는 같은 해 불어닥친 글로벌 금융위기를 마치 예상이라도 한 듯한 특집기사였다.

상품과 서비스의 생산과 분배를 위해 교환의 매개체로 등장한 게 돈이다. 그런데 돈 스스로가 증식을 해 그 성장 속도가 상품과 서비스의 생산, 곧 세계 GDP보다 몇 배 이상 빠르다. 이것은 본질적인 문제다. 21세기를 전후해 글로벌 금융자산의 증가 속도가 세계 경제성장률을 너무 크게 앞서나갔다. 세계 경제성장률은 연 3~4%인 데 반해 세계 금융자산 증가율은 그 서너 배인 평균 15% 안팎이었다. 지나친 오버슈팅이었다. 이것이 쌓여서 금융위기라는 화를 부른 것이다.

피케티는 미국의 치부를 직설적으로 건드렸다. 아니, 세계 금융산업 역사의 본질적인 문제점을 적시했다. 우리나라도 이에 자유롭지 못하다. 사실 미국도 오래전부터 이 문제를 알고 있었다. 로버트 루빈 재무장관이 1999년 장관직에서 물러난 직후 브루킹스연구소에 몸담으며 후학들을 불러 모아 연구한 '해밀턴 프로젝트'의 주된 테마가 바로 이 '소득 불평등' 문제였다. 소득 불평등으로 인한 사회적 부익부 빈익빈 현상이 심각했음을 그가 재무부 장관 시절 절감했기 때문이다. 하지만 공식적인 보고서가 발표되었음에도 실질적인 연구 결과는 수면 아래로 잠복했다. 월스트리트의 이해와 상충되었기 때문이다.

✿골디락스에 취하다

1971년 달러가 금의 속박에서 풀려나 근원 인플레이션이 허용하는 한도 내에서 거의 무제한으로 달러를 발행했음에도 큰 인플레이션은 일어나지 않았다. 1980년대 이후 신자유주의가 맹위를 떨치면서 달러가 전 세계적으로 급격히 퍼져나갔음에도 세계적으로 물가는 그리 뛰지 않았다. 우리는 이를 '골디락스'라 불렀다. 뜨겁지도 차지도 않은 알맞은 온기의 경기가 계속되었다. 이 모든 것이 중국의 저렴한 제조업의 힘이었다. 유동성이 늘어나 물가 상승의 압력을 저렴한 공산품이 상쇄시켜 주었기 때문이다.

✿2008년 신용위기의 실체

사회경제사가인 에릭 홉스본은 《극단의 시대》에서 "(대공황으로 인한) 경제 붕괴의 충격을 이해하지 않고서는 20세기 후반의 세계를 이해할 수 없다"고 썼다. 2008년 글로벌 금융위기는 오늘날 살아 있는 경제 교과서이다. 우리가 글로벌 금융위기를 철저히 알지 못하면 앞으로 벌어질 21세기의 세계를 이해할 수 없을지 모른다.

벤 버냉키 전 연방준비제도이사회 의장은 2008년 글로벌 금융위기를 1930년대 대공황보다 더 심각한 상황으로 평가했다. 티머시 가이트너 전 재무장관도 유사한 평가를 했다. 금융위기가 전개된 과정과 그 실체를 안다는 것은 금융산업의 역사가 일천한 우리에게는 소중한 공부거리다.

모든 금융위기의 원인은 과잉유동성 때문이었다. 역사적으로 부르는 용어만 조금씩 달랐다. 1907년 공황의 원인은 '과잉자본' 때문이라 했다. 1927년 대공황의 원인은 과도한 '통화팽창' 정책의 결과라 했다. 결국 그 말이 그 말이다. 과잉유동성이 버블을 불러 그 도가 지나치자 터진 것이다. 예나 제나 위기는 과잉대출로부터 시작되었다. 결론적으로 '과다대출'로 인한 '과잉유동성'은 1907년, 1929년, 2008년 공황을 관통하는 공통의 키워드이다. 돈의 힘으로 경기를 부풀리는 유동성장세는 양면성을 가지고 있다. 꺼져가는 불길을 키우기도 하지만 불길이 거세어지면 초가삼간까지도 삼켜버린다는 점이다. 그리고 너무 급하게 금리를 올리거나 내리는 급브레이크를 밟으면 안 된다는 교훈도 알려주었다.

2008년 글로벌 금융위기의 요인은 여러 가지가 있겠지만 그 도화선에 불을 붙인 건 파생상품이었다. 파생상품은 원래 미래의 위험을 헤지hedge하기 위한 목적으로 만들어졌다. 파생상품은 소액의 증거금으로 큰 거래를 성립시키기 때문에 위험을 헤지하기도 하지만 위험을 증폭시키기도 한다. 잘 쓰면 약이요, 잘못 쓰면 독이다.

☆ 돈을 뿌려 월스트리트를 살리다

글로벌 금융위기 와중에 선진국은 천문학적인 규모로 통화량을 증가시켜 왔다. 또한 각국 금리도 사상 최저 수준이다. 그렇게 많은 돈이 풀렸음에도 물가가 안정되어 있고, 일본과 유럽은 오히려 디플레이션을 걱정한다. 미국 경제학자 어빙 피셔는 '화폐 수량설'로 물가 변동을 명

쾌하게 설명했다. 물가 수준은 결국 화폐량과 유통 속도에 달렸다는 이야기다. 생산품 가격을 P, 생산품 거래총량을 T, 화폐량을 M, 화폐유통속도를 V라고 한다면, 'MV=PT'라는 것이다. 지금은 경기가 좋지 않아 투자 대상을 못 찾은 돈이 은행에서 자고 있다. 하지만 경기가 본격적으로 좋아지면 문제는 달라진다. 통화량의 유통 속도가 빨라진다. 그때는 인플레이션의 쓰나미가 밀려올 가능성이 크다.

✡ 질질 끄는 금융위기, 그 이유는

우리는 모든 권력의 최정점에 정치권력이 있다고 생각한다. 그리고 그 정상에 대통령이 있다. 하지만 아니었다. 그것은 절대봉건주의 시절의 이야기다. 현대 세계에서, 아니 최소한 현대의 미국에서 정치권력을 움직이는 큰손은 금권정치과 언권정치다. 돈줄과 언론을 장악하고 있는 세력이 정치권을 움직이고 있다.

미국 정부는 2008년 늦가을 신용위기가 발생하자 부실을 따로 모아 '배드뱅크'를 만들어 여기에 공적자금을 집중 투입해 부실을 처리하려했다. 그러한 목적으로 의회를 설득해 긴급 자금도 마련했다. 그렇게 했으면 조기에 신뢰를 회복할 수 있었다. 그러나 결국 실행 과정에서 그렇게 하지 못했다. 그 뒤 미국 정부는 차선으로 은행의 임시 국유화를 추진했다. 그러나 그마저도 제대로 하지 못했다. 그 뒤 차차선으로 채권의 시가평가제를 추진했다. 그러나 실패했다.

이로써 금융위기가 조기에 수습되지 못하고 전 세계로 퍼지면서 질질 끌게 되었다. 결국 미국 정부는 부실에 집중적으로 공적자금을 투입해 처리하지 못하고 돈을 헬리콥터에서 무차별 살포하듯이 전방위로 뿌려 불을 끄려 했다. 그 때문에 죄 없는 다른 나라들이 오랫동안 고생했다. 아니, 아직도 고생 중이다.

✩ 월스트리트의 배은망덕

미국 정부는 월스트리트를 살려내기 위해 엄청난 돈을 뿌려댔다. 덕분에 미국의 주가지수는 금융위기 이전을 회복하고 그 이상으로 활황 중이다. 선진국들의 유동성장세가 지속되어 오히려 오버슈팅이 염려되고 있는 실정이다. 그사이 미국 정부는 월스트리트에 대해 도덕적 해이에 대한 책임도 제대로 추궁하지 못했다. 다만 앞으로 이러한 금융위기가 다시 재연되지 않도록 몇 가지 규제를 서둘렀으나 월스트리트는 이 문제에 대해서도 대단히 비협조적이었다. 게다가 반성의 기미도 없이 방만한 보너스 잔치 등의 도덕적 해이가 도를 지나쳤다.

결국 터져 나온 게 민중의 함성이다. "We are the 99%", 금융자본주의에 항거하는 대다수 민중의 목소리다. 2011년 9월 월스트리트에서 시위대가 피켓에 쓴 핵심 단어는 '1% 대 99%'였다. 상위 1%에게 온갖 부가 집중돼 있고 나머지 99%인 우리는 소외당하고 있다는 것이다. 1%의 탐욕과 부패를 규탄했던 시위대는 자신들을 99%로 표현했다.

10

글로벌 서비스산업의 장악
현대 경제사 下

THE DOMINATION OF THE GLOBAL SERVICE INDUSTRY

유대인, 글로벌 서비스산업까지
완전히 장악하다

10권은 유대인들이 금융산업을 넘어 서비스산업까지 장악하는 과정을
보여준다. 유대인들은 창의성, 자본, 전 세계적 정보망을 활용해 미디어,
IT, 관광, 유통, 교육 등 고부가가치산업에서도 눈부시게 활약하고 있다.
세계 경제가 제조업에서 서비스업으로, 지식경제에서 창조경제로 이동
하고 있다고 한 짐 데이토 교수의 주장을 몸소 증명하고 있는 셈이다. 그
들이 주도한 미국의 환율정책도 다시 한 번 일목요연하게 정리했다. 이를
통해 세계 최강의 경제력과 군사력을 갖고 있는 미국의 실체를 다시금
확인할 수 있다. 말미에서는 유대인들이 우리 삶에 미치는 직접적인 영
향력을 다룬다. 현재 은행과 대기업의 외국인 지분율은 50%가 넘는데,
사실상 경영권을 지배할 수 있는 이 외국인 자본의 태반 역시 유대계이
다. 유대인들이 이 엄청난 자본력을 이용해 1997년 외환위기 전후로 우
리 경제를 어떻게 주물렀는지를 살펴보다 보면 외환시장 관리에 대한 힌
트도 얻을 수 있을 것이다.

고부가가치 서비스산업을 이끄는 유대인

금융산업은 물론 그 밖의 서비스산업 분야에서도 유대인의 활약은 눈부시다. 미국의 의료계와 법조계를 주무르는 유대인들, 유대 자본으로 움직이는 석유 메이저들과 곡물 메이저들, 미국 언론계의 유대인들, 미국 교육계의 유대인들, 그 밖에 보석산업계, 유통업계, 부동산업계, 과학계, 디자인업계, 음악업계 등등 이루 헤아릴 수 없다. 특히 창조성을 바탕으로 꿈을 파는 유대인들이 있다. 정보통신업계에서 빛을 발하는 유대인들, 라스베이거스의 관광산업에 불을 지핀 유대인들, 그리고 창의성을 무기로 영화산업을 쥐고 흔드는 유대인들이 그들이다.

앨빈 토플러와 함께 미래학을 처음 창시한 하와이대학의 짐 데이토 교수는 세계 경제는 제조업에서 서비스업으로, 다시 지식경제에서 창조경제로 이동하고 있다고 했다. 성장동력이 혁신에서 창의성으로, 가치의 원천이 '지식과 정보'에서 '상상력과 창의성'으로 전환되는 것이다. 그 중심에 유대인들이 있다.

영화산업의 경우, 태동 자체가 유대인에 의해 만들어졌다. 바로 에디슨이 영사기와 촬영기를 만들어 산업화에 성공한 것이다. 유대인은 될 성부른 산업은 아예 초기부터 독점화하려는 성향이 강하다. 에디슨도 예외가 아니었다. 그는 1908년 뉴욕을 중심으로 동부 지역에서 활동하던 10여 개 영화사를 묶어 영화 특허회사MPPC: Motion Picture Parents Co.를 만들었다. 그 뒤 MPCC의 독점적 횡포가 심했다. 특히 문제가 된 것은 MPPC로부터 라이선스를 받은 회사만이 영화를 제작할 수 있게 하는 조치였다.

여기에 반발한 사람들 역시 유대인들이었다. 1910년을 전후해 일부

유대인 제작자들이 에디슨의 견제를 피해 서부로 이동했다. 그들은 에디슨의 영향력이 닿지 않는 서부의 한 시골에 자리 잡아 영화를 만들기 시작했다. 그곳이 바로 할리우드이다. 이렇게 뉴욕과 뉴저지에서 시작된 영화산업이 서부로 이동한 것은 기존 영화제작의 관행으로부터 벗어나고자 하는 유대인들의 개척정신에서 비롯되었다.

때맞추어 유럽에서의 유대인 수난사와 미국에 대한 동경심을 유발하는 작품들이 히트를 쳤다. 그 뒤 할리우드가 본격적으로 영화산업을 장악해갔다. 1912년에는 100개 이상의 영화제작사가 난립했다. 이때 유대인들이 경기불황으로 힘든 영화사들을 통폐합해 7대 영화사로 만들었다. 이렇듯 미국 영화산업은 유대인의 기술과 자본으로 시작되어 유대인들이 제작하고 유대 정치가들이 후원했다. 지금도 미국 영화계와 연예계는 유대인들의 독무대라 할 만큼 그들의 활약이 눈부시다.

영화산업을 일군 유대인들은 그 뒤 라디오와 텔레비전을 주도하면서 방송, 통신, 신문 등 영상미디어산업에 막강한 영향력을 행사하게 된다. 라디오와 TV를 대중매체로 만들어낸 사람이 데이비드 사노프이다. 그는 라디오나 TV를 발명한 엔지니어는 아니지만 전파와 방송이 지닌 상업적 가치를 누구보다 먼저 깨닫고 그것에 '올인'한 승부사였다.

사노프는 동일한 무선 주파수를 사용한다면 일대일 통신이 아니라 동시에 여러 명이, 불특정 다수가 수신할 수도 있다고 생각했다. 통신회사에서 발신하는 데 필요한 비용은 차이가 없었다. 받는 사람이 수신기를 설치하면 간단한 일이었다. 곧 그는 오늘날의 '라디오'를 생각한 것이다.

그의 아이디어 덕분에 1922년 최초로 RCA 무선수신기(라디오)가 만들어져 라디오가 대량생산되기 시작했다. 사노프의 라디오는 산업혁명과 그에 따른 대규모 실직으로 우울했던 20세기 초에 새로운 소식, 곧 뉴스와 음악을 전해주어 사람들에게 활기를 불어넣어 주었고, 경제공황과 세계대전으로 침울했던 20세기 중반 미국 사회에 희망을 가져다 주는 등대 역할을 했다.

사노프의 다음 목표는 전국에 방영될 수 있는 네트워크 시스템을 구축하는 일이었다. 1926년 그의 꿈이 이루어졌다. RCA 총지배인 사노프는 계열사로 NBC를 설립했다. 1930년, 39세의 나이로 RCA 사장에 취임한 사노프의 다음 목표는 블라디미르 즈보리킨이 특허를 낸 텔레비전이었다. 그는 TV 시대를 예견했다. 예견만 한 게 아니라 대공황으로 매출이 반감하는 경영난에도 엄청난 연구비를 투자하고 실험을 거듭한 끝에 1939년 뉴욕 세계박람회에서 TV 수상기를 선보였다. TV가 처음 대중에 선보인 것이 1939년임을 감안한다면 이미 그보다 9년 전에 TV 미디어 시장을 내다본 그의 통찰력은 너무도 탁월했다.

사노프는 라디오에서처럼 TV 시장을 선도하는 경영을 펼쳐나갔다. 1954년 컬러TV 개발과 보급에 성공해 RCA를 명실공히 세계적 대기업으로 키웠다. 그는 발명가와 경영자, 아이디어맨과 철학자를 겸한 인물로 현대 대중매체의 선구자로서 전 세계인의 삶을 바꾼 장본인이었다.

미국의 〈뉴욕타임스〉 등 3대 언론사의 사주도 모두 유대인이다. 미국을 움직이는 3대 신문인 〈뉴욕타임스〉 발행인 아서 옥스 셜츠버거, 〈워싱턴포스트〉 명예회장이었던 캐서린 그레엄과 그의 아들 도널드 그레이엄, 〈월스트리트저널〉 최고경영자였던 피터 칸이 모두 유대인이다. 게다가 해당 신문사의 기자와 칼럼니스트 가운데 상당수가 유대인들이다.

방송의 경우도 4대 메이저가 모두 사실상 유대계 자본에 의해 운영되고 있다. 윌리엄 페리(전 CBS 사주), 앤드류 랙(전 NBC 사주, 현 소니뮤직 최고경영자) 및 레오나드 해리 골덴슨(ABC 사주) 등이 유대 언론의 중추라고 볼 수 있다.

미디어의 위력은 날로 확대되고 있다. 정치도 언론이 주도하는 여론에 의해 움직인다. 결국 언론은 모든 국가권력을 압도할 수 있는 새롭고 강력한 세력으로 성장했다. 유대인들은 리버럴한 데다 탈무드의 영향으로 논리적인 사고와 경제관을 가지고 있다. 언론·영화·정보 산업의 속성에 꼭 맞는 훈련이 잘되어 있는 셈이다.

미국 언론계의 유대인은 전체 종사자의 6%에 불과하다. 그럼에도 유대 언론인의 사회적 영향력이 큰 이유는 이들이 거의 모든 주요 매체에서 여론을 주도하는 위치에 있기 때문이다. 유대 언론인의 27%는 가장 영향력 있는 매체인 〈워싱턴포스트〉, 〈월스트리트저널〉, 〈뉴욕타임스〉, 〈타임〉, 〈뉴스위크〉 및 CNN, CBS, NBC, ABC 등 텔레비전 4사에 종사하고 있다.

최근의 추세는 영화산업이 다른 미디어 엔터테인먼트산업과 합쳐져 복합 미디어산업으로 발전하고 있다. 이런 미디어업계의 유대인 가운데 가장 영향력 있고 돈 잘 버는 사람이 섬너 레드스톤이다. 그는 CBS 그룹, 파라마운트 영화사, MTV 네트웍스, 바이어컴, 사이몬앤슈스터 출판사 등 하나하나가 어마어마한 규모와 영향력을 자랑하는 미국의 대표적 미디어 회사의 회장이다.

섬너 레드스톤은 CNN의 테드 터너, 〈월스트리트저널〉을 인수한 루퍼트 머독과 함께 세계 미디어 3대 거두로 꼽힌다. 영화제작부터 케이블텔레비전, 출판 등 수직통합형 복합 미디어 그룹이다. 레드스톤이 소유한 바이어컴VIACOM은 직원만 8만여 명에 연매출액이 232억 달러에 이른다. 전 세계 40개 국가에 393개의 자회사를 소유하고 있다. 그리고 MTV 네트워크는 전 세계에 25개 언어로 방영되며, 155개의 웹사이트와 25개 종류의 모바일 서비스도 제공하고 있다.

미디어업계의 또 하나의 신화인 배리 딜러도 유대인이다. 그는 1966년부터 1975년까지 ABC 텔레비전에서 일하면서 TV용 영화와 미니시리즈를 처음으로 도입하는 등 TV 프로그래밍의 귀재로 명성을 날렸다.

유대인의 활약은 IT 산업 역시 예외가 아니다. 주요 창업자와 경영자들이 대부분 유대인이다. 유대인 앨빈 토플러는 1980년에 정보혁명에 의한 '제3의 물결'을 예견했다. 하지만 그때만 해도 유대인 부호들의 주된 관심사는 부동산과 유통업이었다. 당시 정보통신 분야에 두각을 나타낸 유대인은 드물었다. 그러나 이제는 아니다. 유대인들의 창의성과 도전정신이 이 분야에서도 빛나기 시작했다. 아니, 이 분야를 그들이 주도하고 있다.

오라클의 래리 엘리슨, 마이크로소프트의 최고경영자였던 스티브 볼머, 세계 최대의 컴퓨터 유통업체였던 델컴퓨터의 마이클 델, 인텔의 앤드류 글로브, 퀄컴 창업자 어윈 제이콥스, 블룸버그 통신사 창업주 마이클 블룸버그, 구글 창업자 래리 페이지와 세르게이 브린, 페이스북의 마크 저커버그와 셰릴 샌드버그 등 수많은 유대인이 IT 산업을 이끌고 있다. 이 밖에도 실제 정보통신업계의 대표 주자들 가운데 상당수가 유대인이다. 오랜 기간 월트디즈니를 이끌었던 아이스너, 2001년에 야후의 최고경영자가 된 영화계의 거물 테리 시멜, 한때 미국 최고 연봉의 최고경영자였던 로투스 디벨로퍼 사의 미첼 케어퍼, 2000년 브로드캐스트닷컴을 팔아 남긴 수십억 달러로 프로농구 구단인 댈러스 매버릭

스를 인수해 프로농구업계에서 가장 유명한 구단주가 된 마크 쿠반도 유대인이다.

BEE멀티미디어의 창업주이자 최고경영자인 버버트 베커는 텔레비전이 인터넷으로 생방송되도록 만드는 소프트웨어를 처음 개발하기도 하였다. 네트워킹의 거함 노르텔네트웍스의 존 로스 최고경영자, 오랫동안 컴팩의 최고경영자였던 벤저민 로젠, 시스코시스템스의 창업자인 샌디 레너 등도 모두 정보통신업계를 이끄는 거물 유대인들이다. 유대인 없이 정보통신의 역사를 쓸 수 없다는 말도 있다.[*]

창의성의 중요성을 웅변하는 관광산업 역시 마찬가지다. 관광산업이 천혜의 환경 또는 조상으로부터 물려받은 문화유산이 있어야 꽃을 피울 수 있는 건 아니다. 사막 위에 건설된 라스베이거스나 습지 위에 세워진 올란도의 디즈니월드를 보라. 이 도시들은 관광산업을 진흥하는데 인간의 창의력이 얼마나 중요한지를 웅변적으로 말해주고 있다. 이를 증명해낸 게 유대인들이다.

✡미국의 환율정책

여기에서는 세계 최강의 경제력과 군사력을 갖고 있는 미국의 실체를 환율정책을 중심으로 살펴본다. 그리고 환율정책의 역사를 통해 앞으로 달러 가치가 어떻게 변해갈 것인지에 대해서도 알아본다. 달러는 금리 기조와 외환시장에서의 수급 결과에 따라 가격이 결정되는 것처

❖ 육동인, 〈0.25의 힘〉

럼 보인다. 단기적으로 볼 때는 일견 맞는 말이다. 또한 유럽과 일본의 경기침체와 재정적자 우려로 달러화가 강세를 보이면서 약달러 시대가 막을 내리고 있다고 전망할 수도 있다. 중기적으로는 그럴 수도 있다. 그러나 달러의 역사를 되짚어보면 저 깊숙한 속내는 시종일관 '약달러 정책'이었다.

그래야 경기가 살아나고 빚 탕감 효과가 있기 때문이다. 약달러 정책에는 두 가지 방법이 있다. 하나는 알게 모르게 화폐 발행을 늘려 달러 가치를 서서히 떨어뜨리는 인플레이션이요, 다른 하나는 아예 드러내놓고 하는 '무대포' 평가절하이다.《화폐전쟁》을 쓴 쑹훙빙에 따르면, 지금의 달러 가치는 1970년 금본위제 하의 달러 가치에 비하면 5% 정도에 지나지 않는다고 한다. 지금도 달러 곡예는 현재진행형이며 앞으로도 그럴 것이다. 미국은 호황기에는 빚을 내서 수입해 즐기고, 빚이 턱밑에 차오르면 달러 가치를 떨어뜨려 누적된 외상값, 곧 국제채무의 대대적 탕감으로 덕을 본다. 이렇듯 남의 빚으로 살아가는 국가는 약달러를 지향할 수밖에 없다.

그러나 여기에도 미국의 고민은 있다. 미국은 약달러 정책을 지향하면서도 다른 한편으로는 세계 기축통화로서의 위상을 지키기 위해 동시에 강달러를 지지한다. 여기서 강달러란 돈의 실질가치가 높아서가 아니라 국제결제통화로서 강한 힘을 뜻한다. 그러기 위해서는 시장이 달러를 요구하게 만들어야 한다. 방법은 여러 가지다. 우선 유동성 확대로 달러를 많이 풀어야 한다. 그래야 기축통화의 장악력이 유지된다. 미국은 기축통화의 권력이 주는 엄청난 시뇨리지 효과를 양보할 수 없는 입장이다. 따라서 미국은 재정정책상 약달러 정책과 국제기축통화로서 강달러 정책을 동시에 유지해야 하는 모순을 안고 있다. 이 모순된 딜레마를 가능한 한 눈치채지 못하도록 끌고 나가는 과정이 교묘한 달러 곡예의 역사다.

1929년 대공황 이래 세계는 미국이 주도한 세 차례의 환율전쟁을 경험했다. 지금은 4차 환율전쟁이 진행 중이다. 미국은 자기들의 경제 상황이 힘들 때마다 평가절하를 시도해 환율전쟁을 촉발했다. 큰 것만으로도 벌써 네 번째다. 이로 인해 달러의 가치는 1934년 이래 80년 동안 의도적으로 93%나 절하되었다. 그 과정을 살펴보았다.

1930년 대공황 즈음의 1차 환율전쟁(1921~1936)
브레턴우즈 체제를 붕괴시킨 2차 환율전쟁(1967~1987)
플라자 합의로 촉발된 3차 환율전쟁(1985~1995)
글로벌 금융위기로 촉발된 4차 환율전쟁(2008~)

✡ 우리 생활 속의 유대인: 한국의 IMF 사태

외국 자본의 영향력은 우리가 생각하는 것 이상으로 생활 곳곳에 스며들어 있다. 우리나라 증시가 대표적인 예다. 2016년 8월 기준 우리 코스피 시장의 외국인 비중이 30.6%에 이른다. 그 가운데에도 은행과 대기업들의 외국인 지분율은 50%가 넘는다. 사실상 경영권을 지배할 수 있는 지분이다. 언제든지 적대적 인수합병을 시도할 수 있는 지분인데, 이 외국인 자본의 태반이 유대계이다.

우량 은행들의 외국인 지분은 오래전에 60%를 넘어섰다. 이 가운데 3개 은행 경영권은 외국인 손에 넘어갔다. 이러한 사태는 1997년 외환위기 때 본격적으로 시작되었다. 외환위기의 주범은 관치금융과 기업대출이었다. 은행권에 국민총소득의 약 3분의 1에 달하는 공적자금으로 부실을 정리해 위기를 극복했다. 5대 은행이 모두 거덜 나고 30대 재벌 가운데 16개 재벌이 도산해 인수되었다.

미국 정보기관은 우리 관료들이 '튼튼한 펀더멘털'을 강조하던 1997년 중반부터 이미 단기부채 급증으로 한국 경제가 심각한 유동성 위기에 빠질 가능성이 크다는 사실을 반복해서 경고했다. 결국 11월 말 정부는 장부상에 남아 있는 것으로 되어 있는 외환 보유액 300억 달러가 실은 거의 바닥났다고 고백했다. 우리 국민만 모르는 사실이었다. 시중은행에 몇십억 달러가 예치되어 있었지만 이마저도 곧 사라질 처지에 있었다. 정부는 마침내 IMF에 손을 내밀었다.

당시 연준 의장 그린스펀도 그의 자서전《격동의 시대》에서 그때 상황을 다음과 같이 기록했다. "루빈이 이끄는 태스크포스 팀이 사실상 24시간 움직이고 있었고, IMF는 550억 달러 규모의 금융지원종합정책을 마련했다. 역대 가장 큰 규모였다. 이 거래는 새로 선출된 김대중 대통령의 협조를 필요로 했다. 김대중 대통령이 처음으로 내린 결정은 긴급경제개혁에 전념하겠다는 것이었다. 그동안 재무부와 연준은 수많은 세계의 대형 은행들에 연락해 한국에 빌려준 차관을 회수하지 말 것을 요청해야 했다." "곧 우리는 한국 정부가 외환 보유고를 속여왔다는 사실을 알게 되었다. 한국 정부는 갖고 있던 외환 대부분을 시중은행에 매각하거나 융자해주었다. 이 은행들은 악성 채무 문제를 해결하는 데이 자금을 썼다. 그들이 보유액이라고 발표했던 자금은 이미 사용된 뒤였다."

미국이 왜 한국 경제를 IMF 관리체제에 집어넣으려 했는지에 대한 궁금증은 IMF와 자금지원 조건을 협상하는 과정에서 풀렸다. 미국은 이미 오래전부터 한국 경제를 '팍스 아메리카나'로 일컬어지는 미국 주도의 경제 틀에 맞추려는 의도를 갖고 있었다. 한국의 경제력이 커지면 커질수록 미국은 한국 경제의 체질을 '관치에서 미국식 경제체제, 곧 신자유주의 경제체제로 바꿔야 한다'고 생각했다.

그들은 한국 경제의 낡은 틀을 깨부수기 위해서는 IMF를 통한 관리가 가장 효율적이라고 생각했던 것이다. 협상 끝에 IMF는 550억 달러의 패키지 자금을 빌려주는 조건으로 우리 금융산업의 무장해제와 주요 경제정책의 감독권까지 틀어쥐었다.

'워싱턴 컨센서스Washington Consensus'는 1990년 전후로 등장한 미국의 경제체제 확산전략이다. 외환위기와 같은 국가적 위기 발생을 제3세계 구조조정의 전제로 삼아 미국식 시장경제체제인 신자유주의의 대외확산을 꾀하는 것이다. 미 행정부와 IMF, 세계은행이 있는 워싱턴에서 정책결정자들이 모여 이룬 합의다. 거시경제 안정화, 경제 자유화, 사유화, 민영화가 그 뼈대이다. 이후 이 합의는 개발도상국들이 시행해야 할 구조조정 내용들을 담고 있다. 그 내용은 정부예산 삭감, 자본시장 자유화, 외환시장 개방, 관세 인하, 국가 기간산업 민영화, 외국 자본에 의한 국내 우량기업 합병·매수 허용, 정부규제 축소, 재산권 보호 등이다.

그런데 이런 권고를 수용하지 않을 때는 집권 세력의 부패·비리를 폭로해 지배정권을 무력화시킨 다음 다른 정당을 집권시킨 뒤 구조조정을 하게 한다는 전략이다. 또한 외환위기가 발생하면 이를 방치함으로써 구조조정 프로그램을 관철하는 기회로 삼는다는 것이다. 이처럼 제3세계의 외환위기 발생을 구조조정의 기회로 삼아 신자유주의를 확산시킨다. 이것이 반세계화 진영이 '세계 경제를 미국 기업이 진출하기 쉽게 만들어 이익을 극대화하기 위한 금융자본주의의 음모'라고 비난하는 이유이다. 또 조지 소로스는 이를 '시장근본주의'라고 비난한 바있다.

한때 워싱턴 컨센서스를 지지했던 자유주의자이자 〈뉴욕타임스〉의 정기 기고자인 폴 크루그먼 교수는 자신의 기고문에서 이렇게 말했다. "10년 전 워싱턴은 확신에 찬 태도로 라틴아메리카 국가들을 설득했다. 외국의 상품과 자본에 문호를 개방하고 국영기업들을 사유화시키면 엄청난 경제성장을 누릴 수 있다고 말이다. 그러나 그런 일은 일어나지 않았다. 아르헨티나는 오히려 재앙을 맞았다. 멕시코와 브라질은 얼마 전만 해도 성공 신화로 회자되었다. 그런데 두 나라의 1인당 국민소득이 1980년에 비해 조금 높아졌을 뿐, 오히려 불평등 수준이 갑자기 높아졌기 때문에 대부분의 사람들은 20년 전보다 더 빈곤해졌다. 왜 개혁은 약속한 효과를 실현하지 못하는가? 이는 심란한 질문이다. 나 역시 워싱턴 컨센서스를 전부 믿은 것은 아니었지만 많은 부분을 믿었다. 하지만 지금은 나의 신념을 시장에 내다 팔아야 할 때다."

IMF로부터 혹독한 대가를 요구받은 한국 경제는 순식간에 나락으로 추락했다. 외국인에게는 값싼 한국 기업을 사들일 절호의 기회였다. 우리나라 최대 기업인 삼성그룹조차 IMF로부터 자유로울 수 없었다. 삼성그룹의 굴삭기가 볼보에, 포크리프트 부문이 클라크에, 화학 부문은 듀폰과 GE플라스틱에, 석유화학 부문은 아모코에 넘어갔다. 또한 세계 경영을 모토로 하던 대우그룹이 공중분해되어 대우자동차가 GM에 넘어갔다. 이 밖에도 두산음료가 코카콜라에, 삼양제지가 프로텍터갬블에, 오비맥주가 인터브류에 넘어가는 등 크고 작은 업체가 헐값에 외국인에게 매각되었다.

그뿐만 아니다. 당시 외국인 자본은 폭락한 우리나라 상장기업들의 지분을 거저줍다시피 하였다. 특히 우량기업과 금융주들을 쓸어담았다. 이때 재미를 본 외국인 헤지펀드는 그 뒤에도 목표물을 정해 대량 공략을 일삼았다. 이러한 외국계 펀드는 주로 유대계로, SK텔레콤을 공격한 타이거펀드, SK㈜를 노렸던 소버린자산운용, 삼성물산을 괴롭힌 헤르메스펀드 등이 있었다. 1999년 소로스와 쌍벽을 이루었던 타이거펀드는 SK텔레콤 지분 7%를 매집한 뒤 적대적 인수합병 위협을 가했다. 하지만 불과 몇 달 뒤 6300억 원의 시세차익을 남기고 지분을 SK 계열사에 넘겼다. 이 과정에서 SK그룹은 2조 원가량의 경영권 방어자금을 쏟아부었다. 또 2003년에는 소버린자산운용이 SK㈜ 지분 15%를 확보하면서 최대주주에 올라선 이후, 기존 경영진 사임을 요구하는 등 분쟁을 벌였다. 하지만 이 또한 투자 목적을 단순투자로 변경하더니 결국 1조 원의 차익을 남기고 떠났다.

이 밖에 영국계 헤르메스펀드는 2004년 3월 삼성물산 지분 5%를 매집해 단일 최대주주로 올라선 이후, 삼성전자 지분매각 등을 요구하는 등 경영권 참여에 나섰다. 하지만 1년도 안 되어 전량 매각해 73억 원의 시세차익을 챙겼다. 2005년 초 제일은행을 팔아 1조 원이 넘는 이익을 챙겼던 뉴브리지캐피털, 한미은행 대주주였던 칼라일펀드 등이 국내에서 돈을 벌어 간 대표적 헤지펀드다. 이렇듯 이들 외국계 펀드는 주주총회 개최 요구 등 적극적인 경영 참여로 주가를 끌어올린 뒤, 대규모 시세차익을 남기고 지분을 정리하곤 했다. 그래서 '한국은 헤지펀드의 놀이터'라는 말까지 생겨났다.

저자소개
홍익희

서울고등학교와 한국외국어대학교 스페인어과를 나와 1978년 KOTRA에 입사했다. 이후 보고타, 상파울루, 마드리드무역관 근무를 거쳐 경남무역관장, 뉴욕무역관부관장, 파나마무역관장, 멕시코무역관장, 마드리드무역관장, 밀라노무역관장을 역임하고 2010년 정년퇴직했다. 현재는 세종대학교 교수로 젊은이들을 가르치고 있다.

32년간 수출전선 곳곳에서 유대인들과 부딪치며 그들의 장단점을 눈여겨보았다. 우리 민족의 앞날도 제조업보다는 그들이 주도하는 서비스산업에 있다고 보고 10년 전부터 유대인 경제사에 천착해 아브라함에서부터 현대의 월스트리트에 이르기까지 그들의 궤적을 추적했다. 이 과정에서 정리한 내용을 2013년 《유대인 이야기》로 출간하여 베스트셀러가 되었으며 연이어 출간한 《세 종교 이야기》와 화폐경제학 시리즈 《달러 이야기》《환율전쟁 이야기》《월가 이야기》 역시 많은 독자들의 호응을 얻어 베스트셀러 저자로 자리 잡았다. 이번에 새롭게 펴내는 전 10권의 《유대인 경제사》 시리즈는 2013년 《유대인 이야기》를 한 권으로 축약하면서 덜어내야만 했던 수많은 이야기를 다시금 정리하고 업그레이드한 것이다. 이번 시리즈는 그의 작가 인생에 있어서 기념비적인 작품이 될 것이다.

그 외 지은 책으로 《한국경제의 절묘한 시나리오》《21세기 초 금융위기의 진실》《유대인, 그들은 우리에게 누구인가》《유대인 창의성의 비밀》《세상을 바꾼 다섯 가지 상품 이야기》《13세의 완성되는 유대인 자녀교육》《세상을 바꾼 음식 이야기》 등이 있다.

❖ 강의 문의
　전자우편 aaaa4d@hanmail.net
　페이스북 facebook.com/ickhee.hong